# En cuerpo y alma
Visiones del progreso y de la felicidad

# En cuerpo y alma
Visiones del progreso y de la felicidad

Zandra Pedraza Gómez

Departamento de Antropología
Universidad de los Andes
Bogotá, 1999

En cuerpo y alma: visiones del progreso y de la felicidad
Zandra Pedraza Gómez

Diseño de la carátula: Juan Pablo Fajardo

Primera edición: febrero de 1999
1000 ejemplares

ISBN: 958 - 695 - 013 - 1

© Zandra Pedraza, 1999
© Para esta edición Universidad de Los Andes, 1999

Preprensa e impresión: CORCAS Editores LTDA.

Hecho en Colombia

*La experiencia directa no había funcionado: tenía que resignarme a la erudición. Así va el mundo: la cosa parece próxima, inmediata, pero hay que dar un rodeo largo para llegar a rozarla, siquiera fugazmente, con la yema de los dedos. Nada de lo que nos interesa verdaderamente nos es directamente accesible. El cuerpo que suponemos desear es una superposición de proyecciones culturales inculcadas por el sistema tortuoso que quiere justamente impedirnos su goce; nuestro plato preferido, la única opción que nos deja un repertorio rígido canonizado por la costumbre. El pasado más remoto, la puesta de sol que estamos viendo o la naturaleza exacta de la punta de nuestra lengua, sólo tienen algún sentido o por lo menos alguna descripción plausible en algún capítulo o en algún volumen de una interminable biblioteca. Atrincherarse en lo empírico no aumenta el conocimiento, sino la ignorancia.*

**Juan José Saer.** *"El río sin orillas"*

# AGRADECIMIENTOS

La investigación que sirvió de base a este libro fue posible gracias a la beca que obtuve del Deutscher Akademischer Austauschdienst y que me dio acceso a la Biblioteca del Instituto Iberoamericano de Berlín, al igual que a la Biblioteca Nacional y a la Biblioteca Luis Angel Arango de Bogotá. Agradezco muy especialmente al Departamento de Antropología de la Universidad de los Andes por su apoyo para la publicación de este trabajo.

# CONTENIDO

| | |
|---|---|
| **INTRODUCCIÓN** | **13** |
| **I. DE LA CULTURA SEÑORIAL A LA URBANIDAD** | **25** |

**A. La tradición gentil**   **25**
**B. Tratados, manuales y cartillas**   **28**
**C. Los órdenes señoriales**   **37**
   1. El fundamento moral y las virtudes   38
   2. La distinción social   42
   3. Tradición hispánica y progreso   44
   4. El orden estético   46
   5. Los géneros   51
**D. La retórica de la civilidad**   **59**
   1. Gramática corporal   59
      *Aseo y control del cuerpo*   *59*
      *El vestido y el adorno*   *66*
      *El continente: conducta y movimiento*   *69*
      *La mesa*   *77*
   2. Método y uso del tiempo   80
   3. El lenguaje verbal   83
      *La conversación*   *83*
      *La correspondencia epistolar*   *85*
**E. Ámbitos**   **87**
   1. Intimo   88
   2. Familiar   90
   3. Social   92
   4. Público   93
**F. Sobre utilidad y práctica**   **95**

**II. SI SALUD Y DICHA QUIERES...**   **107**

**A. Lo que va de la urbanidad a la higiene: la moral**   **109**
   1. La recepción de la higiene   110
   2. La responsabilidad individual   114
   3. Un mundo adverso   118

|   |   |   |
|---|---|---|
| **B.** | **La higiene como propósito nacional** | **126** |
|   | 1. El imperativo del progreso y la ineptitud somática | 126 |
|   | 2. La higiene escolar | 129 |
|   | 3. Las campañas higienistas | 133 |
|   | *Nutrición* | *135* |
|   | *Alcoholismo* | *137* |
|   | *Paludismo y uncinariasis* | *141* |
|   | *Sífilis* | *142* |
|   | *Lepra* | *144* |
|   | *Tuberculosis* | *145* |
| **C.** | **La conservación de la salud** | **151** |
|   | 1. Producción y control poblacional | 153 |
|   | *Cuidado materno-infantil* | *153* |
|   | *Control natal* | *157* |
|   | 2. Los cuidados básicos | 158 |
|   | *Alimentación* | *158* |
|   | *Sobrepeso* | *161* |
|   | *Ejercicio* | *164* |
|   | 3. Las amenazas modernas | 165 |
|   | *Cáncer* | *166* |
|   | *Hipertensión* | *169* |
|   | *Corazón* | 169 |
|   | *Estómago* | *171* |
|   | *Nervios* | *172* |
|   | *Espalda* | *173* |
|   | *Sida* | *173* |
|   | 4. La moral integral | 174 |
|   | *Eterna juventud* | *175* |
|   | *Salud integral y medicinas alternativas* | *178* |
| **D.** | **Edades y géneros** | **181** |
|   | 1. La infancia | 182 |
|   | 2. Las mujeres | 185 |
|   | 3. Hombres | 188 |
| **E.** | **Crítica somática** | **191** |

## III. LABRAR EL CUERPO Y COSECHAR AL HOMBRE  197

| | | |
|---|---|---|
| **A.** | **Distanciamiento de la urbanidad** | **197** |
| **B.** | **Consolidación de la cultura física** | **197** |
|   | 1. El fortalecimiento del cuerpo: | |

|  |  | visiones de la higiene y la pedagogía | 205 |
|---|---|---|---|
|  |  | *El deporte* | *210* |
|  |  | *La gimnasia* | *216* |
|  | 2. | Los órdenes de la cultura física | 222 |
|  |  | *Modernidad* | *223* |
|  |  | *Géneros* | *228* |
|  |  | *Infancia* | *239* |
| C. | **Dimensiones del cultivo del cuerpo** |  | **240** |
|  | 1. | Extensión | 240 |
|  |  | *Popularización* | *241* |
|  |  | *Profesionalización* | *245* |
|  | 2. | Intensidad | 248 |
|  |  | *Bailes* | *249* |
|  |  | *Prácticas corporales alternativas* | *254* |
|  | 3. | Forma | 256 |
| D. | **Razones físicas** |  | **261** |

## IV. HIPERESTESIAS — 269

| A. | **La fe en el conocimiento** |  | **272** |
|---|---|---|---|
|  | 1. | El despertar de los sentidos | 273 |
|  | 2. | La higiene de los sentidos | 276 |
|  | 3. | La pedagogía de los sentidos | 279 |
| B. | **El rapto estésico** |  | **302** |
|  | 1. | Los substratos de la belleza | 304 |
|  |  | *El alma* | *305* |
|  |  | *El cuerpo* | *315* |
|  | 2. | Métodos y técnicas | 326 |
|  |  | *Voluntad* | *327* |
|  |  | *Artificio* | *329* |
|  | 3. | La sensibilidad caligénica | 333 |
| C. | **Sentio, ergo sum** |  | **342** |
|  | 1. | Aprensiones | 343 |
|  |  | *Nacionalidad y civilización* | *343* |
|  |  | *El deseo* | *346* |
|  | 2. | La verdad del cuerpo | 357 |

## EPÍLOGO — 363

## BIBLIOGRAFÍA — 367

# INTRODUCCIÓN

> (...) el principal objetivo de la teorización en la etnología no consiste en registrar regularidades abstractas, sino en hacer posible la descripción densa.
>
> *Clifford Geertz*

> *La superioridad de la etnografía es la consecuencia de su imperfección constitutiva... Ella trasciende en cuanto evoca lo que no puede representarse discursivamente de manera consciente y lo que nunca puede ser totalmente representado.*
>
> *Stephen A. Tyler*

Los textos de este estudio se ocupan de los ideales del cuerpo que han definido la modernidad en Colombia y, con algunas variantes, en América Latina. Su primera intención es avanzar en la comprensión de los discursos y los ideales forjados para imaginar, construir e interpretar el cuerpo en el esfuerzo por gestar y vivir la modernidad. A lo largo de las dos últimas décadas se ha puesto en circulación una profusión de investigaciones sobre los más variados acercamientos al cuerpo, cuyo solo examen ya se revela ilusorio (ver Duden 1989, Frank 1991). En medio de este auge, reina un consenso mínimo en torno al aserto de que pensar el cuerpo impone la transdisciplinariedad (Kamper/Wulf 1982a; Lash 1990; 1991; O'Neille 1984; Turner 1994b). Aparte de la tradicional inquietud de la etnología, el cuerpo ha sido auscultado recientemente por la historia de las mentalidades, la antropología histórica, la sociología de la cultura y la crítica cultural: la apertura de fronteras a que incita ofrece un ámbito nuevo y cómodo para la especulación hermenéutica.

Si para la etnología y la filosofía el cuerpo ha sido motivo de reflexión permanente, los textos genealógicos de Foucault le dieron a la historia, a la sociología y al conjunto de los estudios culturales una nueva perspectiva, especialmente al definirles un nuevo contorno a las áreas de estudio, las fuentes y los puntos de vista que consideran el cuerpo y dotarlos, para este propósito, de una visión política y cotidiana de la que antes carecían. Con ello, el cuerpo ha pasado a ser uno de los ángulos desde los cuales explorar nuevas facetas de las disciplinas humanas y reescribir la historia.

Los temas abordados en este trabajo han sido discutidos por todas las tendencias actuales de los estudios culturales y para todos los períodos de los dos milenios que estamos por concluir. En América Latina el interés por el cuerpo comienza a mostrar los primeros frutos en investigaciones sobre salud, etnicidad, violencia, erotismo, identidad y género, aunque no prosperan con la misma fecundidad los trabajos que enfocan de modo directo el cuerpo. En la presente etnografía me concentro con ánimo hermenéutico en los principales ideales del cuerpo moderno. Desde los diversos enfoques que destaco, mi propósito es dilucidar cómo ha sido entendido e imaginado el cuerpo, qué alcances y necesidades se le han atribuido y cómo se ha figurado la posibilidad de crearlo o transformarlo y con él al ser humano, concretamente al ciudadano y a la burguesía. Estas preguntas revierten de manera recurrente en la formulación de una antropología de la modernidad, de un acercamiento histórico-antropológico a la cultura de la experiencia moderna en América Latina.

Me he concentrado en resaltar la elaboración discursiva de significados fundados en el cuerpo, en comprender las estructuras semánticas erigidas para imprimirle un sentido y en determinar la extensión de estas lucubraciones. Siendo un fenómeno discursivo cuya composición estratigráfica sólo puede ser evocada desde la antropología histórica, el cuerpo insinúa varias cuestiones: cómo se entiende el ser humano, qué sentido tiene su vida y cómo puede construirla o modificarla a través del cuerpo. La historicidad de dichos interrogantes se muestra aquí en los discursos acerca del cuerpo: el norte es la constitución de la modernidad, si se conviene en que el papel jugado por el cuerpo en este devenir, tal es mi parecer, está en el meollo de lo que constituye la modernidad. Guardadas todas las distancias respecto a los procesos epicéntricos y a pesar de los desequilibrios globales de la modernización, el individuo moderno es aquel que cuestiona su historia y piensa, imagina y acomete su propia constitución y transformación, y lo hace en buena parte en el cuerpo, con el cuerpo y mediante el cuerpo. En las particularidades de la construcción de esta experiencia subjetiva y de su ideario estriba uno de los méritos de nuestra globalidad descreída.

Una antropología de la modernidad no puede pasar por alto lo que afecta a uno de los principales motivos de reconocimiento subjetivo y cultural, y a uno de los más prolíficos escenarios de creación metafórica que ha dispuesto la imaginación moderna: el cuerpo no es concebible como hecho objetivo -allí únicamente habría lugar para vegetar-, sino, ante todo, como un campo de elaboración discursiva que no cabe interpretar más que a la luz de los temores, los conocimientos, los intereses y la imaginación de cada época.

En consideración a la vasta área que han demarcado los estudios sobre el cuerpo y a la orientación transdisciplinaria que éste demanda, urge precisar qué cuerpo está en discusión. Por fortuna, el espíritu etnográfico de la pesquisa me llevó a volcarme directamente sobre las fuentes sin una selección previa del cuerpo que pretendía descifrar. El que encontré es el que cada época y, más exactamente, cada discurso ha querido ver: una imagen, un cúmulo de ellas y, para mayor precisión, varios discursos que jalonan nuestra propia comprensión y experiencia corporal.

Tener y ser un cuerpo son las dos caras del fenómeno que condiciona su elaboración cultural. Dos sencillas formulaciones de proveniencia antropológica se desprenden de este fenómeno bifronte: la construcción social del cuerpo guía la percepción de su condición física; a la vez, esta percepción material del cuerpo -marcada ya por categorías sociales- pone de manifiesto una concepción particular de la sociedad (Douglas 1970). Por otra parte, la certeza de ser aprehendido que su entidad física le otorga al cuerpo se traduce en una impresión compuesta por el cuerpo físico y la multiplicidad de sus manifestaciones. En general, este aspecto del individuo se tiene por inmodificable y consubstancial y revela, por este hecho, lo que se supone es su «verdadera naturaleza», el ser profundo, que se contrasta sin cesar con la percepción social del cuerpo. Tal «naturalidad» dimana a su turno de la doble acción de investir e invertir de que es objeto el cuerpo (Bourdieu 1977): las constantes inversiones -prácticas- que se hacen en él le confieren a un tiempo una investidura que se le *incorpora*. Todo en el cuerpo ha sido cincelado y, paradójicamente, se lo juzga como la manifestación personal menos modificable. Por ello mismo, porque se lo experimenta como exento de intención significante, se ve en el cuerpo la representación por excelencia del ser recóndito, de la naturaleza del individuo. Su percepción social obedece a significados compuestos por todos los órdenes discursivos que interactúan en el ámbito cultural.

El período considerado en este estudio abarca desde las últimas décadas del siglo XIX hasta los años ochenta del actual y concuerda con la consolidación de la modernidad, tal como ésta se presentó en Colombia. El énfasis recae aquí, en concordancia con Berman

(1988), en la formación de la subjetividad moderna, en «el intento que realizan hombres y mujeres modernos por convertirse a la vez en sujetos y objetos de la modernización, asumir el control del mundo moderno y hacer de él su hogar». Perfeccionar dicha subjetividad y al individuo capaz de vivir esta experiencia sería plasmar la modernidad, y es esta pretensión la que aclara la explosión del interés por el cuerpo.

El país que se enrumba en el siglo XIX hacia lo moderno ve en esta noción algo ajeno, una carencia: se sabe tradicional y aldeano; la capital es melancólica, conventual y santafereñamente señorial. Se reconoce la necesidad de introducir cambios no solamente externos, en la infraestructura, sino en la mentalidad misma, en la forma de enfrentar la vida. Lo moderno es aquello capaz de alterar en alguna medida el aspecto o el contenido de lo tradicional, es por lo tanto irreductible a una definición y aprehenderlo es tarea de cada momento particular. Es el enfrentamiento de un matiz dotado de historia con una versión imaginada del mismo. Se piensa que lo moderno no es una creación local: radica, antes bien, en conquistar un nuevo espacio, en una manera hasta ahora desconocida de hacer, decir o pensar algo, o en la combinación nueva de elementos ya existentes, para todo lo cual hay ejemplos en otros lugares. Puede consistir asimismo en mostrar algo antes escondido, o decir lo que no se decía, o pensarlo, o hacerlo. Lo moderno es nuevo, causa sorpresa y cambia las formas de percepción social.

En la periferia, lo moderno es utópico, es el deseo. Por la imposibilidad de estar al día en esa experiencia avasalladora y porque lo moderno se reproduce en proporción geométrica y viene de focos distintos, la modernidad consiste en vivir en pos de la experiencia imaginada, en la perpetua búsqueda de piezas que completen un rompecabezas en constante evolución: el cambio ininterrumpido que se anhela, únicamente se puede pensar conjugando lo moderno. La identidad siempre incompleta, fraccionada, inalcanzada e insuficiente que configura este anhelo nos hace subalternos, marginales e infelices, al tiempo que nos incita a realizar el ideal esencial de la modernidad: el progreso y la felicidad por medio de la autodeterminación y el perfeccionamiento ilimitado.

Por lo que hace al cuerpo, lo moderno tiene un itinerario y un libreto. Una vez señalado el matiz moderno y el punto de choque con lo existente, hace falta saber ejecutarlo, disponer de una fórmula. Lo moderno adquiere en el cuerpo un tinte particular porque su escenificación presupone la representación estética adecuada. No se representa lo moderno mediante una burda adquisición de los componentes; ellos deben combinarse en patrones precisos, en las cantidades y momentos oportunos. El conocimiento de estas fórmulas efímeras y volátiles es una virtud del buen gusto. Si este principio no se cumple se cae en la ramplonería, la chabacanería, la mescolanza de propiedades falsamente atribuidas a lo moderno y desvirtuadas en el provincialismo: la incapacidad de leer e interpretar apropiadamente el idioma de lo moderno.

Y es debido a esta propensión estética que el cuerpo moderno se convierte en columna de la distinción social nacional. Todo mal intérprete de esta composición queda algo relegado de la comunidad moderna, pues revela que su experiencia y su sensibilidad no armonizan del todo. Ello puede ocurrir en los diferentes órdenes que el cuerpo está en condiciones de regular: el comportamiento, el aspecto externo, los géneros, las edades, la figura, las percepciones o el estilo de vida. La clave está siempre en efectuar las combinaciones de manera conveniente. El uso adecuado de lo moderno produce la vanguardia de la burguesía, un consenso acerca del uso y el régimen de sanción de la modernidad. Esta vanguardia no es compacta, se presenta fraccionada y polífona, y en sus diversos discursos matiza y regula la experiencia de la modernidad.

Desafortunadamente, este siglo de la luz iluminó al cuerpo desde el ángulo de sus carencias. El nuevo interés por el cuerpo también llamó la atención sobre la ciudad que surgió como un espacio sucio, maloliente, insalubre y oscuro. Las calles se volvieron demasiado estrechas y la presencia indiscriminada del pueblo y su regodeo en el centro de la ciudad comenzaron a resultar algo fastidiosos. Acaso el paulatino clarear de la penumbra que trajo consigo la luz eléctrica haya ayudado a despertar nuevas sensaciones y un desconocido deseo por la luminosidad y el aire. En la ciudad se distinguió primero lo claro de lo oscuro, lo limpio de lo sucio, lo sano de lo enfermo, lo bello de lo feo, y empezó a perfilarse la sensación de rechazo que luego sería de repulsión hacia sus calles, sus locales, sus viviendas y, obviamente, sus habitantes, que la luz tornó más oscuros, sucios, borrachos y enfermos. Unos años más tarde, tanta iluminación y la inspección cercana y minuciosa de la higiene demostraron que en realidad se trataba de degenerados. Al menos así lo proclamó en 1917 Miguel Jiménez López, inaugurando oficialmente la modernidad, señalando la inminencia de la catástrofe, dándole carta de ciudadanía a la preocupación por el cuerpo como fuente de salud, conocimiento y moral, e invirtiendo el orden ontológico: sin un cuerpo limpio y sano, sin sentidos despiertos y educados, sin una sensibilidad cultivada, se harían imposibles el verdadero avance intelectual y, aún más, el desarrollo moral requerido por el país.

¿Cómo alcanzar con cuerpos tan defectuosos el ansiado progreso, pragmático como el estadounidense, encantador como el francés, eficiente como el alemán, cortés como el inglés, sobrio y señorial como el castellano? Higiene, alimentación, deporte, educación, vestido y modales, amén de habilidad, ingenio, sensibilidad y técnica conjurarían la maldición del mestizaje colombiano. Clasificando los males y distribuyendo soluciones: así inició el siglo su reconocimiento de la ciudad y de sus habitantes, distinguiéndolos, separándolos, proponiendo tratamientos adecuados para los analfabetas, los enfermos, las mujeres, los locos y los niños.

La opción que escogió Colombia para ingresar en la modernización fue un proceso que se inició en el siglo XIX a través de la educación popular (Helg 1984) y de la adquisición de conocimientos técnicos, específicamente de la formación de ingenieros, proyecto del cual la Escuela de Minas representa el momento más notable (Mayor Mora 1984, Safford 1976). Este propósito, animado con mucho ímpetu a lo largo de las primeras décadas del siglo, agudizó el instinto mimético de la burguesía frente a sí misma y frente al cuerpo social. La apropiación de la modernidad debía englobar tanto la subjetividad como la apariencia, y en ambos campos el cuerpo participaría activamente.

En cuanto a la modernización técnica y económica, la flexibilización de la estructura social condujo al aumento de la demanda interna, hasta el punto de permitir un desarrollo significativo de la economía (Safford 1976). Ni la alternativa de la tecnificación ni las propuestas educativas contenían una idea crucial del proceso modernizante, a saber, un proyecto emancipatorio democrático (Pécaut 1990). Sin embargo, no estaba del todo ausente. Si el Estado actuó como agente modernizador en algunos espacios (Octavio Paz 1979) -a menudo sin conciencia del alcance de las prácticas promovidas por los adelantos técnicos- al adjudicarle un papel central al mercado y promover la industrialización y la urbanización, la educación masiva, el conocimiento científico y la transformación del medio por su conducto (Brunner 1988), los proyectos modernizantes -aquellos que llevan a la modernidad- tal como los propone García Canclini, se colaron subrepticiamente a la sombra de los agentes de modernización. Su verdadera incursión tuvo lugar gracias a los medios de comunicación. Sólo un año antes de declararse públicamente la degeneración de la raza empezó a circular *Cromos*, un magazín que apadrinó los más variados discursos sobre el cuerpo moderno.

Con el nuevo siglo vino el reconocimiento del cuerpo como un componente básico de la persona y sobre todo como un requisito indispensable del progreso: sería improbable la formación de los ciudadanos y de la burguesía que las nuevas circunstancias tornaban necesarios, si no se le asignaba un papel activo al cuerpo, un papel en el que sus posibilidades de conocimiento y expresión y su propia sensibilidad fueran la base de la educación intelectual y moral. Aunque esta idea tenía antecedentes en el campo educativo, sólo entonces se la erigió en objetivo de diferentes discursos: la reforma educativa la defendía tanto como lo hacían la estética corporal o la medicina. Otro sostén importante se encontró en la urbanidad, el discurso sobre el cuerpo de mayor tradición en el país. Hasta que la voz del cuerpo se instaló definitivamente en el conjunto de las percepciones corrientes, de aquellas consideradas propias de la persona y necesarias para llevar una vida aceptable, el discurso de la urbanidad dominó la escena de la experiencia corporal.

La configuración del cuerpo socialmente legítimo y apto para el progreso tiene múltiples facetas. Con la higiene a la cabeza se desarrolló una nueva sensibilidad apoyada en el deporte y la nutrición. La introducción de los hábitos adecuados para incorporar estos principios recurrió a la educación: cuanto más temprana, más efectivos y legítimos los resultados. El hogar y la escuela se convirtieron en los principales espacios para adecuar el cuerpo; la higiene, la puericultura y la pedagogía, a su turno, en los medios predilectos para propiciar la adquisición de hábitos y cimentar un proyecto mimético: «La aspiración al papel conductor de la sociedad, por parte de la burguesía, se manifiesta en su cultura del gusto y la sensibilidad, que no solamente ejemplifica el poder, sino que se convierte también en uno de sus factores constitutivos. Buen gusto y sensaciones nobles son las percepciones distintivas de una sociedad que se forma nuevamente sobre la base de su disposición de capital económico y simbólico» (Gebauer/Wulf 1992:427). En el itinerario de la burguesía y la Ilustración estas percepciones constituyen el fundamento de su antropología. El proceso de mimesis se orienta hacia el interior para generar en la persona y representar en el cuerpo una nueva subjetividad.

El cuerpo moderno se libera y adquiere una naturalidad espontánea que reemplaza la trascendencia del alma (Baudrillard 1970). A tal fin deviene centro de energía, superficie pletórica de significados y manantial de sensibilidades y goces (Ziehe 1989). El proyecto de conducir el cuerpo hacia la modernidad comienza abandonando una antropología centrada en el fortalecimiento del alma, que tolera las debilidades del cuerpo y se esfuerza por salvaguardarse de su naturaleza y del conocimiento equívoco que genera. A la consideración del cuerpo como una bestia indomable cuyos impulsos sólo pueden resistir un alma virtuosa y una voluntad férrea, la concepción moderna opone la necesidad y, en consecuencia, la posibilidad de cultivarlo: el cuerpo resulta ser una entidad educable, transformable y susceptible de ser puesta al servicio individual y social. Pero antes es necesario conocerlo y actuar sobre su naturaleza por medio de la educación, de suerte que se armonice su convivencia con el alma.

Al iniciarse el siglo se afianza la idea de la imperfección del cuerpo de los colombianos. En el objetivo de transformarlo para gestar la modernidad no se incluye, sin embargo, el principio de la homogeneidad como una meta de ese proceso. El proyecto que se acoge más rápidamente y en el que se tiene más confianza es el educativo y, por su intermedio, el de la aplicación de saberes especializados a modo de vehículos de transformación del cuerpo. Esto en cuanto al pueblo, que debe prepararse para afrontar los primeros cambios que trae consigo la producción industrial incipiente. El cuerpo del trabajador debe reunir un mínimo de requisitos para fabricar el progreso.

En lo que concierne a las clases medias y altas, se pone énfasis en una propuesta educativa que beneficie el desarrollo sensorial, el conocimiento científico, el control del cuerpo, el sentido práctico, la delicadeza de las emociones y el buen gusto, mediante una compleja composición de elementos. La idea que se crea de ese cuerpo moderno es el resultado de la selección de factores de las más diversas proveniencias, combinados localmente sobre el fondo de una tradición hispánica y católica muy sólida todavía, y una estructura de clases y géneros intransigente que hará de las nociones de refinamiento y buen gusto uno de los pilares del orden social de la modernidad.

La antropología de la modernidad rehabilita el cuerpo, aterriza la totalidad del ser humano, la hace asequible y moldeable. Al cuerpo se le reconoce una influencia definitiva sobre la mente y el espíritu, a cuyas intimidades accede el conocimiento y para cuya formación se apresta al cuerpo. La modernidad del cuerpo no radica solamente en subyugarlo en beneficio de la razón; el uso de los saberes también supone una complejización social que le ha concedido un terreno al regocijo. Bien sea que se lo vea normado y constreñido, como fetiche, embellecido o hedonista, el cuerpo moderno es antes que nada aquél que norman los discursos, que los saberes somáticos permiten experimentar y que establece una relación particular con la muerte y la naturaleza.

Con todo y el ánimo etnográfico, la información sobre la que aquí reflexiono no ha sido recogida en un trabajo de campo clásico, sino recabada en un conjunto de fuentes escritas que ofrecen distintas imágenes del cuerpo. Mi visión hermenéutica apuntó a lo que Geertz denomina una «descripción densa» (*thick description*), es decir, a componer estructuras significativas. A diferencia de muchos trabajos sobre el cuerpo que exploran las manifestaciones artísticas, los textos especializados y la iconografía de las ciencias, las religiones o la filosofía, en este caso el corpus está compuesto por los discursos dirigidos al «ciudadano común». Muchos de ellos expresan una concepción trivial y popular del cuerpo y de la forma como la sociedad lo construye e interpreta. En este contexto es trivial lo que expresa aspectos del ideario común sobre la base de un consenso mínimo en torno a los significados que comparten los lectores y las posibilidades que se les ofrecen para elaborar la realidad (Nusser 1991, Schulte-Sasse/Werner 1977); es popular aquello que tiene gran difusión, independientemente de su origen étnico o de clase, es decir, lo masivo (Martín-Barbero 1989). Con esto quedan congeladas las dificultades sobre hegemonías, alta cultura, folclores, identidades culturales y culturas tradicionales, sin que este hecho impida que a lo largo del trabajo se planteen apreciaciones sobre algunos de estos aspectos, en especial en función de grupos y clases sociales. El corpus de este estudio está dictado por el consumo de los discursos y dentro de ello no he contemplado su recepción más allá de lo que las citas y las referencias cruzadas permiten entrever. Aspiro solamente a que el consumo de las fuentes -la lectura- le procure validez a su uso etnográfico.

Tampoco indagué la recepción de los usos y prácticas aquí analizados, bien fuera en términos de clases o sexos, bien de ingreso o lugar de vivienda. No obstante, mi interés exclusivo en los discursos se explica por su calidad de exponentes de los ideales y no por su realización práctica. Las fuentes consultadas ilustran por lo común la visión de las clases cultas, generalmente de miembros de la clase alta, que han sido los más interesados en consignar y poner en funcionamiento los procesos de creación de la burguesía. Por todas estas consideraciones, tomé como fuentes importantes la revista *Cromos*[1] y varias cartillas para la educación escolar y popular, así como aquellas editadas por las entidades del Estado con el fin de propagar prácticas determinadas, y no los trabajos de la etnología nacional; los textos de médicos o pedagogos para un público amplio, y no las revistas y los libros especializados. Seleccioné algo de la legislación sobre salud, educación y deportes porque ella se emite para afectar al grueso de la población nacional y a ello agregué algunos escritos -ensayos- que sirven de marco al pensamiento de las diferentes épocas y que, si no pueden calificarse de triviales, tampoco pueden considerarse especializados: con una circulación relativamente masiva, discuten más bien problemas específicos con un rigor mínimo que no llega a tener contornos científicos. A estos materiales se suman algunos de los cuentos aparecidos en la misma revista *Cromos* y obras de la literatura nacional.

Tal vez el lector encontrará con sorpresa - esa fue mi experiencia- que la prensa «ligera» trató tempranamente muchas de las inquietudes sobre el cuerpo que se descubren en las expresiones cultas y que por esta vía los discursos de la modernidad se popularizaron más pronto de lo que solemos admitir. Me he dado a la tarea de extraer de estas fuentes lo que a mi parecer podía entenderse como un discurso sobre el cuerpo y definir los motivos que captaban la mayor atención. De esta labor resultó que algunos discursos concentraban la casi totalidad de los motivos sobre el cuerpo: higiene,

---

[1] Cromos *es un magazín semanal que ha circulado ininterrumpidamente desde 1916. Presenta información sobre la actualidad nacional e internacional, temas de interés general y columnas de opinión. En las primeras décadas del siglo incluía también una página «editorial» en la que se discutían asuntos de política, economía, educación y salud. Otras secciones regulares eran las de moda, belleza y deportes, así como las literarias en las que aparecían cuentos y poesía. Su presentación y contenido son asimilables a* El Cojo Ilustrado *de Venezuela y a* Caras y Caretas *de Argentina. Como su nombre lo indica, un fuerte de esta publicación es desde sus inicios la información visual. Por su precio, el volumen de sus ediciones, el contenido y el lenguaje, ha sido una revista de amplia circulación y asequible para un amplio sector de la población.*

cultura física, pedagogía, belleza y sensitividad. El primer capítulo, que se ocupa de la urbanidad y se basa exclusivamente en manuales y cartillas, representa un momento anterior al ingreso pleno en la modernidad y se refiere tanto al desvanecimiento de la sociedad señorial como al desplazamiento del cuerpo hacia una noción moderna en un discurso tan tradicional como el de la civilidad. Los motivos que aparecen reiterativamente en la prensa y en otras fuentes traslucen a mi juicio tres perspectivas, momentos sobresalientes si se quiere, de los discursos sobre el cuerpo. La urbanidad constituye un escenario de representación en el que el cuerpo roza la modernidad y vivió su auge en el siglo XIX y las primeras décadas del actual; los discursos sobre higiene, salud y cultura física dan cuenta de la funcionalización del cuerpo y su adaptación a la modernización tecnológica con un desarrollo pleno a partir de la década de los veinte. Por último, el cuerpo como fuente de hiperestesias fue invocado por los discursos de la razón, la estética corporal y la sensitividad y es posiblemente, de todos los anteriores, la concepción que marca más notoriamente nuestra actualidad.

*Berlín, septiembre de 1996*

# I. DE LA CULTURA SEÑORIAL A LA URBANIDAD

## A. La tradición gentil[1]

La buena educación de los colombianos es proverbial o al menos lo fue hasta bien entrado el siglo XX, si hemos de creer a los visitantes y habitantes que no dejaron de afirmarlo, sin por ello perder su sentido crítico frente a otros aspectos de la vida nacional. Esta «cultura» la componían el buen hablar, los buenos modales y la ilustración: «la manía de mostrar erudición aparece como una de las más notables características de nuestra gente culta» (Gutiérrez 1961:15). Cuando Humboldt visitó la ciudad en 1801, «se encontró en las tertulias, en las conversaciones, en las simples visitas de cortesía, tan sutil ingenio, tanta ansiedad de conocimientos y de profundidad, tanto cuidado por la buena expresión y tanta erudición, que le confirió a la ciudad el hiperbólico calificativo de Atenas Americana» (Osorio Lizarazo 1955:655). Si fue Humboldt u otra persona quien dio este nombre a la ciudad, si ello sucedió entonces o hace cuatro siglos, lo cierto es que «una característica de la mentalidad bogotana desde sus comienzos y hasta el presente lo es el respeto social que infunde la cultura; es de creerse que el nombre de «Atenas» provenga de la supuesta posibilidad de escalar los rígidos estratos sociales de nuestra vida pública a través del dominio de elementos culturales» (Gutiérrez 1961:19), o de lo que se entiende por ello, que es el apego a la forma. Sobre poetas, letrados y gramáticos en esta «Atenas suramericana» se ha discutido bastante; menos atención ha recibido otro elemento de este mito de la ilustración local: la urbanidad. «En Colombia, (...) se habla bien, se ama la buena educación, entendiendo por ésta los buenos modales y se hace de ellos timbre de orgullo, porque son en realidad el refugio de la discriminación racial» (Gutiérrez 1961:27); o, mejor aún, de la distinción social que requiere un discurso de mayor sutileza.

---

[1] *Este es un concepto utilizado por Brown para referirse concretamente a la segunda mitad del siglo XIX, cuando «Colombia asistió a una proliferación de la afectación cultural, tan divorciada de la realidad, que puede ser descrita como «la tradición gentil» (1980:445). Aunque Brown alude exclusivamente al cultivo de la literatura por parte de las élites, hallo adecuado el término para describir el interés de las mismas por un ordenamiento social armónico y estéticamente normado como el que imagina la urbanidad.*

En 1882, Carnegie halló que las maneras bogotanas, de estilo francés, le recordaban las de sus abuelos. El nuevo siglo no cambió nada estas maneras circunspectas de los bogotanos: «todo estaba medido, los gestos, los ademanes, el paso, la voz, la carcajada» (Mora 1937). En su primera visita de 1912, Franck no juzgó tan positivo este rasgo, consecuencia a su parecer del aislamiento de la más aislada de las capitales suramericanas y de la autocomplacencia resultante de ello, «in a race that lays more stress on the correctness of its manner than the weight of its matter» (Franck 1917:33). Veinte años más tarde Franck hablaría de la importancia que tenía la elegancia en la ciudad, observando, empero, que había desaparecido algo de su encanto de ciudad perdida en los Andes (Franck 1943).

«Santa Fe de Bogotá es hoy una ciudad moderna y al mismo tiempo señorial, de gran temple espiritual y de refinada cultura», escribía Góngora (1932), un visitante español a quien parecieron selecto el espíritu bogotano y humildes y sencillos sus habitantes, de buen decir y educación exquisita, especialmente las mujeres. La Bogotá republicana que Samper (1990) recuerda como «la verdadera Bogotá» se prolongó hasta los años 40: fue la de «las buenas maneras y modos», a diferencia de la posterior, en la que se impusieron, incluso entre las mujeres, los malos modales y lo que en habla muy bogotana se califica de «guachocracia»: la ordinariez y la grosería. Este sentimiento de pérdida de un valor tradicional de la cultura local lo compartía en 1969 el Ministro de Educación Nacional, que guardaba la esperanza de que con la práctica de las buenas maneras «nuestra vida social vuelva por los fueros de la cortesía y del buen tono» (Ospina de Navarro 1969:3).

La *ciudad letrada*, caracterizada por Rama (1984) como definitoria del barroco latinoamericano y que viene a ser un sinónimo de la manida Atenas Suramericana, vivió uno de sus períodos más notables en las ciudades que Romero llamó «hidalgas». En sus salones «se encontraban los elegidos, se ejercitaban las delicadas artes de la cortesía y la etiqueta, se coqueteaba y se hablaba de poesía; y además se bailaba y se cantaba, en un ambiente refinado y elegante» (Romero 1976:88). Y aunque Bogotá no alcanzó el boato de Lima o México, también los colonizadores y funcionarios, en particular durante el virreinato, adoptaron los valores del decoro y la dignidad propios de la vida hidalga para sustentar con su ascenso social la rigidez del sistema dual. En las capitales latinoamericanas se destacaron «el brillo cortesano, las actitudes señoriales y el decoro armonioso con que los hidalgos se sobreponían a las duras contingencias de la vida» (Romero 1976:117). Los movimientos emancipatorios, las reformas y las revoluciones desacreditaron en mucho los rezagos hidalgos, pero la burguesía criolla ilustrada adhirió a la ciudad como foco de civilización e ilustración, y en ella floreció la nueva urbanidad burguesa. Esa urbanidad de la que se preciaban los bogotanos republicanos y que distinguió la ciudad hasta mediados del siglo XX, se desprendió de la tradición cortesana y de la sociabilidad burguesa europeas para modelar y normar el cuerpo en sus movimientos, expresión y figura. Los tratados de urbanidad[2] representan las huellas de esta concepción moral y estética designada por una diversidad de voces que se refieren al conjunto de reglas que forman y sancionan pormenorizadamente el desempeño corporal, el uso de la palabra y la conducta social.

La urbanidad sirvió en Colombia como en los demás países latinoamericanos para medir el grado de civilización: sobre sus principios se definió una jerarquía social nacional a la vez que un patrón para juzgar el país en relación con las naciones europeas. Al acogerse a un sistema que clasificaba el comportamiento en bárbaro y vulgar o civilizado y de buen tono, las sociedades latinoamericanas se nombraron a sí mismas con estos términos. Desde este punto de vista, un proceso de civilización como el que describe Elias (1969) responde efectivamente al que las élites y los autores de normas de urbanidad quisieron ver desarrollarse en un país que se les aparecía bárbaro y vulgar. Las élites se erigieron en abanderadas locales de la civilización; hacia afuera del subcontinente mantuvieron su rango menor. Sentirse y lucir como una ciudad culta fue un propósito explícito de la Bogotá republicana que quiso prolongar su tradición de Atenas Suramericana. Hacer ostentación de buenos modales significaba exponer en la forma de una tradición de costumbres refinadas un patrimonio que era equiparado con cultura (Ardila 1986).

---

2 *Urbanidad es el término más generalizado para referirse a esta materia; otros frecuentemente empleados son civilidad, sociabilidad, cortesanía, buenas maneras, buen tono, policía, cortesía, educación social, buena educación, distinción social, buena crianza, buen comportamiento o don de gentes. Etiqueta y protocolo son palabras que designan comportamientos más ritualizados que sólo se practican en ceremonias a las que asisten personas en calidad de representantes de estados, gobiernos o empresas. El término policía, de origen griego* (polis) *incorporado en las palabras inglesa y francesa* -politeness, politesse-, *prácticamente ha desaparecido del uso hispano, en el que se impuso el vocablo urbanidad, de origen latino* (urbs), *que remite igualmente a las características de la vida en la ciudad por oposición a las relaciones acostumbradas en el campo.*

Y si sólo una mínima parte de la sociedad siguió a pie juntillas las minuciosas disposiciones de la civilidad acerca de las visitas, las maneras de mesa o las menudencias del saludo, sus principios básicos, en cambio, se difundieron de manera más generalizada: higiene, método, respeto al orden social, corrección en el vestir, uso del tiempo, noción de un comportamiento femenino y uno masculino, al igual que principios estéticos y morales a partir de los cuales elaborar normas de distinción social. Esta difusión se logró incluyendo la urbanidad en los programas escolares e imprimiendo de modo masivo y a lo largo de varias décadas cartillas y manuales de urbanidad.

## B. Tratados, manuales y cartillas

Los textos de urbanidad codifican los ideales del comportamiento sobre los principios del respeto a las estructuras sociales, el trato armónico entre las personas y el cuidado de la tradición, y tienen en común su carácter pedagógico. Puesto que el género no es en absoluto homogéneo, parece oportuno especificar las fuentes que han servido de sustento a esta disquisición sobre la urbanidad, los autores de tales escritos y los propósitos perseguidos por ellos.

Los principales libros de cortesanía de la tradición europea han sido discutidos en detalle por Norbert Elias y, más tarde, por Jacques Revel; sólo los mencionaré en cuanto se relacionen directamente con los manuales presentados aquí, en donde me ocupo casi con exclusividad de textos escritos por hispanoparlantes, ante todo por autores colombianos. Los manuales españoles -poco menos que ignorados por Elias y Revel- surgieron de los textos del *Cinquecento* y de la obra de Gracián, y marcaron tempranamente los conceptos latinoamericanos de hispanidad y sociabilidad. La paradoja que encierran los manuales de buenas maneras proviene del hecho de que describen comportamientos atribuidos por observadores y educadores, bien a las clases altas, bien a quienes llevan una vida excelsa, sin que las personas y clases así consideradas admitan acogerse ni, menos aún, recurrir a ellos. Es propio de las élites no tratar en público asuntos de tal índole: la educación de niños y jóvenes ocurre en la intimidad del hogar, se transmite oralmente y se luce en los salones con una naturalidad que hace pensar en cualidades innatas (Mension-Rigau 1992). De ello se sigue que los manuales traducen la percepción social que se tiene de las élites: su desempeño, sus atribuciones, las formas y el sentido de la distinción, así como los límites y las sanciones. Su código configura el ámbito estético atribuido idealmente a las élites y contiene las reglas para su enjuiciamiento. Los manuales latinoamericanos, en particular, fueron escritos para crear y fortalecer la burguesía. Sus autores hicieron a menudo parte de ella y escribieron sus obras durante un período marcado por el diseño de modelos e ideales para la consolidación de una identidad nacional forjada sobre lo que se consideraba los fundamentos de la vida civilizada. En ello se asemejan a los textos medioevales, pero incorporan además los principios de distinción y progreso material característicos del orden social burgués.

La mayoría de los manuales se escribió para quienes habrían de ingresar en los círculos burgueses, ya fueran niños y jóvenes, como en el *Manual de Urbanidad* (1880) de Carreño, ya jóvenes adultos que ascendían en la jerarquía social y buscaban el tono adecuado para ser socialmente admisibles. A este grupo pertenece el *Protocolo hispanoamericano* (1917) de Ospina. Otra variante promueve la adopción de los códigos de comportamiento urbanos entre un amplio sector de la población e impulsa la transformación hacia una sociedad armónica, amable y civilizada, por cristiana, como lo hace muy especialmente la *Cultura Social* (1922) de Montañés, según el modelo de la *Civilidad* de Erasmo y las *Règles de la bienséance* de La Salle. Los manuales de urbanidad, por tanto, más que registrar las formas reales del trato social, proponen un comportamiento social ideal o, al menos, los márgenes dentro de los cuales la sociedad concibe su propia actuación.

Entre los textos de urbanidad pueden distinguirse los que fueron concebidos para niños y jóvenes -como el de Erasmo- de los destinados a adultos -como *El Cortesano* o *El Galateo*-. Las obras colombianas de los dos últimos siglos conservan también esta división. El texto completo del *Manual de Urbanidad* de Carreño, por ejemplo, aun cuando expresa en el subtítulo su intención de ser un libro para niños, no puede considerarse como tal, pues se dirige a los adultos. Este hecho lo reconoció sin duda el autor mismo, pues realizó una segunda versión abreviada para el uso en las escuelas.

Los textos pueden también catalogarse conforme a su intención. Algunos son verdaderos tratados, que no sólo se ocupan de describir pormenorizadamente maneras, vestidos, movimientos y comportamientos, sino que contienen, sobre todo, una elaborada argumentación moral en torno a la urbanidad. Su propósito es formativo: transmitir una concepción de las buenas maneras que ve en ellas el espejo del alma humana. Vistas así, dichas obras lo son de educación -de «buena educación»-, entendiendo por ello un proceso que engloba a la persona entera. A diferencia de éstas, las que podrían denominarse cartillas o manuales son un conjunto de instrucciones para comportarse adecuadamente en cada situación. La intención es más bien superficial: no se apela a principios morales o a una formación integral, sino a la necesidad o conveniencia de adoptar oportunamente los usos sociales con una finalidad pragmática. Del primer tipo son el *Manual* de Carreño, el *Protocolo* de Ospina y la *Cultura Social* de Montañés, mientras que se pueden incluir en el segundo el *Código de Etiqueta* (1930) de Camposol, la *Urbanidad para Niñas* (1969) de Peláez e incluso el *Don de Gentes* (1958) de Sofía Ospina de Navarro, los cuales invocan más la conveniencia social que la sinceridad del alma. Los orígenes de estos códigos se entremezclan. Los primeros, fundados en las virtudes morales y la conducta cristiana, continúan la línea de Erasmo y La Salle; los segundos, de intenciones más prácticas, enarbolan los principios del honor, el decoro y la distinción de la vida social, pero aun así comparten, en mayor o menor medida, postulados conducentes a la introducción y consolidación de una ética y un código de comportamiento burgués.

Desde principios del siglo XVII se conoció en América el *Galateo Español*, adaptación del *Galateo* de Giovanni della Casa realizada en 1582 por Gracián Dantisco, y de la que se hicieron numerosas ediciones (Morreale 1968). Domingo de Becerra tradujo también la obra, de modo que circularon dos versiones españolas del *Galateo*. Ya Boscán había traducido *Il libro del Cortegiano* de Castiglioni, aparecido en 1528. Ambas obras influyeron notoriamente en la noción del ideal cortesano español del Renacimiento (Morreale 1959), cuyos fundamentos dejó consignados Alfonso El Sabio en *Las siete partidas*.

Típico del Renacimiento español fue su percepción del vulgo en contraposición al cortesano que hace a un lado los valores implicados en el término *civis*, esto es, su cualidad de hombre citadino, de ser que se desenvuelve políticamente, para dedicarse exclusivamente a su condición de caballero e hidalgo y afirmar así "la personalidad total del varón, que no admite reservas ni ironías» (Morreale 1958:241). La máxima de caballerosidad de ninguna manera se circunscribe a una categoría social, sino que se apoya y tiene su razón de ser en las cualidades morales (Eisenberg 1990): el caballero español es un hombre de bien, gentil y galán; caracterizan al *Galateo* español la compostura y su actuar ajeno a la afectación (Morreale 1962), aunque ya en el barroco la simulación entraría a formar parte de las dotes de *El Discreto*. Al estilo de Maquiavelo y enfrentado a un mundo de desengaño, el hombre de la corte se preocupa por agradar para subyugar: la simulación y la apariencia cobran una importancia singular (Jankélevitch 1958) para quien se esfuerza por alcanzar la perfección en el trato social. El Renacimiento fusiona, pues, el ideal cortesano y la ética humanista provenientes de la concepción del *vir bonus* de Cicerón y Quintiliano (Spang 1979): tal es el aporte que hace Castiglione y de ahí su influencia en la literatura y la sociedad renacentistas. Las cualidades de este comportamiento son gracia, gentileza, gallardía, desenvoltura, despejo, buen gusto y decoro[3], pero también aliño, aseo y orden. Todas ellas se conservarían en varias de las urbanidades escritas en Colombia.

*Règles de la bienséance et de la civilité chretienne,* publicado en 1667 y en su segunda versión en 1703, si bien no fue el primer texto de su género, sí representó un viraje en la concepción de la cortesanía, por cuanto advirtió la necesidad de aplicar la civilidad a la obediencia y a los deberes para con Dios, y sugirió extender sus prácticas a toda la población, preservando, no obstante, los criterios de distinción social (Elias 1969; Revel 1986). Esta obra, de la que dos décadas más tarde se produjo una versión para niñas, se mencionaba en Colombia todavía a principios de este siglo (Uribe 1919) para indicar que las virtudes cristianas eran la base de la educación popular.

Una muestra temprana de la atención que le mereció el tema de la urbanidad a los pensadores nacionales la dio Rufino Cuervo, quien no solamente publicó su *Catecismo de urbanidad* en 1833, sino que hizo una segunda edición revisada del mismo veinte años después. Fuera de ser la primera urbanidad que he identificado para el período republicano, fue la primera escrita para mujeres en esta época. Al respecto dice el propio Cuervo: «La educación de la niñas exige hoy, más que en ningún otro tiempo, una atención especialísima. En el embate de los vicios y de los malos instintos que amagan tornar el país a la barbarie, la providencia nos presenta, en nuestras

---

3 *De los valores específicos de estos vocablos en los textos originales y en sus traducciones, se ocupa Morreale en diferentes escritos relacionados en la bibliografía. Aquí los señalo porque, con algunas divergencias de significado, varias de las urbanidades consultadas los emplearon a modo de epítetos para evaluar el comportamiento ético y social.*

esposas y en nuestros hijos salvándose de la corrupción general, una esperanza, un medio de salud para el porvenir» (1853:3). El interés de Cuervo por la urbanidad abarca los elementos principales que habrían de ampliarse en las décadas siguientes: la confianza en ella como recurso civilizador y la entrega de sus secretos a las mujeres para garantizar la educación apropiada de los hijos en el seno familiar. Así, las mujeres se convertirían en garantes de las buenas costumbres y se harían cargo de la privatización propia de la vida burguesa (Zaidman 1991).

En 1880, Soledad Acosta de Samper publicó en su revista *La Mujer* una serie de notas de urbanidad destinadas especialmente a las señoritas. Tras advertir que se referiría someramente a cuestiones prácticas, es decir, materiales, señalaba que por

*falta de urbanidad y de un porte fino y cortesano, podemos hacernos a crueles enemigos que se ceben en nuestra reputación y nos hagan infelices. Así pues, es preciso que las niñas, desde que tienen uso de razón, aprendan que la vida no es sino una serie de sacrificios más o menos grandes, para cumplir los cuales necesitamos armarnos con una capa de cortesanía que haga amable esa abnegación (Acosta de S. 1880(39):74).*

Otros aspectos sobresalen aquí: la enorme exposición en que se halla la mujer y la escasez de conductas adecuadas entre la naciente burguesía local. Siempre conminada por la vulgaridad, la élite pugna por instaurar un orden que asegure las jerarquías y garantice su superioridad. De no ser así, los nuevos grupos sociales podrían fortalecerse apoyándose en principios amenazadoramente democráticos que menoscabarían los cimientos tradicionales de la distinción social y podrían deponer a la élite señorial o pervertir su estética. La consignación de estos consejos, que en realidad deberían aprenderse en la privacidad del hogar, se justifica porque

*en este país, en donde impera la democracia, frecuentemente se ignoran en el seno de las familias ciertos deberes de sociedad indispensables para mezclarse en ella con lucimiento y granjearnos la buena voluntad de los demás. Aquí, en donde suelen levantarse de las más ínfimas capas de la sociedad familias que habían permanecido oscuras, las que no tenían por qué estar al corriente de la buena compañía, aquí, repetimos, es más indispensable que en ninguna otra parte aprender las reglas de la urbanidad; pero de una urbanidad fundada en los sentimientos de la dignidad humana, nacida del buen corazón y del conocimiento de las leyes divinas, no cimentada solamente en ciertas reglas tontas y usos y costumbres que no tienen razón de ser (Acosta de S. 1880(39):74).*

Acosta de Samper reafirma que es indispensable marcar diferencias, porque no basta, como piensan algunos, la compañía de personas de buen gusto y modales amables y sencillos para adquirir la urbanidad que caracteriza a ciertas mujeres cultas:

> *La cortesanía proviene y es el precioso fruto que se cosecha del conocimiento de sí mismas; del respeto de los derechos de los demás; del sentimiento de los sacrificios que las relaciones sociales imponen al amor propio; es la necesidad, en fin, de la concordia y los afectos del corazón. Pero la urbanidad no es sino el barniz, o más bien la parodia de la cortesanía, pues para que ésta tenga consistencia es preciso apoyarse en la sinceridad, la modestia, la amabilidad, que jamás patentice las ridiculeces y los defectos de los demás, que nunca use de chanzas sino de manera que no se pueda herir el amor propio ajeno, que se conozca que la cultura de la que se hace uso no encubre la vanidad, la futileza y una observación superficial de las formas, sino que es efecto de una verdadera delicadeza, una real reserva y una innata bondad (Acosta de S. 1880(39):75).*

Entreverando cultura, cristianismo y civilización, a la usanza de La Salle, Acosta de Samper consigue erigir la cortesanía en verdadera virtud que sirve de bastión inexpugnable a la superioridad social. Paralelamente, elabora el concepto que identifica cortesanía y cultura vigente hasta la actualidad. La cultura es

> *(...) la expresión completa de la civilización cristiana y el vestido que encubre una verdadera virtud y un profundo amor al bien. Una persona que carece de buena crianza es un ser que no ha cogido el fruto de la civilización; puede ser tan instruida como guste, rica, espléndidamente ataviada, tener una posición elevadísima en la jerarquía social, pero si no es cortés y no posee modales cultos, jamás se podrá decir que pertenece a la buena sociedad... es preciso tener el pudor de las emociones, las cuales, no porque se encubran serán menos sinceras (Acosta de S. 1880(39):75).*

Pero ni estos textos ni otro ninguno de los publicados con posterioridad tuvo ni ha tenido la difusión e influencia del *Manual de urbanidad y buenas maneras* de Carreño que se utilizó durante décadas en todo el continente, se sigue publicando y es tenido por obra de referencia obligada. La versión completa del *Manual de urbanidad* no ha sido tan difundida como el *Compendio*, el cual incluye el capítulo sobre los deberes morales del hombre y ha sido editado durante décadas como texto escolar. De modo similar a lo ocurrido en Italia con *Galateo*, el nombre mismo de Carreño basta para calificar un comportamiento de adecuado o impropio: «según

Carreño...» o «como dice Carreño...» tuvieron larga vida como fórmulas de sanción. No es otro el código que debe transgredir la protagonista de *Jaulas*, la novela de María Elvira Bonilla, para atreverse a visitar los bailaderos de salsa «con una vitalidad casi de mentiras, apetitosa, en la mezcolanza, con esa gente dizque ordinaria y mañé, pero qué gente, y acércate más que apretaditos estamos los dos, sin urbanidad de Carreño, retorciéndonos de sensaciones...» (Bonilla 1984:87).

El *Protocolo hispanoamericano de la urbanidad y el buen tono* fue publicado por Tulio Ospina hacia 1917 y se hicieron por lo menos tres tiradas del mismo. Se trata de una obra bastante pormenorizada en la que llama la atención el interés del autor por enriquecer la identidad hispanoamericana con los hábitos de la sociabilidad, especialmente la de quienes han mejorado su posición social merced al estudio universitario. Su valor radica en que fue escrita para que se la empleara en la Escuela de Minas, avanzada del progreso y la modernización del país a finales del siglo anterior y comienzos del actual, donde se alentó la formación de «hombres virtuosos» y de una clase empresarial moderna que condujera el país hacia el capitalismo dentro de los lineamientos de una moral laica. La obra tiene el explícito propósito de abrirle a una clase en ascenso las puertas de un mundo social discriminatorio y ritualizado en su comportamiento, como parte de un proyecto racional de formación de una élite moderna, tal como lo fue la Escuela de Minas bajo la dirección, entre otros, del propio Ospina.

> *Ciertamente que el nuevo tipo social que la Escuela Nacional de Minas buscaba crear en Antioquia, era un individuo preparado, material y psicológicamente, para participar en clubes como El Campestre, donde la práctica de los deportes se adelantaba con la clara finalidad racional de alcanzar un mejor equilibrio psicofísico entre la vida de trabajo y la actividad fuera de él (Mayor 1984:227).*

Estos textos -los más representativos- no agotan para nada el inventario de este género pedagógico. La producción puede considerarse prolífica, si se piensa que la palabra urbanidad evoca a menudo una faceta impositiva de la educación, uno de esos lastres casi banales que mortificaron la infancia y la juventud, análogos al aprendizaje memorístico o a la severa disciplina escolar, pero a los que no es raro reconocer a la postre un carácter formativo de la moral y el respeto, y en cuya desaparición se ve una de las causas de la «pérdida de los valores morales».

En el curso del siglo aparecieron varios manuales -muchos de ellos de uso escolar-, dado que la urbanidad ha sido varias veces asignatura obligatoria del pénsum. La mayoría de los que mencionaré aquí fueron escritos por autores nacionales; los otros señalan matices de la evolución del sentido y la forma de la urbanidad en la tradición hispanoamericana.

La *Cultura social* de José Santos Montañés, publicada en 1922, que había visto en 1938 la quinta y en 1960 la octava edición, es la obra que más enfatiza la formación católica de la juventud y representa el extremo opuesto de este abanico. Montañés, más cercano a las prácticas religiosas que a las sociales, es el autor más asentado en la tradición hispánica, de la que rescata conceptos como el de continente, registrado en *Las Siete Partidas*. En las cuestiones de la moral católica se remite, con insistencia, a la *Imitación de Cristo*. Este manual, texto escolar durante muchos años, es el único que no revela vislumbres de una percepción moderna del cuerpo, sino que mantiene fiel a la noción cristiana medieval del cuerpo amenazante que debe ser constantemente contenido por un alma fortalecida en las prácticas espirituales cristianas.

Los textos restantes son manuales y cartillas que no poseen argumentaciones muy elaboradas sobre los fundamentos de la sociabilidad y se ciñen al registro de las normas que convienen en el trato social. Los hay tanto anclados en las virtudes cristianas como de intenciones puramente pragmáticas, y todos se dirigen a un público amplio, como el escolar, o a uno adulto interesado en actuar conforme a las normas de la urbanidad.

*Don't. Lo que no debemos hacer ni decir en sociedad* es una traducción adaptada del inglés que desaconseja conductas socialmente inadecuadas. La modalidad más radical de este género es un pequeño libro para uso escolar publicado en 1926, cuyo enfoque es más utilitarista y coincide en su estructura con el tratado de Carreño. Su título es *Urbanidad y cortesía* y en él aparece por primera vez la cortesía separada de la etiqueta. A la última corresponde «el conjunto de reglas y ceremonias que se observa en ciertas reuniones oficiales y actos públicos solemnes, en que no caben la familiaridad y la llaneza» (1926:8). Queda así autorizada cierta relajación en el trato cotidiano, al que no se le atribuye ningún significado particular más allá de la facilitación de las relaciones interpersonales.

Los Hermanos Maristas editaron en 1928 la *Cartilla de urbanidad para niñas* y, el año siguiente, la misma para niños. Ambas habían sido reeditadas por octava vez en 1949 y con un contenido casi idéntico presentan cuadros contrastantes que ilustran el comportamiento propio de niñas y niños bien y mal educados. Predomina la información visual, acompañada en cada cuadro de una sentencia explicativa. En páginas intercaladas se instruye, a la manera de un catecismo, sobre los comportamientos sugeridos.

Estas cartillas no discuten la urbanidad, se dirigen al público escolar y no examinan conductas sociales características de las clases altas, sino que retratan y explican unas normas que incumben a todos. Sólo en pocos detalles se ocupan de la intimidad, concentrándose más bien en las relaciones interpersonales y el comportamiento en espacios públicos. Se diría que estos textos condensan la esencia del trato social, al igual que el *Tratado de urbanidad* (1928) de Inés Rebeca Aguilar, en cuyas cuarenta páginas de versos se transmiten los mismos postulados de los textos visuales.

El duque de Camposol escribió el *Código de etiqueta y distinción social*, que menciono por lo que tiene de valor comparativo, en vista del interés de autores como Cuervo, Ospina, y Montañés por la tradición hispana. Se trata de un texto para adultos en el que la educación moral se trae a colación como la base del desempeño social.

Sofía Ospina de Navarro, hija de Tulio Ospina y más conocida por sus escritos y memorias, publicó en 1958 *Don de gentes*, dirigido al público en general, al que ofrece «un manojo de simples observaciones sobre la vida social, recogidas al azar en el campo de la experiencia» (1969:4). Unos años más tarde reconoce que «la cátedra preferida por mi padre fue la mesa del comedor familiar, que siempre presidió. Y en ella hizo cuanto pudo por enseñar a sus hijos no sólo la manera de manejar correctamente los cubiertos y el idioma, sino la de trinchar con destreza un pollo asado, y también la de servir a Dios y embellecer el espíritu» (Ospina de N. 1964:53). Escrito cuando «Carreño pasó de moda pero las normas siguen», según lo anunciaba la revista Cromos en 1962, como todos los ulteriores, sus consejos buscan darle un sustento diferente del económico al privilegio de tener «don de gentes». Con por lo menos tres tiradas, la última de las cuales alcanzó los sesenta mil ejemplares, es sin duda un libro cuya sola existencia atestigua la perduración del ideal urbano.

Por último, la *Urbanidad para niñas* de Ofelia Peláez H., escrita en atención a los programas oficiales de enseñanza primaria, vio aparecer su tercera edición en 1971. Siendo un libro de texto, «todo su contenido sigue el derrotero que señalan los programas oficiales, elaborados de conformidad con el Decreto 1710 del 25 de julio de 1963», cuando se restableció la obligatoriedad de la materia. En una brevísima presentación se anota que el libro comprende la teoría de la urbanidad, pero que ésta, como la higiene, requiere la formación de hábitos, por lo que se aconseja incluir en la clase actividades de escenificación que permitan aprender los comportamientos descritos. La materia pasa a ser así una conducta que se adquiere escolarmente y se distancia del todo de la exclusividad que las buenas maneras cortesanas tuvieran en su origen.

A pesar de la urgencia por representar lo que aparentemente no hay ocasión de transmitir en la familia, el tema no ha caído en el olvido: la Ley 115 de 1994 dispone que se reincorporen la urbanidad y el civismo al plan de estudios y el Proyecto de Ley 034 del mismo año se orienta a incluir contenidos que formen en los principios de la urbanidad con miras a educar a la juventud en las nociones éticas y restaurar los valores tradicionales (Acevedo 1986). La convocatoria a la restauración no es nueva. Incluso antes del enorme cambio que trajo consigo el 9 de abril de 1948, se hacían llamamientos a la conservación de los preceptos, modales y reglas de la «buena educación». Este «elogio de la cultura», que reconocía el cambio ocurrido en las costumbres de antaño, abrigaba una esperanza:

*(...) la vieja, noble y agradable educación de Bogotá, bien puede conservarse para provecho de todos, pues no hay razón ni explicación alguna, que por correr en esas calles, automóviles y motocicletas (...) haya desaparecido por completo la pulcritud del lenguaje, la atención debida y el respeto mutuo que, hasta hace algunos años dieron a esta ciudad fama de culta y educada (C-960:2,1935).*

## C. Los órdenes señoriales

Es común a casi todos los textos de urbanidad un discurso más o menos explícito acerca de la razón de ser de las normas de civilidad y el papel que desempeñan en la vida personal y social. Hay un afán evidente por señalar las ventajas que reporta al individuo el acatamiento de las normas de cortesía y lo conveniente -casi se diría, lo necesario- que ello es para la sociedad. Los manuales consultados fueron publicados en el espacio de algo más de un siglo; las normas mismas no acusan, por consiguiente, grandes variaciones. Es notorio, por el contrario, el desplazamiento de los principios aducidos para acreditar las conductas, así como el de los órdenes que regula el buen tono.

## 1. El fundamento moral y las virtudes

De los textos escritos en Europa pocos años después de iniciada la conquista del continente americano, son sobre todo los de Dantisco y Gracián los que introducen aquello que la República consideraría «la tradición hispánica» y el sustento para la búsqueda de una identidad nacional. También fruto de la Contrarreforma, el texto de Erasmo de Rotterdam -*Civilitatae de morum puerilum*- prolonga la tradición grecolatina y medieval y, a causa de la gran acogida del autor en España, se suma a las obras que sirvieron de punto de partida para el desarrollo de una ética y el esbozo de los principios de civilidad en Colombia. A esta percepción, ya imbuida de moral cristiana, se añadió en el siglo XVIII la obra de Jean Baptiste de la Salle -difundida por los Maristas-, quien vinculó la práctica de las buenas maneras al decoro y la civilidad cristiana[4].

Lo sobresaliente de la cortesanía elaborada tras la Independencia es su fundamentación en las virtudes, con lo cual se eliminó la posibilidad de que la sola observancia de las reglas «externas» de la sociabilidad constituyera garantía de distinción. Es justamente esta consideración la que se fortaleció con la visión de La Salle de una civilidad ligada a los deberes religiosos: «(...) la mayoría de los cristianos no ven en el decoro y la civilidad más que una cualidad puramente humana y mundana, y como no piensan en elevar su espíritu más alto, no la consideran una virtud que tiene relación con Dios, con el prójimo y con nosotros mismos. Esto demuestra muy bien el poco Cristianismo que hay en el mundo» (citado en Elias 1969:136).

Al dirigir su texto a las niñas, Cuervo quiso conjurar la inmoralidad y la corruptibilidad que las guerras de independencia habían dejado en los hombres: «La buena educación da a las niñas una fuerza prodigiosa para resistir la seducción, para pensar en el porvenir

---

[4] *Los aportes a la civilidad del libelo de Erasmo y del texto de La Salle han sido estudiados por Norbert Elias y Jacques Revel. La producción de los escritores españoles, con excepción de Gracián, no fue tenida en cuenta en sus estudios, dedicados a la tradición centroeuropea.*

y para ejercer una influencia benéfica en los destinos de la patria» (Cuervo 1853:4). Y lo hizo así porque vio en la urbanidad, más que una práctica de actitudes y movimientos, «el ejercicio de las virtudes sociales, prescritas por la moral, o por la costumbre» (Cuervo 1853:6), cuyo piso era la moral cristiana. En él se entrelazan las tareas femeninas con el porvenir de la patria: el estímulo a la virtud, la estimación del honor y la formación de hábitos sociales.

Contemporáneo de la segunda edición de Cuervo es el *Manual de urbanidad y buenas maneras* de Carreño, basado en los deberes morales del hombre para con Dios, la patria, los padres, los semejantes y consigo mismo. El reconocimiento a Dios «por la creación del universo, los beneficios recibidos y la gloria que reserva a las virtudes humanas» debía expresarse en todas las situaciones de la vida pública y privada, y penetrar en los rincones más íntimos de la persona: «En los deberes para con Dios se encuentran refundidos todos los deberes sociales y todas las prescripciones de la moral; así es que el hombre verdaderamente religioso es siempre el modelo de todas las virtudes, el padre más amoroso, el hijo más obediente, el esposo más fiel, el ciudadano más útil a su patria» (Carreño 1968:5)[5].

Esta justificación se dirige a los ciudadanos y, entre ellos, a quienes comparten los principios cristianos, especialmente la caridad, origen de todas las virtudes. Emanadas de los deberes morales, las prescripciones de la urbanidad llevan «dulzura y tranquilidad» a la vida de quien las practica, tienden a la conservación del orden y la armonía, y comprenden «el conjunto de reglas que tenemos que observar para comunicar dignidad, decoro y elegancia a nuestras acciones y palabras, y para manifestar a los demás la benevolencia, atención y respeto que les son debidos» (Carreño 1968:27). Nada de lo anterior sería posible para Carreño, empero, sin la salud del cuerpo, que es la base de la salud espiritual. Instrucción, cuidado de la salud y freno de las pasiones: porque el buen tono se inspira en la verdad, estos tres deberes compendian todas las obligaciones y virtudes que sirven a la gloria de Dios y a la felicidad humana.

Algunos autores destacaron aún más el fundamento moral, tornando la urbanidad en una consecuencia lógica y necesaria de las virtudes cristianas. Montañés puntualizó que el cristianismo es la

---

5 *La edición de 1968 citada aquí, corresponde a la versión del* Compendio *que el mismo Carreño publicó para la enseñanza escolar. La edición príncipe es de 1854 y se publicó por entregas. Aquí continuaré citando la edición de 1968, del todo coincidente con la edición de 1880 publicada en París por Garnier.*

única civilización y, como Madiedo[6], que el progreso moral sólo puede tener lugar en la civilización. Su texto se recomienda como «guía de educación sólida, moral y religiosa», y fuera del imprimátur del arzobispo de Bogotá incluye la presentación de un sacerdote jesuita: «Con muchos libritos semejantes a éste, tendríamos asegurada la cultura moral, intelectual y social de niños y jóvenes, que en vano trata de encontrarse por los rumbos escabrosos de culturas nada más que mundanas. (...) [la obra] apoya los principios y normas cívicos, en las celestiales máximas de la religión cristiana» (Montañés 1960:5). La Cámara de Representantes aconsejó que se utilizara en todas las escuelas primarias este texto que

*inspirado en las ideas eminentemente civilizadoras del cristianismo y en aspiraciones patrióticas (...) expone (...) todo aquello que debe penetrar hondo en el alma de los individuos, verdades y sentimientos, y enseña la manera de que se manifieste todo esto, sin afectación y sin aparatos ridículos, para que el hombre sea lo que debe ser y se muestre con todo el atractivo de su naturaleza, en el esplendor de la virtud, de la inteligencia y de la dignidad, en todos sus actos (Montañés 1969:7-8).*

La de Montañés es una obra de «saneamiento social», opina el Arzobispo, que puede «trocar en cristiano el espíritu inculto». Todos los prologuistas de Montañés ven en las prácticas cristianas el presupuesto de los modales cultos, las buenas maneras y las costumbres sanas, y relacionan estrechamente la formación moral con las posibilidades de progreso del país. Idéntico fundamento se mantiene en otros textos, sin que los autores ahonden en ello: las cartillas de los Hermanos Maristas destacan más la obediencia y la práctica de las virtudes en cuanto son características de una buena educación, sin calificarlas de cristianas; los *Comprimidos* de Ospina de Navarro recuerdan que la virtud de la urbanidad exige sacrificios y privaciones, y encarna principios morales cristianos que la convier-

---

[6] *Manuel María Madiedo representó la corriente romántica del pensamiento conservador del siglo XIX (Marquínez 1988). Como ninguno otro, defendió la tesis de que el cristianismo, no la cultura cristiana, era el fundamento de la civilización, a su juicio sólo concebible y mensurable mediante el criterio único de la «expansión moral». Ese progreso moral que conduce a la civilización implica una vida entregada al cumplimiento del deber y al culto a la virtud. Ya que fuera del cristianismo no existe para él más que el salvajismo, el evangelio es para Madiedo el camino hacia la virtud y todo el programa moral de la vida humana en la civilización. En ella, el desarrollo significa el triunfo sobre la materia y únicamente constituye progreso si contribuye a mejorar las condiciones sociales. Por otra parte, la posibilidad de alcanzar la felicidad se le dificulta al ser humano, naturalmente inclinado al mal, quien una y otra vez cae seducido en el tumulto de los goces ofrecidos por los vicios y se aleja de la virtud que da fuerza y poder y es una lucha permanente contra el vicio.*

ten en un mérito esencial para alcanzar la «grata convivencia de los pueblos». Lo mismo pensó Acosta de Samper al afirmar que la vida es una serie de sacrificios revestidos de cortesanía, que la abnegación hace amable. Peláez quiso, por su parte, combatir la hipocresía y hacer surgir el amor al prójimo, pues la urbanidad era para ella una consecuencia lógica y forzosa de las enseñanzas evangélicas.

Esta fundamentación cristiana de la urbanidad delimita el terreno de la civilización y circunscribe a él el progreso, al tiempo que se distancia de la modernidad. En el espacio así definido plantea una estética de la vida cotidiana que atenúe las dificultades y asegure al individuo armonía en la comunicación. La calidad moral de la urbanidad, a semejanza de lo sucedido en los primeros momentos con otros discursos que formulan un cuerpo moderno, es el elemento central de la controversia. Pero a diferencia de otros discursos, el cortés quiere cimentarse del todo en el campo moral y concebir el cuerpo sólo como intérprete de las virtudes, como el vehículo que permite la representación social de las mismas.

El reto para las nuevas élites consistió en renunciar, en primer lugar, a una justificación de orden material o social que habría carecido de legitimidad en un momento en el que escaseaba tanto lo uno como lo otro y en el que -aunque se hubiera dispuesto de riquezas y títulos- no era ese el mejor argumento en el ambiente republicano recién inaugurado. La proeza consistió en legitimar, sobre la base amplia e igualitaria del cristianismo, el sistema de clasificaciones que supone la cortesanía a partir del carácter incontrovertible y justo de las diferencias establecidas por el espíritu divino y de los privilegios sociales y materiales que, en recompensa por su vida virtuosa, se otorgan a las personas. La cultura señorial, al igual que lo hizo la nobleza francesa hasta el siglo XVII (Perrot 1984; Revel 1986), pretende que su apariencia revele su condición excelsa y, según lo concibe *El Cortesano*, presume que las diferencias son evidentes. Así y todo, dicha pretensión democrática y cristiana sólo la pudo sostener consecuentemente Montañés, cuyo discurso es en este sentido análogo al de Erasmo. Los otros dos grandes tratadistas -Carreño y Ospina-, y algunos autores menores pero muy ilustrativos de la cortesanía señorial, Cuervo y Acosta de Samper, por ejemplo, encararon la necesidad de entretejer otros órdenes en el discurso cortés, habida cuenta de su papel de fundadores o constructores de una discursividad que buscaba legitimar una estructura social en la que también debían combinarse recursos adecuados para tratar y elaborar asuntos como la tradición y la identidad, la diferencia y la forma de relacionarse los sexos o las jerarquías socialmente aceptables y los requisitos del ascenso social. Este desafío echó por tierra buena parte de las pretensiones igualitarias de una urbanidad cristiana, para dar mayor peso a la apariencia que enmascara la condición burguesa y que, en el caso colombiano, redundó en la ostentación de las virtudes cristianas de que Carreño, en analogía a La Salle, es el modelo más acabado. Y es justamente de la confrontación entre los ideales clásicos del *vir bonus* y los recursos miméticos de *El Cortesano* (Spang 1979) de donde surge la controversia en torno a la *virtud de las apariencias* (Dhoquois 1991).

A pesar de la oposición ofrecida por la cultura señorial al avance de la burguesía y su vulgaridad, se impuso la idea de que la urbanidad era un aprendizaje en el que el individuo debía fungir de maestro de su propia persona (Camposol 1930) y, gracias al contacto social, actuar sobre sí mismo, en particular sobre las manifestaciones somáticas, para incidir en el carácter. Puesto que la urbanidad se puede aprender y enseñar, es competencia de la escuela -que actúa en Colombia a modo de agente civilizador- transformar al ser humano y hacer del código cortés un mecanismo confiable de interacción social. La urbanidad se ajusta de ese modo a los criterios esenciales que Revel (1986) resalta en la propuesta erasmiana. En la medida que las buenas maneras se exigen a todos por igual, como lo intenta la escuela, la naturaleza de la urbanidad es igualitaria y su orientación democrática; en tanto requiere un aprendizaje, supone igualmente la transformación individual y no simplemente la práctica de la simulación.

## 2. La distinción social

El tema de la urbanidad cabe muy bien en la tradición gramática colombiana y no en vano afirmaba el mismo Rufino José Cuervo que «es el bien hablar una de las más claras señales de la gente culta y bien nacida» (1879). Deas (1993:39) ya advirtió que «algunas observaciones (de Cuervo en las *Apuntaciones*) quedarían, tal vez, mejor ubicadas en un manual de urbanidad, «pues no pueden despreciarse sin dar indicios de vulgaridad y descuidada atención». El bien hablar, como las buenas maneras -«la buena crianza»-, marca a la gente fina que lo «ha mamado en la leche y robustecido con el roce constante (...) y sabe ser fiel a sus leyes aun en las circunstancias más graves, y en éstas precisamente le es más forzosa su observancia» (Cuervo 1879:292). Esta aseveración no dista nada de lo que predica el don de gentes; tampoco sorprende que la conversación y la ortografía se consideren piedras de toque de las buenas maneras. A las dos las iguala el nexo con las clases altas y el poder, un rasgo de distinción típico de la tradición cortesana de la urbanidad (Elias 1969). Tal nexo sirvió además en Colombia para cimentar el monopolio de las élites, dando lugar a lo que Pécaut (1990) denomina una paramodernidad. Propio de esta última sería su organización alrededor de la creación ilusoria de civilización (Brown 1980), pero también su índole discursiva y legitimadora de órdenes y sistemas de clasificación.

La idea de establecer a través de la lengua una conexión con el pasado español, como apunta Deas, es la que Ospina presentara en su *Protocolo hispanoamericano*: la cortesanía castellana como lazo entre los países hispanoamericanos, una hispanofilia que también para Uribe (1992) era el eje de la cultura tradicional colombiana. Y aunque Ospina admite que las normas de urbanidad y buen tono son iguales en todo el mundo -con lo cual quiere decir Europa-, añade que la tradición castellana imprime «carácter y porte caballeresco y señoril». Puesto que las clases bajas están «atrasadas en materia de cultura», es preciso fortalecer la tradición hispánica para que llegue a quienes, por su cuna, no fueron educados en la civilidad[7].

La urbanidad distingue las virtudes individuales, los sexos, las calidades de las clases sociales y las características nacionales. El proyecto de Ospina es reforzar la tradición hispanoamericana frente a la europea y la norteamericana, y a ese propósito se apoya en los atributos más sobresalientes de la cultura española tanto como en la tradición latina. Así, recuerda que en España y en la América Española «se comió bien» antes que en Francia, aconseja evitar las formas inglesas en la equitación y las fórmulas afrancesadas en la correspondencia, y preferir la sobriedad y dignidad castellanas. Incluso en los negocios y el uso del teléfono debe rehuirse la llaneza de las costumbres norteamericanas.

---

7 *Recuérdese que Ospina escribió su obra para la Escuela de Minas, cuya intención era formar un nuevo tipo de hombre que «sin renegar de las virtudes ancestrales hispánicas, tuviera del anglosajón su sentido del trabajo y su capacidad de rendimiento económico» (Mayor 1984:39). Estos ingenieros conformarían la élite tecnocrática que llevaría el país hacia el capitalismo con honradez, sobriedad y método, pero también debían estar preparados para comportarse correctamente en el trato social.*

La distinción es el argumento más socorrido en favor del acatamiento de la urbanidad; varían de autor en autor las razones de las diferencias. La buena cuna pierde terreno para dar paso a la conveniencia, a lo que es propio de la vida social o, como reza el título de Censor, a lo que «no debemos hacer ni decir en sociedad». El acento recae, por lo demás, en la adquisición de los comportamientos adecuados, no en la transformación personal, en la conducta que brota del alma y es reflejo de toda la persona. Así se desvirtúa la civilidad señorial y se la trueca en urbanidad burguesa. Plegarse a las costumbres sociales significa ser parte de la sociedad, de una élite mundana, civilizada, de corte europeo. La urbanidad «indica la diferencia de modales que suele observarse entre el habitante culto y bien educado de los grandes centros de población y el rústico patán de aldeas y campos» (Urbanidad 1926:6) y sanciona las formas dignas, decorosas y elegantes de las relaciones interpersonales. La conveniencia no es moral ni religiosa: se apela en primera instancia a las desventajas que acarrea su ausencia a las personas honradas, trabajadoras, sabias, adineradas y, con mayor razón, a las mujeres: sus fallas ensombrecen el encanto de ser «lo más bello y prestigioso que existe en la naturaleza humana» (Urbanidad 1926:5) y provocan la decepción de no encontrar en ella el conjunto de perfecciones anheladas.

## 3. Tradición hispánica y progreso

Ospina escribió para los estudiantes de la Escuela de Minas que habían alcanzado «posiciones que requieren más cultura y Urbanidad que la que correspondía al medio en que se criaron» (Ospina 1917:viii), situación corriente en los países hispanoamericanos que por su «estado evolutivo» y sus grandes recursos naturales se desarrollaban rápidamente en las primeras décadas del siglo. El autor precisó que la urbanidad patentiza los buenos sentimientos innatos y que las clases bajas están «atrasadísimas en materia de cultura, debido a su pasado indio y negro». De allí que fuera imperioso educarlas en los principios de la tradición criolla, es decir, civilizarlas.

Desde otra perspectiva, Ospina -como Cuervo- le atribuyó a la urbanidad un elemento hispánico, ya que derivó el protocolo de la cortesanía castellana, caracterizada por ser franca y rigurosa en las relaciones domésticas pero también por combinar dicha severidad con el *savoir vivre* francés -formalista y complicado-, que mitiga la sencillez de la vida colonial y la ausencia de una clase rentista desocupada que refine la etiqueta. Esta sencillez, que vendría a ser el rasgo local, distingue la urbanidad del refinamiento del buen tono, huye del estiramiento y el laconismo ingleses no menos que de la vulgar familiaridad del norteamericano y ayuda a estrechar los lazos hispanoamericanos, a suavizar las maneras para civilizar y contribuir a la felicidad. Más adelante, el buen tono se complejizaría para abarcar el protocolo diplomático y el glamour. Valga recordar que la cortesanía de la que nació esta formalización, sólo pretendió en sus inicios distinguir, mediante el comportamiento, al príncipe y a los miembros de la corte (Elias 1969).

Ospina reitera al concluir su libro que «el motivo principal que nos indujo a escribir el presente tratado fue el de fijar las leyes de la urbanidad y el buen tono, para la América Española, sobre la castiza tradición de nuestra raza» e insiste en su crítica al prurito de copiar lo extranjero (Ospina 1917:221). La riqueza de la tradición hispana, vástago de la herencia latina, hace innecesario buscar fórmulas entre galos, germanos y bretones salvajes. Su fin es preservar la fisonomía de una «estirpe ilustre» que debe eludir el esnobismo y el extranjerismo. Mientras que Carreño presentó una urbanidad positiva, basada en los ideales del cristiano que perfecciona sus cualidades y quiere lucirlas en la vida social, Ospina compuso un protocolo de oposición y rechazo a la imagen de los compatriotas que él y otros latinoamericanos veían reflejada en la concepción europea del buen tono. Su intención era aclarar y darle brillo a la tradición hispanoamericana, otorgarle una identidad libre de la temible vulgaridad y del rastacuerismo[8] que indefectiblemente devaluaban la civilización local. Desde este punto de vista, Ospina sigue la tradición que Deas atribuye a los intelectuales conservadores que abogaron por la gramática y el cuidado de la lengua como el elemento determinante de la tradición hispanoamericana[9].

---

8 *El rastacuero, del francés,* rastaquouère, *es persona inculta, adinerada y jactanciosa, y así se califica también al vividor y advenedizo, el* parvenu. *El vocablo designa la vida pomposa de quien, «siendo un pobre diablo», presume de culto y, en Argentina, se refiere al individuo ostentoso de cuyos recursos se desconoce el origen (Francisco de Santamaría.* Diccionario General de Americanismos*).*

9 *La amenaza que representaron la masa en ascenso y la vulgaridad que ella traía consigo para la burguesía naciente, las élites tradicionales e incluso para los literatos de la cultura democratizada (Rama 1985), espoleó el afán esteticista del modernismo y la intención elitista de la modernización, mediante la imposición de la norma urbana (Rama 1984), una norma que en esta oportunidad significa también urbanidad y que, al igual que la gramática y la retórica, fue implantada como un mecanismo de poder (Araújo 1989). El temor a la vulgaridad contagiado a la literatura finisecular la impulsó hacia la elaboración del lenguaje (Montaldo 1994) y afectó igualmente a la burguesía, que encontró necesario resguardarse de esa vulgaridad tras la elaboración de las buenas maneras.*

La búsqueda de identidad a través de España se desvaneció con el paso del siglo XX. Solamente Montañés recurrió de nuevo a este argumento, pues halló que tanto la cultura intelectual y física de Roma y Grecia, como la de las cortes suntuosas de la España mora, eran dignas de admiración, no obstante la apariencia de una religión falsa y una moral insana. Por encima de ello, el sólido fundamento del cristianismo debía permitir la formación de «una juventud gallarda, de voluntad vigorosa y templada para el bien, inteligente, ilustrada, y, sobre todo, culta, cultísima en sus relaciones sociales, con lo cual no sólo brillan y se captan mutuo respeto individuos, familias y naciones, sino que con ello cumplen espontáneamente la voluntad eterna del Creador: el orden, armonía y belleza en la creación» (Montañés 1922:19).

## 4. El orden estético

La urbanidad sentó unos principios estéticos para conjurar inclusive la sospecha de grosería y vulgaridad. Ospina se ocupó minuciosamente de tales infortunios, pues el buen tono, conforme dejó dicho en la presentación de su tratado, además de contribuir a la identidad hispanoamericana, debe combatir estos defectos. La vulgaridad consiste en desconocer las reglas de la sociabilidad, en actuar de manera grotesca y ridícula; cualquier omisión grave en esta materia se convierte ya en grosería. Si a ello se suman la intención y la arrogancia, la falta es más ominosa. Algunos comportamientos que merecen ser tildados de vulgares son: hablar de cosas indecentes, excederse en el uso de vinos y licores en reuniones, comer en la calle, mascar tabaco y goma de mascar, gastar un gesto arrogante y altivo, subir o bajar de dos en dos los peldaños de una escalera y gesticular con exageración. Igualmente censurable es la tinturación de la barba o el cabello y que las mujeres fumen o se maquillen hasta transformar la cara en una máscara. No terminan ahí, sin embargo, las posibilidades de la vulgaridad. Una falta de urbanidad puede degenerar en tal, como sucede con el saludo: si con sólo tocar la mano de quien se saluda se incurre en descortesía, ofrecer únicamente los dedos es aún peor, retener la mano o palmotear con la izquierda ya es vulgar. Levantar la mano del interlocutor acercándola a la cara, como para besarla, resulta afectado.

La urbanidad es una cuerda floja que pende entre la vulgaridad y el esnobismo. Es por eso que antes de pensar siquiera en el complejo tejido de las maneras, ya el vestido delata las calidades personales. La limpieza es condición que no admite excusa y, como siempre, las mujeres deben esmerarse todavía más al respecto. La indumentaria traduce postulados estéticos que constituyen los pilares del buen tono: sencillez, discreción y corrección son la clave del atuendo indicado. Las mujeres han de evitar colores chillones y disonantes, el recargo. Ciertos principios estéticos deben primar, inclusive sobre las variaciones de la moda:

> *El terciopelo sólo sienta bien a las mujeres de talla imponente; las muy esbeltas deben usar trajes ligeros que hagan resaltar su talle; y las señoritas de menos de dieciocho años, las telas más transparentes y vaporosas. Las damas muy gordas, no se vestirán de blanco o de colores claros, que por una ley de óptica las harán aparecer más obesas; y que, por la misma razón, convienen a las delgadas. Las morenas absténganse del traje verde y el morado; y las muy rozagantes del rojo y el rosado. Por otra parte, evítense ciertas combinaciones de colores disonantes, como rojo con verde, azul con amarillo, etc. (Ospina 1917:23).*

Dos peligros acechan a los hombres: lo femenino y afectado en un extremo, el esnobismo y rastacuerismo en el otro. Las joyas ponen en duda la virilidad, en especial la de quienes tienen ocupaciones serias o bastante edad. Esa tendencia a abusar de las joyas, flaqueza típica de los hispanoamericanos, puede llevar también al rastacuerismo, que es una infracción a la estética desde la perspectiva europea y consiste en darse aires cosmopolitas y de riqueza, al invitar, por ejemplo, u obsequiar con ostentación a personas desconocidas o al mostrar mucho dinero al pagar, pecando de fanfarronería. Las reglas del buen tono acusan de esnob -enfermedad nativa de América- al que padece del «prurito de imitar el estilo extranjero hasta en lo que tiene de ridículo» (Ospina 1917:18). Cercano al esnob, se encuentra la versión local del dandy, el filipichín -flor de todas las latitudes- que tiene «la tendencia de muchos jóvenes, y aun viejos verdes, a una extremada afectación de elegancia y exageración de la moda» (Ospina 1917:18).

El desafío estriba en hallar el difícil equilibrio entre lo que los europeos estiman de mal gusto entre los latinoamericanos -que incurren en esta falta de armonía porque hacen una lectura equivocada de los códigos europeos- y el calco exacto de estos códigos, que desentona en otras latitudes. El ojo hispanoamericano enfoca y juzga ridícula la incapacidad para discriminar lo pertinente de lo exagerado, lo superficial o lo desentonado. En algún punto entre los dos códigos se sitúa la estética local. No es ésta una preocupación exclusiva de la urbanidad. Pensadores como José María Samper ya habían reflexionado y opinado sobre la edad a la que convenía a los jóvenes hispanoamericanos ponerse en contacto con la civilización europea, dada la amenaza que ésta significaba para ellos. A la sencillez republicana -característica de la cultura hispanoamericana, o bogotana al menos,- se asociaba «el principio de que la respetabilidad no corresponde sino al mérito». Samper censura a los jóvenes hispanoamericanos convertidos en gaznápiros que olvidan el español y se aproximan a todas las banalidades ansiando aristocratizarse, deslumbrados por Europa. Incapaces de comprender su propio valor en un mundo en el que pasan desapercibidos, se hacen pedantes urgidos de llamar la atención y desdecir de su patria:

> (...) *el pobre fatuo es una caricatura de parisiense, y cada uno de sus gestos una triste y ridícula mueca.* (...) *Debe ser republicano, a fuer de ciudadano de una república, y no es sino una especie de imperialista absurdo, que admira la grandezas del imperio francés sin dar razón de ellas ni comprenderlas en ningún sentido: debe ser franco, sencillo y jovial, como somos casi todos en América, y no es sino un petulante acicalado y ceremonioso, debe ocuparse de lo que a su patria interesa, y no habla sino de París y Francia, y atosiga a todo el mundo con su francesismo imperturbable, ostentado sin son ni ton: debe un día casarse y fundar una familia para vivir digna y provechosamente; pero todas las señoritas le parecen ridículas, y en París ha aprendido a considerar el matrimonio como una mera especulación que sólo arreglan los notarios (Samper 1883:286).*

El rastacuerismo también ronda a los nuevos ricos, quienes deben hacerse a un gusto artístico al adquirir fortuna para prevenir sus extravagancias e incongruencias. El buen gusto, como las buenas maneras y el buen hablar, es una obligación de las clases altas; su carencia descalifica a los que se precian de su poder o pretenden hacerlo solamente porque han hecho fortuna y por ella tienen acceso a un mundo cuyas reglas desconocen. Así retrata Marroquín «el alto mundo social de entonces [que] tenía un superior refinamiento en materia de arte y de maneras pulcras» (1907:xi) y cuya estética impide que Dolores Montellano, uno de los personajes de su novela *Pax*, sea definitivamente amada y aceptada por Roberto: aunque interesado en ella y necesitado de recuperar una fortuna que ella posee, él no puede pasar por alto que su «cabellera negra y magnífica, muestra a plena luz reflejos canelos de piel de mono. Con los millones de Montellano ella tiene la marca imborrable de los soles tropicales, de la intemperie, de la *vie en plein air*, de la existencia salvaje de las montañas y de las pampas. ¿Con esos atavismos aprenderá alguna vez la utilidad de lo inútil?» (Marroquín 1907:187). E incluso cuando la interpretación apasionada, plena de «vida, espíritu y fuego» que Dolores hace de *Carmen* con su voz «mal educada todavía, con acentos salvajes, con timbres ásperos» (Marroquín 1907:234) logra subyugar a Roberto y lo anima a acercarse a ella, cuando «la frase ardiente, apasionada, estaba ahí, brotó en el pecho de Roberto como una llamarada, subió por la garganta, le tembló en los labios; (...) observó los enormes diamantes, los colorines, el andar estrepitoso, un gesto de triunfo vulgar (...) los visos canelos en la cabellera de azabache, esas manos anchas y cortas, las manos rapaces de Montellano (...) y la frase quedó muerta...» (Marroquín 1907:235). Esa noche, Dolores, con su «hermosura turbulenta», vestía «a la moda rigurosa: llevaba un traje de terciopelo encarnado y en las orejas dos enormes diamantes», mientras que Inés, su rival, «con la estatura erguida, el paso leve, los cabellos de seda, los ojos soñadores, la palidez de jazmín, y las manos (...) largas y finas, de un modelado perfecto, como joya de arte [lucía] (...) un traje de punto de Alençon que la envolvía como una onda de espuma; no llevaba joyas, y en todo su atavío se notaba algo propio y personal que se apartaba del uniforme de la moda» (Marroquín 1907:219).

En los años veinte, todo lo que en el vestuario pueda parecer «bonito» atenta contra la masculinidad y se traduce en afectación ridícula: el manual de Censor prohibe los colores de fantasía, las pecheras bordadas y las joyas inútiles, así como beber en la mañana o abusar del alcohol, lo que resulta vulgar, deshonroso y nocivo. En consideración al olfato, desaprueba presentarse ante las señoras con el aliento impregnado de licor o la barba hedionda a tabaco. En la adaptación de este texto, se deplora que la reducida población de Bogotá no haya eliminado ciertas costumbres aldeanas como llevar manto, «que tanta impresión produce en los europeos que por casualidad nos visitan, y que hace aparecer como disfrazadas a las señoras que traen vestido a la europea» (Censor 1921:31). También en aras de la estética europea, el autor aconseja a las mujeres privarse del exceso de joyas, que resulta vulgar, y del adorno desmesurado en los trajes, con lo cual sólo dan muestras de un gusto «casi salvaje» y de «ignorancia de los principios estéticos». Lo femenino se destaca cubriéndose con un sombrero, pues así se logran medias sombras que tienen un efecto encantador. Todavía bajo el influjo de la estética naturalista, recomienda a las mujeres que «no suplan las gracias naturales con el empleo del colorete u otros afeites. El aire puro, el ejercicio, el baño diario matinal y una alimentación conveniente, darán a las mejillas el color natural, que nunca pueden reemplazar los artificiales» (Censor 1921:51).

La casa debe igualmente disponerla la mujer con sencillez, limpieza y buen gusto. En sus ocupaciones debe evitar leer sólo novelas, que son el gran vicio femenino y, por consiguiente, reflejan vulgaridad. El manual de Censor también encuentra motivos para recordar a los niños que las buenas maneras no denotan afeminamiento o afectación, advertencia que se repetiría frecuentemente en el futuro para vencer la rudeza de la cultura popular masculina.

El amplio espectro de eventualidades englobado bajo el concepto de vulgaridad «sobre todo se caracteriza por los vocablos empleados en la conversación.» Son palabras vulgares las que no proferiríamos delante de señoras ni personas dignas de miramiento, las que traen a la imaginación ideas bajas. La persona vulgar emplea una voz demasiado estruendosa, enfática y de acento imperioso; sus movimientos son descompuestos, libres y sin decoro; el vestido desaliñado, roto, manchado y puesto descuidadamente como indicio de vulgaridad e irreverencia con la sociedad; la mirada, carente de mesura y respeto, revela hasta los sentimientos más íntimos como el odio, la cólera, la burla, el desprecio, la amenaza y la envidia. «La vida sería un tormento y el mundo un lugar de constante duelo el día que se perdiera la noción del respeto mutuo y predominara la Vulgaridad en nuestras relaciones sociales» (Montañés 1922:112).

Tres décadas más adelante las preocupaciones estéticas ofrecen otro perfil: las mujeres deben evitar pintarse las uñas con colores extravagantes que traslucen vulgaridad y mal gusto, maquillarse como artistas de teatro y peinarse como para asistir a una fiesta. En este momento se ha aceptado ya el uso de toda clase de productos de belleza y cosméticos, pero se los clasifica según su conveniencia para ocasiones determinadas, o se los descalifica por ser de mal gusto y poner en entredicho la reputación femenina. Si contraviene estas normas estéticas, la mujer puede rozar la figura de la prostituta.

## 5. Los géneros

Uno de los planos discursivos más elaborados de la urbanidad es la definición de los atributos o deberes de los sexos en consonancia con los órdenes moral, social y estético. La cultura señorial distingue al detalle las formas y conductas de acuerdo con el sexo y es nuevamente el esfuerzo por vigorizar la función de la familia en tanto base de la sociedad burguesa lo que permite una asignación tan minuciosa de deberes y sanciones.

Con sus *Notas de urbanidad*, Cuervo defendía la idea de fundar en la vida familiar la organización burguesa republicana y hacer recaer en la mujer, por ende, la responsabilidad de personificar e inculcar los valores y principios de esta forma de vida, en particular el control de las emociones y actuaciones. Se apartaba así de la tradición cortesana de Europa, en la que todas las obras de urbanidad, a su juicio, «se contraen a los hombres». La naciente civilización, surgida de un largo período de guerras, habría barbarizado al hombre y lo habría concebido desprovisto de capacidad para actuar con control y mesura. El tiempo transcurrido dejó la imagen de hombres que se habían tornado inmorales y corruptos, en tanto que la mujer había «ganado en moral y cultura» y poseía «una fuerza prodigiosa para resistir la seducción, para pensar en el porvenir y para ejercer una influencia benéfica en los destinos de la patria» (Cuervo 1853:4). Aunque el designio fundacionista de Cuervo era uniformar los usos sociales para restarle heterogeneidad a un país heterogéneo en todos sus aspectos, renunció a «toda idea de igualdad democrática», pues «carece de objeto práctico, y no consulta ni los intereses de la sociedad, ni los de la familia. La existencia de la escala social es un hecho necesario y tan conforme a la naturaleza, como la clasificación de los animales y de los vegetales en géneros, especies y familias» (Cuervo 1853:4).

Como corolario de este axioma, la mujer que Cuervo se figura es aseada, modesta y afable, sencilla en el vestir, pudorosa y decente, tolerante e indulgente. Ospina emplea otro método: construye sus géneros por contraste. Carreño no atiende a la distinción de los sexos; comparte, sin embargo, la convicción de que una diferencia esencial entre ellos impone deberes superiores a la mujer y la obliga a un cuidado mucho mayor:

> *(...) [ella] encierra en su ser todo lo que hay de más bello o interesante en la naturaleza humana, y esencialmente dispuesta a la virtud, por su con-*

*formación física y moral, y por la vida apacible que lleva, en su corazón encuentran digna morada las más eminentes cualidades sociales. Pero la naturaleza no le ha concedido este privilegio, sino en cambio de grandes privaciones y sacrificios y de gravísimos compromisos con la moral y con la sociedad; y si aparecen en ella con mayor brillo y realce las dotes de buena educación, de la misma manera resaltan en sus actos, como la más leve mancha en el cristal hasta los defectos más insignificantes que en el hombre pudieran alguna vez pasar inadvertidos (Carreño 1968:32).*

La situación privilegiada que la urbanidad le ratifica en cada uno de sus órdenes, hace a la mujer merecedora de todas las atenciones, pero también le impone grandes privaciones, sacrificios y compromisos de alcance moral y social. En la misma medida que las cualidades resplandecen sin par en ella, toda omisión y el más insignificante defecto mancillan su virtud. A ella se le exige el más estricto cumplimiento de las normas, pues los yerros en que pudiera incurrir tendrían consecuencias sociales desastrosas. Todo el andamiaje moral en que se entreteje la cortesanía señorial, se inclina hacia los deberes y derechos femeninos, privatizando la socialización y responsabilizando a la familia -y con ella en primer término a la mujer- de la formación y el desempeño de los ciudadanos, en suma, del desarrollo social: la educación femenina debe asegurar la socialización básica de los hijos y el funcionamiento armónico de la familia burguesa (Zaidman 1991). Paralelamente se aligera la carga moral del hombre, sin que por ello la sociedad en su conjunto renuncie a principios éticos que juzga insustituibles.

Con esta redistribución de las cargas simbólicas, el hombre puede desempeñarse con mayor holgura en el ámbito público, que comprende principalmente lo político y lo económico, esferas que no alcanzan las sanciones urbanas. La gramática es el reino masculino y, a través suyo, el hombre accede al mundo político; las mujeres, proscritas de ese mundo que es «una de las formas primitivas de la hipocresía», como afirmaba *El Gráfico* en 1915, se desenvuelven en el reino de la retórica somática. El cuerpo del hombre guarda de esta forma el valor simbólico que se le atribuye socialmente a su masculinidad, ahora aliviada del peso simbólico de la representación social. El cuerpo de la mujer retiene la imagen de lo femenino, cuyos símbolos, no obstante, se recargan con las imágenes del orden moral y de los principios de distinción social, que tanto en el cenit de la cultura señorial como en el de la burguesa lo convertirían en alegoría.

Ospina, siempre atento a los significados polivalentes, parecía ver tan amenazadas la feminidad y la masculinidad hispanoamericanas por la adopción de costumbres extranjeras modernas, que describió la apariencia conveniente de hombres y mujeres. Y, no contento con eso, pormenorizó también las fragancias, los movimientos, los ademanes y el arreglo personal adecuados, destinados a servir a la vez de elementos distintivos de la nacionalidad. Utilizar fragancias que no fueran de especias haría parecer afeminados a los hombres. La barba debía cuidarse a diario y usarse corta, sin eliminarla:

> *Es de desear que se supriman las barbas patriarcales que descienden hasta el pecho y engrasan el vestido; pero no podemos menos de calificar de* snobismo, *atentatorio contra el tipo clásico de nuestra raza, la adopción, so pretexto de aseo, de la costumbre de los ingleses de afeitarse totalmente la cara o recortarse los bigotes; lo cual estará bien para aquéllos, con sus caras impasibles, pero disuena en rostros latinos, que adquieren con ello aspecto carnavalesco, tan chocante como el que ofrecería un japonés con patillas. Para tachar aquella costumbre como inelegante bastaría el que ella sea antinatural (Ospina 1917:4).*

En su inquietud por la conducta de las señoritas, en quienes se agolpan las asechanzas que se ciernen sobre la civilización, Ospina examina todo aquello que las compromete: sus movimientos han de ser suaves y moderados; sus conceptos, voz y expresión han de traslucir benevolencia y dulzura. La frivolidad, advierte, revela falta de inteligencia, del mismo modo que la excesiva desenvoltura denuncia un espíritu desordenado y mala educación. La expresión de los sentimientos por medio de palabras, gestos y miradas, debe vigilarse sin cesar. En resumen, la coquetería y el *flirt*, es decir, «la inconstancia y la facilidad en corresponder al cortejo de los hombres», producen efectos negativos si se trata de cautivar el afecto masculino.

Otros miembros de la familia Ospina se preocuparon también de aconsejar a las mujeres. Lo demuestra la carta que Mariano Ospina Rodríguez dirigió en 1864, en la víspera del matrimonio, a su hija María Josefa. En ella se detiene en el comportamiento que la mujer debe guardar para con su marido y su familia política, y en la manera de conducir el hogar para obtener la felicidad. El padre recuerda a su hija que las virtudes cristianas son la base de la vida conyugal: «la felicidad depende, en primer lugar, de la práctica sincera y constante de estas virtudes modestas, pudiera decirse obscuras, que Cristo enseñó con su palabra y con su ejemplo: la humildad, la paciencia, la resignación, la abnegación; y en segundo lugar, de la bienandanza de nuestras relaciones domésticas, que dependen de esas mismas virtudes cristianas» (Ospina 1864:242). El hombre con quien ella se casa no es superior a todas sus pasiones, no debe ser contrariado y ha de ser siempre complacido. Por su generosidad, la esposa está en capacidad de renunciar a sus propios hábitos y gustos, y anteponer siempre la voluntad del cónyuge a la propia. El, «expuesto a cometer frecuentemente faltas», necesita de la tolerancia femenina, puesto que, mientras la mujer dispone de la ventaja que le proporcionan el dominio y la prudencia, el hombre enojado puede faltarle al respeto y ofenderla. La mujer cuenta con la dulzura para cuidar el amor del hombre, «en extremo intolerable» y cegado por «la más implacable de sus pasiones»: los celos. Aunque también es verdad que ella, gracias a su discreción, su lealtad y su honradez, nunca encenderá esos celos ni suscitará la desconfianza de su marido. Capaz de reprimir los impulsos de la ira y el orgullo, de contener toda expresión ante una ofensa y «anular los efectos de ese impulso interior», la mujer sabrá callar y evadir cualquier disputa.

La esposa debe aparecer siempre agradable y bien vestida a los ojos del hombre y en público. Soledad Acosta de Samper concedía también un gran valor al aspecto: para evitar parecer lo que no se es ante los hombres y, sobre todo, para no despertar dudas sobre la posición social. La mujer tiene que saber que el vestido es el espejo de los nobles sentimientos femeninos y que el desaseo denota bajeza de sentimientos. Igualmente debe guardar compostura y moderación al hablar, manifestar serena alegría, no intimar con hombres... «Una señorita bien educada jamás levantará la mirada sobre esos jóvenes, ni se dará por entendida de que existen: esta es la única manera de obviar un poco el inconveniente que resulta de nuestra moderna democracia, en que se ven mezcladas todas las jerarquías sociales, vistiendo igualmente los cultos e incultos, los soeces y los bien educados» (Acosta de S. 1880(40):87).

De acuerdo con la cultura social de Acosta de Samper, las mujeres desean hacer la vida agradable a los demás, revistiendo la virtud y la gentileza de una capa de cultura, cubriendo de cortesanía la serie de sacrificios que forman la vida. Personalmente, este comportamiento debe volverles amables la abnegación y la circunspección, exteriorizadas por la mesura de las palabras, la prudencia de las expresiones y la naturalidad amable y complaciente que se muestra sin falsedad. La joven malcriada, altiva, presumida, orgullosa y vanidosa es inadmisible y acusa rasgos propios de la gente soez. La dulzura y suavidad del pobre y humilde han de completarse con la sencillez y afabilidad del que tiene fortuna y comodidades. Todo esto surte en la mujer efectos inapreciables, porque la que es amable y graciosa «es mucho más digna de ser amada que la belleza de mayores atractivos físicos, y tarde o temprano la afabilidad y la cultura sobrepujarán a la hermosura más espléndida». Pero, ¡atención!, «si estas dos cualidades se unen, no hay duda que su influencia será todopoderosa. Desear el bien de los demás es el secreto del éxito y la popularidad» (Acosta de S. 1880(40):87)[10].

Soledad Acosta de Samper compuso su imagen de la feminidad hispanoamericana contrastándola con sus apreciaciones sobre mujeres y naciones europeas. Al tiempo que retrataba en su revista los aspectos sancionados, quiso desarrollar un fundamento moral y una estética que espontáneamente repudiaran tales imágenes: para la mujer en París no hay más ocupación que la de divertirse y no existe el hogar, pues «vive, respira y piensa solamente en su adorno, introduciendo así la desgracia en sus familias» (Acosta de S. 1880(40):88). La sociedad francesa de la época le resulta a Acosta ostentosa, exageradamente lujosa, descuidada en lo tocante al buen gusto y la comodidad, y juzga lamentable que hayan desaparecido la elegancia, el buen tono y los modales cultos del «siglo de Luis XIV».

> *La nación alemana por lo general es poco pulida y muy vulgar en sus entretenimientos; no deja de chocar el ver a una señorita de buena sociedad, sentada en un café, rodeada de humo de pipa y cigarro, y tomándose muy seria jarro tras jarro de cerveza con una pirámide de pan negro en tajadas al lado... Se conoce que los alemanes son descendientes de los bárbaros del Norte; la cortesanía no entra allí con facilidad. Sin embargo se les puede perdonar muchas cosas en atención a que lo hacen con sencillez (Acosta de S. 1880(43):164).*

También hay que ser condescendientes con los alemanes porque, pese a todo, así en la educación como en la literatura y las artes, Alemania ha superado a Francia e Inglaterra. Las inglesas de clase

---

10 *En el caso de la mujer, el sufrimiento y el desengaño que la acompañan a lo largo de toda su vida, «debe(n) enmascararse por el deber social de las buenas apariencias. (...) Silencio, soledades y sepulcro son (...) los signos que Acosta de Samper añade a la figura consagrada de la heroína romántica» (Guerra 1988:356).*

alta se empeñan en brillar más que sus vecinas y rivales, y en cumplir «las mil necesidades y artificios» que les impone la sociedad; las de clase media son tan libres que no dan cuenta a nadie de sus actividades y muchas imitan servilmente a la aristocracia o escriben novelas «con las que afligen a las librerías e indignan a los críticos». Por lo demás, viven para servir a los hombres sin quejarse de su tiranía. En general, la escritora opina que el pueblo inglés tiene el carácter más orgulloso y servil del mundo (Acosta de S. 1880(44):191). La mujer inglesa pasa su vida «procurando parecer más rica y más noble de lo que es en realidad» (Acosta de S. 1880(45):211).

Acosta de Samper concluye que, más allá de las consideraciones estéticas, el vestido da testimonio de las condiciones morales de la persona, de las mujeres y, por encima de todo, de las señoritas. Estas deben vestir siempre colores y modelos a tono con sus calidades: la sencillez es la consigna, pues el lujo eclipsa los encantos juveniles. Una falta a tan elemental principio pone en entredicho su recato y discreción. Las señoritas han de sustraerse tanto a la frivolidad como a la excesiva desenvoltura, signos ambos de un espíritu desordenado y de mala educación. Nada en el comportamiento de una señorita podrá prestarse a la mala interpretación que surge del contacto con los hombres. Por ello el vestido no debe inducir a pensar que su portadora presume de bella y menos aún de que es independiente, como lo hace cuando viste caprichosamente y anda con aires masculinos. Si bien esto en un principio le permite tratar a los jóvenes con familiaridad, a la larga es «detestable»: los hombres la festejan y se divierten con ella; a cambio, le temen o la desprecian y jamás contemplarían la posibilidad de unir su suerte a la de ella. La señorita debe esquivar la sanción social que arruinaría su reputación: se abstiene de salir sin compañía a la calle y de sostener conversaciones a solas con los hombres.

Las diferencias entre hombres y mujeres de buen tono se concretan finalmente en el porte, que Ospina califica de caballeresco y señoril: «La apostura del *Caballero*, realzada por la corrección y sencillez en el vestido, es desembarazada y elegante. El cuerpo recto, sus movimientos acompasados y suaves; la fisonomía ni severa ni demasiado jovial. En todas sus acciones se observa la más completa naturalidad» (Ospina 1917:1). Además del porte, al caballero lo caracterizan, moral e intelectualmente, la benevolencia, la defensa de las damas en la conversación y la atención y protección que les brinda en cualquier circunstancia, «aun contra sus propias ligerezas e imprudencias». El temperamento del caballero es jovial hasta ser simpático, sin llegar a ser «confianzudo» y vulgar; es reservado pero no taciturno, habla con gracia, empleando un lenguaje selecto, escucha atentamente y hace observaciones oportunas. La expresión es prudente y moderada y sus modales tan naturales que no insinúan estudio o premeditación, en cuyo caso caería en la afectación. La seguridad de que da prueba lo absuelve de encogimiento y timidez; por su intención de no molestar, es puntual y ordenado en todo. Quienes merecen el apelativo de caballero y señora se hacen acreedores a consideraciones que no estarían nunca al alcance ni podrían ser usurpadas por «aquellas personas que, practicando las reglas materiales de la Urbanidad, carecen de las virtudes en las cuales tienen su origen. Por cultos que parezcan, un hombre o una mujer, si son egoístas, falsos, avaros, vengativos, altaneros, petulantes o viciosos, nunca merecerán el título de *Caballero* o *Señora*: llevan meramente la máscara de tales» (Ospina 1917:3).

La señora, aparte de reunir todas las anteriores virtudes de los caballeros, tiene que distinguirse porque la sociedad es más exigente con ella. Por sus «más excelsas virtudes», será «compasiva, dulce, discreta, modesta y sencilla; buena hija, buena esposa y buena madre» (Ospina 1917:2). Mientras que las infracciones femeninas a la cortesanía atentan contra la moralidad y el orden social, y agreden su belleza, es decir, la armonía, las infracciones masculinas no arrojan dudas sobre la virilidad, sino sobre el carácter del hombre. La mujer debe guardarse de ser chismosa y fisgona, al igual que de exteriorizar emociones desencajadas que la vuelven fea y contra natura; al hombre le amenazan la falta de método, el carácter ligero y la incultura (Urbanidad 1926). A la mujer le corresponde la policía e higiene de la casa; ella aporta ternura, él buen juicio (Camposol 1930).

Los Hermanos Maristas (1928, 1929) también codificaron genéricamente ciertas cualidades y errores infantiles: lo que en ellas es labor, en ellos es trabajo; si la niña es orgullosa, él es soberbio; la humildad es una cualidad femenina y su análoga masculina se llama modestia; la niña debe guardar compostura en el colegio, el niño debe también estar atento; ellas son casquivanas, ellos no prestan atención a las compañías; si ella camina de manera extravagante, es por tiesa y presumida; entonces se ríe del prójimo, es cruel y comprometedora. Los niños maleducados se meten en los charcos, asustan y escandalizan a la gente y a veces son desvergonzados. La niña acepta sumisa y con humildad; el niño se contenta con lo que le dan y no manifiesta su desagrado; ella no miente, él es cariñoso y buen compañero. Para Peláez (1969) el carácter de las niñas es delicado y suave, y todavía aconseja -como lo hizo la higiene hasta los años treinta- eludir todo lo que sea peligroso o pueda causar daño, por ejemplo, treparse a los árboles, fatigarse demasiado o brincar desordenadamente.

A mediados de siglo, cuando ha quedado atrás la cultura señorial, Ospina de Navarro se dirige a sus lectores en la segunda persona del singular para señalar los cambios: ya no se espera que la mujer sea sumisa y se acepta que fume. A los hijos no pueden imponérseles amores a nombre de las genealogías; se reconoce que la joven tiene derecho a conversar en privado con su novio. La vulgaridad sigue siendo, con todo, la frontera, aun cuando se ha concentrado en el ámbito sexual: en las relaciones entre novios se aconseja evitar el vulgar y peligroso «manoseo» y al hombre cultivar «el pudor de tu novia, que será la garantía de tu esposa» (Ospina de N. 1958:26). El sexo, tema absolutamente vedado en textos anteriores, se presenta ahora como el terreno limítrofe que puede hacer peligrar el buen tono. Este texto no alude al control de las pasiones, sino a la conveniencia de que no se desborden defectos como la vanidad, recomendación que Montañés estimaría insostenible porque significaría renunciar a la lucha contra los pecados capitales mediante el fortalecimiento de las virtudes. A las mujeres, Ospina de Navarro les recomienda no aprovechar «la calle para exhibirte y ser admirada. No menees las caderas con vulgaridad, ni destaques tus formas indiscretamente por medio de suéteres o trajes exageradamente ceñidos» (Ospina de N. 1958:25). Los maridos no deben llevar «al club amigas indignas de mezclarse a (sic) las damas que lo frecuentan».

La cortesanía señorial y la urbanidad burguesa se elaboran alrededor de una definición de géneros que acentúa tajantemente el desmesurado valor simbólico asignado a toda expresión femenina. La *Señora* imaginada por la urbanidad es el símbolo más acabado de las virtudes humanas. La señorita, a su vez, representante en potencia de tales atributos, camina expuesta sobre una cuerda floja por la que tambalea en forma de alegoría, como la vieron desfilar en juegos florales, carnavales y, por fin, en reinados.

## D. La retórica de la civilidad

### 1. Gramática corporal

*Aseo y control del cuerpo*

La urbanidad vigila dos facetas del cuerpo: su apariencia y su conducta. La dualidad corporal se presenta sin ambages: en cuanto ente sensorial y fisiológico, el cuerpo existe en tercera persona; en tanto es la persona misma -su corporalidad-, el cuerpo es simbólico. El cuidado físico atañe a la *inversión* en el cuerpo; su conducta lo sitúa en el campo de la *percepción social* (Bourdieu 1977). Este último aspecto no consiste en practicar ciertos movimientos para obtener un resultado específico, sino en la conjunción de movimientos, palabras y actitudes que evidencian la condición social y moral de una persona. Este cuerpo vive en comunión con el alma, representa toda la identidad individual y traduce valores sociales: a la vez que refleja a la persona y su posición social, descubre la valoración que hace de ella la sociedad. Como lo formula Bourdieu, el cuerpo «funciona por lo tanto como un lenguaje por medio del cual uno es hablado (...) donde se revela lo más oculto y lo mas verdadero a la vez, pues es lo menos controlado y controlable conscientemente» y es asimismo un producto social «cuyas propiedades son aprehendidas a través de categorías de percepción y de sistemas de clasificación social que no son independientes de la distribución entre las clases sociales de las diferentes propiedades» (Bourdieu 1977:51).

El creciente hincapié de la urbanidad en el aseo se explica por un cambio en la percepción del mismo ocurrido en Occidente sobre todo durante el siglo XIX. Los sentidos iniciaron entonces un reconocimiento diferente del cuerpo y dieron paso a una nueva clasificación de sus aprehensiones. La taxonomía de sabores, olores, visiones, palpaciones y sonidos, así como la verificación de sinestesias (Schrader 1968; Starobinski 1983), modificaron las ideas de la persona sobre sí misma, sobre los otros y, en definitiva, sobre la presencia del cuerpo en la vida humana y las condiciones de su existencia. Cuando Carreño afirma que el aseo es la base de la estimación social y contribuye a preservar la salud, ya el discurso salubrista se ha impuesto sobre el concepto católico y platónico que no veía en las percepciones, expresiones y cuidados corporales más que signos engañosos y un desvío del verdadero sentido de la existencia terrenal. Al adquirir voz y voto, el cuerpo reformó el sentido de la vida humana y la Iglesia terminó por perder la lucha en contra del sensualismo, que ella había asociado con el cuidado del cuerpo y, en particular, con el uso del agua y las conductas licenciosas a las que ésta incitaba (Perrot 1984). Aun así, la Iglesia insistió en descalificar el exceso de limpieza y atención hacia el cuerpo, censurándolo como una impureza del alma. Por otra parte, Locke y la escuela inglesa, y Condillac y el sensualismo, propiciaron una nueva higiene del cuerpo e instaron al reconocimiento de la importancia de los sentidos en la formación del alma y la inteligencia. La noción de limpieza, que involucra la vista y, especialmente, el olfato (Corbin 1982; Vigarello 1985), revolucionó la percepción de los olores, comprendidos y analizados desde entonces con nueva agudeza. Los malos olores se registraron y se catalogaron de enemistosos: perturbaban y amenazaban la integridad física. La visión de la suciedad derivó en afrenta a la integridad moral. Las personas y las ciudades aumentaron la utilización del agua y se preocuparon por retirar de la vista las inmundicias. Surgieron simultáneamente la asociación del agua con el placer y, por esta vía, nuevas modalidades de deleite corporal: limpieza, buenos olores y frescura; más tarde, el placer del movimiento, de la belleza y de la percepción del cuerpo propio y el ajeno, la satisfacción del conocimiento personal a través del cuerpo. Al subrayarse el papel de los sentidos en la aprehensión de la realidad y en el desarrollo de la persona, y su importancia en la educación, se empezó a plantear la necesidad de despejar los sentidos, de suprimir todo lo que pudiera perturbar la percepción de «lo verdadero»: olores, basura, oscuridad, todo aquello que se interpusiera a una cabal apreciación de los fenómenos.

Este proceso pasó por dos momentos definitivos que desplazaron en el mundo occidental la noción del cuerpo habitado por los demonios de la pasión que acechan al alma. El cuerpo debía ser domeñado por la fuerza misma del espíritu para impedir que su albedrío venciera dicha fuerza. No puede pensarse de ninguna manera que esta figuración ignorara el cuerpo; es claro, en cambio, que no lo concebía capaz de transformaciones, sino tan sólo de ser acallado. Un viraje decisivo tuvo lugar cuando, alejándose de la fatalidad del cuerpo, se lo comenzó a conceptuar igualmente plagado de pasiones, pero capaz de combatirlas y de modificarse con la educación. Un cuerpo de posibilidades inesperadas se descubrió donde antes sólo se veía la morada de pasiones incontenibles. Se robusteció la comunicación que este nuevo cuerpo estaba en capacidad de establecer con el alma y se incrementó así la importancia de su educación para asegurar el desempeño moral. El cuerpo inculto se hizo inconcebible; luego tendería a invertirse su relación con el alma: el peso del cuerpo aumentó en la balanza de la moral hasta, como sugiere Baudrillard (1970), querer reemplazar la trascendencia del alma para instalarse con su inmanencia total[11]. Esta, que sería la fase intensiva de la modernidad del cuerpo, quedó consignada en la aparición de los saberes que lo abordaron (König 1989), principalmente desde el siglo XIX[12]. Cuando dichos saberes arraigaron, también los sentidos aprehendieron el cuerpo bajo nuevos parámetros sensoriales[13] y la urbanidad, que dejaba atrás la cortesanía señorial para convertirse en el código ético de la burguesía, se apropió de estas consideraciones, hizo suyas las recientes adquisiciones sensoriales y las incorporó a sus reglas de conducta. El cuerpo cultivado con arreglo a este nuevo régimen se tornó sensible a los olores desagradables, discriminó la limpieza de la suciedad a través del olfato y la vista e incluyó estos criterios de distinción en las normas urbanas. Otros hábitos de limpieza imperaron en las rutinas domésticas e individuales: el baño aumentó su frecuencia, los vestidos debieron mudarse más a menudo, la boca y los dientes limpiarse y cepillarse, ya no sólo con agua, y se requirieron productos adicionales para alcanzar el grado de pulcritud estipulado. También las habitaciones se airearon, iluminaron y desempolvaron para que retrataran el alma de sus habitantes.

---

11 Esta espontánea evidencia, *esta condición incontrovertible del cuerpo moderno, ha sido poco atendida en los estudios sobre la violencia. Excepción hecha de Uribe (1990), el objeto de la violencia -el cuerpo mismo- no ha sido considerado, con lo cual parece pasar desapercibida la intención de agresión y exterminio que gravita sobre esta inmanencia corporal.*

12 *El asedio del cuerpo por parte de los saberes analíticos -medicina, higiene, pedagogía, sociología, psiquiatría- ocurrió en Colombia en las primeras décadas del siglo XX. Un hito de este proceso fue la discusión sobre* Los problemas de la raza, *cuyas conferencias se publicaron en 1920, en nombre de estas disciplinas recién constituidas (Pedraza G. 1996b y ver pp 127).*

13 *La orientación del desarrollo de los sentidos ha sido documentada desde varias perspectivas. Mientras que la evolución del olfato ha propendido a idealizar la desodorización y aromatización en un diálogo constante con los desarrollos de la higiene (Corbin 1982, Perrot 1984, Le Guérer 1988, Vigarello 1985), los adelantos técnicos y la industrialización transformaron la percepción de los estimulantes (Schivelbusch 1980) y la del incremento de la velocidad: el vértigo inicial obligó a ajustar la vista al movimiento constante y rápido (Schivelbusch 1977).*

Carreño no estima indispensable el baño diario, le basta que sea frecuente, pero ya afirma que es deseable para estar debidamente aseado y gozar de buena salud. El aseo incluye la limpieza escrupulosa de la boca, el cabello perfectamente ordenado en todo momento, así como los vestidos pulcros y en buen estado, la habitación limpia y aireada, y las manos siempre aseadas y secas. Su civilidad también instruye sobre lo asqueroso, ayuda a definirlo y a propagar los juicios y sensaciones que le corresponden: es asqueroso tocarse la cabeza o el cuerpo, eructar, limpiarse la boca después de escupir y, por encima de todo, escupir. Es asqueroso el sudor, que debe secarse, lo mismo que presentarse ante otros sin haberse limpiado varias veces al día los lagrimales y las comisuras de los labios, donde se acumula la saliva. Es repugnante acercarse demasiado a los demás; debe mantenerse una distancia tal que no se perciba el aliento. La boca en general es repulsiva: nada que haya tocado la boca puede siquiera llegar a manos de otra persona porque es natural que todo ello produzca desagrado. Toda secreción se repudia y debe ocultarse; son desaconsejables incluso las alusiones a cualquier cosa que inspire asco.

También Ospina censura enfáticamente la boca: ha de limpiarse a diario la dentadura y evitarse el mal aliento, que la saliva alcance a un interlocutor, toser, estornudar, sonarse, desperezarse, bostezar, ensalivar los dedos y dejar ver la dentadura postiza. Cualquier otro indicio de las funciones fisiológicas y todo contacto entre las partes del cuerpo han sido eliminados: rascarse -máxime si es contra los muebles o paredes-, meterse los dedos en la nariz o las orejas, dar la mano sudorosa, tocarse el pelo, la barba o la cara. Las manos se mantienen siempre limpias, no tocan ninguna zona del cuerpo y la cara no debe verse grasosa. «Nada hay (...) que comunique mayor grado de belleza y elegancia a cuanto nos concierne -escribe Carreño-, que el aseo y la limpieza. Los hábitos del aseo revelan además hábitos de orden, de exactitud y de método en los demás actos de la vida» (Carreño 1880:34). Al extenderse así las propiedades del aseo al orden, la mujer desordenada, por ejemplo, comunicará su espíritu a toda la casa y conducirá al desperdicio de tiempo y dinero, al empeño y la ruina (Carreño 1880:48). El peligro salta a la vista.

Otros aspectos estrechamente relacionados con las inversiones corporales se derivan de la necesidad de cubrirlo: «No debemos aparecer descubiertos ni ante los demás ni ante nuestra propia vista», aconseja Carreño. No son únicamente las secreciones corporales las que deben quedar fuera del alcance de los sentidos, el cuerpo mismo ha de permanecer alejado y las personas procederán siempre con «honesto recato». El control del cuerpo abarca los malos hábitos, aun fuera de la vida consciente: roncar, moverse bruscamente durante el sueño, levantarse en la noche a satisfacer necesidades corporales, adoptar dormido posiciones chocantes y contrarias a la honestidad y el decoro, son todas costumbres que deben erradicarse por medio de un adiestramiento somático apropiado, pues resultan de una educación descuidada.

El *Protocolo* de Ospina también sitúa en primer plano el aseo y lo relaciona con el decoro, pues además de proporcionar salud y lozanía, el decoro libra de impresiones desagradables. Es indecoroso provocar sensaciones desagradables en los semejantes afrentando sus sentidos con malos olores, visiones enojosas o aspectos descuidados. Pero Ospina, constantemente preocupado al respecto, no se limita a decir que el baño tiene que ser muy frecuente: siempre, estipula, «hemos de bañarnos vestidos». Aunque no aclara cómo habría de realizarse semejante tarea, da la impresión de temer una concentración excesiva de los sentidos en el cuerpo: si ya se lo ha de tocar, por lo menos que no se lo mire. El decoro es la cualidad que traza la frontera con lo que se percibe como inapropiado, especialmente en relación directa con el cuerpo y es, como en la *elocutio*, la virtud primera del buen comportamiento.

En los años veinte el baño diario es ya parte constitutiva de la urbanidad y Censor exalta sus efectos benéficos tanto para el aseo como para la higiene: impide efluvios molestos y disminuye la exposición a enfermedades. En este manual se muestra una gran preocupación por el aseo de la ropa interior y, desde luego, por cada una de las partes del cuerpo, cuya limpieza no está permitido realizar en público. Objeto de severa censura es el uso de pomadas, aceites para el pelo, coloretes, colores subidos y prendas extravagantes. El aseo, íntimamente vinculado al respeto hacia los demás y hacia sí mismo, según lo prescriben la cultura social y la caridad, es erigido en virtud y en el mejor medio para conservar la salud. La respuesta social al desaseo es la repulsión y, por consiguiente, la exclusión. Montañés advierte, sin embargo, que el esmero exagerado en el tocador es incompatible con la modestia cristiana, como lo es también el uso de afeites en hombres y mujeres. Los hombres deben recurrir con parquedad a perfumes o aceites porque ello desagrada y los hace aparecer afeminados. El mismo peligro lo rima Aguilar para llamar la atención de los muchachos sobre el peligro que acecha su virilidad:

> *El hombre que fatuo y necio*
> *como mujer se engalana*
> *y en perfumarse se afana*
> *sólo merece desprecio.*

Muchas recomendaciones concernientes al aseo lo son en primer lugar de modales civilizados: las uñas se cortan con tijeras y no con los dientes, uno no se recuesta en los muebles ni se rasca contra ellos o contra las paredes, por lo que todo ello entraña de comportamiento animal o bárbaro. Lo mismo vale para el control de las funciones del cuerpo. No debe permitirse la indecorosa salida de gases del estómago o los intestinos: «las personas delicadas disciplinan su cuerpo y llegan casi a suprimir esas flatulencias que la gente ruda y tosca, equivocándose torpemente, mira como naturales y como saludables» (Urbanidad 1926:17). Todas estas faltas son imperdonables en la mujer: por «ser rebeldes a toda poesía y atraer el desprecio sobre quien las comete, pugnan radicalmente con el ideal de encanto y delicadeza que se personifica en la bella mitad del género humano» (Urbanidad 1926:17).

Con Camposol el aseo adquiere un nuevo cariz. Para él la educación personal se inicia con la higiene del cuerpo: «La higiene diaria, en la que el agua juega tan importante papel, ha de ser realizada más que con interés, con deleite, considerándola como un placer y no como una obligación» (Camposol 1930:19). Por primera vez se insinúan en un texto de urbanidad el deleite de los sentidos y el placer como argumentos en pro de la higiene. El autor apunta a la vigorización del cuerpo mediante la higiene y la educación física. Por razones estéticas -para no causar enojo o violencia-, por motivos de sanidad -para evitar enfermedades que se transmiten por contacto- y por deferencia a la cortesía -pues no debe inspirarse repugnancia-, los semejantes tienen autoridad para exigir la práctica de los preceptos higiénicos.

El discurso higienista se ha incorporado de lleno a la sociabilidad y el aseo ha devenido obligatorio. La higiene tiene ahora una percepción más aguda para vislumbrar y complacer nuevos matices sensoriales. Así, el baño diario y matutino evita el olor agrio y da tonicidad a la piel; el agua fría y cristalina proporciona mayor tersura y colorido al rostro femenino. Hombres y mujeres deben usar para el aseo del cabello productos apropiados y discretamente perfumados, pero se desaprueban tanto el uso de cosméticos y fijadores por parte del hombre (algo poco delicado), como los secretos del tocador femenino -carmín, barras de humo, rimmel y *cendre de rose*-, que empobrecen la hermosura y el caudal moral de las mujeres. El olfato, que el desenvolvimiento histórico ha convertido en el sentido mimado de la higiene (Corbin 1982), se ha vuelto más exigente y no le basta con reclamar la desaparición de los olores corporales: exige que el cuerpo huela bien. La vista, dotada de una memoria compleja, asocia los colores y brillos de los cosméticos, al igual que los contrastes cromáticos, con el mundo indecente de los placeres sexuales.

El cuidado de los dientes sigue un camino propio: se destacan su importancia para la digestión -tema que sería intocable para Carreño, a quien la sola mención de este proceso natural le parecería inconveniente- y su aporte estético: la dentadura refuerza la belleza del gesto y la impresión de simpatía de la mujer. En el hombre, una dentadura blanca expresa carácter depurado e interés por ser una persona grata.

En los años treinta, la higiene personal diaria es como sigue: tras levantarse, baño, abluciones y fricciones con agua de colonia, cuidado del cabello, limpieza de las manos, limpieza de la boca y perfumada. Durante el día, lavado frecuente de las manos y el rostro -particularmente al volver de la calle y antes de las comidas-, recomposición del peinado y limpieza dental. Al acostarse, aseo del cuerpo, rostro, manos, dientes y nariz[14]. Las ventajas de este esmero radican en que «la compostura y el arreglo de nuestra persona al ser provechosa para el cuerpo, lo es también para el espíritu, puesto que nos proporciona el afecto y consideración de nuestros semejantes, y, con ello, los beneficios que de tales circunstancias dimanan» (Camposol 1930:28). El valor atribuido al aseo ha variado. Ya no se cuida el cuerpo que nos ha dado Dios, lo que constituía un deber moral, sino que se cumple una tarea que reporta beneficios. *Urbanidad y Cortesía*, un texto que copia la estructura del de Carreño, ha eliminado ya casi toda la introducción relativa a los deberes morales, conservando apenas el capítulo tercero dedicado a los «deberes

---

14 *La regularidad y el esmero que puede alcanzar el ritual de la higiene corporal los ha dejado minuciosamente plasmados Vargas Llosa en los pasajes del* Elogio de la Madrastra *que describen las abluciones de don Rigoberto.*

para con nosotros mismos». Por otra parte, el cuerpo ha ganado influencia sobre el espíritu y parecen perder peso las connotaciones morales. Estamos aquí frente a la urbanidad burguesa, la cual, en aras de la distinción social, se aleja de las virtudes cristianas para fundarse en la conveniencia social y el utilitarismo de la salud.

Cuando las prácticas básicas de la higiene han sido asimiladas por completo, la urbanidad tampoco se detiene en el aseo; se ocupa, por el contrario, del atractivo personal y de «los pequeños detalles que transforman» (Ospina de N. 1958) y, por último, le cede el paso al glamour: el refinamiento absoluto, el hechizo y el encanto que tornan al cuerpo en una imagen, en «el único objeto de deseo» (Debray 1994). En este momento la urbanidad abandona su fundamentación en el aseo -de incumbencia, a la sazón, de la salud y la medicina- y se apoya estrictamente en el valor del comportamiento adecuado para la convivencia social (tacto, respeto, sencillez, no ser cargante, no abusar, cumplir, respetar, ser honrado y correcto), orientándose a erradicar conductas que parecían haberse generalizado y atentaban contra el decoro, la corrección y la estética: hacer del amor un pasatiempo, robarle el novio a la amiga, hacer el papel de busca-novias, el «manoseo». La silueta, que desempeña ya un papel protagónico, afecta al porte, por lo que Ospina de Navarro aconseja: «si ya no eres joven y además tu peso sobrepasa el término exigido por la estética, evita el cruzar una pierna sobre otra» (Ospina de N. 1958:6). Otros detalles del encanto personal consisten en no abusar del perfume pero usar desodorante, no llevar lentes oscuros sin necesidad y reemplazar cualquier diente que se haya perdido.

## *El vestido y el adorno*

Las normas de conducta social hacen tres consideraciones esenciales sobre el vestido: una atañe al *decoro*, propiedad directamente ligada a lo que la apariencia exterior refleja de la condición moral y que incluye el aseo y el aliño en el vestido, sin desprecio de las modas reinantes; la segunda toca a la *corrección*, que traduce la armonía que debe guardar el vestido con la posición social de la persona y con el medio en que se desenvuelve; la última concierne a lo *estético*, es decir, a la concordancia entre los colores y el conjunto de las piezas del traje. Estos tres aspectos, que son tres de las virtudes retóricas -*decorum*, *puritas* y *ornatus*-, se entrelazan de forma tal que resulta difícil separarlos en el discurso. Carreño estima que, sin mencionar las consideraciones a la decencia, los trajes deben adecuarse a las circunstancias, respetando «las convenciones sociales y armonizando con el espíritu y con los usos generales de la sociedad». En casa se debe permanecer tan cubierto como en sociedad y, con todo y que la privacidad del dormitorio permite atenuar en algo esta severa medida, nunca lo hace al punto de favorecer una libertad contraria a la honestidad y la decencia:

> *Al despojarnos de nuestros vestidos del día para entrar en la cama, hagámoslo con honesto recato, y de manera que en ningún momento aparezcamos descubiertos, ni ante los demás ni ante nuestra propia vista... La moral, la decencia y la salud misma nos prescriben dormir con algún vestido. Horrible es el espectáculo que presenta una persona que, por haber perdido en algún movimiento su cobertor, o por cualquiera otro accidente ocurrido en medio de la noche, aparece enteramente descubierta (Carreño 1880:93).*

El «vestido de levantarse», recientemente introducido y que Ospina no sabe cómo más nombrar, no deja de parecerle señal de esnobismo, pero admite su uso en vista de su generalización, siempre y cuando se restrinja rigurosamente a la intimidad doméstica, pues es del todo indecente dejarse ver con tal indumentaria o recibir visitas así vestido. A las señoritas les está vedado circular ataviadas con traje de dormir: para ir del dormitorio al baño, se recomienda llevar «un abrigo largo, holgado y de tela gruesa y sólida», que oculte con su caída cualquier atisbo del cuerpo.

El vestido cumple asimismo la función de expresar la posición social de la persona y es obligación vestirse de acuerdo con ella y con las posibilidades económicas. Después de todo, observa Carreño, un objetivo de la urbanidad es comunicar dignidad, decoro y elegancia a las acciones y las palabras. También Ospina recuerda que, sin ser lujoso, el vestido debe ajustarse a los recursos de cada quien, porque la avaricia también es señal de vulgaridad, idea ésta que es propia de la corrección idiomática: «Sucede también a veces en el lenguaje como con el vestido: no basta que un vocablo o giro sea de buena estofa; requiérese además, que esté actualmente en uso, pues es ridículo sacar inoportuna e innecesariamente a relucir antiguallas; ni lo es menos acoger al punto cuantas extravagancias idea el liviano capricho de la moda» (Cuervo, R.J. 1878:294).

Los manuales contienen una minuciosa descripción de los vestidos que corresponden a las distintas ocasiones: vestidos de casa, de calle, de ceremonia, de etiqueta, de campo, de deporte, de luto, para levantarse o ir al templo. Todos ellos varían conforme a la edad. En las mujeres es definitivo el estado civil, ya que además de la posición social, el vestido pone en juego el pudor. Pero hay algo todavía más trascendental:

> (...) nuestros vestidos no tienen por único objeto el cubrir el cuerpo de una manera honesta y decente, sino también contribuir a hacer agradable nuestra persona, por medio de una elegante exterioridad. Y como de la manera de llevar el traje depende en mucha parte su lucimiento, pues en un cuerpo cuyos movimientos son toscos y desairados, las mejores telas, las mejores formas y los más ricos adornos perderán todo su mérito, es indispensable que procuremos adquirir en nuestra persona aquel desembarazo, aquel despejo, aquel donaire que comunica gracia y elegancia aun al traje más serio y más sencillo (Carreño 1880:369).

El aspecto exterior de la persona -buenos modales, fino trato, porte, vestido- realza su interior, de suerte que el esfuerzo por vestirse en consonancia con la posición social y económica o incluso algo mejor de lo que permiten los medios, es válido también para las personas humildes, ya que da testimonio de instintos delicados y del empeño por hacerse agradable. *Urbanidad y Cortesía*, definitivamente burgués, advierte que el vestir apropiadamente entraña ventajas para la consecución de empleo y la remuneración; fallar en este punto indica despreocupación y menosprecio de las gentes, y en los ricos, suciedad y avaricia. Las urbanidades escolares hacen hincapié en este punto y subrayan que el aseo y la decencia de la ropa deben primar aun en medio de la pobreza. A pesar de su corrección, el vestido no pierde su índole diferenciadora. La sencillez es la primera cualidad del buen gusto y la piedra angular de la elegancia, consistente en seguir tendencias depuradas y vestir con un lúcido sentido estético (Camposol 1930). La elegancia y el buen gusto son criterios estéticos que las élites definen continuamente y sirven para reformular la vulgaridad y preservar la línea de demarcación de su superioridad.

Puesto que en el país no se distingue claramente el traje de una mujer soltera del de una casada, la primera vestirá con naturalidad y modestia: la juventud y la gracia son sus encantos. «Una elegante sencillez es el colmo del buen gusto» (Acosta de S. 1880(44):185). El vestido no debe delatar las horas dedicadas al arreglo personal y el buen gusto exige que el andar sea cómodo y que el vestido no cause desorientación. La naturalidad debe ir secundada por la modestia y la compostura; inclusive quien posee fortuna material debe abstenerse de alardear de ella por medio de su vestido, sin caer por ello en la mezquindad. A mayor edad se apagan los colores vistosos y se reducen los adornos para permitir que armonicen los tintes opacos y oscuros con la falta de frescura de la tez y de brillo de los ojos, y para que las mujeres se vean «más jóvenes a medida que vayan perdiendo las pretensiones a agradar por sus encantos físicos». El vestido no es para Acosta de Samper únicamente un elemento determinante de distinción, también es «el espejo de los sentimientos nobles de la mujer; la exageración es prueba de que las facultades del alma están en desarmonía» (Acosta de S. 1880(44):185). La mujer, por tanto, con buen juicio y mucho sentido común, se cuidará de seguir todas las modas, pues algunas no son propias más que de actrices y mujeres de mala reputación.

La elegancia es un don inasequible en el abigarrado código del vestido como elemento de distinción social. Siempre dictada por las élites, siempre huidiza, siempre indefinible, representa la culminación del buen gusto y hace explícita una capacidad de interpretación de los conceptos estéticos del momento que poseen nada más algunos elegidos. Sobre este difícil arte se expresó la revista *Cromos* desde sus primeros números: «Un detalle de mal gusto ocasiona el fracaso del conjunto. No es la elección de lo más costoso lo que decide en definitiva, como muchas han dado en creer: es la coquetería, una armoniosa coquetería, compuesta por partes iguales, de gracia y de buen gusto» (C-76:47,1916).

## *El continente: conducta y movimiento*

La razón de ser de la civilidad es dotar de una forma peculiar al comportamiento, dado que cada acto es un trasunto de la condición moral del individuo. La *percepción social del cuerpo* es la figuración a la vez que el medio para enjuiciar una conducta ideada con el propósito de modelar la convivencia social sobre la base de principios impuestos al individuo sin miramientos por su conveniencia personal[15]. Así, es injustificable prolongar las horas de descanso más allá de lo necesario y menos si ello obstaculiza las ocupaciones ajenas. La buena conducta en casa prohíbe presentarse ante los demás sin haberse aseado, mal cubierto o en trajes poco decentes.

---

15 *En este principio, que ignora la voluntad y aceptación individuales, reside la causa de la percepción de la urbanidad como un conjunto de normas represivas e hipócritas. Tal idea se agudizó con los movimientos sociales de 1968 y se mantuvo hasta hace pocos años (Dhoquois 1991).*

Aguilar (1928) advirtió a los jóvenes al respecto:

> *No como el indio ceñudo*
> *de las tribus del desierto*
> *te presentes descubierto*
> *o vas a dormir desnudo.*

Los disgustos y el mal carácter no disculpan el mal humor ni eximen del deber de ser afable y cortés: si un enfado agobia el ánimo se lo ocultará cuidadosamente. El trato familiar ha de ser atento, delicado y comedido, procurando que todas las palabras y las acciones eviten roces. La tolerancia y el respeto son los grandes rectores de la vida doméstica: ningún motivo autoriza a abusar de las pertenencias o habitaciones ajenas, ni es excusable ningún tipo de proceder que pueda alterar la tranquilidad de los vecinos.

El traductor del texto de Censor impugna la extravagancia y el provincialismo que halla en Bogotá, tal como lo hiciera con el *filipichín* la crítica de los letrados del siglo XIX, y destaca la importancia del continente, del control de los sentimientos y del buen gusto. Ospina pasa revista a las maneras relacionadas con el uso del tabaco y el teléfono, el trato a los criados, los regalos, las tarjetas y los juegos, y otras situaciones de la vida en sociedad, como los eventos religiosos y el proceder en viajes en tren, barco, a caballo, en hoteles, teatros y durante una enfermedad. Es claro que tiene en mente un lector que desconoce normas que a Carreño, por ejemplo, le resultan obvias y no le merecen atención.

Montañés discurrió un texto que, al igual que el de La Salle, se dirige a todo el público, primordialmente a los jóvenes. En lugar de entrar en los detalles de las reglas del buen tono social, se limita por consiguiente a los preceptos de uso general, muestra su relación con la cultura social, a la manera de realzar las virtudes cristianas, y estudia los sentimientos, actitudes y pensamientos que deben ocupar al cristiano y guiar su comportamiento. La *Imitación de Cristo* y las máximas y consejos bíblicos son la referencia última de esta cultura social que quiere educar los sentimientos más que promover la adquisición de buenos modales. Su discurso representa un plano diferenciable, casi excepcional, de las urbanidades cortesanas fundadas en virtudes cristianas -aunque ligadas a la posición social y, por ende, innatas-, como las de Carreño, Ospina o Acosta de Samper, lo mismo que de las urbanidades burguesas, como las cartillas escolares, que se fundamentan en el poder de la educación y en la práctica de los buenos modales, sin que éstos comprometan a toda la persona. Montañés pensaba que la cultura social era un reflejo de las virtudes cristianas y que la educación era el camino para obtenerlas. Quien tenga sentimientos cristianos puede transformarse, porque «la verdadera cultura y civilización se encuentran en la religión de Jesucristo». La cultura social de Montañés se acerca por este camino, más que ninguna otra, a la visión de La Salle: erigir la ostentación de las virtudes en condición del trato social y tomar las diferencias emanadas de tales virtudes por cualidades evidentes (Revel 1986). Por otra parte, confía del todo en su apropiación a lo largo del proceso educativo.

El deber del estudiante de Montañés es complacer a los padres y hacer fructificar los dones recibidos por bondad divina. En toda su vida social tiene que practicar, a la par que las normas de cortesía, las virtudes cristianas: caridad, modestia, humildad, prudencia, y oír antes que hablar, porque el ser humano se inclina naturalmente al mal y peca por las palabras. A semejanza de la Edad Media (Vigarello 1978), esta cultura social concibe un cuerpo supeditado al alma. La educación que propone se encamina a formar el continente, o sea: el conjunto de las actitudes y los movimientos corporales. Se cultiva el continente para escapar de la afectación que ahoga los sentimientos más nobles y manifestar siempre la cultura espiritual. El cuerpo y el alma se educan para que el primero sea un verdadero espejo de la última. Ninguna circunstancia autoriza posturas inconvenientes que falten al respeto divino y a la propia persona. Una mala actitud corporal sería necesariamente una reverberación de la mala disposición del alma y llevaría a la pérdida de una estima social que se fija, no en el exterior, sino en lo que éste revela. El continente es, en suma, la corporización del alma.

Montañés opina, además, que las actitudes corporales «naturales» inherentes al estado civil, el sexo y la edad favorecen la salud del cuerpo y del alma, protegen de las malas inclinaciones y son indicio de una conciencia delicada: la suavidad de carácter, la elegancia natural, el cuerpo erguido sin afectación, el pecho salido, la cabeza levantada y los brazos naturalmente caídos, sin petulancia, son los signos mediante los cuales las personas virtuosas expresan la gravedad y el sentimiento del decoro personal, junto con la alegría más dulce y la dignidad más afectuosa.

En general, los atributos de la persona educada cuando está en la calle son la circunspección y el decoro:

> *Nuestro paso no debe ser ordinariamente ni muy lento ni muy precipitado... Los movimientos del cuerpo deben ser naturales y propios de la edad, del sexo y de las demás circunstancias de cada persona. Gravedad en el anciano, en el sacerdote, en el magistrado; suavidad y decoro en la señora; modestia y gentileza en la señorita; moderación y gallardía en el joven; afectación en nadie (Carreño 1968:59).*

En la calle se debe estar atento a los movimientos y ademanes, y a todas las reglas relativas a la superioridad e inferioridad de los transeúntes que puedan cruzarse en el camino. Las buenas maneras rigen también en templos y centros de educación y cuando se es huésped o viajero. Una cualidad de la persona culta es la gallardía, un don ingénito que, a diferencia del continente, no puede obtenerse. Quien carece de ella, acude a los movimientos aprendidos que sustituyen lo que no se lleva en la sangre, pero jamás podrá igualar, por ejemplo, el encanto de la mujer que nace culta y educada, con delicadeza natural, tacto instintivo, elegancia y coquetería innatas.

Las reglas de urbanidad impiden que la persona actúe obedeciendo espontáneamente sus sentimientos e impulsos o -lo que sería su ideal- hacen que al interiorizarlas, la persona modele sus impulsos y sentimientos al punto de no poder traspasar ciertos límites, al menos no sin violentar su naturaleza. Con ello se logra comunicar al trato cierto grado de introspección que no equivale a coartar la expansión del alma ni los actos afectuosos, sino a evitar la familiaridad sin reserva ni freno que relaja los resortes de la estimación y el respeto. Estas normas deben, desde luego, llegar a convertirse a tal grado en una segunda naturaleza que la persona, lejos de sentir que la constriñen o le restan libertad o expresividad a sus acciones, sienta que esa es su forma genuina de comportamiento.

El código de la urbanidad no es, con todo, en ninguna de sus modalidades, un método de enseñanza y resulta evidente que los aspectos básicos constituyen para la mayoría de los autores dones naturales inimitables. Si se carece de ellos, no queda más que acudir al aprendizaje, para el cual no se ofrece un método, sino valoraciones de las cualidades corteses:

> *Aunque la gallardía del cuerpo y de los movimientos es un don natural, su falta se suple procurando andar con el cuerpo recto, la cabeza levantada, sin mover los brazos, y con pasos cortos y acompasados: ni rápida ni lentamente. El vestido lo más correcto y decente que sea posible (Ospina 1917:36).*

> *Uno de los objetos a que debemos consagrar mayor suma de atención y estudio, es el hacer agradable nuestra persona, no ya por el conocimiento*

*y la práctica de los usos y estilos de la buena sociedad, ni por la dulzura de nuestro trato, sino por una noble y elegante exterioridad, por la naturalidad y el modesto despejo que aparezcan siempre en nuestro cuerpo, sea cual fuere la actitud en que nos encontremos (Carreño 1968:100).*

Debe cuidarse la posición de pie y sentado, mantener la mayor quietud posible, no debe tocarse el propio cuerpo ni el ajeno, ni exteriorizar necesidades físicas de ningún tipo, ni producir ruidos. La persona educada reprime también los gritos, saltos, arranques de ira o demostraciones de alegría y todas las manifestaciones causadas por impresiones fuertes, propias solamente de gente vulgar y mal educada. Censor no olvida los ademanes y movimientos del cuerpo y recomienda controlarlos hasta en las horas del sueño, para evitar, por ejemplo, dormir con la boca abierta, algo que debilita el carácter y produce caries. El porte es un delicado equilibrio compuesto de andar garboso, cuerpo erguido y firme sin tensión, y ausencia de movimientos extravagantes. Las manos no deben llevarse en los bolsillos ni los pulgares en el chaleco, no se debe silbar ni reír ruidosamente, tampoco permanecer con la boca abierta ni aparecer siempre sonriendo. El autor aboga por un meticuloso dominio de los movimientos que pueden delatar a la persona, como sucede cuando «el instinto de hacer ruido con manos o pies se convierte en reminiscencia del estado salvaje» (Censor 1921).

El texto de Ospina de Navarro aborda nuevos aspectos y situaciones de la conducta: el salón de belleza, la piscina, la clínica, el automóvil, el club, el reloj, la música, el cigarrillo y ciertas relaciones que parecen haber cambiado sus normas, como las amorosas o con las suegras. Es notoria aquí la desaparición de la sanción moral, cuyo lugar lo toma la imposición casi absoluta de lo que podría llamarse una *ética de la estética*. La autora, por desgracia, no delinea el proceder adecuado, no entra en los detalles. Como lo había hecho su padre, le consagra algunos párrafos al comportamiento en los negocios, en los que aconseja corrección, cumplimiento, atención, honradez y delicadeza en asuntos de dinero, así como una actitud leal para con el medio. Sobresalen el valor de la presentación personal, la simpatía y el buen trato que debe darse a los empleados, en todo lo cual prima el comportamiento señorial sobre el ciudadano: «No prefieras el fisco a tus empleados. Paga menos impuestos y sé más generoso con ellos» (Ospina de N. 1958:19).

Desaparecida la idea del continente, esta urbanidad advierte en contra de omisiones a postulados elementales de la convivencia social y en contra de comportamientos de mal gusto que tenían que ver, bien con el aspecto físico, bien con las relaciones entre los sexos: «No enamores a tus empleadas, ni intentes comprar su virtud con tu dinero» (Ospina de N. 1958:20). El manual fue redactado en una época en que la población tenía mayor instrucción y recomienda la lectura en general y la de la prensa en particular, así como el estudio atento de las novelas, antes proscritas a las mujeres. La poca lectura, afirma la autora, da a la persona un aire superficial y denota falta de interés por su entorno; la conversación es un arte que ha pasado de moda, derrotado por pasatiempos superficiales. Así pues, en menos de medio siglo la lectura de ficción dejó de ser una amenaza a la moral y ascendió a la categoría de actividad espiritual excelsa practicada por quienes no incurren en las veleidades del cine, la radio o la televisión.

La popularización de la música y el baile ocurrida a partir de los años cuarenta trajo consigo una nueva inquietud estética. Los padres, se dice entonces, deben esmerarse en educar el oído de sus hijos para que no sean atraídos por los vulgares ritmos arrabaleros. En cuanto al baile, se lamenta el ocaso de los aires elegantes de antaño, degenerados con la aparición de la música caliente, a cuyo ritmo las mujeres ejecutan figuras acrobáticas, «menean las caderas y se rinden de dar volteretas, manejadas por compañeros irresponsables, amigos de la exhibición» (Ospina de N. 1958:51). En vista de que se ha impuesto esta música y para abstenerse de movimientos tan ordinarios, los hombres no deben estrechar apasionadamente a sus parejas, en tanto que las mujeres no deben aceptar bailar con quien les ha faltado al respeto, ni exagerar los movimientos, so pena de pecar de vulgares. Idéntica amenaza ronda en las piscinas: el baño en ellas se ha popularizado, pero puede desatar peligros morales si pasa de ser visto solamente como deporte para convertirse en exhibicionismo. Los bañistas deben permanecer cubiertos fuera del agua, no usar trajes exageradamente ceñidos, ni estudiar con curiosidad sensual las formas femeninas. Lo que intimida es, por un lado, la penetración de lo popular (Rama 1984) y, por otro, su expresión corporal, que sugiere y expone sin ambages el cuerpo y la sexualidad. El buen tono exige, en tal caso, que se contenga la manifestación de la sensualidad espoleada, a fin de marcar también una distancia con respecto a lo popular y al cuerpo.

Los textos de urbanidad para la enseñanza escolar no fueron escritos por miembros de las élites, sino por pedagogos para la educación popular; de ahí que no se ocupen de situaciones propias de la etiqueta sino de fijar las características de la buena conducta de niños y jóvenes. Introducen las formas y mecanismos de sanción social, familiarizan a los alumnos con ellas y esbozan los principales órdenes y ámbitos que sirven a la distinción. Un buen comportamiento infantil significa en lo esencial obediencia a los padres y superiores, y amor y respeto hacia ellos. En segundo término, la conducta correcta se resume en la máxima *no hagas a otros lo que no quieras que te hagan a ti*; su fundamento son la tolerancia y la cortesía, el ser cariñosos y rehuir las malas compañías. Su propósito es hacer amables las relaciones humanas mediante la corrección en el trato y la afabilidad, pero también gracias a la actitud caritativa y dulce para con el mal ajeno. La conducta corporal, por último, debe mostrarse en un porte circunspecto, lo cual quiere decir evitar siempre la presunción:

> *Preséntate noblemente*
> *sin ademanes molestos*
> *no hagas visajes ni gestos*
> *cual si estuvieras demente*
> *(Aguilar 1928).*

Al inculcar buenos modales a los varones, se modifican las nociones populares sobre la exteriorización de la masculinidad, que estas formas suavizadas ponen en peligro, pudiendo inducir fácilmente a conductas «equívocas». Aguilar previene a los muchachos sobre la amenaza de asumir comportamientos femeniles, fatuos o presuntuosos en aras de una falsa cortesía. Algunos autores acentúan la formación del carácter juvenil, una tarea en que son prioritarios el decoro, el cultivo de la inteligencia, la formación del espíritu, la recta aplicación de las facultades, el dominio de la voluntad y la disciplina de los instintos. El carácter en cuestión es un agregado de discreción y prudencia, cumplimiento de todas las obligaciones, moderación en la palabra, observancia de los deberes religiosos y patrióticos, de las leyes y las instituciones, y práctica constante de la ciudadanía (Camposol 1930). Parte de esta formación es el culto a la verdad, el respeto y valor de la firma y la correspondencia. Peláez también exhorta al ahorro y la honradez, y previene contra otro desacierto femenino: la calumnia y el chisme.

La definición de la conducta de cada sexo impregna la urbanidad escolar. Mientras que la obligación de amar, respetar y obedecer a los padres recae sobre ambos sexos, otros aspectos -conducta, actitud, continente, carácter e incluso el uso del tiempo- se construyen en términos de contrastes. Según los Hermanos Maristas, los niños deben ocuparse, tras el aseo y antes del desayuno, de sus tareas y lecciones escolares; las niñas deben preparar las tareas o hacer lo que manden sus padres, buen comportamiento que se ejemplifica con la ilustración de una niña ocupándose del arreglo de su hermana pequeña.

En la calle, los niños educados son corteses, ayudan a los desvalidos y no se entretienen innecesariamente; en el colegio, son respetuosos, conservan el pupitre limpio y ordenado -cosa que las niñas hacen con mucho gusto-, son serviciales y mantienen la compostura, los niños son además atentos; en la mesa, son mesurados, ayudan y son condescendientes; en los juegos, cuidan a los hermanitos, evitan riñas y obedecen. Los niños rehuyen las malas compañías, mientras que las niñas son discretas, pues divertirse de cualquier modo es «peligrosísimo para ellas». Cuando van de paseo, los niños son serviciales, comedidos, saludan de acuerdo con el caso, son obedientes, finos y atentos; en las visitas guardan la compostura, demuestran sus habilidades, disimulan su desagrado, son atentos, obsequiosos y están dispuestos a complacer a los demás.

Las cualidades infantiles se ilustran con los comportamientos adecuados: las niñas son generosas y dan limosnas, los niños son caritativos y buenos; ni unas ni otros tratan con despotismo a los criados o son crueles con los animales. Los niños deben estar siempre satisfechos y recibir humildemente correcciones y reprimendas, esa es «la mayor hermosura infantil»; la laboriosidad y diligencia distinguen a quien se levanta temprano, no posterga sus deberes, es puntual y cumplidor, y cree que el tiempo vale más que el dinero. Hacer el bien, no avergonzarse de los padres aunque sean de humilde condición, no rehuir la compañía de niños menos ricos y serles útil a ellos y a los menos instruidos, todo eso es propio de las niñas humildes y modestas y de los niños modestos.

La urbanidad femenina de Peláez le concede la mayor importancia a la conducta en casa: no causar daños y contribuir al aseo de las habitaciones, respetar a los padres, ayudarles y no obstruir el trabajo doméstico ni reír inoportunamente, comportarse adecuadamente en la vida social de la familia, en visitas y paseos, en la calle, el juego, y la escuela, tener un trato amable, ser corteses y obedientes. La niña debe despertar admiración por la educación que trasluce cada uno de sus comportamientos: es atenta, no hace ruidos, es piadosa, no hace preguntas indiscretas, no escupe. La risa es la expresión más censurada en las niñas: además de evitar reírse cuando es inoportuno, su risa debe ser discreta. Otros aspectos que conforman la feminidad son la amabilidad y la cortesía, la naturalidad en los modales y la delicadeza en los movimientos: suavidad, finura, ternura y posiciones decorosas, el andar garboso y el lucimiento de los mejores vestidos en las ocasiones especiales. Ospina de Navarro previene a los escolares en contra de la lectura de revistas vulgares y de las ilustraciones obscenas, y les sugiere acudir a los padres o al consejero espiritual para resolver preguntas sobre asuntos sexuales.

La urbanidad escolar exacerba las paradojas del discurso de la sociabilidad: por una parte introduce masivamente sus postulados fundamentales para constituirse en norma general de comportamiento. Esta generalización busca el reconocimiento colectivo de sus órdenes, ámbitos y funciones. El individuo tiene que acertar a identificar su posición en este engranaje y adoptar los comportamientos pertinentes, con miras a la salvaguarda del ordenamiento social y al funcionamiento armónico del mismo mediante la retórica que inculcan los manuales. Pero, por otra, estos recursos subvierten el orden que proponen porque, sin considerarla ni estimularla, hacen posible que la movilidad ocurra respetando normas básicas. Al descubrir las reglas más importantes, el discurso urbano induce un ascenso que en realidad no está contemplado por él y que arrastra consigo principios éticos y estéticos disonantes que dislocan su coherencia discursiva y a la vez fuerzan redefiniciones más democráticas y figuras más sutiles, ambiguas y discriminatorias.

## *La mesa*

Las maneras de mesa son, con el aseo y la conversación, la tercera columna de la urbanidad. Atestiguan la educación y la cultura adquiridas «por cuanto son tantas y de naturaleza tan severa, y sobre todo tan fáciles de quebrantarse» (Carreño 1880:82). Nunca es bastante el cuidado en la mesa, prueba de la delicadeza, la moderación y la compostura distintivas del hombre verdaderamente fino. Ospina está de acuerdo en cuanto a que la mesa «es la piedra de toque de la persona educada» y que allí, más que en cualquier lugar, deben regir la discreción, corrección, jovialidad y delicadeza, especialmente porque a su alrededor se reúnen la familia y los amigos, y se pasan los ratos más agradables de la vida. Estos modales prescriben una serie de movimientos altamente codificados que se sancionan con base en la corrección. Debido justamente a que el acatamiento de tantos pormenores no puede dejarse al azar, el *Manual* precisa que los desaciertos cometidos en la mesa se originan en los hábitos adquiridos por culpa del error de creer que en familia pueden relajarse las maneras de mesa, cuando la verdad es que por ese camino se llega a

> *prescindir de una multitud de reglas que, estando fundadas en los principios inalterables de la delicadeza, la propiedad y el decoro, pertenecen indudablemente a la etiqueta general y absoluta y hacen sacrificar a cada paso la belleza, la dignidad y la elegancia, a una comodidad que no acierta nunca a concebir el que ha llegado a acostumbrarse a proceder en todas ocasiones conforme a los preceptos de la urbanidad (Carreño 1880:330).*

Las maneras de mesa, como el aseo, son logros perfeccionados tras años de práctica y transformados en hábitos que se siguen sin falta tanto en la vida íntima y familiar como en la social.

> *Las costumbres domésticas, a fuerza de la diaria y constante repetición de unos mismos actos, llegan a adquirir sobre el hombre un imperio de todo punto irresistible, que le domina siempre, que se sobrepone al conocimiento especulativo de sus deberes, que forma al fin en él una segunda voluntad y le somete a movimientos puramente maquinales; y así, cuando hemos contraído hábitos malos en la manera de manejarnos en nuestra propia mesa, es imposible que dejemos de deslucirnos en una mesa extraña, por grande que sea el cuidado que pongamos entonces en aplicar unas reglas que no nos son familiares, y que por el contrario estamos acostumbrados a quebrantar diariamente (Carreño 1880:339).*

Lo crucial de las maneras de mesa estriba en buena medida en su naturaleza delatora. Es lo mismo que sucede con la conversación: quien no ha cultivado el buen hablar en casa, no puede hacer gala de él en sociedad. En ello se diferencian substancialmente del continente, que no nace del cultivo, sino que expone la esencia misma del ser humano; pero, a semejanza suya, denuncian a la postre la condición social.

Carreño y Ospina describen en sus tratados el modo de trinchar aves, caza y jamón, y el último agrega las difíciles formas de hacerlo con todo tipo de animales comestibles, subrayando que la tarea compete al amo de casa o a algún varón de la familia. Igualmente recuerda que, en Hispanoamérica, es el señor de la casa quien preside la mesa, a la antigua usanza española y en contraste con Europa, donde lo hace la señora. El autor de *Urbanidad y cortesía* piensa que este tópico da la medida de la educación, aun cuando ya juzga pasado de moda que los caballeros trinchen las carnes en la mesa y prefiere dejarlo a cargo de los criados, quienes deben servirlas trinchadas y cortadas, eliminando así de la mesa el acto carnívoro y bárbaro de desmembrar la presa. A la juiciosa descripción de los movimientos inapropiados, de los indicados y del orden exacto en que deben efectuarse, se añade una pormenorizada sintaxis de las posiciones, distancias y ritmos para que no «ejecutemos (...) otros movimientos que aquellos que sean naturales y absolutamente imprescindibles». Carreño tiene por naturales las posturas admitidas en la mesa.

Reina en todos los libros un gran tabú sobre la boca y sus secreciones. Nada que haya entrado en contacto con la boca puede ofrecerse a otra persona: comida, cubiertos, servilleta, vasos, copas o pan. Los alimentos se ingieren sin producir ruidos ni poner en evidencia la boca. No se llevan a la boca huesos ni partículas de los mismos. Todo el acto de comer transcurre discreta y limpiamente sin que sea demasiado notorio que se trata de la satisfacción de una necesidad: la boca no se abre demasiado, se toman bocados pequeños y sorbos moderados, el cuchillo no se introduce en la boca y el tenedor y la cuchara nada más lo estrictamente necesario para que los alimentos no caigan. No deben quedar rastros en el mantel, las copas y los vasos, las manos y la boca, e incluso el borde de los platos debe permanecer limpio.

Otro principio capital es la identidad de los alimentos: los líquidos no deben mezclarse con sólidos, ni cada uno de ellos con otros de su mismo género. Así, no se bebe hasta no tragar, ni se mezclan comidas preparadas para ser servidas separadamente. Es más, no se sirve mayor cantidad de licor o agua de la que se beberá de un trago y los alimentos no han de sobrepasar el límite del plato. Tampoco es correcto demostrar ni presumir que los comensales tengan mucha hambre: «Sirvamos siempre los platos con la delicadeza que es propia de la sobriedad que en todos debemos suponer, y seamos en esto todavía más escrupulosos respecto de las señoras, para quienes sería un verdadero insulto el presentarles los manjares en cantidades excesivas (Carreño 1968:92).

Las urbanidades de uso escolar apenas mencionan las maneras de mesa; sólo recuerdan el aseo y la compostura que debe guardarse, sin detallar sus formas. La comida de niños y jóvenes se concentra en el dominio del apetito, la sed y los movimientos. Montañés toca el tema sólo en lo que tiene que ver con la vida cotidiana. A diferencia de Carreño y Ospina, no cree que la conversación y la mesa sean determinantes en la vida social. En su opinión, uno tiene que hablar poco, con prudencia y humildad para evitar la condena a través de las palabras; comer, aunque produzca el placer natural, no puede convertirse en un deleite. La sensualidad y la glotonería están proscritas por la razón y la religión, son contrarias a la temperancia, nocivas a la salud e indignas del cristiano porque envilecen al ser humano. Si bien admite que en la mesa se conoce a la persona bien educada y trata las pautas básicas que deben acatarse en la mesa, no se detiene en las minucias de los banquetes y la etiqueta.

A mediados de siglo se recomienda interrumpir la dieta de reducción de peso cuando se asista a una comida y prescindir de los «amaneramientos» de mal tono en la presentación de los platos, tales como los arreglos superfluos (Ospina de N. 1958). Que las maneras de mesa tiendan a simplificarse y hayan sufrido un relajamiento general, no quiere decir que hayan perdido su capacidad de establecer distinciones, sino que su acción se ha desplazado al refinamiento de la cocina, las consideraciones dietéticas y la escenificación gastronómica.

## 2. Método y uso del tiempo

La conducta en la casa, los lugares públicos y la vida en sociedad tiene su sustento en la conciencia individual de los deberes morales, por cuyo intermedio pueden ordenarse los actos de la vida social y el espíritu «para disponer las ideas, los juicios y los razonamientos» (Carreño 1880:85). El ámbito de la vida privada es el del comportamiento de la persona para consigo misma y en sus propias habitaciones. Sólo si el individuo se conduce adecuadamente allí, podrá hacerlo con éxito en la vida familiar y social. Unicamente el orden en todos los actos corporales es capaz de impedir la desorganización y la inmoralidad de las pasiones. El método es el camino para lograrlo, de manera que el tiempo pueda aprovecharse y no se moleste a otras personas con una conducta caótica. El orden es además una categoría moral que da sentido a la vida, como señalaba por la misma época Miguel Antonio Caro, extendiéndolo al sexo y la riqueza material, no sin asignarle un carácter estético y moral:

> *La estabilidad en los goces no sólo les quita la fealdad anexa a todo desorden, sino que les comunica la belleza y la respetabilidad que Dios ha fincado en el orden. Toda adquisición súbita y casual viola el orden, es inmoral. La esposa es respetable, la prostituta es vil. La riqueza adquirida regularmente por el trabajo, da honor; la que se adquiere repentinamente por combinaciones de suerte y azar, se reputa deshonrosa (Caro 1883:101).*

Orden en la habitación, los papeles, los diversos objetos, las prendas, orden en las horas de comer, acostarse y levantarse, en las de permanecer en casa y recibir visitas, en la colocación de libros y muebles. Su ausencia entorpece la limpieza y el despejo de las habitaciones y conduce al desaliño y a un vestir inarmónico, «porque los hábitos tienen en el hombre un carácter de unidad que influye en todas sus operaciones, y mal podemos pensar en el arreglo y compostura de nuestra persona, cuando nos hemos ya acostumbrado a la negligencia y al desorden» (Carreño 1880:87). El orden abarca el cumplimiento de todo tipo de plazos, deberes y responsabilidades, pues la vida es corta y «sólo en la economía del tiempo podemos encontrar los medios de que nos alcance para educarnos o ilustrarnos, y para cumplir con todos nuestros deberes religiosos y sociales» (Carreño 1968:46). Debe ejercitarse en la correspondencia, las cuentas, los compromisos de negocios y las deudas: solamente «el hábito de la fidelidad en el cumplimiento de nuestros deberes y compromisos, nos evitará el hacernos gravosos y molestos a los demás, y nos dará crédito, estimación y responsabilidad» (Carreño 1968:89).

El utilitarismo de Carreño se acerca en mucho al de Mariano Ospina en relación con los estudios. Como él, Carreño afirma que el orden debe dominar en los estudios pero que la persona no debe recargarse con más que aquellos que puedan serle de provecho sólido y no fatiguen el entendimiento. El uso disciplinado del tiempo fue un elemento central del dispositivo moral de la Escuela de Minas. Allí se buscaba hacer «de cada obrero un modelo de consagración al trabajo. Se precisaba además que el reloj mecánico del ingeniero o del empresario que guiaba el funcionamiento regulado y uniforme de las máquinas, marchara coordinadamente con el reloj moral interior del obrero, para que éste empleara su tiempo y sus movimientos de la manera más económica» (Mayor 1984:17). Con todo, el orden no debe llevarse al extremo de volver insoportable el trato con las personas por hacerlas completamente inflexibles e incapaces de alterar sus costumbres de acuerdo con las circunstancias, sobre todo si son graves.

El método es aún más decisivo en las mujeres, llamadas por el destino a cumplir funciones singulares. La falta de método en ellas tiene consecuencias fatales para la familia, porque influye en el gobierno de la casa, los asuntos domésticos, la inversión diaria del dinero, la educación primera de los hijos y con ello, no sólo en la suerte de éstos, sino, a la larga, en la de toda la sociedad. El desorden de la mujer se contagia a toda la casa: el despilfarro de tiempo provocará el de dinero y labrará la ruina de la familia. El mal ejemplo se transmitirá necesariamente a los hijos en forma de «resabios inextinguibles». En la hijas, los «hábitos de desorden» de la madre perpetuarán «el germen del empobrecimiento y de la desgracia» (Carreño 1880:91). El orden en las habitaciones es tarea que corresponde a la mujer, sin que ello disculpe al hombre de conservarlo. Pero una mujer desaseada es una calamidad para quienes la rodean (Urbanidad 1926).

Montañés sostiene que «el orden es fuente de felicidad y bienestar, para las naciones, prenda de progreso constante, de mutua seguridad y de garantías sociales». El orden que ha de imperar en los objetos, las actividades y los gastos se inicia de manera metódica y constante en el hogar y lo acompaña el aseo. La naturaleza castiga las transgresiones del orden físico y la sociedad las del orden moral. El desorden intelectual lleva al error, violenta el orden económico y provoca, ineludiblemente, la perdición del individuo y de las naciones.

Madrugar es «condición indispensable para llevar una vida arreglada, para enriquecer, para instruirse y para conservar la salud» (Censor 1921:40). Ni el sueño ni la permanencia en la cama deben prolongarse más allá de lo necesario (Urbanidad 1926). Montañés extrema la concepción sobre el buen uso del tiempo, trocándola en responsabilidad ante Dios y la sociedad. Deben emplearse todos los instantes del día, aun fatigando el espíritu y el cuerpo, ya que el tiempo es la única vida de las naciones y ellas forjan por sí mismas su «prosperidad, grandeza o infortunio temporales». No sólo es improcedente prolongar inútilmente el sueño, sino malgastar tiempo en el arreglo exagerado de la persona, en conversaciones frívolas o lecturas pecaminosas, o hacérselo perder a otras personas con promesas engañosas, antesalas indefinidas o relatos nimios. Si a uno lo aqueja el insomnio, debe gastar el tiempo en meditaciones piadosas y no en pensamientos inútiles y vanos. En el tiempo de recreo han de leerse textos recomendados por el director espiritual y no novelas u otros libros que «no se propongan algún fin moral, [los cuales] lejos de solazar nuestro espíritu lo corrompen y extravían fascinándolo; y alterando el orden y subordinación de las pasiones a la voluntad, y la voluntad a la razón, nos predisponen al crimen, llevándonos a la ruina moral» (Montañés 1922:41). Ni el sentimentalismo escapa a la sanción: es adverso a las fuerzas del espíritu, porque la «melancolía viene del demonio» y la tristeza es impropia del cristiano, cuya lectura de cabecera será la *Imitación de Cristo*.

La gran ansiedad por un empleo intensivo y racional del tiempo, ilustra un momento culminante de la civilización burguesa (Corbin 1985): el obsesivo registro contable de las actividades destinadas a llenar cada minuto del día y del consumo de energía expendida en forma de dinero, actividad sexual o sentimientos, exacerbó la necesidad de aplicar un método para transmutar el tiempo, por medio de una administración adecuada, en oro. Legado también de otra tradición, el prurito del orden, como observa Angel Rama, fue una de las más notables herencias simbólicas de la Colonia y el origen de la *ciudad barroca*. En ella se puso un gran ahínco en ajustarse a los modelos ideales propuestos en el plano de los signos y en el «esfuerzo de ideologización» que debió hacer el poder para legitimarse. Este esfuerzo se concentró en el concepto de orden, un orden que «debe quedar estatuido antes de que la ciudad exista, para así impedir todo futuro *desorden*, lo que alude a la peculiar virtud de los signos de permanecer inalterables en el tiempo y seguir rigiendo la cambiante vida de las cosas dentro de rígidos encuadres» (Rama 1984:8).

### 3. El lenguaje verbal

*La conversación*

Así como el aseo es el soporte del continente, la conversación lo es de la sociabilidad: «nada hay que revele más claramente la educación de una persona que su conversación» (Carreño 1968:69). Benevolencia, consideración, afabilidad y dulzura son propiedades del lenguaje culto, decente y respetuoso. Las palabras deben pronunciarse clara y sonoramente, el tono de voz ha de ser natural y suave y la fisonomía debe traducir las impresiones de las ideas. La gesticulación que acompaña la conversación debe ser inteligente y mesurada, libre de exageraciones ridículas, de movimientos aparatosos de las manos y de todo lo que, por ser tosco e irritante, contravenga la moderación y la naturalidad. En la conversación no se tocan temas o hechos repugnantes, groseros, indecentes o poco decorosos, ni se menciona el cuerpo: «No está admitido el nombrar en sociedad los diferentes miembros o lugares del cuerpo, con excepción de aquellos que nunca están cubiertos. Podemos, no obstante, nombrar los pies, aunque de ninguna manera una parte de ellos» (Carreño 1968:72). Esta recomendación la comparte Ospina para charlas en las que participen mujeres, y añade que ni siquiera los brazos pueden mencionarse.

Debido a la gran importancia de la conversación en la vida en sociedad, Carreño describe con prolijidad la conducta a seguir. Estipula el tipo de lenguaje y los temas permitidos y su finalidad: no resultar molestos, irónicos, vulgares, desagradables o irrespetuosos. En la conversación como en el saludo se tienen en cuenta las jerarquías sociales, se atiende a lo que se dice, no se interrumpe a los interlocutores, no se habla en demasía, se corresponde a las miradas del que habla y se evita «la más grave, acaso, de todas las faltas que pueden cometerse en sociedad, [a saber,] desmentir a una persona, por cuanto de este modo se hace una herida profunda a su carácter moral; y no creamos que las palabras suaves que se empleen, puedan en manera alguna atenuar semejante injuria» (Carreño 1968:75).

La conversación, el eje de la vida social, tiene lugar en las visitas, entre cuyos diversos propósitos sobresale el cultivo de la amistad. Estas visitas se clasifican según la hora a la que deben efectuarse, cómo se reciben y se hacen, cuáles son los movimientos convenientes, los lugares que deben o no ocuparse y la correspondencia que deben guardar el continente, las palabras y las acciones con las personas visitadas. Cuervo, quien escribe exclusivamente para las señoritas, recuerda que su conversación debe hacer brillar los talentos ajenos, no los propios y que, en cualquier caso, deben expresarse pura y castizamente, tocando los temas ligeramente, sin profundizar, para no fatigar a los interlocutores. Como todos los autores, enfatiza que una charla no debe derivar nunca en disputa y, ante todo, que una señorita no puede consentir el uso en su presencia de palabras impropias, de doble sentido o burlonas; la prudencia le recomienda, por añadidura, no conversar con desconocidos y si ello sucediera, limitarse a generalidades. A Ospina le parece especialmente preocupante el comportamiento de las señoritas e insiste en que nunca será suficiente la atención que las mujeres presten a sus modales y a su comportamiento, porque su obligación de ser cultas y agradables supera la masculina, y la amabilidad, modestia, discreción y moderación tienen que ser sus fortalezas: hablar poco, evitar el aturdimiento y la llaneza tanto como el gasto demasiado expresivo de los sentimientos. El hombre debe estar siempre dispuesto a prestar sus servicios, primero que todo a las mujeres.

La conversación da testimonio de la cultura, el talento, la ilustración, las condiciones morales y el carácter de una persona. «Debemos anteponer el cultivo de la inteligencia a otro cuidado que no sea el que por razones de higiene corresponde al cuerpo» (Camposol 1930:53). El secreto de una buena conversación consiste en hablar a cada cual de lo que le interesa y agrada, y, cuando se escucha, en expresar, también con el rostro, interés por lo que se dice.

## La correspondencia epistolar

«La ligereza en escribir cartas ha causado y causa más daño a la mujer, que todos los defectos juntos que pueda tener» (Cuervo 1853:31). Con esta advertencia se especifican el peligro que encarna la correspondencia y los corresponsales de la joven: sus padres, parientes cercanos y amigas. La señorita sólo responderá una carta con la autorización y bajo la dirección de sus padres y por ningún motivo mantendrá correspondencia secreta, indica Acosta de Samper, y agrega: «Es de suma vulgaridad y de falta de urbanidad el recibir y contestar cartas que llevan el vulgar apodo de *cartas de amores*». Toda la correspondencia de la señorita deberá poder ser leída primero por su madre, pues tolerar que se dirijan secretamente a ella peca contra la compostura y el gusto delicado. La mujer casada puede dirigirse, además de a su esposo, a otras personas con quienes deba tratar asuntos precisos. A todas las mujeres se les recomienda abstenerse del estilo ampuloso y del uso de superlativos y signos de admiración. Las cartas deben ser sencillas, claras y sin afectación, pero sin descuidar ni el aliño ni la ortografía; la letra debe imitar las pautas españolas: «A las personas presentes se les juzga por sus maneras, y a las ausentes por sus cartas», dictamina Cuervo.

Como el resto de la vida social, la correspondencia es un campo minado para la mujer y aunque no se expresa nunca abiertamente cuál es la amenaza, parece ser la posibilidad de que su opinión o sus sentimientos se hagan públicos. La insistencia en limitar las cartas a las de verdadera amistad deja entrever la sospecha de que a la mujer la rondan el encubrimiento, el engaño y la hipocresía. Los niños, a semejanza de las señoritas, carecen de autonomía y tampoco mantienen correspondencia sin permiso de padres o maestros. Montañés los previene de escribir bajo influencia de cualquier «pasión desordenada» y hacer primero un borrador si les falta práctica, como lo recomendaba también Acosta de Samper a las mujeres inexpertas. Peláez pide a las niñas abstenerse de escribir cartas que no sean de sincera amistad, de lo contrario «se expondrían a decir lo que más tarde sería enojoso para ellas» (Peláez 1963:46).

Carreño aclara que la carta sustituye una visita, por lo que debe representar dignamente al corresponsal y mantener el estilo natural de la conversación, evitando los errores gramaticales en que se incurre al hablar y con mayor razón los de ortografía, que dan idea de mala educación. La correspondencia respeta los rangos sociales y distingue con su estilo las cartas familiares de las de negocios y las mercantiles. Por otra parte, la carta tiene una forma determinada por la distribución de los renglones sobre el papel y cuya composición describe Carreño con detalle. Las cartas deben ir «cerradas y selladas con cierto gusto y delicadeza, a fin de que su forma exterior produzca siempre una impresión agradable a la vista» (Carreño 1968:99). Sus características son las mismas del vestido: la calidad del papel y los sobres se ajusta a los recursos de quien escribe; el tamaño, el color y la calidad al propósito de la correspondencia y a la categoría del destinatario. Aparte de estar libres de enmendaduras, las cartas no sugieren la intención de economizar papel y, como las visitas, cumplen diferentes propósitos: las hay familiares, amistosas y de negocios, existen las esquelas, las esquelas de cumplimiento, las tarjetas postales y las cartas de recomendación y de pésame. En cada caso rigen normas diferentes que Ospina trata con detenimiento. Análogamente a como se procede en la mesa, en la correspondencia no deben mezclarse asuntos de distinta índole. Una carta de negocios no debe remitir a asuntos personales ni incluir recados o saludos para terceros. Ospina desaconseja las fórmulas de despedida afrancesadas y se declara partidario de las sobrias y dignas expresiones castellanas.

La preocupación por la correspondencia sobrepasa el interés por los componentes formales de la presentación epistolar: la carta deviene testigo; por eso la curia que demanda su elaboración. Si durante la conversación se incurre en una falla, ésta acaso sólo quede presente en la memoria de los oyentes. La carta, en cambio, es un testimonio que perdura y, por tanto, expone y permite enjuiciar a su remitente allende el tiempo y el espacio. Merece entonces todos los cuidados: supervisión de la madre u otro allegado, elaboración de un borrador -que permita sopesar lo dicho antes de asentarlo-, corrección gramatical y ortográfica, atención a la distribución en el papel y al aspecto del mismo.

Salvo el amor, no se proscribe de modo explícito ningún tema epistolar. La carta, como el diario, entreabre así una puerta a la elaboración íntima y subjetiva, pero, a diferencia de aquél, brinda la posibilidad de hacer a otros partícipes de la experiencia. Ello, claro, tamizado por la revisión previa que el adulto haga de tal exposición de su vida privada, de la del niño o de la joven. Valga apuntar que a ella -como veremos más adelante- se le desaconseja el cultivo de relaciones íntimas, concretamente la amistad con mujeres, por fuera del seno familiar.

## E. Ámbitos

El comportamiento urbano se ajusta a los espacios socialmente percibidos y éstos se definen por las personas que los habitan, las relaciones que se establecen en ellos y las variaciones a que debe someterse la conducta. En sentido estricto, el espacio íntimo y personal es la habitación, a veces el despacho, y se distingue del privado y familiar, que es la casa. La esfera social varía de acuerdo con las ocasiones: banquetes, bailes, saraos, tés, nacimientos, bautizos, matrimonios, entierros, visitas a enfermos, visitas campestres, visitas de digestión, de pésame, de vecindad, de sentimiento, de despedida, de negocios, de ceremonia, de felicitación, de ofrecimientos, de duelo, de amistad y de parte, paseos y carnavales. No es tanto el lugar cuanto la ocasión lo que determina la calidad de los asistentes y el comportamiento pertinente: «Nuestro continente y todas nuestras palabras y acciones, deben estar siempre en armonía con el grado de amistad que nos una a las personas que visitamos, y adaptarse prudente y delicadamente a la naturaleza de la visita que hacemos» (Carreño 1968:79).

El espacio público presenta también distintos planos: hay sitios en los que se ejerce cierto control social, como acontece en los teatros, restaurantes o cafés, donde la persona puede contar con las restricciones que cada establecimiento impone al público, bien sea por los espectáculos que ofrece, bien por los precios o por la misma selección de los clientes. Hay lugares semicontrolados, como oficinas, instituciones educativas, tiendas, templos, barcos, aviones u hoteles, que suponen mayores riesgos porque el público puede ser bastante heterogéneo, aunque rigen ciertas pautas de comportamiento que, es de esperar, regulan la conducta. Por último, están los sitios completamente abiertos, donde se circula sin restricción, como la calle, los parques, los vehículos de transporte público y algunas oficinas públicas.

Estos lugares y sus circunstancias particulares prescriben duraciones, actitudes, vestidos, deberes, derechos y rituales diversos que dependen a su turno de si se es invitado o anfitrión, mujer u hombre, casado o soltero, joven o entrado en años, de la posición social y de la ocupación de la persona. Carreño lo dice en la justificación de su obra: la urbanidad «estima en mucho las categorías establecidas por la naturaleza, la sociedad y el mismo Dios» y, ateniéndose a ellas, codifica las conductas entre superiores e inferiores, entre preceptores y alumnos, por ejemplo, señores y criados, jefes y subalternos, pobres y ricos; pero también entre todas las disposiciones jerárquicas: padres e hijos, marido y mujer, sacerdotes y seglares, abogados y clientes, médicos y pacientes, jefes y usuarios de oficinas públicas, comerciantes y clientes, quienes prestan y quienes demandan servicios, nacionales y extranjeros. La codificación jerárquica garantiza que el trato no solamente respete las diferencias sino que las haga ostensibles en las fórmulas de saludo, en el continente y en la conversación. En la cúspide de la pirámide social y dignos de todo respeto están los hombres virtuosos caídos en desgracia, cuya suerte reclama «actos bien marcados de civilidad, que manifiesten que sus virtudes suplen en ellos las deficiencias de la fortuna, y que no los creemos por lo tanto indignos de nuestra consideración y nuestro respeto» (Carreño 1880:54).

## 1. Intimo

El ámbito privado (Béjar 1988), en el que se desenvuelven la subjetividad, la condición humana moderna y las propias capacidades, y que es tan caro a la noción moderna de felicidad, es prácticamente

mente ajeno al discurso cortés. Su ausencia se presta a algunas elucubraciones: no se lo menciona porque la persona sólo se concibe como ser social -aun en su intimidad- cuando se ha empapado del *habitus* de la cortesanía, al punto que no puede producirse la escisión privado-público, e incluso en el aislamiento físico que le brindan sus habitaciones carece de la posibilidad de sumergirse en «el dominio íntimo, el lugar metafórico donde se dirimen las cuestiones de conciencia y de fe» (Béjar 1988:234). Ese margen de libertad no existe, toda vez que la intimidad y la amplitud que proporcionaría el aposento también son terreno de obligaciones morales concretas. La privacidad de que dispone el individuo se destina al «deber de instruirnos, de conservarnos y de moderar nuestras pasiones» (Carreño 1968:23) y a cumplir así las obligaciones para con Dios, los semejantes y la patria. No está disponible para la subjetividad; es, antes bien, un espacio de preparación para la vida social, en el cual se ejercitan a solas el aseo y el cuidado personal, como conviene a la «gente culta» y ha sido indicado por la privatización sufrida por las prácticas de aseo personal (Corbin 1982). En las habitaciones privadas debe reinar perfecto orden. Deben airearse siempre que no sea necesario mantenerlas cerradas y debe procurarse «conservar siempre en [ellas] alguna cosa que lisonjee el olfato, con tal que sus exhalaciones no sean nocivas a la salud» (Carreño 1968:41). En la privacidad hay que evitar la desnudez y las posiciones «chocantes y contrarias a la honestidad y el decoro». La cama hay que arreglarla tras airear la habitación. Ni en el estudio, ni en los quehaceres higiénicos y menos aún en los asuntos morales puede permitirse «la suspensión y, en último extremo, el rechazo de las normas y las obligaciones que regulan la esfera pública» (Béjar 1988:236), y que harían posible la intimidad propia de la modernidad. La urbanidad, que proyecta al individuo hacia la vida social y lo expone a su sanción, se entiende -parafraseando a Revel (1986)- como una negación de la vida privada que en su decurso amplió su alcance hasta absorber la intimidad y, finalmente, también lo oculto e inadmisible.

El segundo motivo para no nombrar el ámbito íntimo sería que su existencia resultase tan obvia que no requiriera mención, lo que parece improbable inclusive en las más recientes urbanidades escolares, basadas, no en un desarrollo ético individual, sino en principios de obediencia tendentes a la adquisición de un *habitus*. Esta ausencia de una concepción moderna de la privacidad en el discurso urbano corre paralela a la omisión de la esfera política, que no tiene cabida porque, como también ocurriría con el ámbito íntimo, su inclusión se traduciría inexorablemente en desavenencias y situaciones poco felices, por definición excluidas de los fines cordiales de la sociabilidad. Su mención está proscrita hasta en la conversación. Paradójicamente, las argumentaciones contemporáneas en favor de la urbanidad hacen hincapié en la posibilidad que ésta le ofrece al individuo de proteger su libertad y su vida interior, aligerándolo del aislamiento y la soledad en que lo ha sumido la pérdida de los usos urbanos (Dhoqouis 1991, Comte-Sponville 1991, Grawert-May 1992). Esta tesis subraya el papel de «bisagras de civilidad» (Stephan 1995) que cumplen las cualidades urbanas: liberan de la incertidumbre causada por el mal carácter y el individualismo en el mundo moderno, a la vez que garantizan la comunicación y la salvaguarda de la privacidad.

## 2. Familiar

El primer ámbito que realmente existe es el familiar. Si bien desde la perspectiva de la cortesanía señorial no significa de forma alguna -y en particular en lo que concierne a la mujer- una esfera para la expansión y el relajamiento individuales, sí posee las características que harán de la vida familiar el ideal de la vida burguesa. La familia merece la mayor atención y una presentación siempre correcta. Al salir de su habitación la mujer está expuesta y siempre dispuesta a atender a los demás. Adicionalmente,

> *nuestra dignidad exige que nos manejemos bien con nosotros mismos, que no estemos mal arreglados a ninguna hora, ni en el interior de la alcoba ni en la cama misma. Nuestro vestido debe ser siempre adecuado a las circunstancias, a nuestra posición y a la edad que tengamos. Hay que hacer una ley para nosotras mismas y obligarnos a estar arregladas decentemente a la hora en que pueden entrar visitas, pues es cosa del peor gusto posible correr a vestirse en el momento en que entran a visitarnos (Acosta de S. 1880:184).*

La mujer desarreglada «inspira muy malas ideas a los que la miran» (Cuervo 1853:10). Unas décadas más tarde se autorizaría a hombres y mujeres a transitar por la casa con la ropa de levantarse, no así a las señoritas, cuya vida carecía por completo de intimidad. Lo primordial de la vida hogareña es no incurrir en descortesías, porque nada exime de la obligación de comportarse con suma corrección y afabilidad en el hogar: «Las diferencias de caracteres, tan corrientemente alegadas, son disculpas fútiles y sin valor alguno. El carácter se modifica por la educación y una persona bien educada no será jamás imperante, agresiva, denostadora, agria, despectiva y egoísta» (Camposol 1930:59). La vida familiar está marcada por la tolerancia y el respeto, sin excluir «en manera alguna los dulces placeres de una confianza bien entendida; pero tengamos presente que jamás nos será lícito usar con ellos [los padres] de una familiaridad tal, que profane los sagrados deberes que la naturaleza y la moral nos imponen» (Carreño 1968:54). Se alude a una discreción consistente, primero, en abstenerse de utilizar muebles y objetos ajenos, y no irrespetar los aposentos de terceros; segundo, en tratar de «no llamar la atención de nadie antes ni después de entregarnos a aquellos actos que, por más naturales e indispensables que sean, tienen o pueden tener en sí algo de repugnante» (Carreño 1968:56).

La mujer, que no disfruta de otro campo de acción que el familiar y el social, sólo puede actuar con relativa holgura en casa, máxime si es una joven que en cualquier otro lugar está siempre en peligro. El ámbito social, algo más desahogado para las mujeres casadas, no las libra, sin embargo, de estar sometidas a un rígido control social. La amistad no es un pretexto para la distensión femenina ni para la elaboración subjetiva:

> *La historia inmortaliza a mil madres animosas, a mil hijas obedientes y a mil esposas heroicas; pero no se halla en ella un rasgo que celebre la amistad de dos mujeres. Los verdaderos amigos de una señorita, los más antiguos y más fieles, son sus padres, para quienes la vida es menos apreciable que la felicidad de su hija. Nunca debe darse el título de amigas a aquellas confidentas, cuyas relaciones destruye a menudo la rivalidad o la envidia de que siempre son víctima las niñas candorosas y confiadas (Cuervo 1853:14).*

Circundada de amenazas a su reputación y su condición de futura esposa, para la joven no hay sitio seguro fuera de la vida familiar.

El énfasis que se pone en que las normas de cortesía se aprendan y cumplan en casa, se justifica porque «nuestros hábitos en sociedad no serán otros que los que contraigamos en el seno de la vida doméstica» (Carreño 1968:45). Incorporado el hábito cortés, la persona se desempeña natural y apropiadamente en sociedad, el verdadero escenario de la vida urbana, aquél en el cual, confrontada con personas de diferentes condiciones y con situaciones en las que entran en juego los órdenes de la civilidad, pueden desplegarse los recursos retóricos y operan los criterios de sanción que se legitiman rectificando o ratificando las cualidades urbanas de los participantes.

## 3. Social

Dos elementos definen la vida social: el encuentro con personas que no comparten la propia casa y la conversación. Las ocasiones a que la conjunción de estas dos variables da lugar son muy diversas e imponen secuencias, escenificaciones, atuendos, duraciones y conductas que se combinan prolíficamente. En dominarlas reside el arte de la retórica urbana y la filigrana de su casuística es el tema central de tratados, manuales y cartillas.

Los eventos sociales son un terreno altamente peligroso para las señoritas y si concurren a ellos es porque allí han de conocer al futuro esposo que las conducirá de nuevo a la vida familiar, que es su destino. En consecuencia, Acosta de Samper recomienda que en bailes, conciertos y banquetes primen siempre la compostura, la modestia, la sencillez y el buen gusto, tanto en el vestido como en los modales. Para que no se hable de ellas, las señoritas no deben permitir que los caballeros se les acerquen demasiado, ni que les hablen al oído.

*Sólo dos cosas no salen ilesas de un baile: el pudor del alma y los encajes del vestido: si tú crees que puedes ser la excepción de esa regla, que nunca falla, anda a los bailes. ¿Qué significa una vuelta dada con un hombre en un salón y en presencia de la sociedad? ¿Ni qué significan las vueltas que da una mariposa en derredor de la llama? Que en muchas de ellas se sale ilesa y en una de ellas se quema (Vergara y Vergara 1878:140).*

Por lo demás, las jóvenes siempre deben hacer gala de una serena alegría que agrada sin ser exagerada y jamás reciben regalos de ningún hombre, a menos que sea su prometido, y aun ello puede ser embarazoso en caso de romperse el compromiso. La reputación femenina está incesantemente en vilo y hasta las expresiones de las jóvenes son objeto de estricta vigilancia: la frivolidad denuncia poca inteligencia, la desenvoltura se interpreta como espíritu desordenado y mala educación, la vanidad y la falsa modestia repugnan. Si la joven responde fácilmente al cortejo masculino es coqueta, si es independiente, le faltarán al respeto, y si hace alarde de sus conocimientos, es ridícula. La instrucción femenina sirve de adorno y su fin es poder seguir las conversaciones ajenas. Si llega a vestir lujosamente, la joven quebrantará el buen gusto; si habla a solas con los hombres, «echa por tierra su reputación» (Ospina 1917:14). Lo que queda a la joven de los años veinte es el recato y la discreción en el porte, los movimientos suaves y moderados, los conceptos, la expresión y la voz benévolos y dulces. Como una mujer soltera no puede responder de sí misma, tampoco puede frecuentar sola los salones, sino con una compañía que avale su condición moral.

El objetivo de la vida social señorial es instaurar y mantener relaciones que hagan la vida agradable y, a través de esas relaciones, expresar los sentimientos y las cualidades del ser humano. El acento en las virtudes cristianas, la tradición, la distinción o cualquier combinación de ellas, sirve de hilo conductor para la valoración del proceder cortés, «recordando que el justo medio es la verdadera regla de conducta, y que la urbanidad no es sino el deseo de hacer la vida agradable a los demás; la virtud y la amabilidad, revestidas con una capa de cultura propia de la vida civilizada a que hemos alcanzado en este siglo» (Acosta de S. 1880(48):277). La urbanidad burguesa ve en la vida social un ámbito donde obtener éxito, y el éxito, como apunta Ospina de Navarro, es afectivo y material y sólo se logra mediante una vida social armónica. Es una urbanidad que ha dejado de fundamentarse en el alma y en la manifestación de sus virtudes por el continente y se ciñe estrictamente a la conducta que expresa el cuerpo.

## 4. Público

En el ámbito público el cuerpo adquiere mayor valor en cuanto portador de significados urbanos. Allí deben bastar el porte, el vestido y la apariencia para posibilitar la correcta interpretación de las condiciones morales y sociales de la persona. La única intimidad que se permite a la mujer es la religiosa y en el templo la circunspección es el principal rasgo femenino. A las señoritas las hacen peligrar los hombres, sus palabras, sus miradas, la eventualidad de que pueda siquiera insinuarse una relación entre un hombre y una mujer, lo cual la comprometería sexualmente y destruiría su reputación: «Cuando una mujer tropieza, el tropezón no está en la piedra sino en su pie» (Vergara y Vergara 1878:141). El riesgo se agrava si se confunden las clases sociales. En la calle las jóvenes nunca deben mirar a los hombres y mucho menos hablar con ellos o detenerse y darles la mano. «El hombre que te ame de veras te lo enviará a decir con tu madre» (Vergara y Vergara 1878:141). Jamás deben salir con criadas, ellas son «el peor acompañamiento que puede llevar una señorita».

El templo y la calle son los espacios a que la urbanidad acerca más su lupa. Los niños deben controlar el cuerpo, caminar ordenadamente, respetar a los transeúntes, rehuir las malas compañías, no ensuciar sus ropas y mostrarse serviciales y amables. Es muy importante que los niños no rían en la calle y que los jóvenes no les dirijan miradas o requiebros a las mujeres. De las señoras se espera suavidad y decoro; de las jóvenes modestia y gentileza. Las mujeres no pueden saludar a nadie ni demostrar interés por nada en particular, ni detenerse por ningún motivo y menos aún llamar la atención de una u otra forma. Los hombres caminan por la calle con desembarazo, aunque guardando la compostura. Quien carece de gallardía natural puede suplirla «procurando andar con el cuerpo recto, la cabeza levantada, sin mover los brazos y con pasos cortos acompasados: ni rápida, ni lentamente. El vestido lo más correcto y decente que sea posible» (Ospina 1917:36). En la calle nada de la conducta debe fastidiar o ser notorio. Tampoco es conveniente detenerse a departir con conocidos. El caballero tiene que estar listo a atender a señoras que se encuentren expuestas, sin intentar entablar conversación. Todas las normas de cortesía, sin olvidar, por supuesto las jerárquicas, rigen en la calle.

El espacio público de la urbanidad es un lugar de tránsito donde se exhiben las cualidades sociales, no un ámbito para el intercambio social. Reducido a la condición de pasaje y telón de fondo, es factible porque se lo ha privado de dinámica política: ni la ciudad es algo para ser vivido ni la persona expone allí su faceta política. Siendo de dominio exclusivamente masculino, la política se desarrolla en lugares ignorados por una urbanidad que no se imagina a sí misma como discurso político, ni atribuye cualidades de esta índole a las personas. La política, como la intimidad, sólo es una amenaza para la armonía urbana.

## F. Sobre utilidad y práctica

El ámbito discursivo de la sociabilidad es muy vasto, se ocupa de aspectos considerablemente diferentes y de varios órdenes al mismo tiempo. Las intenciones que lo componen se ramificarían más adelante para inaugurar nuevos campos, como la etiqueta, la higiene, la pedagogía o el glamour. Desde el punto de vista analítico es viable distinguir cuatro usos básicos del discurso urbano -distinción, movilidad social, comunicación y civismo-; no es igualmente claro dónde se hallan sus límites ni cómo podrían agruparse sus rasgos. La distinción se complementa con la movilidad social en una dinámica pasional de acercamiento y repulsión que es la nota predominante de la cortesanía señorial y que enfila su sistema de sanciones al ejercicio y ostentación de las virtudes, de las cuales deriva los órdenes de su práctica social. El civismo y la comunicación presentan un engranaje más racional, con menores fricciones y mayor reciprocidad, que es típico de la urbanidad burguesa y atañe en especial a la estética de su funcionamiento. Ello no significa que ambas modalidades no estén impregnadas de las particularidades de las funciones restantes.

El discurso de la cortesanía ofrece una visión global, diríase enciclopédica, del ser humano, al que imagina tanto en su constitución moral como en su apariencia física, en sus movimientos y en su comportamiento social. A partir de esa visión ensaya una valoración del ser humano, las sociedades y la historia. Hasta descomponerse en sus vástagos, la cortesanía persistió como un discurso unificado que preconizó una figuración de la vida individual y social, y una ética de su funcionamiento, cuya confianza emanaba del poder individual cimentado en los hábitos de la civilidad. Tan grande injerencia sólo podría habérsela disputado la religión, pero en realidad apenas compartieron algunos espacios, puesto que incluso textos tan difundidos como la *Imitación de Cristo* o los catecismos no constituyen una guía para la vida práctica y social, sino que se circunscriben a la vida espiritual.

El discurso de la cortesanía se aproxima de manera cada vez más directa al cuerpo, no para fijar su comportamiento -cosa que siempre ha hecho- sino para determinar su forma, una intención que se intensifica en prácticas como el glamour y la etiqueta. En la cortesanía señorial yacen los gérmenes de la preocupación moderna por el aseo y la educación del cuerpo: su discurso es la primera gran elaboración simbólica que ideó Occidente en torno al comportamiento y el lenguaje corporal. En él se trata un comportamiento alta y detalladamente codificado, una profusa gramática que atribuye significados y valoraciones morales a toda expresión corporal, a lo que el cuerpo lleva, a sus movimientos, a su vida fisiológica y anatómica. Más adelante cobra importancia también su interior: no basta con que parezca, el cuerpo siente de una manera diferente. Mientras que en un principio no se reparó en el dolor, el esfuerzo o la constricción exigida al cuerpo con tal que sirviera a las virtudes del alma, la atención se desplazó para otorgarle nuevos valores sensoriales al convertir los símbolos en sensaciones y estetizar de modo creciente las actividades más cotidianas, estableciendo de continuo una nueva oposición frente a la práctica popular (Bourdieu 1979): la limpieza no significó tan sólo la pulcritud del alma, sino, ante todo, una sensación de placer. Disfrutarla trajo consigo el bienestar que se refleja en un buen aspecto -saludable, alegre, satisfecho- y es necesario para establecer las diferencias que se aspira a representar.

Como la gramática, la urbanidad se compone de una serie de reglas para expresarse correctamente por medio del cuerpo; es, en suma, una gramática corporal. Pero más allá de las reglas, y de modo análogo a la lengua -cuya retórica transforma la corrección en «bien decir»-, la retórica de la civilidad es una *expresión virtuosa*. Son las virtudes de la *elocutio -decorum*, *puritas*, *perspicuitas* y *ornatus*- las que se hallan traspuestas en la urbanidad para cumplir el mismo cometido de la retórica: la persuasión. Son recursos retóricos de la civilidad, entre otros, discreción, gentileza, gracia, modestia, compostura, orden, gallardía, elegancia, cortesía, circunspección, humildad, método, galantería, honestidad, liberalidad, aliño, despejo, buen gusto, aseo, juicio. Por cuanto su aparato formal y discursivo ha sido descuidado por los estudiosos, no contamos con un análisis de los valores históricos y actuales, ni del desarrollo de unos recursos que se traslapan en las cortesanías señoriales y en las urbanidades burguesas. Gracián, por ejemplo, reconoció veinticinco de ellos -los realces- en *El Discreto*, pero la alteración de sus valores durante el barroco latinoamericano hasta configurar la sociabilidad señorial y finalmente la urbanidad de la modernidad está por definirse.

Malcolm Deas (1993) ha señalado varios elementos que explican el interés de los políticos y humanistas colombianos por la gramática como instrumento de dominio sobre las leyes y los misterios de la lengua. La corrección en el idioma es uno de los principios de letrados y funcionarios hispanoamericanos, y la gramática y la retórica fueron el marco obligado para el ejercicio de las letras en Bogotá (Araújo 1989). El pensamiento conservador buscaba mantener un vínculo claro con la tradición hispánica, que fuera una visión histórica conjunta al tiempo que una garantía de comunicación en el mundo hispanohablante. Por ello luchó en contra de neologismos y galicismos y de todo lo que pudiera contaminar esa herencia, tal como lo propuso Ospina.

No es menos cierto, empero, que la convicción de que la urbanidad debe ser la norma que rija el funcionamiento moral y estético de la vida social ha sido también un ideal del pensamiento liberal. No sólo reaparece periódicamente la discusión sobre la necesidad de inculcar con mayor énfasis los principios de la sociabilidad, sino que recibe apoyo jurídico: en 1942, el gobierno de Eduardo Santos emitió el Decreto 894 por medio del cual se establecía la obligatoriedad de la enseñanza de la urbanidad en todos los establecimientos educativos, con miras a formar hábitos de cortesía y unos modales que capacitaran para el trato correcto y permitieran conducirse de acuerdo con los requisitos sociales. La producción de cartillas escolares a lo largo del siglo es asimismo una prueba de la vigencia de esta herencia; la magnitud de su influjo se percibe en la recomendación que se da hoy en día a los hombres de negocios que viajan a Colombia, recordándoles que es el país de América Latina en el que los modales tienen la mayor importancia y el vestido sigue siendo una vara que mide la prestancia social: «En ningún otro país de Lationoamérica será el comportarse correctamente tan importante como en Colombia, donde usted hallará un comportamiento cortés y tradicional. También notará cierta reserva. No interprete esta formalidad como distanciamiento hacia un extranjero. Los colombianos son muy reservados entre ellos» (Devine 1988:86).

En cualquiera de sus modalidades la cortesanía señorial presupone una sensibilidad determinada que tiene básicamente tres posibilidades para explayarse. Una afirma que el sustrato de la urbanidad son la virtud, la verdad o la distinción; cualidades innatas, en último análisis, que encuentran una vía de expresión adecuada en las normas de sociabilidad y que, por ser inalienables, hacen de su exponente una persona excelsa y merecedora de una posición privilegiada en la sociedad. La segunda posibilidad se brinda a los lectores de textos de civilidad: pueden aprender y refinarse, e incluso llegarán casi a la posición de «aquellas personas excelsas», pero nunca tendrán la misma calidad porque siempre se impondrán las diferencias sociales que no puede obviar ni siquiera la práctica estricta de las virtudes cristianas. Esta paradoja, consistente en dirigir los manuales a personas que no pertenecen al primer grupo -ellas no los necesitan porque «son de buena cuna»-, ha sido señalada en otros lugares (Revel 1986; Mension-Rigau 1991) y no es más que aparente, pues el verdadero fin es propagar las reglas de distinción social, no necesariamente para que todos las practiquen sino para que las reconozcan, legitimando así el sistema de distinciones. Para quienes se interesan por participar en este ordenamiento, se describen además las minucias que lo componen, no la forma de apropiárselas. La tercera opción es de tipo negativo: quienes actúan únicamente con buenos modales sin compartir los cimientos éticos de las normas están de antemano descalificados como legítimas personas urbanas, porque no disponen de la sensibilidad ni de la calidad moral para ser consideradas como tales.

Las normas de urbanidad son la manifestación de un ideal de organización social basado en un acuerdo tácito sobre el aspecto que tiene y debe conservar la sociedad, sobre las relaciones entre los individuos y sobre el modo como ellas deben desarrollarse, i.e., los puntos de encuentro y la naturaleza de dichos encuentros. En otros términos, se parte de un orden establecido y se intenta reproducirlo previniendo fricciones y alteraciones de cualquier clase o al menos moderando y estetizando, según sus directrices, los cambios irrefrenables. La preocupación por la educación concierne a la forma de socializar dentro de esta dinámica, de transmitir las prácticas necesarias para el reconocimiento de las diferencias y el desenvolvimiento armónico de la sociedad.

El principio que pone en marcha el discurso cortés es la distinción y su estetización. Los comportamientos que regula están expuestos, se leen, se interpretan y revelan la esencia de las personas. La urbanidad aspira a que esa esencia trascienda la intimidad espiritual, que esté a la vista y que con base en ella se organice la vida en sociedad. Así se comprenden la abundancia y la riqueza semántica de sus signos, pues es mucho lo que debe distinguirse y recibir la apreciación justa: género, edad, ocupación, clase, virtudes, rango, educación. Estas distinciones cristalizan en comportamientos del cuerpo minuciosamente controlados para cumplir con el deber de resaltar amable y agradablemente las diferencias.

La formación del carácter que persigue la cortesanía tiene objetivos civilizadores, lo cual significa alejarse tanto del salvajismo, de lo que crece a merced de la naturaleza, como de la vulgaridad, para adoptar ciertos rasgos estéticos, principalmente la circunspección y la dignidad. No basta tener costumbres suaves y «cultura del entendimiento»; ello debe traslucirse en movimientos gallardos y delicados, porque son las buenas maneras las que demuestran la decencia, moderación y oportunidad de las acciones y las palabras. Dicho brevemente, el *despejo* de Gracián. La urbanidad está de ese modo en condiciones de discriminar del vulgo a las personas de buenas maneras y allí descansa su poder de distinción: no se deben las mismas atenciones y miramientos a todas las personas indistintamente. «La urbanidad (...) obliga a dar preferencia a unas personas sobre otras, según es su edad, la dignidad de que gozan, el rango que ocupan, la autoridad que ejercen y el carácter de que están investidas» (Carreño 1968:30).

La cortesanía señorial concuerda con la aplicación de principios cristianos de renuncia y complacencia, y no contempla el placer; se concibe como un apostolado de humildad y sacrificio, de control de las pasiones y las emociones, cuyo logro se patentiza en el principio de distinción. Este principio queda consignado como una consecuencia irreductible, debido a que la práctica verdadera de la civilidad, aquella que nace del interior de la persona, sólo la realizan quienes poseen las virtudes del alma y para quienes el ejercicio de las normas sociales no puede considerase propósito o sacrificio, sino algo que brota naturalmente de su bondad y humildad intrínsecas.

La cortesanía señorial y la urbanidad burguesa parten, bien sea de las diferencias establecidas por Dios, bien de las que engendran la educación y el interés de cada persona; no obstante, estos principios se oponen, parcialmente al menos, a los fundamentos democráticos de la ciudadanía, la cual no puede fomentar la urbanidad sin socavar sus bases. El ciudadano adquiere deberes y derechos que le otorga el Estado, independientes de su condición, educación, posición y, si se quiere, de su voluntad; derechos y deberes que no guardan relación alguna con lo oportuno de su comportamiento social, sus maneras, su higiene, la corrección de su lenguaje o su acatamiento de las normas de sociabilidad. El ser social que concibe la urbanidad no es un *homo politicus*.

Toda la insistencia del discurso urbano en la distinción sólo tiene sentido porque la particularidad de lo selecto ni es tan evidente ni tiene una posición especialmente sólida entre la burguesía. El ascenso social asedia permanentemente y, aunque la tradición señorial intentó protegerse mediante una elaborada argumentación moral, terminó por vencer la urbanidad burguesa afincada en el ejercicio de las formas corteses y en la confianza en que ese moldeamiento somático incidiera en la creación de un ser humano civilizado. En esta concepción, el cuerpo alcanza la primera cumbre de la modernidad y se desliza hacia los primeros planos de su antropología.

Así como a lo largo del primer siglo republicano la gramática representó un capital para los letrados, el buen tono se convirtió en un mecanismo de ascenso para profesionales e industriales y para la naciente clase media que buscaba mejorar su situación social y debía ajustar su comportamiento, según su posición, a la organización y los valores legitimados por la urbanidad. Al paso que aumenta la movilidad social y las normas corteses se generalizan, la élite refina conceptos como estilo, gusto y vulgaridad para filtrar a los advenedizos, asegurar su propia excelencia y reforzar el carácter excluyente del discurso urbano. Se reconoce el ascenso social facilitado por la educación y se expresa la necesidad de que las personas que ascienden se adapten a las normas de los círculos a los que ingresan o con los que entran en contacto. Sin ello no tendrían carta de presentación y tal vez nunca harían parte de la burguesía. José Luis Romero (1989) acierta al afirmar que la urbanidad dicta las normas de convivencia en la sociedad burguesa, sin que esto signifique su uso prescriptivo. Contravenir estas normas, no avenirse a ellas, no excluye del todo; por el contrario, una indiferencia masiva puede más bien debilitar la presentación coherente de las élites y poner parcialmente en entredicho su capital simbólico, porque lo menoscaba, desnudando la riqueza material como único valor.

La proliferación de textos de urbanidad -que por encima de cualquier otra consideración son textos de enseñanza- comprueba que sus preceptos no son innatos: deben aprenderse, refinarse e incluirse en la educación de los jóvenes y de quienes aspiran a posiciones más altas en la jerarquía social y se ven forzados a asimilar una estética y modificar en consonancia su comportamiento. Justamente al abrir la puerta a la movilidad, un texto como el de Ospina -escrito ad hoc- da paso a la forma pura, al proceso mediante el cual la práctica de las normas de urbanidad hace del individuo una persona de buen tono, y gracias al recurso mimético le ofrece, si no la «esencia», sí el acceso a las clases superiores. No en vano la Escuela de Minas promovía la práctica de la moral sin religión, la conciencia sin fe y el ascetismo mundano (Mayor 1984).

El principio capital de la moderna urbanidad burguesa es no hacerse molesto a los demás y crear sobre esa base unas relaciones sociales amables. Su meta es desarrollar el sentido de los límites de la libertad individual y de los efectos de las propias acciones y comportamientos sobre terceros para posibilitar la convivencia. No se reconoce un derecho adquirido por la posición que se ocupa, sino por la práctica social. Sin embargo, no por ello puede pensarse que los principios de distinción hayan desaparecido; muy por el contrario, esta distinción ya no está determinada de antemano: es construida en lo que Bourdieu llama estilización de la vida y pasa en su elaboración por figuraciones estéticas muy fluidas y ambiguas que no son ajenas a las jerarquías de clase, pero tampoco están únicamente definidas por ellas, como sucede con la elegancia, el buen gusto o la sensibilidad.

La urbanidad propiamente dicha, transformada a través de la modernidad, se ocupa en particular de la comunicación en la vida social y, más recientemente, de la práctica comunicativa en la vida ciudadana, descuidada del todo por la cortesanía señorial. En un primer momento, esta comunicación se aplicó a evitar mortificaciones y disgustos, a desarrollar tolerancia hacia los demás siendo atentos, afables y complacientes, sacrificando los gustos y comodidades propios por los ajenos. Se ejercitaba el tacto fino y delicado para apreciar todas las circunstancias, proceder a tono con lo que cada una exigía y llevar una vida agradable: no a partir del diálogo, sino de la complacencia y la deferencia.

Un propósito de comunicación surge de la urbanidad cuando se alcanza el dominio de las pasiones, esto es, cuando se moldean por medio de prácticas que dulcifiquen el carácter y fortalezcan la continencia, la mansedumbre, la paciencia, la tolerancia y la beneficencia. Este principio de comunicación será en el curso de los años el objetivo y la justificación por excelencia de los buenos modales. La cortesía burguesa, por su parte, no encubre su afán por disfrazar el carácter y esconder los defectos, lo que es útil tanto para la edificación de relaciones sociales gratas como para la paulatina extirpación de los propios defectos. Su idea no es estimular la hipocresía, sino preservar el pudor, pues no hay necesidad de ostentar egoísmos, defectos, torpezas y groserías.

Esta cortesía moderna admite una dualidad que proviene de la aceptación del cuerpo y el alma, de necesidades y aspiraciones en las que conviven tendencias contradictorias que luchan y que sólo la razón puede discernir. La unidad del hombre es de composición, afirma Camposol. De lo cual se desprende que el deber primordial de la persona es para consigo misma y que su autoestima es la medida de la estimación de los demás. No se trata de una hermandad cristiana que distribuye los mismos derechos y deberes, sino del grado de aprecio y cultivo que cada persona pueda invertir en sí misma, haciéndose así acreedora a una cantidad proporcional de afecto, respeto y estimación. «A cada uno se le trata con arreglo a quién es, y desde el punto de vista moral y de la urbanidad, cada uno es lo que quiere y merecer ser» (Camposol 1926:11). Otros componentes de esta urbanidad son el amor a la verdad y la formación de la personalidad, especialmente sobre la base de la comprensión y el perdón, y la creación racional de una cultura personal con carácter duradero. Finalmente, «para obtener un éxito completo en la vida, tanto en el campo de los afectos como en el de los intereses materiales, es necesario poseer aquello que llamamos «don de gentes»» (Ospina de N. 1958:4), y que no es otra cosa que el arte de ser agradable en sociedad practicando las reglas de la urbanidad, la ética y la cultura.

Los manuales escritos para un público escolar se han abstenido de un discurso moral y apuntan a lo que estrictamente concierne a la vida en sociedad, no a la formación integral y fundamental de la persona. Su objetivo es construir un lenguaje que facilite la comunicación, favorezca el diálogo como una forma de educación para la democracia que impida las prácticas más obvias de exclusión. Es lo que comúnmente se llama cortesía, de la que no se espera una expresión moral, sino el desarrollo de una cualidad formal, un mecanismo para la vida en sociedad, una protección contra la agresión y la violencia, un elemento de moderación en las relaciones. Estos discursos no están, pese a todo, exentos de un mínimo de carga estética en lo referente a la presentación personal, el lenguaje, el saludo, la correspondencia, las maneras de mesa, el vestido y los movimientos en general, sin llegar a la estilización jerarquizante de los tratados de urbanidad. Es claro que un contenido estético mínimo se juzga parte de la comunicación social y del respeto mutuo.

La persuasión a que se orienta la retórica de la civilidad se relaciona con las cualidades morales de la persona: ellas la califican para ocupar un lugar determinado en la sociedad, recibir privilegios y asumir el deber de una conducta apropiada. A la concepción señorial, fuertemente arraigada en el pensamiento conservador del siglo XIX, le interesó principalmente comunicar, a través del lenguaje de la sociabilidad, el estado excelso del alma y dar simultáneamente a esta superioridad el trato adecuado mediante la exaltación de las diferencias que ella subraya. Reformado tras la Independencia, este discurso se distanció de la cortesanía hidalga, basada tradicionalmente en el decoro y la dignidad y en la posesión material y de títulos de nobleza. Si bien es cierto que conservó estos últimos ideales, propios del humanismo, se adaptó al pensamiento republicano acudiendo a la doctrina cristiana, de la que tomó la tesis de que las virtudes son patrimonio de todo creyente, y se revistió así de un aire democrático que enseguida engranó con los principios jerárquicos de una sociedad concebida por designio divino.

En un segundo esfuerzo mimético provocado por el asedio del ascenso social, la argumentación moral perdió intensidad para cederle el puesto al discurso cívico-comunicativo. En el ínterin se fortaleció la urbanidad burguesa -pragmática y utilitarista- que flexibilizó los requisitos para el ingreso en los grupos de élite al limitarlos a la práctica externa, puramente corporal y exterior, de las normas de urbanidad y eliminó de paso cualquier sustrato ético o material, condensando el discurso en la forma y el signo. Esta vacuidad, denigrada por su falsedad e inautenticidad y alabada por sus virtualidades comunicativas, se percibe, de todos modos, como la única alternativa actual para conjugar el respeto y la convivencia social con la libertad individual.

El respeto al otro es el supuesto esencial para pensar actualmente una urbanidad (Larroyo 1982). Por encima de los valores morales cristianos, de los órdenes sociales y estéticos, e incluso de los genéricos -que concentran fuertemente la atención contemporánea-, tanto la tradición latinoamericana como la centroeuropea propugnan actualmente la reconstitución de principios urbanos básicos que a través de la comunicación y el respeto mutuo sirvan de garantías democráticas. Mientras que por un lado se nota la importancia de contar con recursos que promuevan el reencuentro del diálogo y la coexistencia amables, sin poner en peligro la libertad individual ni la intimidad (Dhoqouis 1991, Stephan 1995, Comte-Sponville 1991, Grawert-May 1991), y que aun así le permitan al individuo desempeñarse en un ámbito más vasto que el de su propia subjetividad, por el otro parece inminente la necesidad de desarrollar la individualidad para apaciguar la convivencia.

Ospina de Navarro ya se había referido a mediados de siglo a la amenaza que representaba el sectarismo político para las costumbres urbanas, temor que no puede sorprender si se tiene en cuenta que este ámbito había sido completamente excluido de los intereses de la urbanidad. El remedio que sugirió para conjurar ese peligro y la pérdida de valores morales que acarreaba la relajación de los usos corteses, era una participación más consciente en el acontecer nacional y la práctica de la urbanidad y el civismo. También en la actualidad se ha expresado la necesidad de fomentar y reforzar la urbanidad para encarar la descomposición social y robustecer valores morales vitales para cualquier futuro deseable: «las instituciones educativas deben incluir en las áreas y asignaturas relacionadas con ciencias sociales, instrucción cívica, constitución política y democracia, educación ética en valores humanos y contenidos que formen en los principios de la urbanidad y el civismo», se lee en *El Tiempo* del 21 de marzo de 1995. En el mismo artículo informa este diario que «la norma [que se planea promulgar] también ordenaría a los medios de comunicación a emitir (sic) «mensajes institucionales que promuevan y fomenten principios y prácticas de urbanidad y civismo de todos los residentes en el país, según la periodicidad que establezcan sus reglamentos»». Se trata de la Ley 115 (Ley General de Educación) y del Proyecto de Ley 037 de 1994, cuyo ponente declara esperar que su interés no se interprete como el deseo de componer un manual más de buenos modales, pues confía en que «la reflexión, la crítica y el intercambio de ideas sean el fundamento del aprendizaje». Para lograrlo, invoca el conocimiento intelectual y la capacidad de análisis.

Esta propuesta se desvía en dos aspectos centrales de lo que constituyó hasta ahora la base de la urbanidad, a saber: la práctica y la negación del conflicto. No se pretende aquí moldear el cuerpo, crear un *habitus*, sino actuar en consonancia con la razón. Así, el discurso de la urbanidad aspira a convertirse en un medio para la promoción de principios ciudadanos y de educación para la democracia, que no forme a la persona mediante un estricto programa de sanción moral y de doma del cuerpo y obre más bien como un mecanismo de control racional. Se espera también, no que el ciudadano rehúya el conflicto negando su individualidad, sino que se capacite para respetar opiniones ajenas y entablar un diálogo que permita la convivencia dentro de la diferencia.

La antropología que subyace a esta propuesta se aparta de la concepción republicana de la moral y la educación del cuerpo. En tanto Simón Rodríguez juzgó factible cimentar la República en las costumbres y consideró que la sociabilidad era el objeto principal de la instrucción, ahora se plantea que debe ser la razón la que guíe el comportamiento del cuerpo. No se teme que el hombre trastrueque el orden de la naturaleza, ni que la civilización se contagie de cualidades salvajes, tampoco se invita a distinguir tradiciones culturales o a organizar contenidos simbólicos; nada más se espera recuperar con ayuda de la razón el dominio sobre un alma y un cuerpo desbocados.

## II. SI SALUD Y DICHA QUIERES...

El estudio y la práctica metódica de la medicina académica fueron inaugurados en la Nueva Granada por José Celestino Mutis en las últimas décadas del siglo XVIII, pero sólo hasta 1873, al fundarse la Academia de Medicina, se extendió de manera sistemática su discurso sobre el cuerpo y proliferaron las concepciones sobre su tratamiento. La Constitución de 1886 declaró deber del Estado velar por la salud de los ciudadanos. Para cumplirlo se creó al año siguiente la Junta de Higiene, que debería enfrentar las enfermedades endémicas y las epidemias, la desnutrición infantil, la falta de agua potable y la contaminación ambiental. Desde hacía unos años circulaban algunas revistas médicas que ya servían a la difusión de conocimientos médicos y en 1867 había iniciado labores la Escuela de Medicina en la Universidad Nacional.

Lo que halló la medicina lo retratan algunos escritos de entonces. «Un informe médico sanitario escrito en Santafé en 1816» a raíz de la enfermedad pútrida que azotaba la ciudad, hace referencia a la necesidad de aseo personal y limpieza urbana, tanto en las instituciones como en las casas de habitación. El médico López Ruiz, autor del informe, señalaba que la suciedad estaba a la vista en el vestido y los cuerpos de las gentes y recomendaba no hacer quemazones y destinar lugares adecuados para botar las basuras. Ya consideraba excesivo el consumo de chicha y abusivo el de tabaco, aludía al efecto que tenían sobre el cuerpo las «pasiones del ánimo» y aconsejaba el ejercicio corporal -paseo, baile, armas, caza y labores agrícolas- y una alimentación más saludable, a base de pan de harina de trigo, verduras, carne y frutas (Gómez H.1963). En 1828 José Félix Merizalde escribió acerca la higiene y la influencia de los aspectos físicos y morales sobre el hombre. En 1830 y 1831 se redactaron nuevos informes sobre epidemias que asolaron la ciudad, y unos años más tarde Miguel Samper consignaría la siguiente impresión de la ciudad: «La podredumbre material corre pareja con la moral. El estado de las calles es propio para mantener la insalubridad con sus depósitos e inmundicias. El servicio o abasto de aguas es tal, que las casas que deben recibirla bajarán pronto de precio como gravadas por un censo en favor de los albañiles y los fontaneros» (Samper, M. 1867:9).

Rufino Cuervo ordenó, en el año de 1833, siendo gobernador de la provincia de Bogotá, publicar e incluir en el *Constitucional de*

*Cundinamarca* dos breves tratados de higiene (cuyos autores no menciona) para uso en las escuelas de primeras letras. Sus temas son la conservación de la salud y la asistencia a los enfermos. La profilaxis y el tratamiento se basan en la concepción humoral: los cuatro elementos encuentran su correspondencia en la sangre, la flema, la bilis y la linfa. Cuatro edades, cuatro estaciones y cuatro temperamentos completan la perspectiva del cuerpo sano, en el cual los humores están en equilibrio, pues la enfermedad consiste en la pérdida de esa armonía. La terapeútica de la medicina humoral se compone de dietética, farmacoterapia y cirugía. La dietética regula comida y bebida, sueño y vigilia, trabajo y descanso, emociones y vida sexual. La alimentación y sus alcances sobre los diferentes tipos y constituciones, según se presenten las condiciones climáticas -especialmente el aire-, constituyen, junto con la edad, el eje de esta doctrina. El cuerpo está predispuesto por el temperamento, la edad y el sexo al efecto del aire y de los alimentos. El baño sólo se recomienda a los enfermos; es innecesario para la persona saludable.

La práctica de la medicina académica se inició en Colombia dentro de los criterios anatomoclínicos (Miranda 1993). Estos determinan la enfermedad a través del funcionamiento patológico que la semiología descubre y que, por valerse de signos físicos, obliga a un contacto directo con el cuerpo: al auscultar al paciente, el médico hace uso de sus recursos sensoriales -vista, oído, tacto, olfato- para dar el diagnóstico. El fundamento de esta medicina es el sensualismo, ampliamente difundido durante el siglo XIX a pesar de sus detractores y al cual se remonta también(Corbin 1982, Perrot 1984) la adopción de una nueva forma de higiene que ve el cuerpo amenazado por la suciedad, a la vez que introduce la sensación de placer producida por la limpieza y el contacto con el agua, tajantemente censurado por la Iglesia (Perrot 1984; Vigarello 1985).

Hasta la creación de la Junta Central de Higiene, no existió una política estatal que velara por la salud ciudadana y sólo algunas iniciativas particulares enfrentaban problemas recurrentes como la desnutrición, la higiene privada y social o las constantes epidemias. La Ley 15 de 1850, que suprimió el requisito de poseer un título académico para ejercer las profesiones científicas, hizo que la práctica y el pensamiento clínicos se extendieran con lentitud y que se demoraran los resultados de las campañas estatales orientadas a propagar costumbres higiénicas entre la población. El auge de tales campañas tuvo lugar bien entrado el siglo XX, cuando también se desarrolló por primera vez un programa de salud pública. Por otra parte, la dificultad para acceder a conocimientos médicos redujo el personal calificado a quienes se formaban empíricamente al lado de un médico, podían viajar a Europa y seguir allí estudios de medicina, especialmente en Francia, o simplemente se aventuraban en el oficio armados de conocimientos provenientes de tradiciones locales y científicas adquiridas de forma ecléctica. Pero el cuerpo no adquirió un carácter verdaderamente moderno sino con el fortalecimiento del discurso higiénico. Aunque la urbanidad ya lo insinuaba, sólo cuando la medicina fue oficialmente acogida le comunicó al cuerpo su trascendencia moderna.

## A. Lo que va de la urbanidad a la higiene: la moral

Antes de instituirse la higiene como una práctica y un saber especializados de la medicina, el conjunto de sus normas y las sanciones aplicadas a sus infractores eran jurisdicción de la civilidad. Esta fue la base que encontraron los médicos interesados en el tema y sobre ella se reelaboraron las concepciones en torno al aseo, los objetivos de la higiene y la salud, y las prácticas corporales. La emancipación de la higiene apenas culminó cuando pudo sustentar autónomamente su existencia, con argumentos que no eran los morales ni los sociales de la urbanidad. Esto ocurrió en el siglo XIX, merced a la consolidación de los métodos del conocimiento científico, de sus disciplinas fundamentales y sus formulaciones, y su constitución en un engranaje discursivo autoexplicativo.

Es fácil confundir, por consiguiente, los primeros tratados de higiene con los de su pariente cortesana. La clave para distinguirlos la proporciona una novedad que se halla presente en los de higiene: el saber sobre lo que podríamos denominar con la vaga expresión *mundo físico*. Los nuevos tratados se organizan en torno a las nociones de las ciencias naturales: aire, agua, suelo, meteoros, alimentos, habitación, descanso, etc; partiendo, en otras palabras, del medio natural y las necesidades biológicas y no, como la civilidad, del medio social y sus exigencias. El cuerpo se extrae del entorno social para ser explicado y modelado en función de sus vínculos con el medio que es objeto de las ciencias naturales.

A diferencia de la urbanidad, los textos de higiene, como todo el saber médico, se vieron directamente influidos durante el siglo XIX y comienzos del XX por los avances de la medicina en Europa y, de manera sobresaliente, en Francia. Los conocimientos mismos son, en consecuencia, prácticamente idénticos en uno u otro país, por lo que apenas presentaré de manera sumaria la concepción higiénica que sustenta los textos provenientes de ultramar a la luz de las ideas del médico español Monlau. Posteriormente se continuó propagando buena parte de los conocimientos europeos; no así el discurso ético de médicos e higienistas, que tuvo coloración propia.

## 1. La recepción de la higiene

En Colombia tuvo buena acogida la obra del médico y escritor español Pedro Felipe Monlau, quien publicó varios libros sobre higiene y es tenido por el precursor de esta disciplina en la península ibérica. Todavía a mediados de la década de los veinte se anunciaba en *Cromos* su obra más importante, *La higiene del matrimonio*, aparecida en 1853 y en nueva edición en 1926. La higiene de Monlau combina ejemplarmente prácticas difícilmente disociables de las exigencias urbanas, que ya se anuncian cuando el autor afirma que existen una higiene física y otra moral, relativa, la segunda, a las pasiones del ánimo y a la psicología humana. Su alcance lo sugiere el subtítulo, que alude a las reglas e instrucciones *para conservar la salud de los esposos*, así como *para asegurar la paz conyugal y educar bien a la familia*.

Salta a la vista que los manuales y cartillas de higiene de la época se escribieron en general para mujeres, algunos para la enseñanza en *escuelas de primera enseñanza de niñas y colegios de señoritas,* según reza el título del libro de Monlau publicado en 1861 y reimpreso por quinta vez en 1885. Ello se debe a que esta primera higiene, esencialmente privada y concebida para el individuo, se realiza en la intimidad del hogar, adonde las mujeres ya habían sido relegadas. Velar por condiciones higiénicas es un deber de la mujer, lo mismo que transmitir y asegurar la práctica de las buenas costumbres. Más tarde, a medida que los conocimientos científicos desplazaron los argumentos tomados de la moral cristiana y la higiene evolucionó hacia la salud pública, pasando, por tanto, al dominio masculino -de médicos e ingenieros sobre todo-, y se extendió entre la población por medio de campañas, obras civiles, vacunación, etc, los tratados se dirigieron también a los hombres, por ser ellos los ejecutores de las políticas sanitarias.

La higiene de Monlau se define entonces como un arte para conservar la salud y vivir sano, contento y alegre por largos años. La máxima primordial no es de orden médico, sino que se encuentra aún en el dominio de las virtudes: es la prudencia en el uso de todas las cosas. Vista así, la higiene abarca cada uno de los aspectos de la vida humana, sus preceptos «versan sobre todas aquellas cosas que pueden, o traernos provecho, o causarnos daño, según el uso que de ellas hagamos» (Monlau 1885:13). Y esa vida humana se desenvuelve en tres ámbitos: el ambiental (aire, meteoros, luz, calor), el cultural (habitación, limpieza, vestido, alimentos, condimentos, bebidas, ejercicios, recreo, descanso, sueño) y el anímico.

El siglo XVIII había impuesto la necesidad de ventilar y hacer circular el aire; en la luz se vio, a partir del siguiente siglo, un factor básico de la higiene (Corbin 1982). En el afán por eliminar olores, excrementos, exudaciones, basuras y todo cuanto ofendiera el olfato y la vista, cobraron prioridad las formas puras, claras, traslúcidas. La luz y el aire inundaron todos los rincones. Se aconsejó el aire puro que da salud y robustece, ventilar las habitaciones cada dos horas, respirar aire fresco, evitar la humedad que marchita el cutis y perjudica la salud, no someterse a repentinos cambios de temperatura. Aún así, la prudencia llamaba a rehuir cualquier contacto directo con los meteoros, la luz demasiado viva, las temperaturas extremas o el frío, que empeora los sabañones.

Monlau afirma (también habría podido hacerlo Carreño) que la habitación es la sepultura de la vida de las mujeres y que la alegría de la casa reside en el orden y la limpieza. «Del orden nacen la salud del cuerpo, la tranquilidad del espíritu, la economía del tiempo, el bienestar, la riqueza, y hasta la virtud» (Monlau 1885:21). De la mano del orden viene el aseo, que toca la totalidad de la vida: «La limpieza consiste en separar o quitar sin tardanza de nuestro cuerpo, de nuestras habitaciones, muebles, enseres, vestidos y ropas, el polvo, las manchas, las inmundicias, y en general, todo cuanto deslustra, afea o deteriora dichos objetos» (Monlau 1885:22). Las cualidades de la limpieza son el brillo (reflejo de la luz) y la estética. La higiene de los aposentos exige trabajo permanente: barrer a diario, retirar el polvo, quitar telarañas, sacudir las mantas y las alfombras, airear cada una o dos semanas las camas y colchones y, con la misma regularidad, desocupar toda la cocina y la despensa, limpiarlo todo y fregar el piso. En las habitaciones no se deben criar animalejos ni insectos. Las *Nociones de higiene* incluyen una sección de economía doméstica en la que el autor detalla el mantenimiento de la casa, los trajes y vestidos, los comestibles, las labores y el orden. La moral, se reitera allí, es la madre y compañera permanente de la economía doméstica y la higiene, en una secuencia que va del orden a la limpieza y de ésta a la moral, equivalente a las buenas costumbres. Como muchos tratadistas de la urbanidad, Monlau se sirve del texto de Madame Celnart en este punto.

La misma diafanidad y pulcritud debe reinar en el vestido, confeccionado con telas apropiadas al clima y según modelos que no incomoden, como tampoco ha de hacerlo el calzado. El resultado es de naturaleza moral: «La persona limpia y aseada revela desde luego que es amiga del orden, que tiene decoro personal y que respeta a los demás. La limpieza, en fin, conduce al método, a la economía y al bienestar, madre de toda probidad y de toda virtud» (Monlau 1885:38). La rutina diaria consiste en peinarse, asearse los ojos, la nariz y la boca, lavarse con agua, jabón y arena fina la cara, las manos y los brazos. Los pies, las piernas y las rodillas deben limpiarse con frecuencia y, de vez en cuando, es necesario bañarse todo el cuerpo. Los cosméticos sólo están indicados para las mujeres que han perdido la frescura y el brillo virginales, porque arrugan, queman, producen barros y envejecen. Los únicos productos admitidos para todos son los polvos dentífricos, la pasta para suavizar las manos y los que aromatizan el pelo; se proscribe cualquier cosmético en la cara y el cuello. Para agradar al olfato, las plantas aromáticas, nunca los perfumes manufacturados. Cuando ya la limpieza recomendada por los higienistas había sido adoptada por la burguesía decimonónica, surgió el repudio a toda fragancia notoria. Disminuyendo la intensidad de los signos olfativos, se inicia también su revaluación (Corbin 1982) y, como también lo exige sistemáticamente la cortesanía señorial, la mujer, en particular la joven, encarna y lleva a cuestas toda la simbología de la moral burguesa que sólo admite el olor de la limpieza.

Se sugiere comer moderadamente, masticar bien y evitar los dulces, porque crían lombrices. A las mujeres les convienen los alimentos vegetales, las frutas frescas y el chocolate, la golosina menos peligrosa. Se impone huir de los condimentos fuertes como la pimienta y la mostaza, buenos sólo para paladares estragados, proclives a la gula. La única bebida permitida es el agua y eso exclusivamente con las comidas, jamás entre una y otra ni sin verdadera sed, como tampoco con calor o cuando se suda. A semejanza de la cosmética y del cuidado corporal, la comida ha de tener la frescura de la naturaleza y al mismo tiempo ser el campo de prueba de las pasiones, aquel donde se doblegan las necesidades físicas.

No basta, sin embargo, con limpieza y sobriedad para conservar la salud: todavía hace falta el ejercicio. Al hacerlo, la persona evitará agitarse demasiado y no practicará juegos que la expongan a contusiones y caídas. Después del juego, el ejercicio o el recreo, es conveniente el descanso, breve, eso sí, para que no degenere en ociosidad y holgazanería. El sueño tampoco debe prolongarse, pues dormir mucho entorpece y quita el apetito: madrugar es siempre lo más sano.

Las pasiones son enemigas de la virtud del alma y de la salud del cuerpo. Arrastran al delito, al pecado, al crimen, a la locura, a la enfermedad y a la muerte. Conviene precaverse de toda pasión que «ofusque la cabeza, inflame el pecho y haga roer las entrañas del vientre, perder el color, enflaquecer el cuerpo, dar tristeza y quitar la tranquilidad». Para las mujeres son procedentes la dulzura y la bondad del corazón. «Todas las pasiones son feas, horriblemente feas: si alguna vez veis, o habéis visto ya, retratados los siete *pecados capitales*, que son las siete pasiones más asquerosas, me daréis la razón» (Monlau 1885:79). Es difícil no evocar la afirmación hecha dos años antes por Miguel Antonio Caro acerca de los placeres[1].

El control de las pasiones se aborda de modo más directo: la gula es una inclinación bochornosa; las mujeres, ellas ante todo, no deben ser ni glotonas ni golosas y han de esforzarse por dominar los sentimientos de impaciencia, el mal humor, la ira, el rencor y los deseos de venganza. El miedo es hijo de la ignorancia y a la cabeza de todos los peligros está la pereza, madre de todos los vicios. Para combatirla se adoptan hábitos de orden, limpieza, actividad y laboriosidad, tanto más imperiosos cuanto que la pereza paraliza el alma y su compañera es la pobreza; el bienestar, en cambio, es fruto de la diligencia. A las mujeres les compete librarse del orgullo y la vanidad, desechar la envidia, evitar los celos y ser económicas sin llegar a ser ruines.

Aunque la higiene no ignoró los valores estéticos, en este período no se detuvo en ellos mas que para sancionar la cosmética

---

1   *cf. pg. 81.*

y colonizar las inquietudes por la belleza definiéndola con sus propios valores:

> *De salud es reflejo la belleza*
> *y salud reflejada no veréis,*
> *si siempre y a un tiempo no tenéis*
> sobriedad, y ejercicio, y limpieza
> *(Monlau 1885:85).*

La higiene tenía en este momento tantas si no más pretensiones sobre la vida humana que la urbanidad y había elaborado un discurso de carácter igualmente enciclopédico. Con la misma ambición comenzó a desarrollarse la higiene nacional y, no por azar, la Escuela de Minas fue uno de sus primeros abanderados.

## 2. La responsabilidad individual

En 1894 Juan B. Londoño Isaza escribió el programa para la «enseñanza de la higiene pública y privada» en la Escuela de Minas, uno de los primeros textos aparecidos tras la creación de la Junta Central de Higiene en 1887 para que se hiciera cargo de la sanidad pública. Este texto también gira en torno a la influencia de los agentes externos sobre el ser humano, cuya acción, se sostiene, difiere en función de la edad, el temperamento, la raza, la constitución, la herencia, el sexo, el hábito y las clases sociales. Londoño identifica mayor número de agentes externos que Monlau, sin duda porque ve en la higiene, además del arte de preservar la salud, el de «conocer la influencia que tienen sobre el hombre los medios en los cuales evoluciona y de dirigirla en el sentido más favorable a su desarrollo físico, intelectual y moral» (Londoño 1894:3). El autor distingue la higiene privada de la pública, el principal objetivo, a su juicio, de los gobiernos civilizados, con lo cual inaugura la perspectiva precursora de la salud pública.

Londoño concede gran importancia a los avances de la fisiología humana. En relación con la higiene privada, contempla cuatro modalidades, definidas con arreglo a los agentes que intervienen en el estado de salud. Los dos primeros son los físicos y fisicoquímicos: algunos de sus efectos los puede modificar el hombre si se viste de forma adecuada al clima, no duerme más de ocho horas, evita el ruido, hace ejercicio o trabajo muscular, se previene de la humedad y mejora las condiciones del aire, el suelo y el agua, atiende a la composición de los alimentos y tiene una dieta balanceada. Londoño acepta que el clima obra sobre las virtudes y los vicios humanos, pero no le parece que llegue a desnaturalizar la marcha de la civilización. Estar atento a los agentes climáticos y sus efectos, asegura, favorece el organismo y el espíritu.

La higiene metódica se ocupa de los agentes de reparación y sostenimiento: aire, agua, suelo y alimentos. Londoño se detiene especialmente en la composición de los alimentos, analiza las consecuencias de algunos vicios nutricionales y lleva sus elucubraciones hasta las excreciones, aclarando su papel y recomendando adquirir el hábito de evacuar con regularidad. Al aseo personal no le presta mayor atención: debe bañarse a menudo quien suda mucho o entra en contacto con sustancias venenosas; por lo demás, el baño es un recurso medicinal al que atribuye propiedades debilitantes: «Por regla general, no debe pasar de media hora, o mejor, se debe salir del baño cuando después de un rato de estar en él se siente escalofrío en todo el cuerpo» (Londoño 1898:32). El baño frío agota «el fluido nervioso» y es recomendable para las personas delicadas o fatigadas por el trabajo físico o intelectual; el tibio, sólo para quienes padecen enfermedades de la piel. Mayor cuidado exige el aseo de la boca: las fermentaciones pútridas que causan la acidificación de la saliva y la dispepsia ocasionada por la pérdida total o parcial de dientes también inciden en la digestión y, por ende, en la nutrición.

En medio de los conceptos fisiológicos se tropieza el lector con grandes islas de nociones galénicas: el calor, el agua y otros elementos alcanzan, a través de la piel, los pulmones, los riñones y el hígado, y se afectan mutuamente[2]. Dos de los agentes externos interesan a Londoño: el aire y los alimentos. El aire tiene una influencia directa sobre los pulmones e indirecta sobre los riñones; el buen estado de la función respiratoria de la piel se mantiene con abluciones y lociones. Para cuidarse del sinnúmero de impurezas, polvos,

---

2 *Esta noción de los órganos internos se trasluce todavía en la segunda década del siglo XX en la oferta de tónicos y medicinas. Londoño nombra algunas de las enfermedades que pueden atacarlos: uremia, albuminuria, poliuria, constipación, dispepsia ácida, plétora sanguínea, coleolitiasis, azoturia, diarreas, dispepsias flatulentas, anemia, hipoalbominuria con anasarca, hidropesía, glicosuria, cálculos de ácido oxálico y oxalatos. Su tratamiento no se hace sólo a base de alimentación adecuada, sino también de ejercicio, fricciones y baños, donde se aprecia la condición permeable de la piel, característica del siglo XVI (Vigarello 1985).*

gérmenes, miasmas, espórulos, virus y gases tóxicos que flotan en el aire es necesario ventilar, asear, garantizar una buena alimentación y construir los lugares de habitación a la debida distancia de las fábricas y sus gases nocivos. La función principal de los alimentos es nutrir la sangre, de la cual los tejidos asimilan algunos principios en virtud «de una fuerza misteriosa llamada hoy *fuerza vital*» (Londoño 1894:27). La dieta depende del clima -el aire suministra buena parte del oxígeno y el ázoe que requiere la nutrición- y, en segundo término, de la edad y la actividad. Es tanta la importancia de los alimentos para esta fisiología que no se duda en afirmar lo siguiente:

> *La mejor profilaxia del alcoholismo agudo y crónico no está en dictar leyes severas para reprimir el abuso de los espirituosos, ni en fundar sociedades de temperancia, ni en gravar las bebidas alcohólicas con impuestos más o menos fuertes -que son causa de contrabandos y falsificaciones detestables y peligrosas- sino en suministrar a los obreros y en general a la clase pobre de la sociedad, al menor precio posible, una buena alimentación. Es por eso asunto importante para los gobiernos civilizados mantener a cierto nivel el precio de las substancias alimenticias de primera necesidad para cada pueblo (Londoño 1895:31).*

La actitud correcta frente a los agentes químicos y físicos se resume en las reglas que debe obedecer quien se halle en un foco epidémico: «usar alimentación sana y bastante abundante, evitar las fatigas, los excesos de todo género y demás causas debilitantes, el uso de purgantes, sudoríficos y sangrías, las pérdidas seminales y las vigilias prolongadas y los enfriamientos y no entrar a ver enfermos de noche ni en ayunas» (Londoño 1894:23).

Los agentes que afectan la vida orgánica y celular -sexo, edad, herencia, constitución y temperamento- son el objeto de la higiene de preparación. Al individuo lo distingue la configuración de estos agentes y, aunque Londoño lamenta el desconocimiento que reina en torno a su funcionamiento, está claro que marcan y prácticamente definen el destino: las enfermedades, la condición física, intelectual y moral, la organización de hábitos y pasiones, y el papel sociológico varían con el sexo y la edad. La constitución determina en buena medida la fuerza física y la resistencia a las enfermedades; la herencia, regida por leyes fatídicas, transmite las aptitudes de los progenitores, las cuales, siendo distintas, no se neutralizan y, siendo similares, se fortalecen. De ahí que el hijo de padres saludables lo sea también y que el de padres enfermos sea aún más débil. Como Monlau, Londoño ve en el temperamento el factor que decide el predominio de un sistema de órganos sobre los restantes y le reconoce, en combinación con el clima, influencia sobre los pueblos: «El temperamento sanguíneo es común en los habitantes de los países fríos y en los campesinos; el linfático, en los de los países cálidos y en los pobres; el nervioso es el temperamento de los artistas y sabios y en general el de las altas clases sociales» (Londoño 1894:34).

Londoño clasifica el hábito entre los agentes de índole impositiva: en un principio se ejerce con el concurso de la voluntad, pero termina por repetirse de manera inconsciente. Por lo demás es hereditario. Profundamente imbuido de evolucionismo, Londoño toma el principio de evolución por una ley básica de la sociología, que guía el pensamiento humano desde su estado teológico, a través del metafísico, hasta el positivo. Los factores sociológicos -profesión, familia, nación, gobierno, civilización y religión- determinan, a su vez, la situación física y moral de los individuos. Con estos criterios, no tarda en arribar a la siguiente concepción: la profesión es en realidad un hábito porque se compone de actos repetidos con regularidad, que pueden ocasionar enfermedades propias de ciertos oficios. Cada oficio exige, por lo tanto, una higiene particular. En el caso del obrero, dicha higiene «debe abarcar su físico y su moral: desarrollando en él el sentimiento del deber por medio de las instrucción y de la vida en familia se conserva bien su salud corporal» (Londoño 1884:38). El individuo está expuesto a las fuerzas sociales de la opinión pública y el respeto humano; gracias a ellas, mejora intelectual y moralmente, y la sociedad progresa. La familia tiene efectos bienhechores sobre la mortalidad y las aptitudes del hombre, siempre y cuando esté bien constituida, es decir, si se reúnen en ella sentimiento, inteligencia y laboriosidad, como lo ha logrado la mejor formada de todas: la familia cristiana. En la organización familiar le competen al hombre la actividad, el mando, los rudos trabajos profesionales y la vida pública; a la mujer, las faenas hogareñas y la crianza de los hijos. Así se acrecientan el bienestar y la moralidad sociales.

Según Londoño, existen tres razas, identificables no sólo por su estructura anatómica y sus disposiciones patológicas sino, «sobre todo, por su *sociabilidad*... La raza blanca es la más sociable y por ello la más civilizada» (Londoño 1894:37). Al final del libro, el autor parece dudar, sin embargo, de que pueda lograrse una completa transformación del ser humano a través del cuerpo e introduce la posibilidad de aumentar el grado de civilización del país por medio de la urbanidad; lo contrario significaría condenarlo a los niveles más inferiores, dadas las características climáticas, la composición racial, la estructura familiar y las condiciones de salud imperantes. El expediente de la urbanidad es viable porque no es la población la que «da buena idea de la potencia de un país, sino la riqueza, el grado de instrucción y el estado moral, industrial, y sanitario de la colectividad» (Londoño 1894:38). La higiene pública se convierte así en uno de los principales objetivos de los gobiernos civilizados y deja entrever la dimensión que luego alcanzaría.

La cartilla de Londoño marca un nuevo rumbo con respecto a los argumentos morales que priman en Monlau, como corresponde al empeño de la Escuela de Minas de fundar una ética laica independiente de la moral religiosa (Mayor 1984). Si bien el texto no acusa todavía la influencia de las investigaciones de Pasteur, lleva a cabo una adaptación de las concepciones neohipocráticas al determinismo geográfico y la sociología evolucionista, y clasifica los temperamentos según el clima y la clase social. Londoño no tenía otra salida que declarar imposible el progreso, a causa de la confluencia fatídica que hallaba en Colombia de temperamentos, geografía, razas y clases desafortunadas; optó, pese a todo, por la posibilidad de alterar esas condiciones con ayuda de la higiene y la urbanidad, rescatando la capacidad humana de actuar sobre los medios. El discurso de la higiene comenzaba a alimentarse de las discusiones sociológicas en su intento por conservar su alcance enciclopédico y universalista, fundado esta vez en los saberes científicos.

### 3. Un mundo adverso

Trece años después del texto de Londoño, apareció el *Tratado elemental de higiene*, de Pablo García Medina, elaborado para enseñar esta materia en las escuelas y colegios de Colombia desde una perspectiva fisiológica. García limitó los objetivos de la higiene a lo puramente biológico al afirmar que su fin era conservar y perfeccionar la salud; pero dejó planteada una inquietud: no basta la robustez innata, es más, puede perfeccionársela. Por salud se entiende aquí el perfecto funcionamiento de todos los órganos, y la higiene se reduce a enseñar la forma de prevenir e impedir que se propaguen las enfermedades. El preámbulo del texto manifiesta las preocupaciones y esperanzas que el nuevo siglo abrigaba al respecto:

> *La inmigración a nuestro suelo de elementos formados en otras costumbres, por la mejor apariencia y el mayor grado de resistencia que ellas confieren, haría que la mayor parte de los colombianos que hubiese vivido sin defensa por los cuidados de su ser físico ante los agentes exteriores de la destrucción orgánica y los interiores nacidos de su propia tendencia, sin el conocimiento de los medios que mantienen la actividad en la vida de relación, vinieran a ser, por causa de inferioridad, siervos y lacayos de los que, más iniciados en la práctica del aseo y de las demás que requiere la vigilancia individual, se impondrían con el vigor de los músculos, por el orden y la regularidad de sus actos vitales, si combatiendo el mal y ahuyentando el vicio, las enseñanzas de la higiene no los sostuvieran equiparándolos a ellos (García 1907:ix).*

García se afana por insertar en la crítica a los usos y costumbres y su enjuiciamiento moral una argumentación fisiológica directamente comprometida con la salud. Como el estado de esta última no puede menos que calificarse de deficiente, dicho procedimiento lo lleva a definir negativamente el entorno físico, biológico y cultural del país: el suelo debe ser objeto de saneamiento porque en él prosperan las enfermedades; las aguas llenas de microorganismos tienen que purificarse y desinfectarse; el aire viciado, los climas insalubres, la alimentación insana, las bebidas inadecuadas, las habitaciones oscuras y polvorientas, el vestido inapropiado, todo ello requiere ser transformado en aras de lograr y conservar la salud. Para García la salud permite catalogar la condición moral de individuos y naciones, pues el fundamento de las prescripciones higiénicas y, a través de ellas, la consecución de una larga vida para el ser humano y de prosperidad para la sociedad, se encuentra en el aseo y la sobriedad, es decir, en la moderación en todos los actos y funciones de la vida.

Así, la vida humana no se ve determinada por factores y agentes externos inalterables; el manejo que la persona haga de ella, la manera como permita que sus costumbres afecten su fisiología determina el destino personal y nacional. Se aprecia que el nuevo siglo le ha adjudicado al individuo poder sobre su propia vida y responsabilidad sobre el progreso de la nación, con lo cual abre una dimensión ausente en la cortesanía, aunque construye sobre su base y hace suya la herencia de su moral señorial.

*No basta que seamos aseados y sobrios: es necesario que procuremos que estas cualidades pertenezcan también a la sociedad de que formamos parte y estamos en el deber no sólo de procurar la conservación de nuestra salud, sino de vigilar la salud colectiva, porque si ésta no es completa, estará amenazada la nuestra... El olvido o la ignorancia de la higiene trae consigo las enfermedades, la miseria, la degeneración de la raza y, por consiguiente, la decadencia de los pueblos. Por el contrario: donde se siguen los preceptos de la higiene, unidos a la práctica de la moral, el hombre será fuerte, vivirá largos años con salud, formará una familia sana y próspera, tendrá aptitud para el trabajo, vivirá con holgura y contribuirá al progreso de su patria (García 1907:1s).*

Entreverada en esta exaltación de la autonomía y la responsabilidad individuales, se introdujo también -lo señala el prologuista de la obra de García- la tesis de la inferioridad biológica de los nacionales en relación con los extranjeros, achacándola en esta oportunidad a lo inapropiado de las costumbres. El discurso de la higiene adquirió por esta razón una dimensión problemática para la identidad nacional que contrasta con el discurso urbano, cuyo supuesto es siempre la igualdad, cuando no la superioridad, ante las naciones europeas.

Como quedó dicho, García advirtió que era urgente corregir todo el entorno humano a fin de prevenir la enfermedad y perfeccionar la salud, en primer lugar, purificando, aireando y evitando el contacto con cualquier tipo de aire viciado que contenga microorganismos. Pero los microorganismos también se adhieren a pisos, muebles y paredes y es imprescindible asear meticulosamente todo cuanto rodea al ser humano. La luz debe penetrar en las habitaciones, éstas deben limpiarse y ventilarse, las sábanas han de cambiarse con frecuencia. Los niños deben dormir solos después de los ocho o nueve años; las mujeres se abstendrán de usar falda larga, porque es desaseada, y escote, porque es antihigiénico: expone a la bronquitis, la pulmonía o la angina. Se generaliza un sentimiento de repulsión hacia todas las secreciones humanas que puedan portar virus infecciosos y se la asimila al desaseo y a la falta de urbanidad.

Con el nuevo siglo el agua recuperó sus virtudes higiénicas. La principal recomendación referente al aseo personal es la limpieza completa y concienzuda de todas las partes del cuerpo mediante el baño. Ya sin sus propiedades penetrantes, el agua puede lavar un cuerpo desglosado para instruir sobre el cuidado de cada una de sus partes: la piel estará siempre limpia; las manos, las uñas y la cara se lavarán varias veces al día; el cabello y la barba se peinarán y cepillarán; los peines y cepillos adquieren carácter personal. Al peluquero debe exigírsele que se lave las manos; la caspa y otras enfermedades del cuero cabelludo requieren tratamiento. Se impone, asimismo, el lavado frecuente de la boca y los pies. García afirma categóricamente que todo tipo de baño es beneficioso para la salud: en climas calientes y templados ha de ser diario o por lo menos tres veces por semana, en climas fríos una vez a la semana. Los cosméticos, las pomadas y las pinturas para la piel y el cabello perjudican la salud.

Para establecer si la comida es sana, se clasifica y analiza la composición de los alimentos. Las medidas higiénicas de la alimentación son regularidad, moderación y abstención de cualquier otra actividad durante y después de las comidas. En cuanto a las bebidas, se exacerba con el cambio de siglo la preocupación por el alcoholismo y ya no se cree que pueda combatírselo con una alimentación adecuada, sino evitando el abuso. Las consecuencias no podrían ser peores para el individuo y la sociedad, y en adelante se las mencionará en todos los tratados higienistas:

> *Nada hay tan perjudicial para la salud como el abuso de las bebidas alcohólicas. Este abuso destruye o enferma nuestros principales órganos, abre las puertas a las enfermedades más graves y conduce al crimen y a la locura. Nada hay que hiera tan hondamente la dignidad del hombre, y por esto conduce fatalmente a la decadencia moral del individuo, de la raza y de la patria (García 1907:90).*

> *Los hijos de las personas que abusan de las bebidas alcohólicas o se embriagan con alguna frecuencia, aunque no hayan llegado al alcoholismo crónico, heredan una manifiesta predisposición a las enfermedades nerviosas, como la epilepsia, la degeneración intelectual y el idiotismo. Además, estos desgraciados hijos de individuos casi alcoholizados heredan tendencia al vicio de esas bebidas, de manera que el alcoholismo se perpetúa y degenera a la familia (García 1907:92).*

El cuerpo en su totalidad es motivo de estudio gracias a la perspectiva fisiológica. Surge la higiene de los sentidos, que atiende el sistema nervioso impidiendo todo exceso de excitaciones y regulando el ruido, la luz y el descanso. García aconseja el trabajo muscular para robustecer la confianza en las propias fuerzas y activar la nutrición de los niños miedosos y nerviosos. De hecho se iniciará antes que la educación intelectual, con miras a desarrollar armónicamente los órganos y hacer vigoroso y resistente al niño. Al ratificar así el principio según el cual una naturaleza defectuosa es perfectible, García incursiona en el campo de la pedagogía y propone que la educación física se realice de manera metódica y no como la mera práctica de movimiento recomendada por Londoño y Monlau.

Todos los intereses primordiales de la concepción moderna de la salud aparecen en este esquema. La amplitud del campo de acción del discurso clínico quedó igualmente establecida al dotarlo de poder, no sólo sobre la enfermedad, sino especialmente sobre la persona saludable: como ya lo dijera Londoño, todo lo que actúa sobre el individuo física, intelectual o moralmente es de su incumbencia. A diferencia de la perspectiva anatomoclínica, la fisiología y su estudio del funcionamiento normal del cuerpo humano, hicieron posible que el discurso médico se arrogara el derecho de concebir y sancionar los usos y costumbres de la sociedad y los individuos.

Se postuló el principio de repulsión -de tanto valor semántico como la vulgaridad- y se relacionó el estado de salud con las características de la vivienda y el vestido, las dolencias y enfermedades, las costumbres alimenticias, las formas de organización familiar, las condiciones climáticas, la raza y las clases sociales: a través de sus gradaciones la noción de salud quedó ligada a las cualidades intelectuales y morales de las personas y los pueblos. Al individuo se le hizo responsable de estas cualidades con la argucia de descomponer en morfemas de la semiótica clínica cada acto, hecho y objeto de su vida. Recurriendo a una sinécdoque de dimensión social y al sentimiento de repulsión excitado, se dio trascendencia nacional a la ecuación estado de salud = desarrollo moral, con lo cual fue posible declarar, en el mejor de los casos, la urgencia de transformar toda cualidad y característica que se desviara de la norma saludable; en el peor, la degeneración irremediable de la raza. Para sellar el procedimiento, se recargó la responsabilidad individual, asignándole a la salud un valor incalculable para el bienestar económico y el progreso de la nación. Al disidente -persona, clase, raza o país- no sólo se le puede calificar de inepto para el progreso, también se le repudia porque asquea: efecto de bumerán, por tratarse en muchos aspectos de estándares inalcanzables.

Las percepciones sobre la salud se transmitieron por diferentes canales durante este primer período de intenciones higiénico-civilizadoras; el discurso estatal fue tan sólo uno más de los que circularon desde que la salud quedó incorporada a la Constitución. La medicina privada, por su parte, dadas las características de la formación médica nacional, concentraba su atención en los adelantos e interrogantes de la medicina europea -francesa sobre todo- y, crecientemente, de la estadounidense. La práctica privada de «vanguardia» supuso, desde su inicio, sensibilizar y modelar a las élites en torno a las ventajas de medicalizar de manera más sofisticada sus hábitos individuales y familiares, al igual que sus expectativas sociales. Se incrementó así la presión sobre el grueso de la población, expuesta no sólo a la medicalización estatal -una ausencia práctica para la mayoría, pero una presencia discursiva-, sino además juzgada y mensurada en la escala minuciosa y discriminatoria de los constantes adelantos científicos que introducían aceleradamente cambios en la forma de vida y las costumbres.

La injerencia de los medios de comunicación y la publicidad ha sido crucial en virtud del alcance sólo parcial y muchas veces nulo de la medicina oficial y privada entre grandes porcentajes de la población, pues constituye una punta de lanza para implantar y construir nuevas percepciones sobre salud, enfermedad, comportamientos preventivos, tratamientos, causas de morbilidad y, en general, sobre la adquisición de hábitos adecuados para mantener la salud. Es claro que estos medios se muestran sensibles a las inquietudes públicas, identifican y refuerzan rápidamente sus propensiones, en este caso, al consumo ávido de salud en forma de artículos, productos y prácticas somáticas.

La publicidad, la literatura popular de divulgación médica y la prensa en general, se mostraron particularmente perceptivas a la necesidad de hacer aportes a la elaboración de un ideario higiénico y participaron incorporando a sus discursos una ética moral y de progreso. Por sus intereses comerciales fueron tan afectas a las novedades médicas como a las mutaciones detectadas en los parámetros de salud, sin que todo esto se fundiera forzosamente en una propuesta coherente o siquiera comprometida con la higiene oficial. Hacia mediados del año 1916, cuando la revista *Cromos* comenzó a circular, la publicidad ofrecía jarabes y reconstituyentes en abundancia, trasladándonos al mundo de los tónicos «medicados» para fortificar el cuerpo y aumentar el vigor y la energía, cuyo anuncio por espacio de décadas revela uno de los motivos predilectos de las inquietudes somáticas.

La decepción con el cuerpo de los colombianos no era ni mucho menos exclusiva de la higiene. En realidad, se trataba de una impresión generalizada de desencanto y temor frente al progreso que encontró una forma de expresarse en diversos aspectos somáticos. La prensa se preocupó en particular por la faceta energética[3] del asunto:

> ¿Qué es lo que nos subyuga en el extranjero? Indudablemente la energía de que todos ellos, cual más, cual menos, presentan rasgos pronunciados. Es esa energía lo que provoca en nosotros reverencia, temor, sumisión. El europeo y el norteamericano que establecen aquí empresas de cualquier índole triunfan casi siempre porque viven desarrollando una energía que en ocasiones podríamos calificar de prodigiosa si no supiéramos de cuánto es capaz el hombre que ha aprendido a disciplinarse y que sabe templar sus fuerzas físicas y morales. Con nuestra dejadez característica, con nuestra flojedad, con nuestra quietud contrasta bárbaramente esa energía exultante, invencible, siempre alerta, y hétenos ahí rendidos ya ante el extranjero (C-132:161,1918).

La actitud de admiración, reverencia y miedo ante la figura sajona, especialmente inglesa, alemana y yanqui, prospera matizada tan sólo por la capacidad de reconocerla y calificarla: «Los ojos azules y el cabello rubio ejercen sobre nuestra alma de mestizos una fascinación extraordinaria, comparable sólo a la que en los villorrios de las más rezagadas provincias disfruta el flamante *doctor*» (C-132:161,1918). La tragedia de este autoflagelamiento parece no tener límites: «nos preguntamos por qué en vez de limitarnos a admirar la energía de los extranjeros y achicarnos ante ella, no nos consagramos a despertar y desarrollar la nuestra propia» (C-132:161,1918). Por desgracia, el clima, la tristeza ambiente, la familia y el Estado conspiran en contra:

> No hallamos en parte alguna la actividad educadora que procure sacar de cada niño colombiano el mejor hombre que lleve dentro, en potencia; que desde la tierna edad incite a no vivir estérilmente, a buscar y hallar los medios de que la personalidad consiga pleno desarrollo; ni descubrimos la virtud que comunique a los colombianos el poder de vivir alegres en esta edad dura en que estamos apretando y puliendo los elementos que han de darnos fisonomía de nación. La abundancia de hombres de aire cansado denuncia la existencia de grandes vacíos y de grandes hendiduras de los espíritus (C-132:161,1918).

---

3 Probablemente la importancia atribuida a la energía como un elemento vital para el progreso, guarde relación con la escasez energética que vivían Bogotá y el país en general. Si bien es cierto que la era energética se había iniciado en 1890 con la inauguración del alumbrado público, lo es también que mientras la demanda aumentaba, la oferta no estaba en capacidad de suplirla y ello constituía un decisivo freno a la industrialización y el progreso nacionales (De la Pedraja 1985). Por otra parte, la visión moderna del cuerpo como una máquina cuyos aparatos ocupan a la fisiología, remite a la energía que precisa su accionamiento, y guarda una estrecha relación con la formulación de las leyes termodinámicas (Barrán 1995).

La solución no puede ser más anhelante ni más quimérica: «Individualmente y como pueblo necesitamos los colombianos, si queremos alcanzar la dignidad y el poder de la energía, erigir en problema nuestra propia intimidad» (C-132:161,1918). La imagen tampoco puede ser más desoladora y dolorosa: «corremos y corremos con rumbo que nos parece ser el de la civilización, y cuando vamos a tomar la altura, hallamos, hallamos que hemos estado andando sobre un témpano flotante. Sólo la energía puede hacernos superar la violencia de las fuerzas que nos arrastran en sentido inverso del rumbo que queremos seguir» (C-132:162,1918).

La publicidad agregó a esta desazón la vocación de la época por la medicina interna y la microbiología, enfilando sus baterías hacia el cuerpo como productor de energía. Con una actitud más positiva que la higiene, no se concentró tanto durante estos últimos años de la segunda década en los efectos de los fenómenos climáticos y meteorológicos sobre el cuerpo -probablemente porque no estaba en posibilidad de ofrecer paliativos-, sino en aquellas dolencias que tenían origen en los órganos internos, tal vez por virus u otros moradores de los nuevos mundos microorgánicos, cuya fisiología se investigaba afanosamente, producían efectos visibles y le restaban al individuo la energía indispensable para acometer las tareas de la vida. Se anunciaban productos para combatir los reumatismos, los males del hígado, el paludismo o la difteria. La fábrica de bebidas de Posada y Tobón, recién inaugurada, combinaba idealmente el orden y el aseo, la mecanización y la higiene, y fue considerada un caso ejemplar de progreso y de la «revolución higiénica» que vivía Bogotá (C-119,1918). Los obreros trabajaban limpios porque se habían instalado baños con agua caliente y templada, la disposición de la maquinaria impedía que alguien tuviera que moverse de su lugar y hubiera gente ociosa y, por si fuera poco, se utilizaba un aparato de rayos ultravioleta para esterilizar el agua con que se fabricaban los productos.

Los problemas que se debatían en estas primeras décadas eran el clima (enemigo en todas sus variedades de la energía nacional), un cuerpo inepto y la incapacidad de las instituciones sociales para cincelar al colombiano adecuado. A esta percepción se sumaron las analogías entre la ciudad y el cuerpo, inspiradas en las epidemias, que acrecieron el sentimiento de inferioridad somática, incivilidad y carencia de posibilidades de progreso. Ante un ambiente tan abonado y propicio, frente a una población que no sólo se veía amenazada en su existencia física, sino incluso muy estropeada en su propia estima -todo por culpa de los microbios-, la exhortación comercial traspasó los límites de la salud para adentrarse en la estética, ofreciendo lo mismo desodorantes íntimos que métodos depilatorios -todo por la higiene.

## B. La higiene como propósito nacional

### 1. El imperativo del progreso y la ineptitud somática

La Conferencia Panamericana de Higiene reunida en Washington en 1926, declaró la higiene como el aspecto prioritario de la enseñanza y atribuyó a su rudimentario estado el atraso de varios países. En ella se acordó adoptar el Código Sanitario Panamericano propuesto en La Habana en 1924, y aunque de ese modo el Estado asumió la responsabilidad de la sanidad, se estimó que la principal urgencia era la enseñanza de la higiene individual en la instrucción primaria y secundaria. El Estado también se hizo cargo del saneamiento de puertos y ciudades, y desde entonces se previeron como complemento de las medidas sanitarias, la urbanización técnica y estética, esto es, la construcción de habitaciones confortables, hermosas e higiénicas, de asilos y sanatorios, de *stadiums*, como se acostumbraba decir, gimnasios, parques y elementos de cultura física «que formen la niñez y la juventud en una vida hermosa, alegre y sana» (Política Sanitaria 1926:7).

Para la enseñanza en escuelas y colegios, así como para difundir la higiene entre el gran público, se continuó produciendo textos generales, cartillas y tratados de higiene. Por otra parte, se enfatizaron ciertos asuntos prioritarios mediante publicaciones específicamente orientadas a combatir *Las doce plagas mayores*[4]: alimentación deficiente, alcoholismo, paludismo, sífilis, cáncer, lepra, tuberculosis, pian, enfermedades de la suciedad (uncinariasis), bocio y mordeduras de ofidios venenosos. A esto se añadió una intensa campaña de atención materno-infantil.

Tras haberse cimentado el matiz moral de la higiene y anclado en la sólida construcción de la urbanidad, se abrieron otras posibilida-

---

4 *Con este título se publicó en 1935 un libro que recoge en doce artículos las principales preocupaciones y orientaciones del momento sobre estos males que afectaban a la higiene de los colombianos.*

des que el Estado aprovechó para encarar uno de sus problemas más acuciantes: el progreso económico. La exposición de motivos correspondiente a la Ley 12 de 1926 sobre enseñanza de la higiene afirma que la razón del estancamiento en los países tropicales de América Latina es la situación rudimentaria de la higiene individual y urbana. El atraso industrial se achacó en esta oportunidad al déficit de mano de obra ocasionado, principalmente, por la alta mortalidad. La meta era doble: primero, el crecimiento poblacional, a cuyo fin debían extirparse los agentes endémicos de morbilidad y mortalidad, protegerse y educarse a madre e hijo, y adelantarse una campaña en favor de la infancia que cubriera la higiene del medio, la eugenesia y la homicultura; segundo, fomentar la inmigración de europeos y norteamericanos, lo que presuponía cumplir el primero: los «individuos de una civilización superior, no se avienen con una vida sin higiene» (Política Sanitaria 1926:15). En este momento la higiene había conseguido, si no mejorar las condiciones de salubridad, sí crear una percepción absolutamente negativa del estado en que se hallaba el cuerpo de cada individuo y, sobre la base de la responsabilidad individual, extender el juicio condenatorio a todo el país, confrontándolo con la disyuntiva de un cambio inminente o la ausencia de futuro.

Este enfoque de las deficiencias biológicas ya había sido mencionado, antes de finalizar el siglo anterior, por José María Samper (Gómez M. 1991) y, en 1894, por Londoño, pero sólo llegó a ser un verdadero motivo de controversia general en 1918, cuando el médico Miguel Jiménez López expuso durante el *Tercer Congreso Médico Colombiano* su preocupación por *Algunos signos de degeneración colectiva en Colombia y en los países similares.* Hacía eco así de las inquietudes eugenésicas contemporáneas expresadas por doquier en los países latinoamericanos (Stepan 1991). La de Jiménez López dio lugar a una serie de conferencias convocada por la Asamblea de Estudiantes de Bogotá en 1920 y publicadas el mismo año por la Biblioteca de «Cultura» bajo el título *Los problemas de la raza en Colombia*. En el debate participaron seis conferencistas a nombre de la Psiquiatría, la Psicología, la Fisiología, la Higiene, la Educación y la Sociología. Fue esa la primera manifestación conjunta que hicieron las nuevas disciplinas para dar respuesta al país a un interrogante relacionado con la enorme insatisfacción y preocupación que significaban para la ciencia y el humanismo un estado de salud física y mental que podría calificarse de calamitoso y que se alzaba como barrera infranqueable entre la pobreza, la desdicha y el atraso de un lado, y la riqueza, el desarrollo, la civilización y la felicidad del otro.

El tema desató una acalorada controversia (Pedraza 1996b). Al terminar las conferencias, Jiménez López reiteró que el problema decisivo era el cruce de las razas amarilla, blanca y negra, y la influencia de la zona climática. Desde los índices craneanos y los de talla y peso, hasta la pérdida de la voluntad, todo sirvió para probar la endeblez, la depresión moral y la inopia económica, social e intelectual del país. Las perspectivas de solución las hallaba el psiquiatra en la ciencia, la educación y la inmigración de razas «fuertes y hermosas».

Ocho años más tarde, Laureano Gómez retomó el tema y, como sus predecesores, juzgó desfavorables un clima y una tierra que llevaban al hombre al «frenesí lúbrico, el espanto y el asombro, la mentira, la pasividad, la indiferencia y el fatalismo pesimista». Aun la geografía le pareció incompatible con el progreso:

> El millón doscientos mil kilómetros cuadrados de nuestro territorio, se descompone así: 7.000 kilómetros cuadrados de nieves perpetuas; 30.000 kilómetros cuadrados de páramos inhabitados; 100.000 kilómetros cuadrados de tierras frías cultivables, densamente habitadas; 170.000 kilómetros cuadrados de tierras templadas; y 900.000 kilómetros de tierras tórridas y llanas, selvas o llanuras herbáceas, de los cuales hay 200.000 kilómetros anegadizos periódicamente en tiempos de lluvias y 50.000 kilómetros de esteros, aguazales, charcas, ciénagas y pantanos. Las tierras anegadizas y las constantemente húmedas, bajo el sol tropical, son propicias para la cría de zancudos. La fuerza económica del país reside en el cultivo del café, que es característico de las tierras templadas. El balance es desolador: en nuestro territorio las regiones propicias al desarrollo del zancudo son 80.000 kilómetros cuadrados más extensas que las favorables al cultivo del café (Gómez 1928:14).

Laureano Gómez no pensaba que fuera la degeneración de la raza lo que frenaba el progreso, sino la raza misma: «**Nuestra raza proviene de la mezcla de españoles, de indios y de negros. Los dos últimos caudales de herencia son estigmas de completa inferioridad**» (Gómez 1928:18)[5]. «Ni por el origen español, ni por las influencias africana y americana, es la nues-

---

5 Negrillas en el original.

tra una raza privilegiada para el establecimiento de una cultura fundamental, ni la conquista de una civilización independiente y autóctona» (Gómez 1928:21). Con esta conclusión sentenció la cultura a ser un producto artificial en un medio sometido al influjo de un clima adverso a una auténtica organización social.

En 1932, la *Revista de Higiene* y el Departamento Nacional de Higiene, en un escrito sobre *La higiene y la crisis económica*, aludieron al valor de la vida humana expresado en términos del rendimiento del máximo de utilidad que debería producir tanto en beneficio personal como colectivo. Lo que se enfatizaba era el imperativo de formar una conciencia sanitaria, siendo así que la higiene era el bastión del progreso. El interés recayó consecuentemente en la infancia, imagen de todo el poder y la potencialidad del futuro, cuyo cuidado se declaró una obligación sagrada del Estado (República de Colombia 1932b). A partir de entonces y particularmente en los años treinta, pululuaron las cartillas y manuales de higiene, tanto para las escuelas como para el gran público, editados por ministerios e institutos oficiales o a título personal por médicos e instructores. Los salubristas tuvieron su apogeo y fueron estimados, al igual que los ingenieros, como promotores del progreso nacional: sus aportes a la cuestión higiénica, como en su momento la labor de los gramáticos, ayudaron a configurar un tipo colombiano ideal, cuya realización asumió el Estado.

## 2. La higiene escolar

El mismo éxito de su cartilla de urbanidad, lo tuvo la de higiene de los Hermanos Maristas, escrita en los años veinte y publicada en 1950 en su novena edición. El texto hace suya la tradición «fisiologista» en una perspectiva más familiar para el lector actual, pues está consagrado al cuerpo humano, sin atender a la influencia y el efecto de los meteoros. Se examinan el esqueleto y los músculos, el aparato digestivo y el respiratorio, los nervios (higiene del alma), la higiene de los sentidos, la doméstica y la escolar, y el comportamiento frente a enfermedades contagiosas. Se establece que al gobierno y a las autoridades les compete la higiene pública, es decir, la aplicación de las reglas de sanidad en calles, plazas, escuelas, teatros, etc. Esta *Cartilla moderna de higiene* define su materia de estudio como la ciencia de conservar y mejorar la salud ateniéndose a la máxima de su epígrafe:

> *Si salud y dicha quieres*
> *pon límite a los placeres.*

Sobre esta norma se afianza la higiene, variando con la época los placeres proscritos, los mismos que un libro de tanta influencia en el moldeamiento de los ideales colombianos como el *Catecismo* del padre Astete, reunía en la trilogía mundo, demonio y carne. El mayor de los peligros es, desde luego, la carne: no puede rechazarse como el mundo y el demonio, sólo resta domeñarla con asperezas, disciplinas y ayunos.

La aceptación de este principio por parte de la tradición pedagógica eclesiástica fue un componente importante de la campaña higienizadora de la modernidad e impidió una disgregación de fuerzas en torno a la función del cuerpo y su adiestramiento en el proceso educativo. Tres de las cuatro virtudes cardinales -prudencia, fortaleza y templanza- están bien encarnadas en los propósitos higienistas, los cuales, a semejanza del *Catecismo*, dan a la higiene de los sentidos el carácter de instrumento y medio de conservación, a la vez que vehículo del trato entre los hombres. Su higiene ensalza, pues, a Dios. Los consejos avalan el uso frecuente del agua y el jabón e incorporan cada vez más el buen gusto, la sencillez y la amenidad ligados al orden y la limpieza. No se pretende ya mortificar los sentidos; antes bien, los del prójimo no deben ofenderse en el contacto interpersonal y a los propios debe prestarse suficiente atención, en prueba de respeto divino y en pro de la alegría y la prosperidad. La sensualidad admitida exalta el desarrollo de los músculos pectorales y dorsales, no menos que los baños de sol, halaga los sentidos y aviva el sentimiento de repulsión hacia los olores y excreciones corporales, y hacia los enfermos, cuyas habitaciones deben desinfectarse.

La fisiología apunta aquí al cuidado del aparato respiratorio y aboga por la práctica del ejercicio, el deporte, los paseos al aire libre, los trabajos manuales, la natación, la gimnasia y los juegos. Se recomienda librar el cuerpo de todo cuanto le estorbe u obstruya la circulación sanguínea: corbatas de nudo, ligas, calzado apretado, corsé, medias que estrangulen las piernas y todo esfuerzo violento y sostenido que acarree trastornos cardíacos se sancionan como se hace con cualquier falta de moderación en el movimiento, la comida o la bebida, de la que se excluyen por completo el aguardiente y todos los licores fuertes.

Es una novedad la inclusión de los nervios en lo que hasta ese momento se había entendido bajo el concepto de alma, con lo cual se reafirma el pensamiento fisiologista y se le adjudica al cerebro la función de instrumento del alma y asiento de la inteligencia, el pensamiento y la voluntad. Este viraje brinda a la higiene un acceso más directo al campo anímico: el perfeccionamiento del alma y la educación de los sentimientos se alcanzan mediante el desarrollo de la memoria y la inteligencia, el odio a la mentira y el egoísmo, el fomento de la belleza moral y la ley divina, la erradicación de la tristeza, el abatimiento y el desaliento, y la lucha contra la pereza, la gula, la ira, la lujuria y los restantes vicios capitales.

En 1940, el Ministerio de Educación Nacional publicó su *Programa de salud e higiene para las escuelas primarias.* No se expresan allí las nefastas percepciones de los higienistas, sino que se pone el énfasis en la excepcional importancia de la salud y cómo, pese a ello, el hombre se abandona al azar en esta materia y se convierte en un inútil y en una carga social. La salud que propugna este programa abarca lo físico y lo mental, pues se argumenta que la mente necesita de los órganos sensibles y del mecanismo espiritual para aprender. Los objetivos higiénicos, sin embargo, no son una responsabilidad estrictamente individual y se afirma que el individuo necesita un ambiente material satisfactorio para mantenerse saludable e instruirse. En ese ambiente propicio a la formación de hábitos higiénicos convenientes, debe existir un sistema de vigilancia más incisivo y estricto: proscribir el acceso de niños desaseados y descuidados a la escuela, inspeccionar diariamente a los alumnos y adelantar un control médico permanente siguiendo el modelo del Gimnasio Moderno, tenido por avanzada del progreso y entidad educativa ejemplar. Dicho modelo consistía en que los mismos estudiantes verificaran mediante el «Juego de la salud» el cumplimiento de las indicaciones higiénicas, se controlaran periódicamente y expusieran en el salón de clase la talla y el peso de los compañeros, calificando su estado de satisfactorio, deficiente o excesivo. El juego seguía «los doce mandamientos de la salud», versificados por los profesores del Gimnasio Moderno, cuyos preceptos reunían la esencia de las medidas higiénicas: dormir diez horas diarias acostándose con las aves y levantándose con el sol, bañarse, limpiar la dentadura al menos dos veces al día, trabajar con luz apropiada, practicar deporte, jugar al aire libre y evacuar siempre a la misma hora. Además, mantener la nariz limpia, comer a horas fijas, beber solamente agua y leche, consumir frutas y legumbres, caminar erguido y conservar el porte derecho incluso en la cama, lavarse las manos antes de cada comida y reposar tras las comidas y cuando se siente fatiga.

Estas normas, que en adelante sólo variarían en algunos aspectos, se presentaron acompañadas de un nuevo matiz: el placer como criterio higiénico. Se hizo hincapié en el placer de compartir la compañía de los demás y en el goce de las cosas interesantes, la alegría de la infancia, la belleza de la juventud y la felicidad de la madurez, todo lo cual sólo podría disfrutarse a condición de contar con salud corporal. Esta vertiente oficial reforzó los cambios de los preceptos católicos y abrió una puerta hacia terrenos hasta entonces inexplorados por la higiene. Otra semilla que sembró la higiene por entonces fue la estética, aludiendo, por ejemplo, al «valor estético de una dentadura perfecta (que) comunica al individuo tan singular atractivo» (República de Colombia 1940b:44), recomendando el buen gusto en el mobiliario de las habitaciones o condenando el empleo de cosméticos por su efecto contrario a la belleza.

El programa delineado en aquella oportunidad por el Ministerio de Educación contemplaba minuciosamente los más diversos aspectos de la higiene y su enseñanza a lo largo de los cinco años de la educación primaria. Ya estaba muy avanzada la descomposición detallada del cuerpo y el tratamiento apropiado de cada una de sus partes, así como del efecto de diferentes agentes, productos y actividades sobre ellas. Se trataron concienzudamente los cuidados de la boca, la nariz, los oídos, los ojos, el cabello y los pies, insertando múltiples sugerencias sobre los alimentos, el reposo, el agua y otras bebidas, la evacuación, el vestido, el sueño y la posición del cuerpo que convenía a cada actividad. Estas notas se enriquecían al aumentar el grado de instrucción, cuando también se reparaba en los poros, las glándulas, la anatomía y fisiología de los sentidos, los «aparatos» que describía la fisiología y el sistema nervioso. Para terminar, se incluían las bases de la salubridad pública.

Antonio José Uribe, redactor del plan, asistió por Colombia, en calidad de Director Nacional de Educación Primaria, a la Conferencia Panamericana de Washington de 1926 y presentó la exposición de motivos y la Ley 12 de ese año. El *Programa de salud e higiene para las escuelas primarias* es la realización del compromiso adquirido por el Estado en aquella oportunidad. El acento en esta fase de la higiene recayó en el dominio que el individuo logre sobre sí mismo y la solidez de los hábitos desarrollados durante la infancia, lo cual presuponía un ambiente propicio, principalmente en el hogar y la escuela. La implantación de dicho ambiente dependía ante todo de la disponibilidad de condiciones higiénicas satisfactorias y del ejemplo de padres y maestros. Cumplidas estas premisas, nada podía interponerse entre la persona y una salud óptima que garantizara su productividad y la de la nación.

## 3. Las campañas higienistas

A la difusión masiva de principios higiénicos en la escuela se sumó una cruzada nacional, prolífica en la puesta en marcha de programas y en materiales impresos de divulgación. Fue definitiva la acción estatal que se venía preparando legal y administrativamente desde la década anterior[6]. El auge de las campañas revistió las enfermedades de una nueva categoría. La higiene desplazó su punto de partida de la persona que conserva su salud acatando algunos principios a la prevención del contagio de enfermedades. Se dejó de presumir que la salud fuese el estado natural, para ver en ella más bien el resultado de las prácticas higiénicas, es decir, un objetivo por el cual luchar a lo largo de la vida. Por otro lado, a la enfermedad se le sustrajo su vínculo con las personas, la cualidad íntima del mal que aqueja a un individuo y le causa malestar y dolor, para erigirla en cuestión de interés nacional: causante de mortalidad, pereza y falta de energía, la enfermedad es, por tanto, obstáculo para el progreso. Así, las enfermedades que fueron objeto de las campañas higienistas tenían en realidad rasgos de epidemias: se les atribuyeron propiedades mortales, bien para el individuo, bien para la sociedad, y sirvieron como criterio de exclusión, pues quienes las

---

6 *Como parte de este envión, se abrieron hospitales, se promulgó la Ley 98 para la protección de menores (1928), fue inaugurada la carrera de higienista (1928) y reglamentada la de medicina (1929), y se crearon varias instituciones: el Departamento Nacional de Higiene (1931), el Instituto de Higiene Social (1933), el Instituto Nacional de Radium (1933) y, muy especialmente, a petición del gobierno a la Academia Nacional de Medicina en 1934, se conformaron once comisiones y se realizaron nueve campañas sanitarias para enfrentar los mayores problemas nacionales de salud. Así, la década de los treinta representó una gran transformación para la medicina nacional: a la vez que se inició su fase experimental (Miranda 1993), desde la perspectiva pública este período se vio coronado por el surgimiento del Ministerio del Trabajo, Higiene y Previsión Social, y la posterior promulgación de medidas legislativas y administrativas para proteger la infancia y la maternidad.*

sufrían se convertían en marginados sociales (Bonilla 1935), por motivos biológicos y ético-morales. Por si fuera poco, se hizo hincapié en la expansión masiva, por contagio, de las enfermedades, creando con todos esos elementos un cuadro que evoca las epidemias de los siglos anteriores y las primeras décadas del XX. Se afirma, no obstante, que, a diferencia de las epidemias, las enfermedades que ataca el programa son en principio evitables y que su propagación no se debe a carencias físicas sino a comportamientos irracionales, pues ya por entonces se piensa el cuerpo como una máquina que funciona perfectamente (Bleker 1983). La paradoja que plantea el pensamiento higienista se habría de institucionalizar: el cuerpo es una máquina perfecta compuesta de aparatos que engranan coherente y sincronizadamente, pero la salud no es sólo la ausencia de enfermedad, de suyo evitable, sino algo que se debe conquistar, un logro que combina el estado físico con el anímico y el desempeño social.

A efectos de la gran promoción que llevaron a cabo las campañas sanitarias procedía dar mayor precisión a la idea y utilidad de la salud. La ausencia de enfermedad se traduce en alegría y productividad (Bonilla 1935); la salud es reserva de trabajo, madurez y regocijo tanto para el cuerpo como para la mente (República de Colombia 1940b), consiste en un correcto y armónico funcionamiento de todos los órganos y es condición del progreso (Muñoz 1939), pues el adelanto y la prosperidad se basan en el vigor físico (Muñoz 1944). Solamente quien goza de salud está en capacidad de disfrutar los privilegios de la vida: ese ser inferior que es el enfermo está incapacitado para la felicidad: la salud es, en suma, también un valor moral (Muñoz 1935). Las definiciones de la higiene realzan en general la utilidad inherente al cuerpo sano. Las enfermedades combatidas por las campañas son las que transmiten los microorganismos: virus, microbios y bacilos. La lucha en su contra afianzaba el discurso preventivo de la higiene a la vez que inculcaba la diferenciación, el aislamiento y la repulsión de los enfermos.

El motivo sobresaliente del pensamiento higienista fue la salud como bien escaso aunque indispensable. La eutaxia no se difundió como una condición normal, sino como una conquista al alcance de una minoría (Tanco 1935). Basta un examen cuidadoso para dar con el punto débil que se encuentra en cada cuerpo y es menester vigilar (Biblioteca Aldeana 1935) en el curso de una vida precavida. La actitud es característica de esta ética moderna: un asunto de honorabilidad, como señaló Baudrillard (1970). Pero, con todo y su carácter esquivo, la salud es la premisa del trabajo y el progreso, sin ella no hay nada perdurable ni valioso, no hay racionalización, manejo científico del trabajo, civilización ni democracia: el pueblo que descuida su fuerza vital carece de condiciones para la civilización y la cultura. Sólo en estado de cenestesia se puede pensar bien y perseverar, asegura Muñoz, quien somete toda noción de progreso, desarrollo, mejora o adelanto al estado de salud física, para afirmar, a la postre, que la salud es un valor moral porque «se confunde con el conjunto de condiciones humanas que colocan al ser racional en el goce de las preeminencias de la vida». En este retruécano fundó el movimiento higienista el culto a la salud, en una ética de la higiene que Octavio Paz (1979) reputó de sobria, mesurada y reservada, y que desvió hacia el cuerpo biológico lo que la urbanidad consideraba el retrato del alma. Se dio así el paso decisivo hacia una concepción moderna del cuerpo que ve en él al generador de las cualidades del alma.

La profusión de literatura higienista en torno a los temas de las campañas es notable: sólo las revistas médicas le dedicaron entre 1890 y 1960 el 12% de su producción a las *Doce plagas mayores*[7] y la literatura de divulgación médica popular prácticamente no trató otro asunto.

## Nutrición

La alimentación, que ocupa en la medicina hipocrática y en la actual un lugar de primer orden como causa y medio para el tratamiento de enfermedades e indisposiciones, encabezó la lista de las cruzadas higienistas bajo la premisa: «el que se nutre mal, trabaja mal y se reproduce mal, o no puede ni trabajar ni transmitir la vida» (Bonilla 1935:3). El estudio científico de la nutrición analizó los componentes proteínicos, hidrocarbonados, grasos, minerales, vitamínicos y calóricos de los alimentos y su ingestión en función de la edad, el sexo, el peso, la estatura, el trabajo y el clima. Una primera tarea de la dietética fue dar a conocer la fisiología de la nutrición y desplazar principios hipocráticos que, por su analogía con concepcio-

---

7 Con este título se publicó en la Biblioteca Aldeana de Colombia una cartilla que explica la etiología, prevención y tratamiento de los males a que se atribuía el deterioro poblacional. Los temas encomendados a diferentes médicos trataron los siguientes asuntos: alimentación, alcoholismo, paludismo, sífilis, cáncer, lepra, tuberculosis, bubas, enfermedades de la suciedad, bocio y mordeduras de ofidios venenosos. El temario coincide tanto con las comisiones constituidas por la Academia Nacional de Medicina, como con las campañas adelantadas en esa oportunidad.

nes somáticas indígenas y campesinas, encontraron recepción en las percepciones médicas populares (Faust 1990).

El naturalismo ya había hecho sus primeros pinos y los alimentos integrales, antes considerados inadecuados para la nutrición (Monlau 1885, Cuervo 1833), representaban entonces el alimento sano por excelencia. Torres (1935) anota que es importante acostumbrar al pueblo al consumo de alimentos vegetales, tal vez teniendo en mente las hortalizas. Según Bonilla (1935), para el diseño de políticas nutricionales acertadas era necesario estudiar las condiciones antropológicas colombianas y recolectar información sobre las características poblacionales y el valor nutricional de los productos autóctonos, elaborar tablas de peso y talla y otras estadísticas. Si bien los higienistas admitieron que debía conocerse científicamente la alimentación popular, condenaron a priori su valor nutritivo y aconsejaron modificarla en aras del aumento de peso y talla, el mejoramiento de la apariencia, el color de la piel, el dinamismo y la alegría. El consumo de buenos alimentos redundaría en un adecuado desarrollo de cada órgano y garantizaría que la máquina rindiera un buen trabajo (Biblioteca Aldeana 1935).

La propagación de estos conocimientos a través de cartillas hacía a los maestros responsables de inculcarle al niño los conocimientos pertinentes para una buena alimentación y de controlar los indicadores de su salud. Laurentino Muñoz (1939), uno de los más comprometidos higienistas, vio en la desnutrición una razón mayúscula de la mengua que aquejaba al organismo del pueblo colombiano y estimó que podía sanearse instruyendo inteligentemente a los estudiantes. La Biblioteca Aldeana de Colombia[8] abordó el tema en una cartilla que explica detalladamente la fisiología de la nutrición y el papel de cada proceso -masticación, digestión, evacuación- y órgano comprometido. A estos principios se añadió la importancia de la actitud: sentir alegría de vivir, masticar lentamente, gozar de la comida, cuidar la digestión con el descanso, alimentarse moderadamente, abstenerse del aperitivo, los tónicos digestivos y las pasiones: «La tristeza y la cólera impiden la actividad digestiva. La propia saliva se convierte en veneno bajo la acción de la cólera. La ira de la madre envenena la leche materna. (...) La angustia y las pasiones en general perturban mucho el funcionamiento del orga-

---

8   Sobre la Biblioteca Aldeana de Colombia ver en el capítulo VI el aparte titulado La fe en el conocimiento.

nismo» (Biblioteca Aldeana 1935:12). Dada la influencia de la disposición anímica en la digestión, se imponía el dominio de las pasiones: su «entrenamiento y disciplina» (Rico 1936) era un factor eugenésico cardinal que incumbía al individuo. Sobre el placer que debía causar la comida no había una opinión unificada: Bonilla (1935) afirmaba que los alimentos debían ser, ante todo, sanos y digeribles, a lo que se oponía el gusto, puesto que cuanto más agradables, más perniciosos resultaban. La función de la comida era puramente productiva, pues de la nutrición dependían la capacidad de trabajo y la reproducción. En síntesis, las campañas de los años treinta se concentraron en infundir el sentido de responsabilidad individual hacia la nutrición como proveedora de los componentes indispensables para el correcto funcionamiento fisiológico.

*Alcoholismo*

El consumo de bebidas alcohólicas había llamado con mucha anterioridad la atención de viajeros, médicos, escritores y periodistas, pero fue primordialmente en contra de la ingestión de chicha que se dirigieron los esfuerzos de las campañas antialcohólicas en el país. Así como en la vulgaridad recayeron, más que en ninguna otra imagen, el temor y el repudio de la estética urbana, el chichismo encarnó la gran amenaza para los intereses higiénicos del progreso nacional.

De 1889 proviene el texto en que se basó la exposición de motivos para la prohibición de fabricar chicha, a la que se atribuía el debilitamiento de la raza:

*El bebedor de chicha sufre de tristeza, languidez, debilidad, ennegrecimiento de la piel, anestesia o parálisis degumental, espundia con olor pútrido especial, peladera. Hay, pues, una depresión física muy grave. (...) Pero más aún lo es la depresión intelectual y la moral. El bebedor es incapaz de concepciones rápidas, de entender las ciencias, desarrollar las artes, emprender en nada que exija inteligencia y perseverancia. El deja rodar la vida con una indiferencia completa y nada le importan su familia ni la sociedad ni aun su propia suerte. Pronto empieza a sufrir de alucinaciones y al fin pierde casi por completo la memoria y la conciencia, y cae en un vergonzoso estado de indiferencia e inanición (Zerda[9] citado en Restrepo 1913:112).*

---

9 *Se trata del artículo «El chichismo», de Liborio Zerda y Josué Gómez, publicado en 1889 en los* Anales de Instrucción Pública.

Tras una campaña sin tregua, en 1950 el Ministro de Higiene dio parte de victoria proclamando la derrota de este vicio que «ha sido, sin lugar a dudas, el más importante problema médico-higiénico que ha afectado durante siglos a los habitantes -campesinos y obreros- de Boyacá, Cundinamarca y Nariño» (Bejarano 1950:15). La Ley 34 de 1948 suprimió la fabricación de chicha e hizo posible afirmar que por primera vez en la historia del país se habían modificado una costumbre, una creencia y un vicio secular. A juicio de Bejarano, el consumo de chicha era uno de los fenómenos que «venían obrando como disolventes, no sólo de la salud física del pueblo, sino también, y principalmente, de la raza y de su capacidad económica». A modo de evidencia esgrimía los sucesos del 9 de abril. El desalojo de las chicherías del centro de la ciudad eliminó también el foco de vergüenza que eran estos locales de aspecto desaseado, que despedían malos olores y circundaban borrachos estupidizados.

Los alcances que según Bejarano tenía la prohibición de fabricar chicha eran de tal magnitud que con ella desaparecería el crimen. Bejarano, el higienista, desvirtuó el poder nutricional de la chicha, aun cuando no encontró ningún inconveniente en el consumo de cerveza, que ya producía rentas superiores a las originadas por la chicha, y pronosticó una mejoría de la salud y del trabajo de obreros y campesinos, abundantes cosechas, industrias prósperas y hogares felices. La exposición de motivos condenaba la chicha por ser el factor que más contribuía a la criminalidad, y porque sus sustancias tóxicas tenían como efecto social más palpable la disminución de la capacidad de trabajo, con repercusiones nefastas en la economía nacional, el nivel de vida del pueblo y el proceso degenerativo de la raza. La amenaza que acechaba de no prohibirse la venta y el consumo de bebidas fermentadas era «un baldón que colocaría al país a la zaga de los pueblos civilizados» (Bejarano 1950:103). Muchos médicos se mostraron también contrarios al consumo de café, tabaco, coca, opio y heroína; pero ninguna de estas campañas -ni siquiera la de bebidas de alto contenido alcohólico- cobró nunca las dimensiones de la lucha contra el chichismo. A través suyo se fustigó el problema central del progreso y se encauzó el discurso de la higiene del pueblo por una senda algo distinta de la que se proponía a las clases media y alta.

Que «el alcohol es un veneno que enferma al cuerpo y envilece el alma», como lo formulara Razetti en 1935, es una aseveración nimia frente a las de textos radicales que combatieron su consumo. El Ministro de Instrucción Pública ordenó en 1913 editar una cartilla antialcohólica para uso en las escuelas primarias. A su cargo estuvo Martín Restrepo Mejía, quien optó por presentar, en forma de historieta ilustrada, las ejemplares vidas paralelas de los hermanos Tomás, el borracho, y Luis, el temperado, verdadero resumen de la percepción de la época sobre los peligros que entraña el consumo de alcohol: producir «una clase de infelices, desmoralizada y embrutecida, que se caracteriza por la precoz depravación de los instintos y el abandono» (Restrepo 1913:34).

Tomás, desobediente y holgazán, se inicia en la bebida tomando antes de comer y probando las delicias de la embriaguez aunque lo descompongan. Ya alcoholizado, vomita en la calle cuando se siente mal, sin importarle la gente: ha perdido la vergüenza, la razón y el sentido moral. Prematuramente envejecido, se casa con una niña sin juicio, lo despiden del empleo y en el hogar escasean el dinero y la comida. Golpea a su mujer, con quien tiene una hija imbécil y raquítica. Incapaz de conseguir un trabajo porque sufre temblores convulsivos, se dedica al juego, pierde y paga las deudas con el menaje de su casa. Entretanto, su segundo hijo ha sufrido un ataque epiléptico y a Tomás le sobreviene el delirium tremens. Roba en casa de un amigo, atraca y mata. Su esposa cae enferma y debe ir al hospital de caridad. Tomás es detenido, juzgado y condenado, pero huye y se une a una banda de rebeldes donde nuevamente el alcohol lo hace quedar rezagado de sus compañeros. Finalmente enloquece y se suicida en el asilo.

Luis, por su parte, estudioso, sin amigos íntimos que lo induzcan al mal, sólo toma vino o cerveza con la comida, no abusa del estudio y hace ejercicio. Su energía la obtiene del cumplimiento de su deber, no del licor, en el que reconoce un veneno. Terminados sus estudios, trabaja con éxito como ingeniero, es ascendido y luce bien gracias a la salud de su alma y su cuerpo. Se casa, gana dinero y se mantiene ocupado. Su esposa y él ahorran dinero para pasear y Luis disfruta las veladas con su familia y le procura la alimentación, el vestido y las atenciones que los hacen a todos saludables, robustos y contentos. La cepa de Luis es sana, los males que lo aquejan a él y los suyos son curables. Sin embargo, le sobreviene la ruina, pero él no entrega ni las camas ni sus elementos de trabajo y vuelve a empezar con su primer jefe hasta restaurar su prosperidad. Cuando su esposa enferma, Luis trabaja el doble para que un buen médico la trate; cuando su patria lo llama, defiende como soldado la autoridad y, a pesar de las heridas que sufre, se porta valientemente hasta que regresa al hogar y obtiene una condecoración.

La campaña antialcohólica que propuso Restrepo se concentraba en la educación y la formación de sociedades de temperancia para evitar los efectos del alcohol sobre el individuo, la familia y la descendencia, así como las secuelas sociales: criminalidad, pérdida de habilidades y disminución de fuerzas, cuyo desenlace era la mengua de la riqueza pública y privada. La sociedad que no tiene energía para luchar contra el «príncipe de las alegrías mundanas», está sentenciada a morir en poco tiempo (Restrepo 1913:38).

Los efectos negativos del alcohol no fueron anunciados únicamente por los higienistas; los obreros lucharon también contra el alcoholismo, juzgándolo un obstáculo para la transformación del país dentro del proyecto de moralización de las costumbres en que reconocían un medio de ascenso social y que testimonia la recepción de los discursos de modernización corporal (Archila 1991). «La higiene del obrero debe abarcar su físico y su moral: desarrollando en él el sentimiento del deber por medio de la instrucción y de la vida en familia se conserva bien su salud corporal» (Mayor 1984:238).

Sin duda alguna, el alcohol acaparó la mayor audiencia eugenésica de la época. En el país la discusión tuvo la novedad de la variante que ofrecía la chicha, bebida que «degenera y jumentiza», y sirvió también para condensar todo el repudio higiénico desplegado hasta el momento en contra de su consumo, aunque se reconocía que «la devastación producida por el alcoholismo también es espantosa». La pugna contra el alcohol adquirió además un cariz político y económico: «en verdad, el futuro pertenece a las naciones que lleguen por completo a desterrar el alcoholismo: ellas dominarán a las que no puedan reconstruir debidamente su voluntad y multiplicar sus energías» (C-302:209,1922). Un nuevo acuerdo emitido en 1922 por el Concejo de Bogotá para combatir el consumo de chicha dio pie a que se admitiera, pese a todo, que «el chichismo, como la mugre, viene tiempo después de la conquista, pertenece a la edad civilizada». Se salva de ese modo parcialmente la tradición indígena, al no imputarle el problema sólo a pobres, obreros, indígenas y campesinos, y explicarlo como algo propio de la «vulgaridad nacional» a la que tanto temía la urbanidad:

> Las maneras del ebrio colombiano son diversas y generalmente repugnantes. Al ebrio alemán la cerveza le exalta la filosofía y la música; el

*francés crea con el vino un reino interior de ensueño y de amor; un inglés ante una teoría de copas enmudece más y tienden sus pies a un baile monótono e interminable; el español, en fin, se trueca ateo y radical, amén de trovador y galante. El ebrio colombiano es todo esto, pero prima sobre todo su agresividad, su impertinencia y su incultura. Y mientras más alta sea su clase suele ser más agresivo, impertinente e inculto (C-223:86,1920).*

La afición alcohólica de los colombianos agota la raza, merma su capacidad de trabajo, vuelve incómoda la vida en sociedad y débiles e ineptos a los fuertes y aptos. Por lo demás, opinaba Muñoz, es característico de un país que vive en la barbarie derivar sus rentas del alcohol, siendo el alcoholismo una incapacidad para el progreso y el origen material de la inferioridad racial. Erradicar el alcoholismo sólo traería ventajas: «Un tipo extraordinario de hombre habría de surgir en Colombia si la higiene lo defendiera de las enfermedades y de los tóxicos alcohólicos, porque la tierra es asombrosamente fértil y de una riqueza potencial incalculable» (Muñoz 1935:14).

La guerra en contra del consumo de chicha no pertenece al ideario de sobriedad y ascetismo de la exaltación de la temperancia que identifica el proceso de modernización. Esta guerra, la única en que se persistió hasta el éxito total, se explicita al señalar que la chicha jumentiza y estupidiza, es decir, que degrada al bebedor a una condición infrahumana, animal, a un estado en el que los ideales de la Ilustración y su principal herramienta, la voluntad, no tienen cabida (Giles 1991). Sin dar lugar a «perversión moral» ni violencia (Zerda 1888), la chicha incapacita para el trabajo (Bejarano 1950), agota la «viveza de imaginación» (Plata 1888), sume al bebedor en un estado de «indiferentismo», inconciencia y desinterés absoluto. Aunque algunos higienistas exhortaron con la misma tenacidad en contra de otros estimulantes y narcóticos, venció la facción satisfecha con eliminar la bebida premoderna e institucionalizar el consumo de cerveza. Una vez se prohibió fabricar, vender y consumir chicha, las expresiones antialcohólicas se circunscribieron al campo del alcoholismo patológico: una enfermedad individual con secuelas limitadas al ámbito familiar.

## *Paludismo y unicinariasis*

«Las consecuencias de la malaria son desastrosas: incapacita más que la anemia tropical y la sífilis, está más extendida que la tuberculosis y la lepra. Es una de las enfermedades que quitan mayores energías y causan más pereza en el trabajo, convirtiendo a los individuos en parásitos que no se preocupan de su progreso personal» (Gast 1935:35). La elevación del paludismo a la categoría de plaga mayor se debió, por un lado, a la cantidad de enfermos y, como lo retrata la imagen, a su efecto letal sobre la producción. Sin embargo, tal vez más importante fue la preocupación que mostró la Oficina Sanitaria Panamericana por combatir la enfermedad (OSP 1925; Uribe 1926) y, en general, los intereses investigativos y preventivos de los patrocinadores norteamericanos (Miranda 1993). Todo ello atrajo mucha atención sobre esta enfermedad, de la que se subrayó su efecto negativo sobre el rendimiento de los trabajadores. Las medidas profilácticas aconsejaban evitar los mosquitos y el consumo de alcohol (porque agravaba la enfermedad), desecar pantanos y tomar las pastillas que el médico debía suministrar diariamente (FFNN 1932). A pesar del gran número de víctimas cobradas por ella y del volumen de publicaciones científicas acerca del tema, la malaria no encendió, como otros problemas, la vocación moralista de la higiene; sirvió, en cambio, para deslindar territorios civilizados de regiones salvajes. Por lo demás, su discurso se elaboró en términos científicos, tal vez por tratarse de una enfermedad que atacaba sin distinción de ningún tipo y sólo de manera muy indirecta era relacionable con la higiene individual, dependiendo más bien de la sanidad pública y los adelantos científicos.

La anemia tropical, hija también del descubrimiento del mundo microbiano, se dio a conocer como enfermedad de territorios salvajes y de la suciedad, porque en esta última, preferencialmente en los excrementos, se incuban sus larvas. El mal fue condenado por incapacitar total o parcialmente para el trabajo y, por extensión, por acarrear atraso y pobreza. Considerada como secuela de la miseria y la ignorancia, las campañas para combatirla se concentraron en introducir letrinas y excusados, el uso de calzado y la esterilización el agua (Osorno 1935; Bonilla 1935; Bejarano 1936).

*La sífilis*

Más fructífero es acercarse a las variantes semánticas del discurso surgido alrededor de las enfermedades venéreas y, particularmente, de la sífilis: ellas ofrecían la inigualable oportunidad de extenderse hasta la prostitución y el sexo. Prácticamente inexistente para la higiene de las primeras décadas, el sexo ni siquiera aparece mencionado a través del recurso fisiológico consistente en la elucidación del *aparato* reproductivo. La proclamación de la sífilis a la categoría de amenaza social y el enardecido debate sobre su prevención fueron también suscitados por la controversia respecto a la degeneración de la raza. El punto álgido no era el tratamiento de las enfermedades venéreas, para lo cual habrían bastado las campañas de prevención, el diagnóstico temprano y la terapeútica adecuada, sino su propagación, sinónimo de prostitución. Ello dejaba franco el camino para discurrir sobre la sexualidad y las pasiones de la carne.

Desde la perspectiva de la sanidad urbana, el crecimiento de la ciudad inflamó la sensibilidad hacia la prostitución que se veía florecer en las calles (Muñoz 1935) e indujo nuevas prácticas y discursos relativos a la representación que la estética de la modernidad podía o no hacerse del cuerpo femenino, en especial en cuanto toca a la sexualidad insaciable de que se lo creía dotado (Corbin 1987; Lipping 1986) y cuya imagen se compendió en la prostituta (Buci-Glucksmann 1984). Fue, pues, imperioso reglamentar la prostitución, no sólo para poner coto a las enfermedades venéreas sino también para salvaguardar la moral pública. Los higienistas, con una marcada voluntad abolicionista, advirtieron, sin embargo, que era imposible prohibirla y se declararon a favor de obstaculizarla y estigmatizarla. Citando a San Agustín, Razetti (1930) recuerda el papel que cumple la prostituta como válvula para evacuar el exceso seminal que acumula la sociedad (Corbin 1987), pero fiel a su propósito de estigmatizar, se niega a la reglamentación, la inscripción y el control médico regular y aboga por desestimular la actividad, imponer el certificado médico prenupcial e impartir educación sexual. Muñoz, partidario de la abstención sexual como medida profiláctica y, por tanto, del veto total, extrema la condena de las prostitutas con una evocación de los atributos degenerativos que Lombroso les había adscrito a las «horizontales». Orientando la energía juvenil hacia el trabajo, confiaba en poder encauzar la vida sexual y dar un sentido de responsabilidad a las juventudes. La prostituta, el verdadero peligro para los hombres y, por extensión, para la sociedad, hace ostensible el desenfreno de aquéllos. Es la *Diana Cazadora* (Soto 1917) que consume física, moral y económicamente la existencia masculina y en la que confluyen todos los rasgos merecedores de repudio (mal gusto, falta de educación, vulgaridad e incorrección en el habla) que empujan a su víctima a la ruina, el alcoholismo, la tuberculosis y finalmente la muerte, y a su familia a la desolación y el absurdo.

La prostitución y las enfermedades venéreas no fueron mencionadas por Monlau, Londoño ni García Medina. Monlau estudió ampliamente el dimorfismo de la sexualidad masculina y femenina sin tratar estas enfermedades, aunque se extendió sobre la conveniencia de ser moderado en el sexo. La continencia, a su parecer, era saludable por cuando prevenía el debilitamiento ocasionado por la copulación. Ninguna de las cartillas o textos de higiene escolar ni de divulgación general que he podido revisar, se refiere a aspecto alguno de los órganos ni de los procesos reproductivos. Ninguno de los higienistas nacionales, ni siquiera quienes arguyeron que la educación sexual era la pieza crucial de la lucha antivenérea, halló la manera de abordar un asunto que permaneció envuelto en apreciaciones estrictamente moralistas[10].

## La lepra

La lepra fue una de las enfermedades más repugnantes para la imaginación de principios de siglo, ya que representaba sin atenuantes todo lo que la sensibilidad somática moderna deseaba desterrar. En primera instancia, era la personificación misma del contagio. La sociedad no descubrió alternativa distinta del alejamiento total de los leprosos: no verlos, no respirar el mismo aire, rehuir todo contacto, fue la única salida ante el horror de la lepra. En segunda instancia, era la terrorífica mutilación del cuerpo que corrompía la armonía anhelada por la higiene: la lepra roe la piel violando su tersura, expone la carne carcomida, informe, viscosa y hedionda hasta trocar el cuerpo en una auténtica mortificación para los sentidos. Esta visión prevaleció sobre los esfuerzos de esclarecimiento encaminados a mitigar el pánico frente a las consecuencias y posibilidades de contagio. Se aclaró la forma de neutralizarlas mediante el aseo de sanos y enfermos, evitando la ingestión de alimentos infectados o el contacto con secreciones y combatiendo los insectos y las ratas. Las medidas recomendadas limitaban el aislamiento al período infeccioso y aconsejaban la protección infantil. Los enfermos debían conservar muy aseadas las heridas abiertas y cubrirse la boca al toser.

La mutilación del cuerpo y su desfiguración impiden distinguir entre lo contagioso y lo inofensivo, pues predominan las oposicio-

---

10 *Este asunto como todos los que trató la higiene de la modernización y que aquí apenas han sido rozados, fueron presentados con todo detalle en los tres tomos de la minuciosa investigación de Barrán, la cual, por lo demás, comprueba la homogeneidad discursiva que caracterizó el proceso de gestación del cuerpo moderno en América Latina.*

nes higiénicas planteadas: si agua, jabón, aire, luz, baño, alimentación sana y nutritiva son los medios de prevención y control, el enfermo lo es porque se ha apartado de ellos, debe sufrir las consecuencias, que están a la vista, y, por lo menos durante un período, aislarse, cayendo de nuevo en la condición amenazante que exhala lo oscuro, informe, viciado y pestilente.

Aun cuando la lepra no tuvo gran incidencia en climas fríos, la Campaña Antileprosa propaló la idea de que se trataba de una enfermedad ligada al grado de cultura social y civilización: todos los pueblos civilizados la habían visto desaparecer con el progreso y el bienestar. Según la campaña, este padecimiento era común entre poblaciones cuyas costumbres correspondían a un estadio cultural inferior. Se afirmaba que el contagio era microbiano y, a la vez, se señalaba la predisposición de los organismos debilitados por el alcoholismo, las enfermedades y la falta de higiene (República de Colombia 1938, 1937a, b, 1933 a,b). Fue así como se contribuyó a reforzar la imagen según la cual Bogotá, situada en las alturas y a salvo de algunas enfermedades por el clima, era depositaria de una civilización más elevada que al menos la defendía de males medievales y sólo la exponía a los modernos, muy especialmente a la tuberculosis.

## La tuberculosis

Ninguna dolencia de la época acumuló tanta riqueza semántica como la tuberculosis. En torno suyo se tejió una intrincada estética y una resistencia a la modernización cuya exégesis sobrepasa las intenciones de este trabajo. El descubrimiento del bacilo de Koch y la descripción de los ambientes propicios para su propagación fueron el principal soporte para el engrandecimiento de la higiene: la batalla en contra de la humedad, la oscuridad, el polvo, la suciedad y todos los hábitos malsanos constituyó el primer gran campo de actividad sanitaria. Con el propósito de por lo menos reducir el radio de acción del bacilo, se desplegaron amplias campañas para modificar las costumbres relacionadas con la propagación de la enfermedad. Los pilares de la higiene surgieron en esta lucha: luz, sol, aire puro, limpieza, ejercicio, temperancia, alimentación apropiada y reposo. La enfermedad encarnó todo lo que el ideal de vida burgués quería eliminar y su miedo profundo al cuerpo y la enfermedad. La profilaxis y el tratamiento dan fe de la victoria de la higiene como forma de vida: al no disponerse de una droga para su terapeútica, únicamente el diagnóstico oportuno (el control médico) y los hábitos adecuados (la vida sana) podrían conjurar el peligro.

El bacilo está en todas partes: en el polvo y el aire, en la página que se voltea con el dedo mojado de saliva, en los alimentos, en los objetos personales del contagiado y en sus secreciones. ¿Qué peligro entraña? Nada menos que la improductividad. La tuberculosis es causa de pobreza porque resta energía durante el período más importante de la vida humana: el de los veinte a los cincuenta años. La energía que la enfermedad menoscaba debe preservarse, no derrocharse, pues proporciona una fuerte resistencia a la enfermedad. El estudiante recargado, el religioso que se recluye, el libertino, el vagabundo, el botarate disoluto, el avaro, el hombre de negocios crónicamente fatigado, la señorita de sociedad que se divierte mucho y el pobre: todos ellos, con sus hábitos imprudentes, dilapidan su energía y abren la puerta a la enfermedad (Blumberg 1935). La Campaña Antituberculosa agitó la idea del contagio y de la amenaza que podía representar cualquier miembro de la familia y creó la necesidad general de acudir al dispensario en busca de un diagnóstico (República de Colombia 1938). Socialmente, se trataba de una enfermedad que amenazaba a los pueblos despreocupados e ignorantes (Muñoz 1944). Padecida por el pueblo, era indicio de pobreza, desaseo e intemperancia. Entre los más acomodados condujo a la estilización de una forma de vida y a la aparición del verdadero enfermo, el cual, acatando las prescripciones médicas, pudo paliar los efectos de la enfermedad y prolongar su vida sin recibir la impronta del desterrado (Herzlich/ Pierret 1984).

En 1929, el *Repertorio de Medicina y Cirugía* alertaba acerca de la inmigración a Bogotá de tísicos en procura de ser curados e indicaba que debía frenarse para evitar el contagio. Se aconsejaba separar a los niños de sus padres si éstos portaban el bacilo o, cuando ello fuera imposible, practicar medidas higiénicas como no besar al niño, cubrirse la boca al toser y utilizar escupideras especiales, así como llevar al niño regularmente a la consulta. Se puntualizaba además que sólo con la organización del sanatorio sería posible un verdadero tratamiento de la tisis: allí el médico lograría hacer cumplir las disposiciones sin enfrentar prejuicios y apriorismos.

Los sanatorios, aunque no proliferaron, hacen parte de la otra faceta del discurso sobre esta singular enfermedad que sirvió de modelo para estetizar un estilo de vida típico del romanticismo. Los tísicos son enfermos de nervios sensitivos, proclives a «entregare a sus íntimos pesares, a aquellos vagos anhelos indefinibles que en ocasiones llegaban a exaltarlo hasta las lágrimas» (C-117:311,1918). Esta sensibilidad exacerbada, distintiva de espíritus selectos y apasionados, impregnó los ideales estéticos de la modernidad. En la fantasía romántica que aureoló la enfermedad desempeñaron papeles importantes el sanatorio y la vida retirada en el campo, donde el contacto con la naturaleza convertía «la tortura tantálica (...) en un lenitivo aquietamiento espiritual, en una resignación voluptuosa, en la sedante languidez de un niño enfermo a quien se puede consolar con una caricia o un juguete» (C-176:114,1919). El prototipo de este ideal es la Helena de Silva (1925), víctima de la tuberculosis y paradigma estético de la búsqueda espiritual del modernismo (Orjuela 1990).

El discurso sanitario se transformó en un asunto definitivo para el progreso nacional y es una prueba inequívoca del ingreso del cuerpo a la modernidad. La prensa, que se ocupó intensamente del tema durante la tercera y cuarta décadas del siglo, optó por una visión laica. Las consideraciones morales se desplazaron del orden religioso al cívico, como lo venían haciendo también la vanguardia del pensamiento instruccionista y la medicina, sobre todo después del debate sobre la degeneración de la raza.

Además de la imagen misma del cuerpo, el discurso abordó las condiciones sanitarias de la ciudad, en la que se concretaba la idea de un cuerpo social. La prensa discutió tanto estos problemas como la higiene de la vivienda, pues las condiciones de habitación para los trabajadores y la falta de parques, calles, plazas de mercado y mataderos adecuados hacían languidecer «la salud, que es alegría; la alegría, que es fuerza; la fuerza, que es riqueza; la riqueza, que es civilización», y debilitaban la raza (C-195:16,1920). Si estas condiciones urbanas interesaron a la higiene fue gracias a que afectaban el vigor y la energía o, mejor, su aplicación eficiente para obtener los mayores rendimientos con el menor desgaste del obrero. El trabajo sólo podía estimarse satisfactorio si la cantidad de energía que costaba era igual a su resultado y se realizaba además con «placer», sinónimo de comodidad, higiene y sencillez. Que el cuerpo del trabajador reúna las trabas al progreso -falta de método en la ejecución del trabajo con el consiguiente exceso de fatiga y desconocimiento de las formas para reparar, mediante el descanso conveniente, esa máquina que es su cuerpo- se debe a que ignora cómo «indemnizar el músculo y el espíritu». El origen último radica en la ciudad que no brinda esparcimientos adecuados, espectáculos agradables, ilusión, ritmo, risa, deporte, aire y agua suficientes para proporcionarle salud y equilibrio.

En virtud de su herencia hipocrática, los discursos médico y pedagógico han evolucionado en diálogo constante (Ulman 1967). Emitir un juicio definitivo sobre la preeminencia somática o la mental, ha sido su tema invariable. De ahí que sea igualmente recurrente la controversia en torno al carácter de la población. En este campo la demostración de la fuerza de voluntad, esto es, del dominio de las pasiones, los instintos, los apetitos e impulsiones, concierne a la higiene y es garante de civilización: «Ser dueño de sus actos, en todas las circunstancias de la vida, es la más alta manifestación de hombría que se puede dar» (C-488:54,1925). Para eso hay que templar el ánimo y resistir las incitaciones del organismo y las vibraciones del mundo exterior. Debe vencerse el instinto de conservación, no temer a la muerte, pero tampoco rendirse al placer, al dolor o a instintos animales como la cólera, el odio y el rencor. A juicio de Mariano Ospina Pérez el problema sanitario del país estaba por encima del educacional:

*(...) muy poco valen para un país los grandes elementos materiales, de cualquier orden que sean, cuando todos ellos no están respaldados y cimentados sobre las actividades y aspiraciones de un pueblo sano y vigoroso (...) han sido los pueblos más fuertes, moral y materialmente -ya que el vigor físico es base indispensable de toda capacidad mental y de toda voluntad enérgica- los que han ocupado siempre las posiciones de vanguardia en la historia del mundo (Muñoz 1935:8).*

Con todo, un nuevo concepto de la cuestión se gestó durante las dos décadas transcurridas entre las primeras declaraciones de Miguel Jiménez López en 1918 y la aparición del libro de Muñoz, a raíz del languidecimiento de la teoría de que el clima causaba degradación somática -una concepción neolamarquiana con arreglo a la cual la deficiencia orgánica era intrínseca, esencial, determinada genéticamente por influjo del entorno (Stepan 1991)- y del afianzamiento de los principios genéticos propuestos por Mendel.

Desaparecido este legado, los médicos se volvieron hacia los problemas directamente vinculados al deterioro somático. Muñoz derivó la decadencia orgánica que abatía al pueblo de las enfermedades, los vicios, las condiciones antihigiénicas y la nutrición defectuosa, agentes todos que afectaban al cuerpo en su fisiología, pero que eran susceptibles de combatirse. Según él, la especie humana existía en Colombia por «un milagro de la biología», pero así y todo cifraba sus esperanzas en la lucha contra las enfermedades y el alcoholismo, declarando abierto el enfrentamiento del hombre a las influencias del medio.

En 1965 Muñoz publicó su *Informe de la nacionalidad*, escrito en 1955 y premiado con dos distinciones. Su aspiración era «demostrar en estas páginas el caos humano que reina en el magma de la nacionalidad» (Muñoz 1965:9). No es fácil resumir una visión tan hondamente infausta que, tres décadas después de la *Tragedia biológica del pueblo colombiano*, lleva por subtítulo: *Examen general documentado sobre la situación educativa, económica y de la conducta en Colombia*.

> *Una serie de fenómenos de inquietud y de incoordinación azotan a los pueblos ignorantes que permanecen sumidos en la miseria que degrada y envilece el cuerpo y el espíritu en medio de una confusión densa e insondable que tortura irremediable como si los sentidos no pudieran ejercer sus preciosas funciones de percepción para salvar al hombre de las garras de la incapacidad, la holgazanería, la concupiscencia, la completa inhabilidad e inutilidad de la existencia (Muñoz 1965:9).*

Ante este hondo desencanto, o quizá movido por él, Muñoz dio la palabra al discurso de la segunda parte del siglo: la educación. Si en 1935 afirmaba que el problema sanitario estaba por sobre el educacional, ahora comprende que:

> *La educación significa la capacidad del hombre para desarrollar sus propósitos e ideales de trabajo, es la fuerza creadora única e insustituible para que el elemento racional pueda cumplir sus funciones primordiales de sustento y de adelanto. (...) Y la Higiene comprendida en un sentido social es el aprovechamiento o la utilización de los factores de educación y de trabajo para que el núcleo familiar progrese, defienda el organismo y la mente en orden al vigor de la raza (Muñoz 1965:360).*

Como fuerza insuperable de progreso que predomina sobre los otros factores y los condiciona, aparece la educación, entendida en un sentido universal y concreto. A la educación le atribuye Muñoz la obra de la raza blanca en Europa y Estados Unidos, puesto que a través del desarrollo de las facultades intelectuales, de la educación, es como se obtienen los valores esenciales del individuo y de la raza. Aun los rasgos de la conducta impugnables a la herencia se modifican con la educación:

> *El factor raza no es la causa del atraso de Colombia, el mestizo como predominante posee capacidades de educación y de trabajo como se comprueba a diario, sin embargo ocurre que estas dos funciones históricas se cumplieron y se vienen cumpliendo en forma incompleta e inadecuada de modo que no llenan la misión que les corresponde para utilizar las capacidades del hombre. Otro tanto se puede decir del indio y del negro (Muñoz 1965:486).*

El afianzamiento del mendelianismo varió la tónica de los razonamientos y acentuó la injerencia de los aspectos sociales y educativos, reconciliando la noción político-social de raza con una perspectiva nacionalista. Otro perfil del discurso también se desplazó: mientras que antes se enfatizaba el control higiénico del medio como factor degenerativo pero también regenerativo, desde ahora el cuerpo mismo será seno del atraso y el progreso, la pobreza y la prosperidad, la desgracia y la felicidad: abandona del todo su función representativa para ontologizarse y afrontar una nueva calidad maleable que lo hace capaz de formarse, transformarse y expresarse. En este trance, la salud devino una cualidad que se gana a fuerza de diligencia. Pero antes de dar este paso, el discurso higiénico fortaleció la repulsión y la separación, fundamentos de la ética higiénica (Paz 1979). El sentimiento de rechazo a lo que puede contaminar, especialmente por su olor, pero también por su aspecto, señal de una cualidad espiritual, riñe con una pureza que lo es en sentido doble: bacteriológico y moral, pues quien está libre de microbios se estima persona íntegra. En la etapa higienista la pureza es absolutamente visible: todas las plagas atacadas por las campañas se revelan físicamente sin lugar a equívocos; en cualquier caso, los síntomas y el repudio que deben causar siempre fueron minuciosamente descritos.

Otro papel notable lo desempeñó la energía. Para el progreso es vital la figura del cuerpo como fuente de energía para la producción, de manera que se impone generar, cuidar y capturar la energía de los obreros para encauzarla hacia el trabajo (Mayor 1984). La energía vital adquiere el carácter de alimento para la nación (Muñoz 1935) y es a su administración a lo que el discurso salubrista consagra sus mejores páginas. Prolongar la vida mediante el aseo, el ejercicio, la alimentación adecuada, la prevención y el tratamiento de enfermedades, la contención sexual y la temperancia. Así se conjura la acción climática y se templa la personalidad. El cuerpo del trabajador debe funcionar como una máquina, a semejanza de aquella con la que se familiariza en la fábrica, compuesta de aparatos cuyo funcionamiento garantiza el cumplimiento del código higiénico. La regla de oro es, entonces, aprovechar el tiempo y en ella convergen los criterios de orden y moral. Esto en lo tocante a los trabajadores. Pero también entre las clases más adineradas hay un cuerpo energético que debe gobernarse acertadamente y adquiere una naturaleza inagotable: fresco desde la mañana hasta la noche, emprende negocios, aventuras deportivas y pasionales, crea riqueza y vive la intensidad de la vida moderna, dispuesto a gozar de sus placeres, estilizándose.

Ante todo, la higiene rehabilita el cuerpo, lo dota de valor y legitima su uso como recurso. Una vez lo ha logrado, abandona su mirada sobre el comportamiento para escrutar el funcionamiento e indagar el cuerpo desde su médula, consumando el distanciamiento de la urbanidad (Revel 1986). Para la clínica en general, la etapa higienista, eugenésica, cumple una tarea definitiva: se proclama ciencia primordial para la conservación, mejoramiento, propagación y felicidad de la especie (Uribe 1926) y «uno de los objetivos principales de los gobiernos civilizados» (Londoño 1894). Este alcance proviene de su acción ilimitada: protege la salud, es ciencia económica, generadora de riqueza y vehículo para forjar una personalidad social (Muñoz 1944). Pues «a la medicina incumbe definir los fundamentos de la personalidad, la índole del espíritu, el quid de la conciencia intelectiva y la misión trascendente del hombre» (López de Mesa en Roselli 1968:327).

Su infinito poder de condena lo ejerce el médico, defensor y guía hacia el progreso, quien tiene la misión de crear conciencia y dirigir por la senda del bien, las buenas costumbres y la felicidad (Muñoz 1935). Las campañas se hicieron cargo de promulgar la necesidad ineludible de la consulta y la sanción médicas y de marginar -si no de eliminar- discursos competitivos como los de teguas, curanderos y, en general, los de la medicina tradicional y popular. El discurso médico se convierte por esta vía en vínculo entre el cuerpo y la moral (Peralta 1992) e intenta abanderar el proceso de enriquecimiento semántico iniciado por el cuerpo, adjudicándole una desfogada riqueza simbólica a su doma e higienización.

## C. La conservación de la salud

> *El hombre moderno siente una ternura infinita por su cuerpo. No quiere causarle el menor dolor y recurre a toda clase de medicinas para mimarlo mejor.*
> *(C-2375:46,1963)*

La definición de salud como el completo bienestar físico, social y mental, se admitió oficialmente hacia finales de la década del cuarenta con los modelos norteamericanos de salud y la concepción fisiopatológica que se impusieron en la medicina colombiana (Miranda 1993). El Ministerio de Higiene, creado en 1946, y la promulgación de la Ley 90 de Seguridad Social comenzaron a prestar atención también a todo tipo de enfermedades, la maternidad, la invalidez, la vejez y la muerte. La nueva salud pública se orientó a la prevención y el diagnóstico temprano. Gracias a ello se ampliaron las medidas sanitarias, no sólo más allá del terreno de las enfermedades trasmisibles (Miranda 1993), sino hasta incluir todo aspecto que pudiera intervenir en una actitud preventiva. Aunque se sostiene que sólo en los años sesenta se puso realmente en práctica este enfoque (Miranda 1993), el concepto de bienestar ya circulaba cómodamente tres décadas antes, cuando se emplazaron los pilares de la prevención sobre los cimientos alzados por la higiene: mejorar el estado físico mediante el movimiento y los deportes, esmerarse en la alimentación, acudir regularmente a control médico, evitar los excesos y cuidar el ánimo.

A su paso, el higienismo hizo de la salud un bien escaso, una fortuna amasable poco a poco en el curso de la vida. Su definición en términos del bienestar integral la transformó, además, en un bien muy vulnerable y confirió a la medicina una injerencia que sobrepasa con mucho sus capacidades técnicas. El cuidado de la salud devino un asunto de tanta importancia que no es fácil seguirle la huella a lo largo de las publicaciones médicas o de las políticas estatales sanitarias y de salud. La variedad de temas que abarca, la vastedad de su territorio y la profundidad de sus alcances desbordan el cauce que aquéllas trazaron y conforman un predio autónomo en los discursos de la cultura masiva. Es claro que la adopción de nuevos temas y preocupaciones y, por tanto, de prácticas y hábitos novedosos, se inicia en concordancia con la actividad científica y los intereses médicos. Pero la amplificación, intensificación y dispersión que sigue a estos impulsos, por efecto de la popularización, la asequibilidad y la esperanza fincada en ellos, revisten a la salud, a su conservación y a quienes poseen conocimientos médicos, de un valor que sobrepuja las facultades de la institución médico-sanitaria, otorgándole un valor simbólico que ella no está capacitada para reciprocar.

Con la idea de popularización de la medicina no sugiero aquí el hecho de que los servicios médicos y hospitalarios estén a la disposición y al alcance de toda la población, sino a que la salud atañe a todos porque su perspectiva preventiva transforma a cada individuo en practicante y usuario de la medicina; es difundida por todos los medios de que dispone la sociedad (literatura científica, congresos, consulta médica, campañas, tradición oral y todos los medios masivos de comunicación); y, por último, da acceso a un amplísimo espectro temático que aumenta en la medida en que el discurso de la salud se arroga más prerrogativas y alcances relativos a la forma, el sentido y el destino de la vida humana.

De la primera característica de la popularidad -la amplificación, se deriva la asequibilidad del discurso médico: cada persona, sin importar su condición social o su tradición cultural, tiene la posibilidad de incorporar, de alguna forma, prácticas para el cuidado de su salud. Este acceso libre se debe, por un lado, a la segunda característica de la popularización -la intensificación que acusa su constante presencia especialmente en los medios de comunicación- y, por el otro, a la existencia de un mercado en que conviven tanto los saberes institucionalizados como una multitud de tradiciones más o menos marginales, todos con alguna capacidad para satisfacer el ilimitado mundo de los menesteres de la salud.

El proceso inflacionario del discurso sobre la salud se apoya ante todo en el mercado de ilusiones, en la promesa de acercar al practicante a una o varias de las metas anunciadas: virtud, progreso, bienestar, riqueza, felicidad, rendimiento o inmortalidad. En tanto la higiene decimonónica principió con modestas promesas de aliviar el dolor, sanar la enfermedad o evitar el contagio, y la de los años treinta auguró la virtud individual, la riqueza familiar, el progreso nacional y la civilización, la salud pública apuntó a promover el bienestar y labrar la felicidad. Las técnicas modernas prometían prolongar indefinidamente la juventud hasta vencer la muerte.

Los designios de la salud pública, oficializados con la creación del Ministerio de Higiene y la Seguridad Social, iniciaron mucho antes su curso popularizador en la prensa. Al finalizar los años veinte se extinguió casi por completo la perspectiva de la higiene, dando paso al cultivo de la salud. Algunos temas, en particular el del alcoholismo, sobrevivieron hasta cuando la abolición de la chicha apaciguó a sus adalides. La nueva era se distingue porque no se lucha contra infecciones o enfermedades existentes, sino más bien contra los riesgos de enfermar o sufrir alguna dolencia, con lo cual prácticamente cualquier persona está siempre atareada modificando alguno de sus hábitos o adquiriendo otros con miras a corregir o prevenir algo.

## 1. Producción y control poblacional

### *El cuidado materno-infantil*

Colombia comenzó el siglo enfrentada a un agudo problema poblacional ocasionado por las guerras, las epidemias, la alta mortalidad y la baja esperanza de vida (Rueda 1989). Para progresar económicamente se requería controlar la mortalidad, elevar la esperanza de vida e incrementar y mantener constante la fecundidad[11]. Además de la concepción de higiene privada que se venía difundiendo desde el siglo anterior, se hizo hincapié en el cuidado y la atención materno-infantiles, preocupación parcialmente derivada de las discusiones eugenésicas de la época: «Los organismos de protección infantil deben emprender el estudio de la eugénica, o sea de los factores higiénico-sociales que en sus respectivas regiones influyen sobre las cualidades físicas, mentales y morales de los procreadores, con el fin de conseguir descendencia sana» (República de Colombia 1939d:3).

Los médicos habían iniciado su acometida privada con alguna anterioridad. Jorge Bejarano publicó en 1924 uno de los primeros textos nacionales de puericultura. Alarmado por una elevadísima mortalidad infantil, cuyas principales causas eran diarrea, gastroenteritis, neumonía, bronconeumonía y meningitis[12], inculpó a las madres por ignorar los deberes de su sexo, los principios de la crianza y los preceptos higiénicos y científicos que guiaban por el rumbo de la salud y el bienestar. Descalificando de este modo todo saber tradicional al respecto y fiel al axioma de que la higiene es en esencia un asunto privado e individual, Bejarano invita a las mujeres a «hacer del fruto de sus entrañas el ejemplar auténtico de una raza o de un país que aspira a ver en sus niños la más clara manifestación de vitalidad y cultura de sus ciudadanos» (Bejarano 1932:5). La buena madre debe poseer conocimientos de fisiología, patología y terapéutica para observar con propiedad el funcionamiento del organismo infantil: orina, deposiciones, temperatura, hambre y sed, y acudir oportunamente al médico. Los puntos centrales del cuidado infantil son la limpieza, la alimentación y la habituación a la regularidad. La herramienta básica es la comida, y la mayoría de los textos del período de difusión de la puericultura versan sobre la cantidad, la variedad, las combinaciones, el horario y el influjo de la alimentación en la educación del carácter: «Los niños a quienes se consiente hacer su voluntad en cuestiones de comida quedan mal enseñados a otros respectos; mientras que aquéllos que han sido

---

11 *El crecimiento demográfico más bajo lo tuvo el país entre 1870 y 1905, y al iniciarse el siglo la esperanza de vida alcanzaba apenas 28.5 años, la tasa de mortalidad infantil era del 25% y la tasa bruta de mortalidad de 39 por mil. Estas cifras no habían variado notablemente hasta 1930, cuando estos tres indicadores todavía representaban una gran barrera para el desarrollo económico (Rueda 1989).*

12 *El Tiempo, diciembre 10 de 1923.*

bien educados respecto a la comida, están bien preparados para poder hacer más tarde algo bueno en todas las esferas de la vida» (Bejarano 1932:52).

En cuanto hace a la formación de la personalidad, a Bejarano le interesa alargar la infancia y con ella el control materno, y retardar la madurez, que es una edad de malas costumbres. El objeto de la educación que imagina es evitar esas malas costumbres que transforman a los niños a los que se les deja hacer su voluntad en:

> *los jóvenes del mañana que agotan sus días en la intemperancia y el juego. Son los niños que todos los días vemos cómo en nuestras ciudades cambian a los diez años el infantil uniforme por el traje serio del jovenzuelo que concurre a los cafés. En Colombia sólo se es niño hasta los 7 años; en los pueblos de Europa, se es niño hasta más allá de los 20. Es porque nosotros en nuestra educación, así familiar como escolar, nos vamos tornando viejos y se nos van anticipando los vicios de cada edad (Bejarano 1932:67).*

Durante los años treinta la higiene de la infancia y la juventud contó con varios voceros. El método, practicado por la madre desde el embarazo, es el instrumento para formar el carácter y la personalidad del infante (Vasco 1934) y a él pertenecen desde luego las normas higiénicas que, fuera de repercutir en la salud, inculcan disciplina. El niño debe adaptarse a la norma: si es zurdo, aprenderá a realizar las labores caseras con la mano derecha para que no se sienta inferior. Se rinde culto así a una estética de la personalidad que la naciente pediatría quiere ver cristalizada en el niño elegante, «tetrálogo de la distinción personal», limpio de cuerpo, vestido, palabra y pensamiento (Vasco 1934). El médico-educador prescribe tanto los cuidados somáticos como lo concerniente a la educación moral y del carácter, desde la iniciación sexual y el dominio de las pasiones hasta la educación escolar. La responsabilidad por el niño recae sobre la familia, más que nada en la madre.

El cuidado del embarazo, la alimentación y el peso del niño son las mayores preocupaciones pediátricas (Torres 1935); la puericultura se designa como «la mayor obra de patriotismo» (Bernal 1927:ix) y se espera incorporarla al currículo de las escuelas de niñas. La mujer, elevada por la maternidad a la altura de los dioses, «es la encargada de hacer del hijo un ciudadano útil; se requiere que sepa criarlo para alcanzar este fin» (Bernal 1937:13). La madre encara a un ser voluntarioso, que se «resabia» fácilmente y cuyo temperamento debe domeñar mediante la alimentación: «La regularidad en las mamadas es un dogma absoluto que no se debe variar nunca, salvo indicación motivada» (Bernal 1937:56). El método y la rigurosidad que se han ejercido desde iniciado el embarazo se aplican inmediatamente después del parto a la vida del bebé. Cumplido un mes, éste ya no debe recibir alimentación durante la noche y a los dos meses comenzará a aprender a hacer las deposiciones en bacinilla. Los primeros años de vida deben asegurar al dominio de las pasiones: evitar el miedo, las rabietas, los caprichos. Junto con ello, se adquirirán costumbres apropiadas: «para formar un buen carácter hay que tener buenos hábitos» (Bernal 1937:143). El control de los aspectos del crecimiento debe llevarse con ayuda de una libreta y las consabidas tablas de crecimiento y peso.

Desde *El rincón de las mamás* Cromos apadrinó en los años cuarenta la campaña de protección infantil. Una y otra vez se volvió sobre el valor de la estatura y el peso del niño, sobre los peligros de la obesidad, los músculos sueltos y blanditos (C-1212:74,1940), sobre la importancia de atender al color de la piel, al funcionamiento del estómago y al aspecto ojeroso, cansado y falto de entusiasmo, y se dieron consejos para la correcta alimentación y la cultura física del bebé.

Ya establecido el amplio catálogo de atenciones físicas que requiere el niño, surgieron las cuestiones emocionales e intelectuales. Bejarano insistía en que el sistema nervioso infantil debía mantenerse alejado de ambientes impropios y privado de mimos en abundancia, mucho juego, cuadros horripilantes o historias miedosas y mala digestión. La prensa se detenía en la trascendencia que las investigaciones concedían al amor maternal como el factor crucial en el desarrollo intelectual y emocional del niño y se fijó la atención en la importancia de los primeros años de vida (C-1999:40,1955). El niño tiene que ser vigilado a cada paso para detectar cualquier índice de retardo mental; para que el adolescente se desenvuelva normalmente, deben tratarse desde la infancia todas las deficiencias corporales: estatura, fallas posturales, defectos dentales, deformaciones plásticas, defectos de los órganos de los sentidos, defectos génito-sexuales y problemas neurológicos. «La medicina del desarrollo físico no es una actividad curativa o de urgencia. Su acción es preventiva, de oportunidad, de paciencia, de perseverancia y de disciplina. (...) Vemos entonces que algunas veces nuestro subdesarrollo no es sólo económico, sino también psicológico y cultural» (C-

3075:60,1976). También en esta oportunidad una tabla, donde se registran la edad, la estatura y el peso de una muestra interracial, sirve de patrón para establecer las deficiencias en el desarrollo estatural. «Fuera de la preparación académica (el niño) ha de gozar de una recia personalidad, ha de tener magnífica salud física y su aspecto exterior debe ser ideal». La medicina espera poder «ayudar a esos niños que por razón de su pequeña estatura o por otros motivos, muchas veces comienzan a tener también trastornos de su comportamiento, deficiencias en su rendimiento académico o desviaciones de conducta» (C-3075:65,1976).

El cuidado materno-infantil se ocupa fundamentalmente del niño; de la madre lo hace sólo en cuanto reproductora y educadora. Con arreglo a ello, además de las recomendaciones higiénicas para el embarazo, se difundieron tempranamente las prácticas psicoprofilácticas para facilitar el parto y aminorar sus riesgos. Puesto que la reproducción había sido descuidada durante el apogeo de la higiene, se puso en marcha la labor instructiva explicando la fisiología del embarazo y el alumbramiento e impartiendo conocimientos anatómicos sobre los órganos de la maternidad. En los años cincuenta se fomentó el parto sin dolor y se comenzó a sugerir una preparación fisiológica compuesta de régimen, higiene, relajación y una gimnasia que secundara las contracciones uterinas (C-2061:13,1956). Cuando la práctica psicoprofiláctica se había instituido, se habló de una preparación consciente e inteligente, análoga a la del atleta, apartada del dramatismo y la ignorancia que intensifican el dolor (C-2259:52,1960). Sin embargo, la reducción de los umbrales de dolor tolerables se advierte pronto en la promoción del uso de anestésicos para el «alumbramiento sin dolor», merced a los cuales tanto la madre como el bebé se libran de una labor extenuante para el organismo y riesgosa para el niño (C-2529:44,1966). Años más tarde, como parte de la ola integralista y la creciente sensibilidad hacia la voz del cuerpo, se recuperó el parto natural, acompañado de preparación física y mental.

## Control natal

Si al comenzar el siglo el problema demográfico nacional era aumentar la población y prolongar su vida, medio siglo más tarde los esfuerzos se encaminaban a reducir el crecimiento demográfico -ya explosivo- y a fomentar el bienestar físico de los ciudadanos.

Con esta inquietud se habló del uso de anticonceptivos, del cuerpo femenino, de su salud y de sexualidad. En los años cuarenta todavía era motivo de orgullo el crecimiento poblacional; dos décadas después la euforia se había desvanecido y se hizo pública la controversia sobre el control de la natalidad, principalmente en lo que atañía a la opinión adversa de la Iglesia, según la cual «lo que está en juego es la significación de la vida» (C-2451:14,1964). Uno de los bandos en disputa argumentaba que el control de la natalidad se justificaba por la necesidad económica de disminuir el tamaño de la familia para salvaguardar la salud, la dignidad y la vida de la mujer, y para asegurar «el porvenir de la raza y librar a la sociedad de elementos indeseables», dado que las clases pobres se multiplicaban más rápidamente que las pudientes y que una población menor acrecentaría el bienestar individual y social. La contraparte replicó que urgía solucionar los problemas sociales y el egoísmo; de lo contrario se anunciaba el imperio de la infecunda belleza artificial de la mujer dura, fría y egoísta (C-2509:10,1965). El exceso de embarazos se atribuyó también a factores culturales de desarraigo:

> En medio de la opulencia de algunos privilegiados, se han venido presentando lo que los sociólogos denominan «subculturas», es decir remedos de sociedades que no tienen que ver con el esquema de cultura de tipo occidental y sí, por desgracia, se parecen a las de tribus del Africa (véanse los casos de Chambacú y los tugurios de Cali y Bogotá) y en donde no hay ninguna posibilidad de limitar la familia por ignorancia, machismo o desesperación (C-2575:3,1967).

Pese a estas máculas y sin que la polémica con la Iglesia tuviera asomos de solución, el número de mujeres que usaba píldoras anticonceptivas pasó de 30.000 en 1964 a 400.000 dos años más tarde. En 1967, cuando el promedio urbano de hijos nacidos vivos por mujer era de 5.1 (Bonilla 1990), se explicaron pormenorizadamente los tipos de anticonceptivos y su funcionamiento. El vertiginoso descenso del crecimiento demográfico demostró el éxito de esta campaña que abrió también la discusión sobre sexualidad.

## 2. Los cuidados básicos

### Alimentación

Mientras que el aseo fue la piedra angular del proyecto higienista, la alimentación lo fue de la salud, bajo la premisa de que la comida afecta cada rincón del organismo sano y del enfermo. Sólo cuestiones de incumbencia tan generalizada como estas dos podían tener un alcance de tal magnitud, que permitiera incorporar a los hombres al público recipiente del discurso médico, en aras de la prevención y el tratamiento de dolencias. Fue así como un asunto que tocaba a enfermos, madres y niños se hizo extensivo a toda la población. Alimentarse correctamente era cosa de cada quien y, como otros deberes individuales, se convertiría posteriormente en un símbolo de distinción -columna de la salud integral y las medicinas alternativas- y, en general, en un indicio para enjuiciar el comportamiento individual frente a la propia salud.

Para empezar se procedió a cuestionar la alimentación de la sociedad occidental y, luego, las particularidades de las costumbres nacionales. «¿Sabe Ud. comer? Alimentarse bien es un arte y una ciencia. Ni siquiera los franceses lo hacen porque desconocen la función y las propiedades de las vitaminas» (C-1267:9,1941). Esta ignorancia, revelada y reiterada a cada momento al ciudadano, es insalvable porque la renuevan perpetuamente los avances científicos que propalan sin tregua virtudes y efectos impredecibles de los alimentos y ponen en entredicho la tradición bromatológica nacional por sus influencias negativas sobre el cuerpo. Curiosamente, esta situación se le endilgó a la búsqueda de una mejor condición social, por cuya razón se trastornaban las fórmulas de la alimentación que dictaban no comer para saciar el hambre o el gusto, sino obedeciendo a principios racionales convocados por la integralidad. Los alimentos completos proporcionan todos los nutrientes necesarios y, combinados en una dieta variada, son fácilmente digeribles, sostienen las funciones orgánicas, hacen crecer al joven e impiden la acumulación de grasas en el adulto (C-2273:42,1961). A las polifacéticas vitaminas se les sumó, en los años cincuenta, el fantasma del colesterol, en lo que fue la primera embestida contra las clases acomodadas, contra aquellas «personas bien alimentadas» que consumen carne a diario (C-20445:13,1956).

La empresa no tardó en revelarse infinita. Cuando comenzó a vislumbrarse el año 2000 y transcurridas dos décadas de educación dietética, se descubrió que «el hombre aún no sabe comer». La alimentación desmedida y la vida sedentaria, nuevos estigmas de la vida insana y principales causas de las enfermedades cardiovasculares, dieron pie al acerto de que «Occidente cava su propia tumba con los dientes» (C-2951:75,1974). El credo de la salud rezaba así: si usted aprende a comer combate los problemas cardíacos, de hipertensión, obesidad y diabetes, y aumenta la esperanza de vida; si además hace ejercicio dos o tres veces a la semana, duerme ocho horas, no sube de peso y reduce el alcohol y el cigarrillo, aumenta el promedio de vida en 33 años. La dieta aconsejable, medio siglo después del primer embate higienista, consistía en no ingerir «calorías vacías» y sí fibra, reducir el azúcar y la carne, esmerarse en el desayuno y no excederse en el consumo de medicamentos (C-3237:63,1980).

La integralidad[13], perseguida sin reposo durante la segunda mitad del siglo tanto en la nutrición como en la salud en general y extendida a la figuración global de la vida, busca instaurar un equilibrio entre el cúmulo de restricciones y prohibiciones percibidas como pérdidas y el anhelo de una vida caracterizada, a pesar de todo, por los beneficios que reportan esas limitaciones. La solución estriba en disponerlo todo en la justa medida y por eso desde entonces reina el arte de las combinatorias. Cada elemento es sopesado en sus atributos, en sus efectos positivos y perjudiciales y en el resultado de su combinación con otros elementos. Puesto que el conocimiento sobre cada uno de dichos aspectos y su interacción varía sin cesar, resulta un panorama en flujo perpetuo compuesto por una miríada de matices bromatológicos.

La condición de los alimentos sufrió una muda notable. El azúcar se reveló un veneno, un «excitante desvitalizado» sustituible por miel o azúcares naturales (C-3484:55,1984). La sal, en demasía, causa hipertensión, arteriosclerosis, infartos y múltiples dificultades cardiovasculares; el sodio que contiene es, empero, indispensable para el funcionamiento orgánico, de suerte que debe moderarse su consumo (C-3611:52,1987). En cuanto a la alimentación local, persiste la desnutrición y la acción contaminante de los plaguicidas, los abonos y el ambiente; por su culpa, se vuelven tóxicos varios productos que afectan los sentidos. Se anuncia ya que «¡combatir la contaminación del ambiente, es la próxima gran batalla!» (C-2995:64,1975). El problema nutricional más agudo se sintetiza diciendo que «los colombianos mueren por su propia boca» porque: comen pocas verduras, pero demasiada carne grasa y café, arroz, papa y yuca. Los productos de puestos callejeros, cafeterías y cantinas desconocen la higiene alimentaria que se aprende en la

---

13 *Valga recordar que* íntegro *es un sinónimo de moral y se refiere a lo completo, incorruptible, justo, sano u honrado, y que la integralidad que inquieta a la alimentación se persigue igualmente en la sexualidad o la educación, por mencionar solamente aspectos abordados aquí.*

infancia, cuando se forman los hábitos y las bases de comportamientos posteriores. Lo que engendra esta ignorancia lo ilustran los índices de muertes que provoca la mala alimentación, las enfermedades cardiovasculares y una imagen corporal frustrante: «Si los colombianos queremos cambiar esa imagen adiposa, desnutrida y enfermiza, negativa en todo caso que nos caracteriza en el exterior, (...) necesitamos como primera medida modificar radicalmente el sistema alimenticio» (C-3047:30,1976).

*Sobrepeso*

La preocupación por la alimentación desembocó muy pronto en la inquietud por el sobrepeso. Alimentarse acertadamente no consiste sólo en comer los productos convenientes en combinaciones apropiadas, sino también en cantidades justas que ofrezcan un contenido calórico determinado. La gula es la razón de las más diversas dolencias. Aunque la preocupación por la dieta y la figura había comenzado a difundirse desde finales de los años veinte, fue la multiplicación de los conocimientos de la dietética lo que puso en circulación una multitud de curas. Además de bajar el peso, las dietas y las actividades que las complementan -ejercicio moderado, sudación, duchas con cambio de temperatura y masajes (C-1937:24,1954)- promocionan una dosis de sufrimiento a la que debe someterse la persona; fumar o mascar chicle también se recomiendan para aplacar el hambre y lograr la figura deseada (C-1955:20,1954).

Rápidamente aparecieron las elucidaciones psicosomáticas que señalaron los orígenes nerviosos de la obesidad, peculiares de ciertos temperamentos. Para atacarlos se plantearon soluciones integrales que apelaban a «la íntima sinergia en que se encuentran cuerpo y espíritu». Tras una breve embestida del discurso fisiológico, se reavivó la tesis de que en el comportamiento individual se hallan las raíces de una salud deficiente. La conducta de los obesos se ve afectada por su carácter voluble, fácilmente influenciable, «como si dijéramos de temperamento débil». El nerviosismo es efecto de la educación y aumenta la predisposición a la gordura: «Este género de obesidad es particularmente frecuente en las mujeres, que, por naturaleza, son a menudo nerviosamente más débiles y más inestables que los hombres» (C-1977:21,1955).

La solución es esquiva. A mediados del siglo se ha generalizado el deseo de adelgazar pero todavía no se admite el duro remedio, con todo y que los médicos no cesan de advertir que la obesidad es el enemigo número uno de la longevidad y de una vida feliz: «Esto explica el interés que incluso los hombres conceden a las fluctuaciones de su peso». No obstante, los facultativos insisten en que la dieta no es la clave, pues para mantener el peso ideal «hay que comer», reducir la grasa sin eliminarla teniendo en cuenta que cumple también una función. Con la promoción de la fisiología de la figura se introdujeron los avances en el conocimiento sobre el vínculo entre obesidad y emociones. Sin recurrir a píldoras ni a dietas, se recordó a los hombres que «la línea esbelta es sinónimo de juventud, de dinamismo, de buena salud. Traten de prescindir, algunas veces, de las grasas, de los aperitivos y de las famosas cenas gastronómicas, enemigas encarnizadas del peso ideal» (C-2015:40,1955).

La gordura se presentó como una obsesión estadounidense, mayormente masculina, reiterándose las explicaciones sobre el funcionamiento y control del apetito, la influencia de factores genéticos, costumbres familiares de sobrealimentación, compra exagerada de comida, pasividad y rasgos asociados a los comelones: agresividad, timidez y carácter pasivo-dependiente. El abanico de métodos para adelgazar se ensanchó: aparecieron moderadores del apetito, tratamientos psicológicos y grupos de autoayuda (C-2287:19,1961). Y desde entonces la gordura se entendió como una enfermedad.

Junto con la información en torno al control de peso, los riesgos de la obesidad, las dietas y métodos para adelgazar y las ventajas de la silueta esbelta, se avisó sobre los peligros de la pérdida de peso y la inconveniencia de las dietas, arguyendo su divorcio de las costumbres alimenticias. Las aseguradoras intervinieron para definir los límites de la gordura: el peso ideal, el de los 25 años, daba la posibilidad de vivir por más tiempo. Se estableció que los malos hábitos y el ejercicio físico insuficiente eran causantes del sobrepeso (C-2529:51,1966). Pero la obesidad masculina también podía deberse a frustraciones y conflictos emocionales, así que no habían de subestimarse la inmadurez afectiva, los desajustes socioambientales ni las sensaciones agudas de ansiedad; antes bien, convenía profundizar en los problemas emotivos, afectivos, neuróticos y psicológicos (C-2951:74,1974). Por último, se alabaron las ventajas sociales del peso correcto, se fijaron las connotaciones de la gordura y comenzó a elaborarse el aura de distinción que circunda la esbeltez:

> *Una silueta afinada significa estética más agradable y juventud, dos valores en alza constante. Paradójicamente la delgadez también puede ser insignia de posición. La gordura excesiva es cosa de pobres. Estos han*

*perdido además la única arma esgrimida en tiempos por la voz popular que identificaba volumen con salud. La medicina ha hecho lo contrario. El gordo corre peligro por el solo hecho de serlo (C-2635:40,1968).*

Poco después se amplió la oferta: los mayores de sesenta años recibieron consejos para poner a punto su cuerpo y transformar la vida con dieta y ejercicios que combatían a los «asesinos»: el endurecimiento de arterias, el colesterol y la obesidad (C-2716:70,1969). La pérdida de kilos debía ocurrir en semanas, días, horas, ajustarse al principio de la velocidad. No bastaban los regímenes, los productos sintéticos, las cremas adelgazadoras, el ejercicio o las máquinas; se recurrió a aparatos electrónicos y a píldoras que ahorraban el padecimiento de una dieta aunque ponían en peligro la salud (C-2635:40,1968). El control de peso se inclinó cada vez más en favor del ejercicio, que reportaba beneficios vitales para la circulación, el buen tono muscular, la digestión y la concentración mental (C-2735:43,1970). Constantemente se prevenía sobre la importancia del control médico, los trastornos nerviosos que provocaban las dietas relámpago y la necesidad de combatir la obesidad porque acorta la vida. La solución es nuevamente la disciplina individual: comer menos y modificar los hábitos alimenticios (C-2995:28,1975), un proyecto para toda la vida que requiere asesoría médica.

Luego de veinte años de información dietética, el mercado nacional se aprestó para ofrecer métodos y tratamientos propios. Su promoción partió de una nueva premisa: la gordura no conduce a la enfermedad, es un síntoma de ella: «La obesidad no debe ser entendida sólo como problema estético, debe considerarse especialmente como efecto de mala salud» (C-3085:54,1977). Para estimular a la gente a lidiar con ella, se echó mano otra vez de las afecciones respiratorias y cardíacas que provoca. Resultado de los cambios en los hábitos gastronómicos que llevan a un bajo consumo de fibras naturales y del sedentarismo de la vida moderna y percibida como una epidemia del mundo occidental y la mayor amenaza a la buena salud del ser humano desde los tiempos de las plagas, la gordura puede vencerse en tres pasos: reconocimiento, atención médica especializada y participación. La apertura de centros médicos de adelgazamiento se rodeó de una gran elaboración discursiva: el sobrepeso era una enfermedad seria y, por lo mismo, de competencia médica (C-3133:44,1978).

En ningún momento cesaron las advertencias en contra de los diuréticos, los extractos tiroideanos, los mitigadores del apetito (C-3237:75,1980) y todo lo que pudiera desplazar al galeno, como tampoco lo hizo la insistencia en que «ese exceso de peso le está acortando la vida», aminora las posibilidades de disfrutarla y suscita complejos, especialmente en las mujeres. El hombre, se dice, trata la gordura si le significa limitaciones sexuales o lo acecha el infarto; los kilos superfluos, alteran la imagen «sexy» de la mujer. A más de enunciar los peligros simbólicos que acarrea el sobrepeso, se destaca su carácter epidemiológico: entre el 25% y el 35% de la población es obesa porque el régimen alimenticio se sobrepasa en hidratos de carbono (C-3271:103,1980).

Institucionalizada la visión epidemiológica que supone contagio, exclusión y amenaza de muerte (Herzlich/Pierret 1984), aparecieron los procedimientos quirúrgicos que vencen lo que la voluntad no alcanza: la liposucción devuelve «la forma humana a gordos y gordas», es económica y no deja cicatrices; los hombres pueden quitarse «esos senos extraños que les crecen, rebajar el abdomen, la grasa del medio vientre»; en resumen, «posibilita el viejo sueño de modelar el cuerpo, de regresarlo a la belleza y hacer felices a los sobrados de peso» (C-3386:54,1982).

La corriente educacionista insiste en que la obesidad es un problema que se remonta a la infancia, a la confusión entre fortaleza y obesidad en que incurren los padres. La consigna es una dieta adecuada desde la primera edad (C-3465:109,1984) y la conservación del peso que «dicta» el cuerpo de los veinte años -ya no a los 25 de dos décadas atrás-, estipulado en una tabla que contempla la estatura y la complexión (C-3471:64,1984). El único medio eficaz contra la gordura es comer lo necesario y no hacer caso de creencias anticuadas (C-3533:104,1985). La dificultad consiste, nuevamente, en saber qué es lo necesario, pues los descubrimientos nutricionales tampoco cesan y periódicamente se dictamina que las personas ignoran cómo alimentarse correctamente. Ahora que el cuerpo comienza a hablar se requiere afinar el oído para escucharlo. Tanto la obesidad como la extrema delgadez constituyen una enfermedad mental, secuela de problemas familiares, laborales, de convivencia humana, de sexualidad insatisfecha. La respuesta es la voluntad, capaz de sobreponerse a los mecanismos químicos (C-3473:104,1984), pero también supeditada a la ayuda profesional.

*Ejercicio*

El segundo pilar del discurso somático para la preservación de la salud es el ejercicio, que lo cura casi todo y es, al igual que la comida, un importante símbolo de distinción. En Colombia se persuadió primero a los hombres de ejercitar el cuerpo mediante la práctica deportiva, que brindaba a la vez la posibilidad de hacer público el cuerpo masculino, exhibirlo, hablar de él, comercializarlo y transmutarlo en símbolo de distinción. En tanto los hombres se acercaron a él por intermedio de sus vínculos iniciales con la higiene física y moral, y posteriormente con fines preventivos, las mujeres lo hicieron por motivos reproductivos y estéticos. Para ambos sexos el ejercicio se promocionó como complemento insoslayable de la dieta y, por ende, de jurisdicción médica.

El ejercicio es una de las actividades que componen la cultura física. La elaboración discursiva de esta última es rica en figuras y variantes a cuyo estudio pormenorizado está dedicado el tercer capítulo. Si bien una vertiente de estas prácticas es objeto del interés médico, otros saberes -en especial la pedagogía y las artes de la caligenia- han enriquecido el campo semántico del cuerpo ejercitado.

## 3. Las amenazas modernas

La medicalización de la vida que trajeron consigo la medicina clínica y la perspectiva preventiva ha sido ampliamente discutida (Foucault 1963, Lenzen 1991, Lupton 1994). Para efectos de este estudio, sus consecuencias se relacionan con el hecho de haber enriquecido el valor semántico del cuerpo, no solamente porque aglutina salud, energía, producción, estética y sensualidad, sino ante todo porque por su intermedio acumula capital simbólico. A esta aglutinación ha contribuido con prodigalidad la medicina preventiva que actualiza día a día el valor del cuerpo, define sus rasgos ideales y las prácticas que permiten acercarse al modelo sugerido. Asimismo, a través de los cuidados básicos que integran la actitud preventiva -concentrados aquí alrededor de la alimentación y el ejercicio, pero, como se verá a continuación, prestos a extenderse hacia todas las facetas de la vida personal y social-, el discurso de la salud penetró la intimidad del individuo para comprometer su subjetividad con su estado de salud. Un componente básico de este proceso es el pensamiento probabilístico (Lenzen 1991): aproxima al individuo al peligro encarnado en las enfermedades que estadísticamente aquejan a la población y hace de cada ciudadano una víctima potencial suya, induciéndolo a considerar los factores de riesgo que encierra su vida y a actuar en consecuencia, es decir, preventivamente.

*Cáncer*

La higiene difundida durante los primeros decenios del siglo popularizó prácticas de aseo para conservar la salud y combatir epidemias y enfermedades de tipo infeccioso, al tiempo que dio a conocer el lenguaje y los rudimentos del discurso médico. En otras palabras, la higiene propagó la idea de que la conservación de la salud es una especialidad médica. Esta salud se sustenta en el temor de enfermar y, en su forma más radical, en el de no gozar de una salud perfecta. Desaparecidas las epidemias del discurso médico -que no de la vida de los habitantes del campo y la ciudad-, se fortalecieron la medicina preventiva y el tratamiento personalizado de las dolencias. La enfermedad se tornó un estado de excepción que, al paso que avanza la percepción integralista, compromete más facetas de la vida individual y la subjetividad. La responsabilidad individual por sí mismo y por el entorno aumenta hasta suprimir el ámbito social que la higiene reconocía. La salud adquirió el carácter de un derecho inalienable que compite con principios del orden democrático, produciendo un reacomodamiento de las nociones antropológicas básicas: el individuo asume el papel de constructor de su subjetividad y su entorno y debe tomar bajo su control todos los aspectos de su vida, que el discurso de la salud le ayuda a identificar para procurarse un ambiente sano. Sin embargo, la salud -tempranamente convertida en un estado ideal que descubre la imperfección del ser humano- da lugar a una paradoja: acuciado por un ideal, el individuo no solamente vive atento a los distintos aspectos de su vida para no enfermar, sino que, en realidad, tampoco goza nunca de salud completa, dado el carácter iatrogenético de la medicina. Por fin, cuando enferma, ingresa en el campo de la anormalidad, donde también tienen cabida los enjuiciamientos morales.

Luego del ocaso higiénico, estas tesis distinguieron el discurso médico y se aplicaron a la figura que mejor encarna la nueva visión: el cáncer, «el terrible flagelo de la humanidad», descrito como una epidemia, una «plaga», que en 1926 había cobrado 150.000 víctimas en los Estados Unidos. El cáncer, verdadero prototipo de la enfermedad moderna, tiene la curiosa cualidad de ser una representación dual: en cuanto plaga-epidemia, ataca masivamente, se manifiesta de súbito y alberga el riesgo de muerte. A la vez, desde su reaparición y aumento estadístico (imputable en buena medida al retroceso de otras enfermedades y a los progresos clínicos que lo han esclarecido y clasificado en sus más variadas modalidades) es una enfermedad causada bien por la vida moderna, bien por el individuo. Esta última es la imagen que tiende a radicalizarse y la que mejor se acomoda a su figuración moderna: la forma de vida personal puede estar gestando un cáncer que, al hacerse visible, lo hará como una plaga.

Más que cualquier otra dolencia, la prevención del cáncer, cuyo desarrollo puede obedecer a los más variados motivos de cuantos hayan mellado el ideal occidental de vigor, involucra todos los cuidados que merece la salud. Puesto que se lo puede padecer en todo el cuerpo y se lo vincula con todos los agentes imaginables, prevenirlo significa vivir al acecho de todo ambiente y costumbre.

Los primeros síntomas correspondieron al «cáncer femenino», el uterino, y la recomendación inicial fue la consulta ginecológica regular e ignorar las drogas para los dolores de la cintura y los consejos de las comadronas (C-556:16,1927). No se indicaron costumbres insanas, ni se diferenció la población a partir de esta enfermedad, equitativamente compartida con Norteamérica y Europa. Durante medio siglo se sostuvo que el cáncer era más frecuente entre las mujeres -el 75% los casos (C-2507:13,1965)-, su prevención se ciñó al diagnóstico precoz, a propagar la práctica de los chequeos médicos regulares, vencer el pudor femenino y convencer a las mujeres de que no se trataba de una enfermedad vergonzosa. Una década más tarde, el aumento de la mortalidad (la tercera en Colombia, precedida por las afecciones respiratorias y estomacales) se explicó por el insuficiente control ginecológico. La moderación en las relaciones sexuales se juzgó un factor preventivo importante y la iniciación sexual temprana la causa primordial del mal (C-2969:79,1974).

El tabaco fue el primer agente que comprometió a los hombres con el cáncer. En un principio se aconsejó a los fumadores someterse a un control médico regular; la idea de prohibir el consumo de tabaco se consideraba inútil (C-1923:45,1954). Poco después se confirmó que los fumadores tenían mayor probabilidad de morir de cáncer, pero no se registró un descenso en el consumo (C-2667:43,1968). Con todo, fumar no tardaría en ser un factor de riesgo más, como la alimentación inadecuada o la falta de ejercicio. Se dice, desde entonces, que la mayoría de las veces «nosotros somos los causantes del cáncer». El motivo son las «malas costumbres»: exceso en el comer, fumar o beber, exposición al sol y uso de químicos. Las sustancias sospechosas incluían el vinil-cloride, el nitrato y nitrito de sodio, los edulcorantes, las grasas, el licor y el tabaco en exceso, los estrógenos, el arsénico, el asbesto, la benzina, la benzidina, los productos de la combustión del carbón, los compuestos de níquel y las radiaciones. Los órganos más amenazados eran senos, pulmones, colon, recto, vías digestivas, útero, ovarios, próstata, además de la piel y la cavidad bucal. Asimismo pululaban la leucemia y los linfomas (C-3037:26,1976).

Después de las sustancias se detectaron los ambientes y comportamientos cancerígenos: el medio -los factores ecológicos-, seguido del estrés y la alimentación, pero también la relación mente-cuerpo, sensible a los conflictos íntimos, como en el cáncer de seno: «La mayoría de las pacientes sienten el «rol» femenino como humillante y poco satisfactorio, además de describirse como «sufridas, mártires y víctimas». También sus relaciones con el sexo opuesto no se califican siempre como las mejores y óptimas... Las cosas aquí son de una gran elasticidad, por tratase del «ser humano» y más aún de las mujeres» (C-3116:37,1977).

En los albores de la década de los ochenta el cáncer continuaba siendo la tercera causa de mortalidad en Colombia y se observaba que el temor al diagnóstico alejaba a las personas del examen, con lo cual se «doblaba» su peligrosidad (C-3273:20,1980). A la par que se vislumbraban esperanzas terapéuticas y se consignaba el aumento de tratamientos efectivos (C-3428:68,1983), se multiplicaban las causas: «¡las alergias pueden producir cáncer!», y la alimentación es uno de los alérgenos más frecuentes (C-3457:68,1984). El humo del cigarrillo, el smog y los desechos industriales crean el «cáncer para consumo masivo» (85-3534-47). Aparecen así el fumador pasivo y el ambiente «plagado» de sustancias cancerígenas, como lo estuvo antes de microbios. Inmediatamente se exhorta a no fumar en público: «Profesores y médicos deberían recibir serias advertencias sobre la necesidad de no cultivar estas sucias y anticuadas costumbres». Al tabaco y a las industrias cancerígenas se suma el alcohol. Fumar y beber son «costumbres miméticas, adquiridas erróneamente por generaciones anteriores de escasa cultura sanitaria» (C-3589:78,1986), una declaración que podría haber sido pronunciada medio siglo antes.

El cáncer es a mediados de los ochenta la primera causa de muerte en Colombia, seguido de la hipertensión. Ello da pábulo para aseverar que «somos desarrollados... pero en enfermedades». Las enfermedades del subdesarrollo -las respiratorias, la gastroenteritis y las perinatales- pasan a segundo plano y se impone la lucha contra el exceso de tabaco, el poco ejercicio, el alto consumo de grasas y el estrés. Tratándose de factores cuyo control estaría al alcance del individuo, la solución sugerida es la reeducación (C-3467:18,1984).

*Hipertensión*

En 1954 *Cromos* inauguró la columna *Medicina para todos*, para informar sobre los avances de esta ciencia, principalmente de las investigaciones norteamericanas. La página incluía también un correo que resolvía las dudas de los lectores y se abrió con dos tópicos de actualidad: la influencia de la personalidad en las enfermedades y la presión arterial. El éxito de la recepción del segundo tema se aseguró vinculándolo con el consumo de café. La bebida nacional aumentaba y mejoraba la presión arterial; pero no era aconsejable para algunos hipertensos. En el tratamiento de la tensión alta eran esenciales el reposo físico y mental, la observación de reglas de higiene y dietética y la medicación. Por lo pronto, el régimen del arroz y el método del sueño eran terapias eficaces y novedosas (C-1939:24,1954). Esta afección, cuyo discurso girará en torno a la dieta, representaba la segunda causa de muerte en 1983 y aquejaba a cuatro millones de colombianos. Además de la alimentación apropiada, su terapéutica consta de ejercicio físico y control médico. Se retoma, pues, el tema de la modificación de hábitos y costumbres y se vaticina que la dolencia será «uno de los grandes retos de la medicina preventiva» (C-3409:36,1983).

*Corazón*

«Su corazón le plantea 16 interrogantes» (C-2192:24,1959). Así se comenzó a popularizar la prevención de las enfermedades coronarias y sus agentes concomitantes. Alimentos, deportes, retiro para los cardíacos, herencia, prevención, tabaco, colesterol, grasas, fatigas, ruidos, desarmonías, sueño: un abanico tan vasto como el cancerígeno o el higiénico, sin excluir faceta alguna de la vida personal. Los progresos de la cardiología hicieron posible también publicar explicaciones detalladas sobre el funcionamiento del corazón y sus enfermedades. El discurso se instituyó con un parte de victoria: las enfermedades cardíacas han cedido gracias a los progresos médicos; las personas «no deben preocuparse mucho». No obstante, se dedicaron páginas y páginas a las características de la fiebre reumática, la hipertensión arterial, la enfermedad de la arteria coronaria, el ataque al corazón, la angina de pecho y los defectos coronarios congénitos y sus respectivas señales de alarma. La profilaxis añadió a los cuidados propios de la hipertensión, el mantenimiento de un peso adecuado y el diagnóstico temprano. El «plan de vida para enfermos del corazón» se compone de ejercicio y dieta moderados, bajo consumo de sal, poco cigarrillo y prevención de infecciones (C-2345:16,1962).

Transcurridos quince años, y pese a los buenos augurios, se recordó que «el infarto puede estar en la puerta de su corazón» (C-3111:72,1977); al finalizar la década se decía que el «stress» era una enfermedad moderna vecina del infarto (C-3203:42,1979). Esta vez el tratamiento desbordó la acción médica directa y revistió una índole estrictamente emocional que se resume así: «El remedio más seguro está en uno mismo»[14]. Conviene rehuir, por contraproducentes, las situaciones tensionantes y conocer los medios para «descomprimirse»: vacaciones, yoga, deporte, pasatiempos, juegos simples, sonreír a menudo, cultivar la amistad y la convivencia en armonía, y descansar más sin magnificar los problemas. Si con todo y esos cuidados se sufre un infarto, el mejor tratamiento para evitar que se repita es el ejercicio.

Los años ochenta registraron una reducción de las enfermedades cardiovasculares debido a una mejoría de la dieta y a la intensificación del deporte. Quien lleva una forma de vida preventiva come moderadamente, camina mucho, hace ejercicio a diario, no fuma, bebe con moderación y no engorda. Así se sustrae a la «decadencia orgánica» (C-3587:72,1986). Para precaverse de la hipertensión -el mal del siglo- basta el sentido de la disciplina, como bien lo corroboran los daños ocasionados por el tabaquismo, el colesterol y el estrés entre obreros y empleados de bajo rango que no tienen injerencia sobre la manera en que trabajan.

Si las enfermedades coronarias han cedido terreno, extraña que no suceda lo mismo con el infarto. Con los años, ha llegado a ser la señal distintiva del arribista -»paradigma de la sociedad occidental»- que vive con problemas psíquicos y demasiado agitado. «Se trata de hombres y de mujeres insignificantes, de mediana edad, próximos al climaterio, que nunca se destacaron por nada. Son tipos vulgares, del montón. Ni altos ni bajos, ni guapos ni feos. Pero

---

14 *Nótese la coincidencia con la propuesta hecha en 1918 de darle la categoría de problema íntimo a la generación y el empleo de la energía física, cf.pg. 124.*

esos perfiles físicos tan poco sobresalientes encubren el trauma de una gran frustración, que se traduce en envidias e inseguridades» (C-3527:42,1985). La verdad es que estas personas padecen una enfermedad congénita del alma, típica de quien no ha desarrollado hábitos a tono con el mundo en que anhela desenvolverse. El infarto, monopolio masculino surgido de la lucha por conseguir «el lugar que (se) ambiciona en la sociedad» (C-3619:81,1987), acecha a los hombres entre 40 y 55 años. Y cuando el ejercicio ya había sido proclamado la panacea y reportó sus primeros resultados positivos, los médicos revelaron que «la mayoría no está educada para hacer ejercicio» (C-3634:104,1987) y que se debía consultar al médico para examinar las capacidades individuales para el movimiento.

Por sobre estos vaivenes, el discurso acerca de las enfermedades coronarias fue una suerte de trampolín: le dio una presentación justificada y aceptable a la atención masculina del cuerpo, convenciendo a los hombres de que era importante cuidarlo en sus dos principales variantes: alimentación y ejercicio. La medicalización, que ya ejercía un dominio secular sobre el cuerpo femenino e infantil, halló de este modo un expediente para adueñarse del masculino.

*Estómago*

En relación directa con la alimentación ganó amplitud el discurso de las dolencias estomacales: un dilatado espectro de posibilidades fue delineado en la víspera de los años sesenta con tropos como tabaco, úlcera, pesadez, agrieras, aerofagia, digestión, comidas rápidas, pesadillas y la acción de todo tipo de alimentos y bebidas (C-2191:20,1959). La úlcera, que afectaba al 17% de los colombianos hacia el final de la década, resultó ser «una auténtica dolencia colombiana y (un) problema para la economía» (C-2607:58,1967). Adicionalmente al cuidado de la dieta, las soluciones ofrecidas fueron la medicación y la cirugía, pero también el equilibrio de las emociones, pues en éstas se descubrió uno de los motivos de la irritación estomacal (C-2491:63,1965). Si se tiene la predisposición, entonces la ansiedad, las contrariedades, la vida desordenada y los abusos de alcohol y tabaco la desencadenan. En tal caso, lo más provechoso es conocer los síntomas iniciales, y éstos, pormenorizados como en todas las dolencias, ayudan a enfocar certeramente la atención hacia el cuerpo. A la vida reposada, se añaden la vigilancia de los agentes materiales de la enfermedad y hasta los tratamientos psicoterapéuticos.

*Nervios*

A la par con el estómago y sus enfermedades, asomaron al primer plano los problemas nerviosos, de exclusivo dominio femenino a principios del siglo. Ahora, cuando el cerebro «plantea interrogantes» (C-2193:22,1959), la cuestión atañía a todos y podía provenir de cualquier lado: el cigarrillo, el aprendizaje memorístico, la tensión que llevan aparejada el estudio y el trabajo, el descanso insuficiente para los intelectuales, una alimentación que no satisficiera las necesidades de los estudiantes. Todo ello podía originar enfermedades nerviosas: angustia, desarreglos del sueño, jaquecas, envejecimiento del cerebro, perturbaciones mentales propias de ciertas profesiones para cuyo tratamiento se podía acudir a colores, sedantes y dietas. En seguida se identificó la depresión anímica, la «nueva enfermedad y verdadera desgracia del mundo moderno» (60-2235-54,1960), secundada por la fatiga que invadía profundamente la existencia de quienes trabajaban. La debilidad, el hastío, las alteraciones del humor y el carácter -hipersensibilidad, irritación-, los trastornos del sueño, y síntomas corporales como vértigos, náuseas, temblores y síncopes afectaban al 30% de los trabajadores y podían derivar en enfermedad mental. Siendo éste un mal insidioso engendrado por la civilización y el progreso, lo curaban el reposo y un cambio sustancial en las condiciones de vida y de trabajo. El reconocimiento de las dificultades que ello envolvía enfrenta nuevamente al individuo consigo mismo, para que indague en su forma de vida cómo remediar la crisis depresiva. Una vez más, la visión preventiva alejó la acción directa de la medicina, cuyo papel se restringió a confirmar y esclarecer las etiologías, y a sugerir, como siempre, el régimen «especial» de vida (C-2507:60,1965): no fatigarse ni física ni mentalmente, no dejarse avasallar por emociones fuertes, llevar una vida equilibrada desde todo punto de vista, con frecuentes vacaciones sin ruido ni aglomeraciones y dar un paseo antes de dormir.

Acto seguido, el estrés (C-2711:38,1969) tomó el viejo papel de «nuevo mal del siglo». «Racionalizarse» y canalizar por la vía correcta las emociones es la manera de cortarle el camino: todo lo que perturbara la mente, la psiquis y el cuerpo tenía que eliminarse, porque al estrés le sucedían los malestares cardíacos, el infarto, la hipertensión, la arteriosclerosis, los estallidos de violencia, las úlceras, los tumores, la colitis, el asma, la uretritis, el insomnio, la neurosis o la angina péctoris. No se trataba de renunciar del todo al estrés, una dosis es saludable, pero una «vida filosófica» habituaría el organismo a un mejor balance. Una década más adelante, también el deporte y los pasatiempos ayudaban a disminuir el estrés: al practicarlos uno puede «detenerse, introvertirse, analizarse, calmarse y pensar» (C-3314:75,1981). El miedo, la prisa, la angustia, el ruido son otros elementos de la civilización y la vida urbana que inciden en el cuerpo y la mente, congestionándolos, irritándolos y hostilizándolos.

De los consejos para combatir el estrés, al buen dormir le cabe un lugar privilegiado y se presenta como la fórmula secreta para conservarse activo, estar en forma y liberarse de las arrugas (C-3269:104,1980). Como quiera que una tercera parte de la población no lo consigue, se instruye sobre alimentos que ayudan a dormir bien y se enumera lo que debe evitarse poco antes de dormir: alcohol, medicamentos, ejercicio, bebidas estimulantes, lectura y televisión. Lo único benéfico es el sexo (C-3622:76,1987).

*Espalda*

La gimnasia comenzó a esculpir el cuerpo por el dorso y lo mismo hizo la medicina: fijó su primer objetivo en la posición del cuerpo y las dolencias de su estructura. Cuando se describió el mal del dolor de espalda se carecía de tratamientos, pero se informó que afectaba a millones en los Estados Unidos y hacía perder más horas de trabajo que las deficiencias orgánicas (C-2585:19,1967). Muy pronto se pregonó que la mala postura, los músculos flojos y desequilibrados, las contracciones nerviosas de los hombros y la espalda, la debilidad muscular y la celulitis de la nuca eran las principales causas del «mal de moda» (C-2719:29,1970), padecido por el 80% de las mujeres y por los hombres crecientemente a causa de la motorización y la angustia. Las curas combinan medicamentos, calor, descanso, masajes, fortalecimiento muscular, conversaciones confidenciales, corrección de la postura, descanso en cama, algunos deportes y ejercicios de equilibrio.

*Sida*

Las enfermedades venéreas vuelven al primer plano. El herpes y el sida fueron acogidos como un «¡Detente a la revolución sexual!» (C-3385:26,1982). Desaparecido el herpes, se afirmó que conservar la virginidad coadyuvaba al bienestar y la felicidad, aunque en realidad el peligro para Colombia era casi nulo, pues la población parecía desarrollar anticuerpos contra el virus. El sida, «la temible plaga de los homosexuales» en un principio (C-3405:29,1983), se reducía a «puro terrorismo biológico» dos años después (C-3529:14,1985). Un año más tarde se admitió que «la contaminación es bien preocupante» (C-3590:52,1986) y que sería capaz de cobrar 25.000 víctimas en la década siguiente[15].

Todas estas dolencias han representado en la segunda mitad del siglo lo que las plagas para la higiene de las primeras décadas y se ha utilizado la misma imagen bíblica para designarlas. Sin embargo, la orientación en los materiales a que hemos pasado revista es fundamentalmente preventiva, y allí radica su poder. Teniendo en cuenta que es estadísticamente probable que una persona padezca alguna vez una o varias de estas enfermedades, se torna obligatoria una forma de vida construida a base de precauciones. Y esto es justamente lo que estas amenazas modernas sugieren y lo que la medicalización proclama. Como los avances científicos guardan su distancia frente al discurso ético, la inclinación hacia la medicalización total no compromete científicamente a la medicina, cuya obligación no es sanar, sino ofrecer soluciones personales: o bien se adopta una forma de vida orientada a minimizar los riesgos o bien se vive con males crónicos.

La medicalización se diferencia de la perspectiva higienista en que es una figuración para los más pudientes, pues comporta un consumo relativamente alto de productos y servicios médicos y cierta flexibilidad y autonomía individuales para ajustar la forma de vida a las exigencias iatrogenéticas. Su discurso también alimenta el temor a la exclusión: sus ideales de salud son inconquistables (vivir sano es imposible: no es otra la premisa), pero se vive en pos suyo y es éste el elemento que infunde el sentimiento de pertenencia.

## 4. La moral integral

Dos ideas han guiado la evolución discursiva sobre la conservación de la salud. Una es la prolongación de la vida, de la juventud sobre todo, no sólo deseable sino éticamente necesaria. El afán de perpetuarla se ha mostrado hasta ahora inagotable. La otra, en aparente contradicción con el enfoque somático de la medicina clínica,

---

15 *Aquí no se hace referencia a la evolución de las imágenes del sida, por cuanto la revisión de fuentes cubre hasta el año 1986, cuando apenas se comenzaba a informar sobre esta enfermedad.*

es el fortalecimiento de la salud vista como un asunto integral, es decir, que engloba todas las facetas de la vida humana, empezando por la subjetividad. La contradicción que subyace a la perspectiva clínica, enfocada a los procesos desviados, anormales y morbosos, en relación con los cuales hace caso omiso de la totalidad no sólo personal sino incluso física y, por supuesto, también de los procesos sociales, parece al menos rectificada en la popularización médica que ha venido acentuando cada vez más la necesidad de contemplar tanto el hábito como el estado anímico para contrarrestar los efectos patológicos de la civilización. La incompatibilidad subsiste aun así, porque las recomendaciones integralistas que se popularizan no descansan en los mismos postulados y procedimientos experimentales de la ciencia clínica. Se diría que se recogen nociones en circulación para mezclarlas con conocimientos científicos y canalizar el anhelo de una cultura somática medicalizada.

*La eterna juventud*

La salud es una meta que en 1926 (Uribe 1926) se alcanzaba sometiéndose casi a los mismos preceptos que propondría el Ministerio de Educación en 1940: madrugar como las aves; no trasnochar como los vagos; bañarse diariamente y observar escrupuloso aseo; practicar suficiente ejercicio al aire libre; no tomar licor y abstenerse de drogas y medicamentos; tomar tres comidas diarias a las mismas horas y evitar las cenas fuertes; dormir de siete a ocho horas, abrigado y en una pieza seca, aseada y ventilada; evitar la cólera, la precipitación, la preocupación y la tristeza; emplear todo el día en una ocupación honrada acorde con el estado, las aptitudes, la posición y las circunstancias de cada uno; no hacer, por último, mal a nadie, prodigar el bien posible para mantener sosegado el corazón y el alma alegre. Pero lo más importante era la higiene espiritual, la higiene del trabajo intelectual y la posibilidad de ser feliz llevando una vida sencilla y abstemia.

Con el paso del tiempo la prolongación de la vida sería un empeño que, aunque «nos costará un poco caro» (C-1651:12,1948), podía conseguirse por medio de la voluntad. La longevidad se construía sobre la abstinencia y la contención: evitar el café, el té, los alimentos refrigerados, el cigarrillo y el tabaco, el agua llena de microbios y el tomate, un cancerígeno, según lo atestiguaba en 1964 un «joven lleno de vigor de 89 años de edad» (C-2435:20,1964). La columna de divulgación médica de Cromos mencionó múltiples campos que la ciencia investigaba para alargar la vida: vitaminas, hormonas, sol, aire puro, agua y psiquismo. La nutrición confiaba por entonces en el consumo de alimentos crudos. La pesquisa sobre hormonas y glándulas estaba a la orden del día y se advertía que su equilibrio se veía afectado por la higiene, pero que también el sol, el aire y las emociones actuaban sobre ellas. Esencial era la armonía anímica. «Una evidencia de ello está en el desequilibrio tan frecuente de las funciones específicas femeninas en cuyo caso el factor síquico debe ser analizado antes de establecer medicaciones hormonales» (C-2013:46,1955). A las mujeres se les sugirió el uso de hormonas sexuales para garantizar el vigor físico y una espiritualidad juvenil, o sea, para «prolongar la vida (...) sin envejecer». El promedio femenino de vida en el último medio siglo había pasado de 48 a 72 años.

El deseo de vivir hasta 150 años, expresado en los años cincuenta, consistía en prolongar la madurez y gozar de una salud inquebrantable, en otros términos, en la profilaxis activa y la *curación* de la vejez, ya equiparada con una enfermedad. Los medios básicos para tal fin eran regímenes alimenticios que retardaban el envejecimiento y vivir según la regla de que todo el organismo trabaje sin agotarse: el descanso debía preceder a la fatiga, la respiración había de ser pausada, la digestión normal y la alimentación baja en carnes. La gimnasia y los masajes debían convertirse en práctica diaria, así como los paseos cuando se llevaba una vida sedentaria. Dormir suficientemente, no excederse en el trabajo, el alcohol y el tabaco, ni experimentar sobresaturación de ninguna naturaleza: «Hay que economizar el deseo, es un estimulante poderoso de la creación, es un estimulante del amor, es un estimulante de la longevidad» (C-2025:46,1956).

La receta de la gerontología, aparecida a mediados de siglo, es prevenir las enfermedades y usar los músculos y la mente. La nueva ciencia entra en escena criticando la búsqueda de una seguridad inexistente que sólo acarrea tensión nerviosa. Su programa consistía en concentrarse en perder el sobrepeso y controlar los «desórdenes» que afectan la edad: alteraciones cardiovasculares, tensión arterial alta, arteriosclerosis, anomalías metabólicas, diabetes, anemia, deficiencias glandulares, gota, cánceres y diversas formas de artritis. Aunque la gerontología se concibió como una especialidad que aspiraba a darle hondura y alegría a la vida, más que a prolongarla (C-2173:27,1959), ya en 1965 combatir el envejecimiento era un objetivo que bien podía lograr la higiene, entendida como distensión y relajación mediante movimientos musculares completos, dieta exenta de grasas animales, ejercicio y, por encima de todo, tomando a tiempo la decisión de hacerlo (C-2489:27,1965).

La intención de prolongar y alegrar la existencia nace de una higiene que patrocina nuevos estilos de vida: «Es preciso comenzar a conquistar una vida más saludable, más larga y mucho más llena de goces» (C-2710:43,1969). Para lograrlo hay que modificar las costumbres, desarrolladas por accidente, no de manera reflexiva. Un cuerpo y una mente más fuertes y en buen funcionamiento requieren curia; el cambio se propone a modo de tarea «hacia una vida de plena salud, vigor y alegría» y puede cumplirse tras unos meses. Los ejercicios dan fuerza, agilidad y resistencia; en combinación con una dieta razonable, alargan la vida. La mejor actitud son el goce y la alegría: hay que cambiar la postura mental hacia la muerte, hay que dejar atrás los fantaseos suicidas. La consigna es disfrutar la vida, guardándose de un desliz que se puede pagar muy caro y durante largo tiempo.

También es conveniente combatir el insomnio, dormir en ambientes adecuados, dar caminatas y vigilar constantemente el peso, el colesterol y el corazón (C-2721:44,1970). A la abstención de alcohol y tabaco, se adicionan los complementos vitamínicos sintéticos (C-2720:29,1970). Esta actitud higiénica acompaña cada ocupación y está presente en todo lugar: en la oficina puede haber diversión y salud si se hacen los ejercicios de respiración que el médico aconseja y, desde luego, en la práctica de los deportes, el recreo, el camping o los paseos siempre debe buscarse la oportunidad para estimular la musculatura (C-2720:29,1970).

La esperanza de vida se calcula evaluando la herencia, la salud, la dieta, la educación, el trabajo y el estilo de vida (C-3083:24,1977). El factor determinante, la salud, exige acudir regularmente al chequeo médico que previene la enfermedad y prolonga la vida (C-3131:64,1978). En las postrimerías de la década de los setenta se anunció que los científicos estaban haciendo realidad el gran sueño de la especie humana: la longevidad. Las características hereditarias podrían reformarse modificando la estructura genética y «¡El hombre podrá vivir 200 años!» (C-3131:68,1978). Sólo dos años después, una nueva posibilidad científica insinuó nuevos rumbos para los discursos de la higiene de la longevidad: «Para ser inmortal sólo basta morir». Se trataba de la criogenia, que tornaría verosímil una de las principales ambiciones del hombre (C-3281:90,1980) y cuya higiene permanece inédita.

## Salud integral y medicinas alternativas

A medida que se fue acallando la asociación directa entre salud y moral, se incorporaron al discurso de la salud los más diversos aspectos de la vida para forjar el concepto de salud integral. Los elementos que componen esta concepción permanecen, pero su articulación ha variado. Antes se hacía hincapié en la importancia de adquirir los hábitos higiénicos apropiados para conservar la salud y formar principios morales sólidos; ahora se establece un vínculo más inmediato entre el consumo (alimentos, ejercicio, aire, agua, servicios médicos) y la idiosincrasia. Quien ingiere determinados alimentos ostenta ciertos rasgos. En ello incide la «vida moderna», cuyos efectos negativos se pueden contrarrestar con las prácticas adecuadas, precisamente las de la salud integral. Aunque podría pensarse que no es más que una dieta en el sentido galénico, la diferencia estriba en que se concibe al hombre moderno viviendo en una situación adversa, a la cual, para neutralizarla, se contrapone una forma de vida de la que la enfermedad no es parte constitutiva.

Esta actitud global le restituye al espíritu la atención que la vida moderna le ha robado y le reconoce una salud propia, análoga a la somática. El postulado central de la perspectiva integralista es que el individuo moderno se ocupa poco de la salud y del equilibrio espiritual. Su lema es conservarse pese a que la vida moderna no le brinda paz al espíritu. Los factores perturbadores son, por ejemplo, los ruidos que someten al cerebro a un surménage incesante o la rapidez con que se suceden los acontecimientos y su consecuencia: la neurosis tan frecuente en la ciudad. La estrategia para atenuar estos focos de intranquilidad, para «limitar el poder de esta atmósfera», es una buena higiene mental consistente en limpiar el espíritu de elementos inútiles, desalojar los pequeños sentimientos, liberarlo totalmente de cuando en cuando, dar a cada cosa el valor exacto que tiene, recibir los golpes duros meditando sobre la responsabilidad que le incumbe a uno, esforzarse en sonreír a menudo, ser optimista, tener confianza en las propias posibilidades, no encerrarse en sí mismo y apasionarse por alguna cosa (C-1796:11,1951).

El riesgo, en caso de fallar al mandato de «preservar la salud a todo trance», es el de convertirse «en almas sombrías, rencorosas, y casi siempre injustas». El afán de «erigir nuestra propia intimidad» en un asunto definitivo para «alcanzar la dignidad y el poder de la energía» (C-132:162,1918)[16] se concreta al comprender que «todo cuanto sentimos y pensamos depende de nuestro estado de salud»: él es la base de la felicidad. Atenderla es al mismo tiempo «velar por la ecuanimidad de nuestro juicio», puesto que la vida sentimental y la mental son derivaciones de la física. Manteniendo la salud se obtienen la elevación y transparencia del alma.

Si bien los componentes de esta visión coinciden del todo con los de las primeras sugerencias higiénicas, no se comportan según la norma conmutativa, por lo que el imperativo reside aquí en el cuerpo mismo, a cuya salud está subordinado, por extensión, el bienestar anímico y espiritual. «Ser sano es no tener miedo de nada ni de nadie y es vivir integralmente dando al cuerpo lo que es del cuerpo y al alma lo que es del alma. (...) Mantengámonos sanos para que nuestra alma sea elevada y transparente. Es indudable que los malos irremediablemente tienen alguna deficiencia física que repercute en su vida moral» (C-1913:63,1953). La perspectiva incluye profilaxis y tratamiento, pues «la nueva medicina sabe hoy que toda enfermedad compromete por igual el cuerpo y el siquismo» (C-2633:23,1968).

En aras de la salud total, el ansia por teorías y prácticas más apropiadas para cuerpo y alma, que no excluyan la individualidad ni le resten el carácter humano al cuerpo, recogió y elaboró discursos provenientes de tradiciones culturales distantes y de acercamientos occidentales marginales al desarrollo exclusivamente científico, experimental y racional de la medicina, cuyas alternativas se mostraron insuficientes para satisfacer las nuevas demandas. La introducción se hizo amalgamando el interés por la figura con el llamamiento a perfeccionar la subjetividad que trajeron consigo los años sesenta. Se esgrimió la idea de que la subjetividad era una adquisición hecha a partir del conocimiento del cuerpo y que éste era como «un grito de regreso a la naturaleza» (C-2333:17,1962). Esta sabiduría, igualmente acreditada por toda clase de terapias corporales, se fundamentó en su primer momento en el yoga, popularizado como ejercicio de la voluntad y dominio del organismo. En esta misma línea de control de la respiración se dio la bienvenida al método psicoprofiláctico que la obstetricia difundía por entonces.

---

16 *cf.pgs. 124 y 170.*

Tal orientación, de corte elitista, ocupó después uno más de los nichos del inmenso edificio surgido de la explosión de nuevas opciones para la salud. Muy prolíficas han sido las medicinas populares y ganaron renombre con las operaciones, a través de médium, de José Gregorio Hernández[17] (C-2937:91,1974), cuyos resultados fueron constatados por la fotografía y la ciencia (C-2969:68,1974). Otra variante, con un discurso que goza de mayor credibilidad científica, es la medicina bioenergética, encaminada a curar enfermos y no enfermedades (C-3363:84,1982). Con su adopción se inició una reacción al abuso de drogas e intervenciones innecesarias de la medicina alopática.

Al lado de las orientaciones curativas también abundan las que propugnan la implantación de una forma de vida específica y se definen como «remedio para el hombre contemporáneo». Es el caso de la sofrología (C-3371:34,1982). Su intención, como «ciencia de colectividades», es «potenciar y activar el positivo del ser humano» y aportar soluciones eficaces para grandes conglomerados. La sofrología apela al uso de las sensaciones -armonía, paz, serenidad- y enfatiza en la corporalidad, argumentando que «el cuerpo es un tesoro en el que radican reservas que pueden desarrollar la mente y el espíritu». Nuevamente se ve en el cuerpo la base para «la conquista de las estructuras más altas del espíritu» y se confía en el entrenamiento de la mente a través de la memoria. Es notorio el acento en el dominio del espíritu, marcado ahora por un carácter rebelde. El cuerpo, considerado antes terreno de pasiones casi incontenibles, ha pasado a ser materia dúctil y herramienta para el control del alma.

Con el propósito de eludir la consulta médica y, en general, como movimiento contestatario a la medicalización, ganaron terreno diversas terapias menores que suplen de cierta manera la pérdida de un saber tradicional para la diagnosis y el tratamiento somático diario, absorbido por el discurso médico. La digitopuntura (C-3467:49,1984), que alivia el dolor sin la mediación del médico, o el conocimiento de los biorritmos, el cual encierra «la clave de la felicidad» (C-3490:53,1984) y compagina las esferas física, emotiva e intelectual en un plan de vida que hace justicia a las tres, ejemplifican la proliferación de saberes y técnicas corporales de uso popular y cotidiano que permiten comunicarse con el propio cuerpo, ejercer

---

*17 Médico venezolano beatificado y conocido popularmente por sus intervenciones quirúrgicas milagrosas.*

poder sobre él y vigorizar la sensación de mando sobre el ser físico y mental sin resignarse a la compartimentalización clínica.

Los programas de la medicina académica y los de las medicinas alternativas suponen actitudes divergentes para sus usuarios y formas de vida distintas; pero a unos y otros subyace la noción de que esa forma afecta la salud y ello es responsabilidad del individuo. La enfermedad se entiende como un estado de anormalidad al que no se llegaría si se tuviesen hábitos razonables y se ejercitasen las virtudes de la salud: disciplina, temperancia, contención, regularidad, moderación. Los beneficios que depara una forma de vida semejante son la longevidad y la perpetuación de la juventud, la disponibilidad ininterrumpida de energía y por consiguiente de rendimiento, el logro y conservación de la belleza y, como resultado agregado, la felicidad. En las dos corrientes tiene lugar un entrelazamiento de salud, ética y estética y los requisitos de la salud se expanden en todas las direcciones, convirtiendo el cuerpo sano en un argumento moral y discriminatorio.

### D. Géneros y edades

El discurso médico, como el urbano, dicta conductas, ideales, tareas y prácticas que moldean la vida individual. Salta a la vista que mucho del poder que perdieron los discursos morales tradicionales, la religión y la civilidad, por ejemplo, se lo apropió la medicina para entretejerlo con el valioso recurso de su aval científico. Por su vasta cobertura y su naturaleza incontrovertible, la filigrana discursiva de la salud no creó la floritura y prolijidad de las figuras de la cortesanía. Algunos temas los absorbió sin mayor deliberación, especialmente en su fase higienista, como ocurrió con las nociones sobre el método, el orden y el uso del tiempo. Tampoco cuenta el discurso médico con una retórica somática ni un proyecto de ordenamiento social de envergadura; su propiedad más sobresaliente es la homogeneidad y su finalidad es abarcar tantos terrenos como sea posible, para lo cual esquiva las construcciones simbólicas complejas y se concentra más bien en la difusión y la compatibilidad. El discurso médico se vale de analogías bastante directas y explícitas. Como resultado de este proceder, el único orden verdaderamente detallado que ha explorado es el de los géneros y las edades. Allí, y habida cuenta de los palmarios dimorfismos y fases del desarrollo biológico, puede elaborar un discurso pertinente para cualquiera.

## 1. La infancia

Los niños son el objeto de toda la programación educativa: ritmos, alimentación, sueño, desarrollo físico y mental, expresiones emotivas e intelectuales, todo lo comprende la higiene bajo la promesa de salud y bienestar. Tal como los percibe la higiene, los niños son parásitos, irracionales, viciados en su germen, raquíticos, mediocres, torpes; todos sus defectos se acrecientan en la escuela y llegan incluso a deformarlos (Muñoz 1935). La falta generalizada de higiene y la mala crianza son el origen de este mal; la manera de remediarlo es proteger al niño antes de su nacimiento, cuidando a la madre.

El primer paso consiste en definir la infancia. La higiene lo hace negativamente: dominado por los deseos, el niño es ante todo carencia, perversión y balbuceo, y puesto que la higiene entabla una alianza prácticamente indisoluble con la salud moral, se requiere el control minucioso sobre su cuerpo con miras a su formación ética. En realidad, la higiene apunta al alma infantil y el cuerpo es el vehículo para alcanzarla (Ulmann 1993). De ahí que la higiene infantil se confunda con la educación física, especialmente en lo tocante a la adquisición de hábitos. Su discurso aplica su táctica usual: dividir para gobernar. En esta ocasión, se establecen las edades y sus características. Londoño (1894), fiel a Hipócrates, reconoció cuatro etapas; a la última, de los siete hasta cumplir los quince años, la llama la adolescencia, e incluye una quinta, de los quince a los veinte años: la pubertad. Las edades se delimitan por procesos biológicos: dentición, evolución dentaria y segunda dentición y las enfermedades propias de cada una. Vasco (1934), interesado preferentemente en la educación del carácter infantil y creador del *Centro de Higiene Física y Mental*, insertó en su *Breviario de la madre* una definición de los períodos de la vida del niño con base en sus sentimientos filiales: grandeza hasta los tres años, amistad de los cuatro a los seis, fuerza y sinceridad hasta el noveno, indiferencia entre los diez y los doce y hostilidad hasta los dieciocho años.

Bernal (1937) consideró la primera infancia, hasta finalizar la dentición, como el período en que se aprende más que nunca y el más propicio para desarrollar las buenas costumbres que forman el buen carácter. Aunque su puericultura tiene en general un espíritu más positivo, su temor a los «resabios» le hizo recordar que la cama era sólo para dormir y que los niños no debían leer, oír historias, charlas ni ver láminas acostados. Bernal recomendó separar desde el período de los cinco a siete años a los niños de las niñas: ya entonces alientan las tendencias sexuales y conviene una educación ajustada a cada sexo. Insistió además en la importancia del juego y la gimnasia como ingredientes indispensables para el desenvolvimiento infantil.

En este momento había caído casi por completo en el olvido la idea de que la infancia era una enfermedad y se veía en la puericultura una obra de patriotismo (Bernal 1937). El niño representaba el poder y la potencialidad del futuro (República de Colombia 1932d). Así se explicaron la adopción en 1933 de los Derechos del Niño, la sagrada obligación del Estado de velar por su bienestar y la conveniencia de la enseñanza obligatoria de la puericultura a las niñas.

Bejarano (1924), al igual que Torres (1936), no distinguió etapas sino que se sirvió de las edades: a cada año le adscribió una talla y un peso que debían ser la guía principal para evaluar el desarrollo infantil. Por fuera de estos índices se caía en la anormalidad. Durante los primeros años de la vida del bebé tenían que inculcársele hábitos; en cualquier caso, hasta los cinco años el cerebro del niño sólo estaba capacitado para la vida vegetativa y no debía imponérsele ninguna labor diferente del juego y de aquellos métodos «que utilizan las iniciativas del niño y las sensaciones que le van suministrando los órganos de los sentidos» (Bejarano 1924:68). Estas limitaciones las aconsejaba su carácter marcadamente excitable, el cual no debía estimularse con exceso de mimos o de juego. En opinión de Bejarano, era muy importante permitir que el estado de indefensión y protección de la infancia se prolongara hasta los veinte años; así se evitarían el envejecimiento prematuro y la anticipación de los vicios de cada edad.

Vasco pensaba que los niños debían ser disciplinados y civilizados por medio del cuerpo y que ello era tarea de la higiene y la ciencia. La educación de los niños debía ser acorde con sus iniciativas y sensaciones, y era también la higiene la que determinaría cuáles eran éstas y cómo debían canalizarse. La disciplina en que se funda la higiene consiste en controlar y regular la comida, el sueño, las deposiciones, el hábito del aseo y el temor a la suciedad. Para Vasco, la pubertad principia a los doce años, cuando se expresa la inquietud y curiosidad con respecto a la vida sexual. La explicación que ha de darse al niño realza el despertar de glándulas cuyo jugo es fuente de energía, robustece el organismo y activa los centros nerviosos

> *de modo que al penetrar en la sangre, te darán fuerza y varonía en juegos y en disciplinas, soltura y habilidad en todos tus movimientos, serenidad en las acciones, y claridad y viveza en el pensamiento. Por lo tanto, si quieres conservar la riqueza de todas estas funciones procura no dejar escapar ese fluído misterioso de tu cuerpo y no prestes atención a quien te aconseje malgastar esa fuente de energía (Vasco 1934:146).*

López de Mesa quería salvar a los jóvenes de la «minoración vital» causada por las regiones templadas y calientes, sometiendo a los adolescentes a un rito de paso que los llevara impolutos a la vida adulta: «es bueno divulgar la importantísima (empresa) de que la crisis de la adolescencia, de los trece a los quince años, sea cumplida en clima frío, previa limpieza del organismo de las enfermedades hasta ahora contraídas y curables» (citado en Torres 1935:s.n.). La iniciación sexual de las niñas, por su parte, había de transcurrir con discreción y sin entrar en detalles. Si la niña insistía cuando estaba más desarrollada, entonces la madre le debía recordar que aún no estaba en capacidad de entenderlo. Ya acercándose la pubertad y recordando la madre que tal vez

> *un labio torpe manche su nativa pureza (...), llévela a los pies de la Virgen (...) y después de rezar alguna plegaria que prepare el alma para la revelación, dígasele a la niña, con recato pero sin hipocresía, y evitando los detalles, el noble misterio de la maternidad; pondérensele sus maravillas y explíquesele con la mayor naturalidad del mundo el significado que tiene el advenimiento de sus funciones de mujer, las responsabilidades y los privilegios que ella encarna, la higiene necesaria en aquel período y las graves consecuencias que habría en dejarse llevar por las pasiones y en dar rienda suelta a sus apetitos e inclinaciones (Vasco 1934:154).*

El sexo marca el inicio de la vida adulta y la pubertad debe afianzar la definición genérica. Pero, aun cuando los higienistas admitían que la educación sexual era importante, ninguna de sus cartillas trata el fenómeno fisiológico de la reproducción; las que lo mencionan, lo hacen tan sólo desde el punto de vista moral.

En 1925 el *Código moral infantil*, señaló que «todo buen ciudadano trata de adquirir y conservar perfecta la salud». Los deberes de ese ciudadano se cifran en conservar limpios la ropa, el cuerpo y la mente; en evitar los hábitos perjudiciales, adoptando y observando los benéficos; en alimentarse, dormir y hacer ejercicio para mantenerse en perfecta salud, sin olvidar que el exceso de alimentación, sueño o ejercicio puede producir enfermedades o entorpecer las aptitudes; y en no ingerir bebidas alcohólicas ni excitantes (C-480,1925). La prensa repetía que los jóvenes no debían fumar ni tomar licores y al terminar la década se expresó la conveniencia de impartir educación sexual a niños y niñas como parte de la formación moral.

## 2. Las mujeres

*La educación que se da a las mujeres las hace diferenciarse casi enteramente del hombre. Siendo de una constitución más débil y más irritable, tienen siempre que temer las enfermedades nerviosas. El régimen de ellas se acerca al de la juventud. Ningunos alimentos difíciles de digerir, ni estimulantes, especias, café ni licores, sino carnes blancas, vegetales, etc. (Cuervo 1833:11)*

*La mujer que lleva una vida activa, cuyo físico y moral se acerquen al del hombre, debe seguir el régimen que se ha indicado para éste, excepto las precauciones que exigen los diferentes estados que son particulares a su sexo. La vejez es más precoz en las mujeres, pero sus progresos más lentos. (Cuervo 1833:12)*

Esta primera impresión, de origen humoral, le confiere tanta importancia a la educación que reciben y a la actividad que realizan las mujeres, que todavía permite superar las limitaciones fisiológicas y emocionales que comienzan a esbozarse como características de la naturaleza femenina. En realidad, el texto de Cuervo se sitúa en un momento de transición. La biología había empezado a desentrañar la fisiología del organismo femenino, en particular el papel del orgasmo en la fecundación, pero desconocía aún la fisiología de la ovulación e intentaba diferentes figuras para replantear la relación entre los sexos. Décadas más tarde, Monlau cimentó la distinción moral entre los sexos en sus diferencias anatómicas, fisiológicas y psicológicas. En el masculino dominaban el calor, la expansión y la fuerza, «es el más completamente organizado, el más fuerte, el más elevado en sus facultades, predomina numéricamente en las especies superiores, así como el femenino en las inferiores» (Monlau, 1926:93). La mujer tenía menos calor y fuerza vital, su sangre era «más aguanosa», su individualidad estaba menos desarrollada y en ella era ostensible la preponderancia de la plasticidad. El cuerpo femenino, formado para la generación, demandaba menos nutrición debido a su inferior perfección y a su estructura floja, y tenía por destino «fundar las delicias y el amor de la familia» (Monlau 1926:94). Esta concepción depositó en el hombre toda la responsabilidad del matrimonio, por ser él quien «*hace a la mujer*».

Con todo, el texto de Monlau todavía le concede a la excitación sexual femenina un papel definitivo en la fecundación, si bien ya diferencia la fisiología femenina de la masculina. Por ello se ocupa de la fisiología de la copulación, la fecundación y la concepción, discurre sobre la impotencia masculina, los afrodisíacos, las formas de ayuntamiento, la preñez y el parto. Nombra los genitales, los describe, se refiere a la manera de asearlos y se esfuerza por esclarecer temas innombrables para la ciencia local: sexo, frigidez, impotencia y control de la natalidad, asuntos que los higienistas colombianos no tuvieron valor de afrontar en su labor de ilustración popular.

Cuando se descifró el mecanismo de ovulación y se confirmó que el placer femenino no incidía en la fecundación, se dio el paso final para una completa reasignación de caracteres. Restándole el placer femenino al sexo, le queda a éste sólo la función reproductiva y se concluye que la mujer es menos apasionada y moralmente más apta (Laqueur 1987). La idea no era del todo nueva: Monlau ya había aludido a su reverso, es decir, a que era más sensato no fustigar la pasión femenina, capaz de dar buena cuenta de la energía vital del hombre. Pero la mencionada reacomodación levantó la última barrera y condujo a la completa romantización e idealización de la mujer, sentenciándola, sin atenuantes, al matrimonio y la reproducción.

A cambio del lastre moral que se les impondría en adelante a las mujeres, se les otorgó la merced de ser portadoras de virtudes únicas y dueñas de una condición moral superior; dignas, por tanto, del derecho inapelable al respeto social y a que les fuera convalidada su pureza.

*La mujer colombiana lleva al Matrimonio un caudal de emoción, una fuente de esperanza, una energía sana e indomable, lleva, con su contingente espiritual, con su sensibilidad, con su intuición fecunda, la salud, por regla general. La salud, factor decisivo para la felicidad en la unión conyugal; después del* trabajo *en el hombre y del* amor *en los dos cónyuges, la salud es la base esencial para la buena suerte de un Matrimonio; o mejor, sin* salud *no puede haber* trabajo *y quizás haya* amor *sólo en rarísimas excepciones (Muñoz 1935:215).*

Era en la maternidad donde se desplegaba la verdadera condición femenina. Los higienistas fraguaron la imagen de la mujer-madre, figura suprema del orden social imaginado por ellos. El primer tropiezo no se hizo esperar: las mujeres no sabían ser madres y esta ignorancia era la razón de la alta tasa de mortalidad infantil, la mala salud y el desaseo. Y la higiene se vio en la obligación de enseñarles su tarea. García Medina hasta propuso que se crearan escuelas de madres y que la supervisión de los quehaceres maternales fuera encomendada a enfermeras (RMC 20(11),1929). El embate eugenésico les quitó de esta forma piso a las tradiciones y conocimientos de las mujeres, desvirtuando y diluyendo las modalidades femeninas de alianza para que, libres de toda comunidad distinta de la familiar, quedaran sometidas al conocimiento y la consulta médicos, que les ratificaban su exclusiva dedicación familiar (Shorter 1982). La mujer se convirtió además en el agente medicalizador de la familia. La mujer-madre, empleando los recursos, prácticas y discursos higiénicos, haría del hijo un ciudadano útil y de la puericultura una obra patriótica. Portadora de salud moral y física, ella era la figura esencial, la que posibilitaba el trabajo masculino -y por ende el bienestar social-, la cristalización del amor que perpetuaba la unidad familiar.

Dilucidado el proceso de ovulación, se multiplicaron las prácticas contraceptivas científicas y se puso a la orden del día el discurso de la sexualidad. También en esta oportunidad la medicina pidió la palabra para reclamar, amparándose en su cientificidad y su preeminencia moral, la potestad sobre la materia. La sexología trajo sus sugerencias en torno al sexo como fuente de vida intensa y la demarcación de este nuevo campo discursivo reavivó el debate sobre las características de la mujer. Se preguntó entonces: «¿Es la mujer igual al hombre?» Las mujeres parecían haber demostrado por su carácter, inteligencia y capacidad de trabajo que «no son inferiores». Pero armas como la astucia, la pasividad o el disimulo no se juzgaron suficientes para equipararlas con los hombres y nadie podía negar «que la propia Naturaleza elevó una barrera entre ambos sexos. Aun la mujer mejor preparada y más fuerte, está y estará siempre dominada por sus nervios; la emotividad, la incapacidad de resistir a los impulsos, constituyen los rasgos predominantes de su carácter. Fue y será siempre superficial... Por su naturaleza necesita que se la proteja» (C-1311:6,1942).

La institucionalización del control natal desplazó la atención de la reproductora hacia la mujer misma, cuyo cuerpo se declaró «campo de batalla de los vaivenes temperamentales femeninos». Agotados los recursos para contener la figura femenina en un discurso positivo, no quedó más que enfilar contra el núcleo del problema: el cuerpo femenino. A fines de los años sesenta se hizo la primera tentativa de reconocer a las mujeres funciones diferentes de las de reproductoras y educadoras. El obstáculo inicial era el cuerpo, y ello en su aspecto más femenino, pues los cambios hormonales obligaban a la mujer a «conocerse a sí misma», a establecer las relaciones pertinentes entre el ciclo menstrual y el estado emocional. Como madres, las mujeres habían sido capaces de inculcar orden, método y disciplina a sus hijos y a sus hogares asegurando la prosperidad y el futuro; ahora, abandonadas a su propia suerte, las rondaban la inestabilidad, la exuberancia emocional, la agresividad, las tensiones, la hostilidad y la sensación de impotencia. En medio de las reivindicaciones feministas las hormonas «luchaban contra el cerebro», desatando un estado de ansiedad interior que inhibía a las mujeres frente al éxito. Las sustancias químicas «elaboradas por su organismo batallan por crear conflictos entre sus esperanzas y sus angustias» (C-2851:74,1972). Lo que el descubrimiento de los microbios significó para los discursos higiénicos, lo repitieron décadas más tarde las hormonas, en esta ocasión para cerrar el sitio a la imagen de la mujer. Inhabilitada por el ciclo menstrual a lo largo de su vida reproductiva, ella no encuentra ningún alivio en la menopausia que empobrece su desempeño y trae consigo nerviosismo, insomnio, irritabilidad, depresión, fatiga y dolores (C-2993:34,1975).

### 3. Los hombres

La salud fue el camino para que un discurso se dirigiera por primera vez, de manera directa, al cuerpo masculino. Cabría pensar que ante la depreciación médica del cuerpo femenino en beneficio de los hombres, el masculino sería el parámetro; paradójicamente, no tardó en saberse que las nuevas nociones médicas no tenían la intención de admitir, como sus antecesores discursivos, que las propiedades masculinas eran, por definición, superiores. Teniendo de todos modos al alcance de la mano argumentos para reservarles ciertas ventajas, se comenzó por reformular principios que eran hasta entonces atribución de la voluntad divina. El cuerpo masculino se patologizó y medicalizó tanto como el de mujeres y niños; las particularidades de la vida masculina fueron sin tardanza blanco de las lucubraciones higiénicas: comida, bebida, tabaco, excesos sexuales, trabajo, descanso, temperamento. Al cuerpo masculino se le asignó, empero, una tierra de nadie, un espacio para dar rienda suelta a comportamientos exentos de interpretación, sin secuelas morales: un lugar al margen de la cultura. Allí el cuerpo conserva algo de su esencia animal, indómita, que no mella las condiciones morales, no pone en entredicho a la persona, no amenaza a la sociedad. Otra discrepancia consistió en acentuar la medicalización del cuerpo masculino con fines productivos y de eficiencia. Allí cabían, claro, las distinciones entre el cuerpo del obrero, el profesional o el miembro del Jockey Club. Este tipo de discriminación lo perfeccionó preferentemente el discurso de la cultura física; los higienistas se ciñeron al control del alcoholismo y las enfermedades venéreas, causadas por la ignorancia, la decadencia biológica o la falta de gobierno sobre las pasiones. No cabe duda de que el terreno más semiotizado del cuerpo masculino es el sexo en su relación con el gasto energético, semiotizado mediante una particular estrategia de omisión en la que se confunden las fantasías, los sobreentendidos y los discursos restringidos o ausentes.

El principal temor de la higiene fue ver apagarse la llama de la vitalidad masculina, por lo que hizo un llamado general a velar por esta fuente de energía. Monlau tenía especial interés en constreñir la actividad sexual: iniciarla antes de los 25 años era un abuso de las aptitudes primeras, con graves consecuencias para la longevidad y la prole; prolongarla más allá de los 50 años era derroche de una energía ya declinante: «El esperma no es sólo una especie de EXTRACTO del todo individual; sino que después de haber permanecido algún tiempo en sus depósitos naturales, comunica a su vez y *de un modo continuo*, a la economía entera, cierto principio de extraordinario vigor, fenómeno más marcado cuanto más larga ha sido la continencia» (Monlau 1926:118). Los efectos beneficiosos sobre la economía somática revertían en la nacional y su resultado era una población emprendedora, laboriosa, austera, activa y osada que se multiplicaría rápidamente y en la que progresarían las luces, la libertad, la igualdad y el bienestar. La lucha de la higiene se libró así en torno a la economía del flujo seminal y la domesticación de las pasiones. Sólo tras declarase la guerra al crecimiento demográfico y desplazarse la imagen reproductora de la mujer, comenzó a afianzarse la temática de la sexualidad masculina y su educación. «El enigma de los hombres frígidos» arrojó dudas sobre el presupuesto de que las mujeres causaban la frialdad masculina, como se alegaba en caso de divorcio (C-2601:17,1967). Por primera vez el cuerpo masculino se representó afectado por el funcionamiento glandular, nervioso o emotivo; en el curso de la polémica sobre la contracepción, se aclaró que la vasectomía no modificaba el deseo ni la actividad sexual y que, por lo contrario, «la meta de la ciencia es un amor esplendoroso» (C-2857:32,1972).

Al mismo tiempo que el cuerpo femenino era víctima de las vicisitudes hormonales, el masculino sufría de impotencia, debido primordialmente a las nuevas exigencias femeninas que desencadenaban «neurosis» en los hombres. Para ambos sexos se hizo insoslayable el conocimiento de la sexualidad y el disfrute de un ambiente propicio (C-2863:46,1972) y para vencer la apatía sexual que alguna vez sufriera el 84% de los hombres, hicieron su aparición pública las prótesis (C-3227:92,1979). La acción hormonal alcanzó por último a los hombres y se descubrió que su cuerpo también sufría una «metapausa» (C-3267:84,1980) que daba lugar a pérdida de autoestima, agresividad, debilidad, frustración y al afán de lucir atractivos, saludables y exitosos (C-3461:68,1984).

Si se tiene la impresión de que el discurso sobre las mujeres es más prolífico y cambiante, no se puede olvidar que los dos son en realidad uno solo que se dirige a la vez a hombres y mujeres, y si durante décadas no se habla del desempeño sexual y la función de cada sexo -como ocurrió desde los años 40 hasta los 60- es seguramente porque hay consenso sobre los papeles asignados. La controversia se entabló cuando se impuso una revisión de los géneros que exigió repasar las definiciones, reacomodar y nutrir las cargas semánticas y buscar nuevas formas de avenencia genérica. Así se comprende la reaparición de la figura femenina devoradora: ya no de la energía vital, pero sí de la estabilidad emocional masculina. La estabilidad emocional, los sentimientos y el estado anímico componen el núcleo del argumento central para la discusión sobre la sexualidad, pues ésta debe convertirse en un factor de equilibrio y satisfacción personal.

## E. Crítica somática

Puesto que la persona está expuesta a los elementos externos y, estándolo, conforma con ellos una unidad, su vida está en armonía y es sana siempre y cuando esa unión no se desequilibre. Si esto acontece y la enfermedad se manifiesta, la medicina de tradición humoral intercede para restaurar el equilibrio. Su tarea es entonces contrarrestar la carencia o el exceso. Por lo demás, la medicina se ocupa de las formas de *conservar* la salud, que se tiene por natural y consiste en no deteriorar la estabilidad individual ni la armonía personal con el entorno. Nadie está llamado aquí a corregir su temperamento; sólo debe considerarlo y actuar de acuerdo con sus simpatías. Este cuerpo, en comunión con el alma, la representa y no tiene pretensiones de modificarla: cumple con actuar como un vicario digno.

La higiene ofrece, inicialmente, la posibilidad de alterar la influencia de los elementos externos y, de ese modo, cambiar el desarrollo del hombre física, intelectual y moralmente; en una palabra, progresar. Su saber no aspira a preservar un bien innato; quiere utilizarlo, ponerlo al servicio de un propósito de mejoramiento de la persona misma. Para lograrlo diluye la unidad del ser y el entorno y actúa sobre el último. La intención de producir un cambio tiene al menos dos premisas: la reflexión sobre el estado actual y la imaginación de un estado futuro. La higiene implanta con ellas la crítica somática, que aflora en el debate de 1920. Su legado más notable es haber constituido el cuerpo subjetivo. No solamente robusteció un proceso de subjetivación ya insinuado, sino que le dio un vuelco cualitativo: varió su eje. Desde entonces, el desarrollo -en forma de progreso- pasa por la crítica y la modificación física. El cuerpo que se percibe y se piensa a sí mismo y además se imagina transformado, y con él a todo el individuo, es el cuerpo de la modernidad.

La fisiología desentraña un mecanismo que puede ser afectado; la higiene lo dota de una visión ética y provee un método. En lo sucesivo se consagrará a diseñar, perfeccionar y propagar nuevos métodos. La pregunta por las funciones orgánicas desvía la mirada médica, la hace posarse en el cuerpo sano y, obediente a su ética de progreso, sumergir el cuerpo en un pantano de riesgos, conminarlo a la conducta preventiva y al sueño de la salud. La dinámica iatrogenética de la medicina clínica le impidió atenerse a su condición de medio para sanar y mantener la salud (Bleker 1983) y la impuso como fin, más aún, como obligación, haciéndola entrar en conflicto con los derechos individuales de autodeterminación (Herzlich/Pierret 1984) intrínsecos del ideario moderno.

La presentación lineal de esta evolución puede resultar engañosa: muchos fenómenos fueron simultáneos y se traslaparon. No ha cuajado todavía una verdadera institucionalización de la medicina clínica y ya se está enfrascado en el fragoroso debate eugenésico. Los discursos se atropellan en medio del sentimiento de que ni las condiciones socioeconómicas del país, ni las climáticas, ni la tradición, ni el acervo biológico de los colombianos son idóneos para el progreso y el tránsito a la modernidad, y la medicalización se cuela por cada intersticio y doma cuanto alcanza a abarcar: le asigna una connotación moral a cada detalle, forma, movimiento, a toda costumbre e intención. La higiene se autoerige en vínculo entre la salud y la moral (Peralta 1992): «a la medicina incumbe definir los fundamentos de la personalidad, la índole del espíritu, el quid de la conciencia intelectiva y la misión trascendente del hombre; (...) en la terapeútica conviene una labor muy importante a la profesión médica para iniciar desde su núcleo ejemplificante la restauración moral de la estirpe» (López de Mesa, en Rosselli 1968:327s).

La higiene defiende con denuedo la liberación del cuerpo para sacar a flote la energía que esconde, ponerla en marcha, incorporarla a la producción, ordenarla y disciplinarla (Forero 1983). Capturar la energía física y psíquica de los trabajadores, hacer de ella un capital disponible para la empresas (Mayor 1984; Sáenz 1990), transformar la energía en el alimento de la nación (Muñoz 1935), emplear su fuerza, convertirla en herramienta (Boltanski 1974): en torno a ello gravita el discurso que la higiene dedica a los trabajadores, allí empeña su actividad analítica condensada en las cartillas que informan del cuerpo en sus componentes anatomo-fisiológicos -los aparatos-, su funcionamiento mecánico, y las instrucciones de mantenimiento para aumentar su rendimiento (König 1989) y resolver las trabas orgánicas que el trabajo impone al desarrollo industrial (Mayor 1984).

En su labor de armarse para modelar el alma, el cuerpo que concibe la higiene consigue igualmente una dosis de placer: la alegría que la salud inyecta a la vida, el bienestar que infunde al cuerpo y al alma, lo satisfactorio que es sentirla, pues se supone que la salud es algo que se siente. Los sentidos se han preparado para verla, olerla, gustarla y sentirla y sólo su existencia da posibilidades de gozar; el estado de cenestesia es imprescindible tanto para pensar y perseverar (Muñoz 1935), como para alcanzar el éxito y el progreso. La higiene rehabilita el cuerpo, legitima el uso de sus recursos, le concede una importancia intrínseca y funciones insustituibles (Revel 1986). Al hacerlo, libera el cuerpo del lastre de la representación, su discurso se divorcia de la urbanidad y la ciencia adquiere autonomía y jurisdicción para organizarse como un plan de vida nacional en el cual el médico se concibe como creador de conciencia, guía por la senda del bien, las buenas costumbres y la felicidad (Muñoz 1935).

El cuerpo moderno ocupa el primer plano en calidad de componente definitivo del ser humano: su maleabilidad incide en toda la persona. La cuestión que se plantea es de orden antropológico: habida cuenta de esta plasticidad somática, ¿cómo piensan la higiene y la salud a la persona? El papel preeminente que la medicina le atribuye al cuerpo obliga a domeñarlo; no puede éste vagar a su albedrío sin poner en peligro el alma. Hay que cultivarlo, pues el individuo que surge, siendo autónomo el cuerpo, es un hombre nuevo a la búsqueda de una nueva definición de la comunión de cuerpo y alma.

La autonomía que la medicina científica le otorgó al cuerpo, lo desembarazó de su función representativa. Así liberado, el cuerpo propende a la expansión, busca significarlo todo, especula con el incremento de su capital simbólico. Baudrillard (1970) aventura la afirmación de que este cuerpo, pletórico de símbolos, ha usurpado con su absoluta inmanencia la trascendencia atribuida otrora al alma. De modo sobresaliente en la versión que defiende la higiene, se insta al orden y la regularidad fisiológica, a expresar las pasiones con los recursos que ha discurrido la ciencia médica. Cultivado como materia prima, fuente de energía, símbolo de alegría y goce, el cuerpo se incorpora al mercado de símbolos para ser interpretado en términos de eficiencia, belleza, rendimiento, salud, ética, riqueza o felicidad.

Para impulsar esta evolución fue decisivo el apoyo oficial a través de campañas y labores de divulgación. Su intervención se desvanece posteriormente en favor de la responsabilidad individual de la salud y la realización de una forma de vida cuya dinámica respalda la expansión aparentemente incontenible de los discursos médicos. El cuerpo se sobrecarga: a los símbolos que le adscribió la urbanidad burguesa se suman los que le endilgan la higiene, la salud, y algo más tarde la cultura física y la belleza. Puede no ser un ardid del azar que la mutilación, que en el primer avance masivo de la violencia afrenta al cuerpo -abrumado por su capacidad simbólica-, coincida con la coronación de las campañas higiénicas y la institucionalización de la salud pública.

La modernización somática que induce la higiene va aparejada con la ontologización y la semiotización corporales (Ziehe 1991), con el igualamiento de salud, ética y estética. Dicha igualdad surge de la reivindicación y estetización de los sentidos en que se fundaron el desarrollo de la higiene y la medicina científica en general. Desde la eliminación de lo que ofende a los sentidos, pasando por el uso intensivo de los mismos como medio de conocimiento, hasta el énfasis puesto en su educación y refinamiento, ellos son un expediente vital del discurso sanitario. Del olor y el gusto hacia la visión y el oído para redondear luego con la piel y la cenestesia, el cuerpo moderno se incita sensorialmente, se autorreconoce sensorialmente: allí radica su fortaleza (Foucault 1975) y su ansia de sí mismo.

La limpieza y la salud provienen del interior del cuerpo y se sienten. Una pulcritud de esta naturaleza pasa por la «desintoxicación del cuerpo mediante deportes y sesiones de gimnasia que provocasen una abundante transpiración, seguido esto por baños higienizantes y resultando de esa acción conjunta una epidermis limpia, una mejor sensación de pulcritud y de frescura y, desde luego, de mejoramiento en el estado de salud» (C-1931:24,1954). Combatir el olor es una tarea que abarca una amplia higiene: «Desde ya, el simple lavado, por muy a fondo que se haga, no basta él solo para anular el olor de la transpiración, que es variable, dependiendo no solamente de la higiene del individuo, sino de varias otras causas, entre las cuales es una de las más importantes su edad y estado de salud» (C-1931:24,1954). El fruto del prurito olfativo es *evidente*: se trata de la belleza que compromete, a su turno, otros dos sentidos esenciales para la higiene: la vista y el tacto, o sea, la piel. Su exacerbación queda a cargo de las técnicas y figuraciones de la estética, pero su producción continúa siendo prerrogativa de la salud.

Dar vida a los sentidos, invocarlos, declararlos vehículo de conocimiento del mundo exterior y del interior, clasificar percepciones y sensaciones y reconocer la importancia de los sentimientos son pasos cruciales hacia la subjetivación. Ellos procuran una nueva escala para el ordenamiento ético basada en las percepciones individuales y las emociones que suscitan, una escala en la cual los derechos y deberes emanan de sentimientos personales, no del consenso o los valores político-sociales. Allí se ancla, asimismo, la búsqueda de experiencias, de sensaciones henchidas de trascendencia, del derroche de energía.

La elaboración sensorial a que contribuye en tan alta medida la higiene hace un aporte mayúsculo al sistema de distinción social: la repulsión. Engendrada por el miedo al contagio del que posteriormente daba aviso el olfato y que por fin se agudiza con la vista, la repulsión tiene un carácter incontrovertible (Barlösius 1991, Corbin 1982, 1987, Simmel 1907). El temor al contagio microbiano trajo consigo aire, luz y sol, pero también reclusión, aislamiento y circunscripción, plasmados primero en sanatorios o leprocomios y más tarde en las propuestas de zonificación de la prostitución y los expendios de chicha o en las de la planeación urbana. El cuerpo de la prostituta, especialmente hediondo, es un caso extremo del cuerpo de la mujer cuyo escrupuloso aseo (Bejarano 1932) debe impedir la propagación de sus humores mantecosos, fétidos, repugnantes y de índole acre y corrosiva (Monlau 1926).

La higiene sugiere ámbitos asépticos y libres de toda clase de impurezas. Por extensión, sobreviene el repudio a lo pobre, sucio, enfermo y oscuro. Si las sensaciones olfativas están excluidas del campo semántico (Le Guérer 1988), no lo están del simbólico, de donde se sigue que el halo de pureza que circunda el cuerpo higiénico brota de su médula y que su simbología comprende al individuo, la familia y la sociedad.

En sus primeros momentos, el discurso higiénico apenas se distingue del cortesano: tan imbricado está en sus órdenes y recursos retóricos. Pero a medida que la fisiología trabaja su carácter, el discurso higiénico y, posteriormente, el sanitario, se hacen autónomos y enriquecen sus significados. La homogeneidad a que tiende el discurso salubrista como estrategia expansiva opera tiñéndolo todo con su lógica binaria, capaz de trocar lo que toca en comportamiento riesgoso o conveniente para la salud y juzgarlo según la ética del imperativo individual de ser saludable. Así, los aspectos más diversos se recubren de un denominador común que los hace compatibles: el riesgo.

Este recurso apunta, con todo, al individuo, pues el discurso médico sólo concibe la sociedad como el resultado de conductas personales. Una vez se ha desprendido del discurso cortesano olvida sus pretensiones sobre las relaciones sociales -ya se vio que no llega sino hasta las genéricas-, se ciñe a su objeto, el cuerpo, y lo paranoíza haciendo abstracción de todo entorno y concentrándose en el habitus individual. La sociedad pierde su competencia colectiva para la producción de discursos somáticos coherentes y la traspasa, junto con su control, a los especialistas. De allí que su discurso gire en torno a las prácticas y sus beneficios. Sin embargo, la cientificidad que aureola el discurso impide que se lo incorpore a una tradición de la que siempre se mantiene distante, e impide también que esa tradición pueda cuestionarlo. A pesar de ser definitivo para la concreción de un cuerpo moderno, el discurso nacional de la salud ha hecho el menor aporte para que se configure y afirme una semántica somática que refuerce y enriquezca la tradición cultural del cuerpo.

# III. LABRAR EL CUERPO Y COSECHAR AL HOMBRE

## A. Distanciamiento de la urbanidad

El continente, ese cuerpo que la urbanidad ha cincelado con gran minucia, está colmado de significados y alcanza su máxima plasticidad, expresividad y desempeño cuando lo acompañan dos actitudes hacia su cuidado: velar por la salud y la robustez físicas -el fundamento del bienestar del alma- y anhelar la perfección moral que se nutre del dominio de las pasiones, la continencia y la expansión moderada de los sentimientos. A pesar de tan alto fin, la urbanidad no dispone de un método para alcanzarlo; sólo dice que lograrlo es vencer las flaquezas y las emociones valiéndose de la voluntad. En palabras de Madiedo (1886), la vía de «eterna salud» es la ley de Dios y la virtud sólo puede consistir en luchar contra los goces y la seducción del vicio. Se conviene en que es forzoso alimentar y vigorizar el cuerpo para hacer posible el progreso moral; por lo demás, debe combatirse su inclinación por las pasiones, los vicios y los delitos. Y se concluye que el porte distintivo de la persona de buenas maneras es más bien un don innato; quien carece de él no tiene otra opción que imitar al virtuoso. Las actividades cinéticas que consiente la urbanidad son el paseo a pie, a caballo o en coche; sus beneficios: solazar el espíritu y contribuir a la salud del cuerpo (Montañés 1922), sin pretender fortalecerlo o cincelarlo.

A las niñas, la urbanidad les desaconseja cualquier actividad que las fatigue demasiado, supere sus fuerzas o entrañe peligro. Sobrepasar barreras físicas no es un reto para la urbanidad señorial, tampoco es su intención modelar a la persona a través de una cultura física. El cuerpo no representa para ella un terreno valioso en sí mismo; le basta con hacer de él un intérprete fiel y transparente de su verdadero objeto de interés: el alma. El continente, reflejo del alma y de un espíritu digno, no demanda atenciones más allá del aseo. No es el entrenamiento físico ni ninguna otra forma de cultivo somático el método para desarrollar las virtudes de la cortesanía.

En 1904 se legisló por primera vez sobre la implantación de la educación física en escuelas y colegios. Como resultado de las reformas que introdujera el gobierno de Rafael Reyes en materia de educación, confluyeron los intereses higiénicos con la necesidad de fortalecimiento físico que empezaban a detectar las élites y el gobierno. Junto con el aseo riguroso, se aclimató entre los estudiantes la costumbre de «guardar» una posición corporal natural y correcta, y flexionar y extender extremidades, cabeza y tronco después de cada clase. Se dictaminó igualmente que los ejercicios de calistenia y gimnasia eran componentes imprescindibles de todo sistema completo de educación, y se acordó llevar a cabo, cada dos semanas, un paseo de carácter higiénico y recreativo, en el curso del cual habrían de organizarse juegos gimnásticos. La educación de los varones incluiría además «ejercicios y evoluciones militares, con arreglo a los métodos de instrucción del ejército» (Artículo 62 de 1903). De esta manera se recuperaron elementos de cultura física originarios de la tradición prusiana, introducidos al país en 1870 por la misión pedagógica alemana. La incursión en este terreno de la cultura somática combinó la perspectiva mecánica del cuerpo con las más recientes visiones de la termodinámica[1] (Barrán 1995) y la medicina naturista (Vigarello 1978, Corbin 1987).

No fue, sin embargo, el discurso pedagógico el primero en tratar este asunto, sino el sanitario. En los *Preceptos de higiene* que hiciera publicar Cuervo en 1833, ya se mencionaba la importancia del ejercicio y el reposo, sobre todo al aumentar la edad, sin que el tema hubiera merecido entonces mayores sudores. En sus *Elementos de higiene pública*, Monlau dedicó un capítulo a la gimnástica y la perceptología, y en la *Higiene del matrimonio* recomendaba el «ejercicio activo al aire libre», especialmente la natación, la equitación y las excursiones, combinadas con un descanso adecuado, y durante la puericia, los «ejercicios gimnásticos metódicos» que activan las extremidades. Monlau tenía en mucho los beneficios que reportan estos movimientos al compensar el predominio del lado derecho del cuerpo en las actividades diarias, e incluyó el canto para entrenar el aparato vocal y conseguir una voz fuerte y sonora, todo ello, sin dejar de reposar en proporción al esfuerzo realizado. Las *Nociones de higiene doméstica*, destinadas a las señoritas, encarecieron el ejercicio, aunque advirtiendo sobre la inconveniencia de agitarse demasiado o exponerse a golpes.

El *Programa de higiene* de que hemos hablado atrás, diseñado en 1894 por el colombiano Londoño Isaza para la Escuela Nacional

---

[1] En el país, la era energética se inició a fines del siglo XIX, cuando comenzaron a explotarse los recursos hidroeléctricos y el carbón (De La Pedraja 1985).

de Minas, mencionaba ya que el «ejercicio o trabajo muscular» era apropiado para conservar la salud, sin llegar a atribuirle otras virtudes que las del fortalecimiento físico. Londoño Isaza entendió el trabajo muscular como un tonificante y activador de todas las funciones del «organismo animal», idéntico en sus bondades a «una transfusión de sangre»; como un «remedio para la obesidad y [un] vigorizante del sistema nervioso», cuya práctica impedía la fatiga. Esta higiene, exclusivamente masculina -pues el autor reconocía que para las mujeres eran de rigor actividades diferentes-, prescribía el movimiento para evitar el agotamiento cerebral y la excitación nerviosa, y restringió sus efectos a lo puramente físico. A los niños, afirmó, les convienen los ejercicios sin aparatos, practicados según la disposición anatómica de los músculos, sin aludir a actividades concretas, sino al movimiento que, realizado al aire libre, equilibra el desarrollo muscular.

Hasta allí predominó la noción mecánica del cuerpo y el movimiento. Los higienistas tasaron los frutos del ejercicio en resultados estrictamente biológicos obtenidos de un organismo descompuesto y entrenado en cada una de sus partes mediante un uso adecuado de sus capacidades energéticas: desarrollo muscular equilibrado y fortalecimiento de las funciones vitales, en particular de la respiración. De manera muy enfática destacaron la importancia de evitar la fatiga, descansar y equilibrar el trabajo intelectual y, en general, las actividades espirituales con el ejercicio. En adelante se subrayaría la presencia del cuerpo, no sólo en sus funciones fisiológicas -en tanto contenedor de la vida biológica-, sino como entidad capaz de afectar y servir directamente a las actividades anímicas y espirituales.

## B. Consolidación de la cultura física

La idea de incorporar el cultivo físico a la formación escolar y generalizarlo entre la población colombiana se divulgó en la segunda mitad del siglo XIX con la lectura y recepción de los pensadores clásicos, los humanistas y los filántropos alemanes[2]. La reforma radical, interesada en la instrucción como vehículo para alcanzar el

---

2 *La idea ya la había expresado Simón Rodríguez en* Luces y virtudes sociales *(1840), donde considera que la ciudadanía sólo puede alcanzarse si la educación, aparte de la instrucción social, técnica y científica, incluye una formación corporal que haga fuerte a la nación.*

progreso, emitió en 1870 el Decreto Orgánico de Instrucción Pública, cuyo Artículo 35 se refería al papel de la gimnasia y la calistenia en el desarrollo de la salud y las fuerzas del niño. Con miras a adelantar una reforma educativa a partir de las propuestas de Pestalozzi, se contrató la primera misión pedagógica alemana, que visitó el país en 1872 y debía ocuparse principalmente de la educación primaria. La misión organizó veinte escuelas normales y creó la revista *La Escuela Normal*. Tanto en la escuela como en el ejército se implantó la gimnasia (*Schulturnen*) según el modelo militarista de Adolf Spiess, y en normales y cuarteles aparecieron las primeras plazas deportivas (Vargas 1989). La reforma, enfrentada desde su concepción con los opositores del radicalismo, no logró echar raíces y se diluyó en la década siguiente.

Veinte años más tarde, lo que se conoció como el «Plan Zerda de Educación» -contenido en la Ley 89 de 1892 y el Decreto Reglamentario 349- volvió a ventilar el tema de la unificación de la educación nacional. El proceso se congeló a causa de la conflictiva situación política de finales de siglo y sus iniciativas sólo se recuperaron con la reforma educativa de 1903. El Decreto 491 de 1904 sería el retrato de un período en que la educación física y la urbanidad no habían tomado aún rumbos propios y el posterior afianzamiento de un programa para cuidar el estado físico debió su éxito al hecho de haberse entretejido con propósitos morales, productivos e higiénicos, por cuyo intermedio se incorporó al ideario antropológico del siglo XX.

La centuria se inició, pues, bajo el predicado del fortalecimiento somático mediante la práctica de la gimnasia y el deporte. Luego de la guerra de los Mil Días y enfrentado el gobierno a la desolación nacional, el empeño por moralizar tomó su lugar y se convirtió en el cometido más importante de toda actividad pedagógica. Poseía ya un buen sustento en el Plan Zerda y en el Concordato incorporado a la Constitución de 1886.

El ejercicio físico, encaminado por entonces a cuidar la «educación moral e intelectual» de los escolares, se adoptó en un programa de mejora del pueblo colombiano que aunaba las disciplinas y los discursos somáticos de los años anteriores, la higiene en especial y los ideales morales de la urbanidad. El Decreto 491 de 1904 contempla en sus tres artículos relativos a la educación física (§60-§62) tanto la corrección en el vestido, el aseo riguroso y el mantenimiento de una posición natural y correcta, como la realización de flexiones en las pausas, la inclusión de la calistenia y la gimnasia «como parte indispensable de un sistema completo de educación», y, para los varones, los ejercicios y las evoluciones militares. A manera de complemento de esta reglamentación, Eduardo Arboleda publicó tres años más tarde su *Educación física y social*, en la que conjugó principios higiénicos y morales, educación física y urbanidad:

> *Si en el orden material la educación del hombre es el desarrollo de su fuerza, y esta fuerza necesita ejercicios musculares y conocer la organización del cuerpo humano y su higiene, por esta misma razón esa fuerza necesita con más veras de buenos modales, de cultura: de saber pensar, meditando con reflexión; de saber sentir, gozando o sufriendo con amor; de saber obrar, laborando por la virtud; en suma, de saber vivir como expresión de la verdad, o de saber y callar lo que se debe saber o se debe callar, y saber no hacer y no callar, cuando no se debe hacer o no se debe callar. Cumplir la máxima evangélica: no hagas a otro lo que no quieras que hagan contigo. La fuerza muscular y la fuerza moral se complementan (Arboleda 1907:5).*

Simón Rodríguez había subrayado en 1840 que el programa educativo debía cultivar el cuerpo; ahora se tomaba al cuerpo mismo por el objetivo central: la instrucción pasó así de ser primordialmente intelectual y espiritual a dar cabida a las orientaciones integrales. A su turno, la exigencia de perfeccionamiento físico se gestó sobre la estela de degradación que dejaron el darwinismo social y su discurso sobre la «degeneración de la raza colombiana», y a partir de la percepción de un mundo que se complejizaba sin ofrecer bienestar, un mundo en el que aumentaban el trabajo, el hambre, las enfermedades y los defectos humanos:

> *¿Para qué se requiere una educación física? El hombre ha degenerado en su fuerza; las necesidades aumentan con la población, la medicina y la cirugía no curan la miseria fisiológica y menos la hereditaria, ni la del hambre. La mujer y el hombre tenemos que soportar, mal que nos pese, la triple y poderosa carga de los trabajos materiales, de los trabajos morales y de los trabajos intelectuales (...). Se necesita mucha educación para sobreponerse a las faenas diarias, a la ingratitud del hijo o la casa sin luz, la mudez de la esposa o defenderse de la audacia del falsario, de la perfidia del traidor o de las infamias del tahúr (...). Sólo la educación es la conductora de hombres, apóstol de la ciencia y del arte, de la fe y de la caridad (Arboleda 1907:7).*

Pedagogos e higienistas encontraron una carencia absoluta de educación física en Colombia y a ella le imputaron todas las flaquezas que parecían aquejar, más que a los individuos, al país, puesto que sin adiestrar el cuerpo siguiendo criterios científicos no habría progreso alguno:

> La mala constitución física no es la flacura; ni la buena consiste en el engrasamiento; la virilidad, la constancia, la resistencia en el trabajo y en los trabajos, en ciencias, artes o estudios, en el campo o en la campaña; esto es lo que constituye una buena organización; lo contrario es degeneración física o desequilibrio del organismo, productos funestos del exceso en los estudios o del exceso de pasiones buenas o malas: en ambos casos por defecto de educación física (Arboleda 1907:9).

Si a esta insuficiencia el autor le atribuía el poder de arrastrar el país a la perversión moral, a la escasez y pérdida de capacidad mental y sentido común, al desbarajuste de las ideas, a la obsesión y a la terquedad que llevan a la locura, al robustecimiento físico le auguraba grandes conquistas:

> (...) el rico y el pobre necesitan de una constitución física que sea capaz de resistir los impulsos, los afanes, los dolores, los gritos del alma: cuando falta el poder físico las almas se irritan, se quejan, callan o se alejan: el hombre ataca, desfallece, se aniquila o muere: las letras, las ciencias y las artes desaparecen. Una buena constitución física ha sido precursora o compañera de grandes virtudes morales. Los ejemplos sobran (Arboleda 1907:9).

Este modelo pedagógico integró los conocimientos de la fisiología y acometió el desarrollo de los sentidos mediante prácticas higiénicas acordes con un esquema de ejercicios de corte militar. La salud es allí la condición de la vida y sólo puede preservársela activando las distintas partes del cuerpo, «todas recubiertas de músculos y nervios». Análogamente a los músculos, que aprenden a obedecer, se comportarían la inteligencia frente al trabajo y la memoria frente a la voluntad. La transmisión de fuerza a través de nervios y músculos ocurre gracias a los contenidos de la memoria, el trabajo de la inteligencia y el dominio de la voluntad. Por consiguiente, una vida de costumbres ordenadas redundaría en «mayor pureza en la sustancia cerebral» y aumentaría la sensibilidad, la memoria, la inteligencia y la voluntad. Arboleda pensaba que por medio de la instrucción se podrían modificar el medio físico que afecta al cuerpo y el medio moral que actúa sobre el espíritu: la educación sería el parámetro de la civilización.

Este modelo señala uno de los primeros avances hechos por la pedagogía para formular una visión que hiciera de la pedagogía un saber integral capaz de impartir una formación igualmente cabal. El propósito de incluir la cultura física en su programa antropológico se enriqueció más tarde con la crítica a una tradición a la que acusaba de excesivo intelectualismo y falta de espíritu emprendedor, y de ser causante del decaimiento fisiológico.

El autor introdujo con este razonamiento la gimnástica y las excursiones en la vida social. Lo somático no bastaba, sin embargo; era imprescindible también educar en la misma medida respecto al sentimiento y el peso de la sanción en el trato social. A más fuerza y salud deberían corresponder mayor delicadeza en los modales y en la palabra. La regeneración se alcanzaría por el amor a la salud y al trabajo -sentimiento nacido del cultivo de las buenas costumbres-, el respeto a la ciencia y los principios higiénicos, y la devoción y el temor de Dios.

El *Tratado elemental de higiene* del médico García Medina, publicado también en 1907, definía el ejercicio como un «movimiento metódico», un ensayo de las fuerzas y el mecanismo motor preparatorio para el trabajo -no trabajo en sí mismo- y contrapeso ideal de la labor intelectual. Anclado en la tradición mecánico-fisiologista de finales del siglo XIX, García Medina no limitó el alcance del ejercicio a la conservación de la salud; según él, incrementaba también la resistencia del organismo. García Medina, quien escribió un ensayo sobre el ejercicio, consideraba a este último el eje de una educación física infantil que debía iniciarse antes que la intelectual y componerse de movimientos naturales: marcha, carrera y salto. Por gimnasia entendía la combinación de movimientos destinados a lograr el desarrollo proporcionado de los músculos; por deporte, ejercicios de destreza realizados al aire libre. Los beneficios de la gimnasia no provenían a su juicio de los «ejercicios de agilidad como los de la maroma, ni exclusivamente [de] los de fuerza, como el levantar grandes pesos» (1907:180), sino de la repetición metódica y paulatina de ejercicios para las diversas partes del cuerpo.

Esta higiene recomendaba a todas las personas practicar a diario la gimnasia, combinándola con el baile cuantas veces fuera posible, y describía una gama de ejercicios particularmente apropiados para las mujeres y las niñas. Para los niños y jóvenes prefirió los deportes al aire libre, discriminando los que convenían específicamente a las niñas por requerir más movimiento que esfuerzo (sic). El provecho del ejercicio se mantenía en el plano físico: desarrollo muscular, activación de la energía, defensa contra enfermedades contagiosas y estímulo de los procesos de la nutrición. No obstante, al mismo tiempo se veía en el conjunto de los hábitos higiénicos la base de la prosperidad y el progreso de la patria.

El Acuerdo No. 13 de 1911, relativo a la higiene en escuelas y colegios, estipuló que los «ejercicios físicos graduados y científicos» eran obligatorios y prohibió impartir castigos dolorosos. La duración de los castigos físicos se limitó a media hora. Eran los primeros pasos hacia una nueva concepción del cuerpo y una propuesta global de cultura física, y sólo tenían en cuenta los aspectos biológicos. Con ellos se inauguró el discurso de la cultura física, es decir, del cuidado del cuerpo para conseguir su propio bienestar e incrementar su eficiencia y rendimiento. Desde entonces esta perspectiva ha formado parte de la instrucción popular con el nombre de educación física. El segundo impulso vendría en 1925. Entre uno y otro, los deportes también desbrozaron terreno y colonizaron un espacio propio.

Con el término cultura física me refiero aquí a las prácticas que se proponen cultivar el cuerpo mediante la ejecución de movimientos orientados a lograr alguna forma de perfeccionamiento personal. En Colombia, la cultura física se circunscribió en un principio a deportes, juegos, paseos, gimnasia, calistenia y formaciones militares, parcialmente sobre la base de los adelantos científicos; más tarde abarcó también técnicas como el yoga, los masajes y diferentes modalidades orientales y occidentales (tai-chi-chuan, eutonía, técnica Feldenkrais, métodos de meditación, bioenergética, gimnasias suaves, etc). Todas estas variantes comparten la pretensión de afectar cognoscitiva, anímica y espiritualmente a la persona por medio de uno u otro tipo de actividad corporal, y llevarla a una formación más *integral* que estimule el desarrollo y la expresión de todas las facetas humanas de manera armónica y equilibrada. Se sugiere, en otras palabras, una educación ideal conducente a la plenitud humana.

La urbanidad encierra un ideal corporal compuesto por una elaborada y compleja simbología que, tal como se desenvolvió en Colombia, expresa el continente. No obstante, acusa la carencia de una cultura física en el sentido mencionado, pues no ofrece técnicas para conseguir el ideal; apenas define su ámbito y señala unos límites fuera de los cuales empiezan la falta de tono y la vulgaridad. Su estrategia es la constricción. La higiene, por su parte, interesada en difundirse, elaboró un prolífico recetario de fórmulas y prácticas para llevar una vida sana, y le reservó allí un amplio espacio a la cultura física. Fueron los higienistas quienes implantaron la idea de que era conveniente el cultivo somático a través del movimiento y ofrecieron los primeros métodos para su realización. Posteriormente compartieron su primacía con los educadores, quienes a su vez han producido buena parte del discurso de la cultura física.

## 1. El fortalecimiento del cuerpo: visiones de la higiene y la pedagogía

La prensa se destacó por su voluntad de propagar la cultura física, tanto escolar como nacionalmente, y se encargó de vincular la educación física con los principios pedagógicos que atañían al progreso. Desde que *Cromos* comenzó a circular en 1916, trató con regularidad temas pedagógicos y, dentro de ellos, la cultura física en la educación. Sobresalen en sus páginas las alabanzas a las reformas pedagógicas y al Gimnasio Moderno, fundado dos años antes, y los continuos informes sobre los avances en este y otros planteles. La revista contribuyó a divulgar los elementos relevantes del discurso sobre educación física y a informar sobre los aspectos a tener en cuenta al deliberar en torno a la utilidad y la forma de esta práctica pedagógica. El cúmulo de información escrita y gráfica que la prensa nacional en su conjunto desplegó a lo largo de los cinco primeros quinquenios del siglo, allanó el camino para sancionar la Ley 80, que oficializó en 1925 la cultura física escolar.

*Cromos* resaltó dos propuestas para la cultura física: el desarrollo de los sentidos, tendente a acrecentar la percepción sensorial, y la educación física, para fortalecer el cuerpo, aumentar la energía y combatir la enfermedad, la pereza y la apatía. El Congreso Pedagógico Nacional, reunido en 1917, hizo suyos estos objetivos y en él se concluyó que los trabajos manuales eran la actividad por excelencia para desarrollar habilidad manual, agilidad, rapidez, seguridad en los movimientos, atención y percepción por medio del entrenamiento de la visión, los músculos y el tacto, con el fin último de fomentar el amor al trabajo, el hábito de ser ordenado y correcto, la constancia y el gusto estético. Al apropiarse la pedagogía de este significado de la educación física en la escuela primaria, se quiso confirmar la condición del cuerpo como servidor del alma y se derivó de allí la necesidad de aprestarlo para tal efecto.

A medida que se insistía en la cultura física, se definían sus características. Una que pronto adquirió contorno rechazaba la gimnasia con aparatos o cuando menos quería que su práctica no fuese preponderante. Se afirmaba que esta disciplina era peligrosa y poco apropiada para la educación infantil y aunque no se expusieron con claridad sus inconvenientes, parece que las maromas y acrobacias que exigían el empleo de la fuerza comenzaron a perder actualidad pedagógica. A Jiménez López, quien precisó con algún detalle las diferencias entre gimnasia con aparatos, gimnasia sueca y deportes, la primera le parecía adecuada para formar el carácter, los deportes para fortalecer el cuerpo y la gimnasia sueca para estimular un desarrollo perfecto del individuo. La gimnasia rítmica, los trabajos manuales, los ejercicios de respiración y las flexiones continuaron siendo lo indicado para la educación básica.

Los deportes se patrocinaron diciendo que eran una actividad propia de las élites: enseñaban a dominar los instintos y dotaban de elegancia, vigor y habilidad. La gimnasia -entendida por lo común como calistenia y gimnasia rítmica y sueca- se juzgó apta para la educación integral y útil para inculcar disciplina y patriotismo e instruir en el espíritu militar. Entre sus bondades se contaban las de contrarrestar la fatiga de la jornada obrera y preparar al trabajador para la misma; se la consideraba más adecuada para impartir los principios mecánicos y repetitivos. Los deportes, en cambio, estimulaban la iniciativa, el riesgo y el valor característicos de los espíritus directivos.

También se manifestó en la revista el apoyo a la instrucción preescolar. El Gimnasio Moderno la había iniciado en 1917, fecha en la que se mencionaron por primera vez las capacidades y necesidades de los niños menores de 7 años. En 1925, la visita de Decroly llevó a buen término este esfuerzo en favor de la cultura física escolar, oficializada el mismo año con la Ley 80. En el *2º Congreso Médico Colombiano*, celebrado en 1913, Jiménez López había discutido sus ideas sobre la educación física, adelantándose a lo que reclamaría la higiene pocos años más tarde:

> *La educación física en su sentido más general abarca todos aquellos conocimientos y cuidados que tienen como fin el total y perfecto desarrollo orgánico. Así es que debe comprender desde los principios de la puericultura antes del nacimiento y aun antes de la procreación, hasta las reglas para la adquisición de las destrezas manuales y sensoriales más elevadas. En ella tiene cabida, naturalmente, todo lo que dice relación al alimento en las diferentes edades y los preceptos que la higiene dicta para la marcha normal de las funciones circulatorias, respirato-*

*nerviosas y nutritivas en general. El aseo personal y las reglas profilácticas contra las enfermedades comunes en la infancia y en la juventud son, así mismo, un capítulo muy importante de la educación física. Todos estos conocimientos en forma resumida y práctica deben entrar en el programa de la educación normalista (Jiménez L. 1928:233s).*

En su visión pedagógica, la educación física toma un rumbo que sería definitivo para modernizar el cuerpo: en la infancia el trabajo mental menoscaba el sistema muscular, los órganos y el esqueleto, y causa anemia, raquitismos, afecciones digestivas, tuberculosis, neurastenia y demencia precoz. La infancia reclama atenciones especiales por cuanto la energía de que dispone el niño debe emplearse según un programa racional que no supere sus posibilidades. La obligación primera es para con el cuerpo; las capacidades intelectuales sólo podrán desarrollarse cuando el sistema orgánico se haya estabilizado y vigorizado: «Una constitución endeble y mal desarrollada jamás alberga una voluntad capaz de dominar los instintos de la bestia que a todo momento bulle en el fondo de la naturaleza humana. La debilidad física trae consigo la debilidad moral; las grandes energías jamás aparecen en aquellos individuos cuyo cuerpo ha carecido de los elementos que dan fuerza y vigor en los primeros años» (Jiménez L. 1928:231).

Durante la infancia, el hombre activo precisa formarse en la acción, la voluntad y el autocontrol; de allí que la educación intelectual y la moral deban fundarse en la física. Jiménez López no sólo le reprochó a la educación que ignorara el cuerpo y produjera su decaimiento, sino que sometió al cuidado somático el intelectual e incluso el moral. La urgencia de hacer realidad un programa completo de cultura física se planteó en el debate sobre la degeneración de la raza en Colombia. Al psiquiatra Jiménez López le despertaron sospechas los índices estadísticos y fisiológicos de la población. El aspecto y funcionamiento del cuerpo le disgustaron y aunque los principales indicios de degeneración de que dio cuenta eran mentales, halló su origen en la decrepitud biológica. La terapéutica que sugirió involucraba un ideal corporal de eficiencia y rendimiento basado en las prácticas de la higiene pública y privada, la alimentación adecuada y la cultura física. El ejercicio corporal lo recomendó a las clases altas y muy especialmente a las mujeres. En las escuelas aconsejó evitar la fatiga, lo mismo que en las jornadas de trabajo del pueblo. Debido a la agitación que causó esta denuncia hecha en 1917, la Asamblea de Estudiantes de Bogotá convocó, tres años más tarde, a un ciclo de conferencias durante el cual conocidos profesionales examinaron el tema.

En su análisis del problema, Luis López de Mesa preconizaba la incorporación de la cultura física al plan educacional y -en coincidencia con Jiménez López- la implantación de hábitos de ejercicio corporal entre las clases acomodadas y, en primera instancia, entre las mujeres. El higienista Bejarano se declaró igualmente partidario de la educación física infantil. En una conferencia dirigida expresamente a las mujeres, sostuvo que la obesidad era un estigma de degeneración femenina que ponía en entredicho su responsabilidad materna y recetó la cultura física para remediarla.

> ¿Cuándo se os ha dicho que en la cultura física podéis hallar el correctivo por excelencia a vuestra tendencia hereditaria a la obesidad? ¿Quién os ha dicho que si en el orden intelectual y moral, vuestra educación adolece de muchos y visibles defectos, en el orden físico tiene aún mayores imperfecciones que corregir y vacíos que llenar? (...) lo cierto es que ni en los detalles del vestir, del aseo o del comer, ni en el empleo ordenado del tiempo, (...) muestra vuestra educación presente, tan elemental e imperfecta, el eficaz influjo que ejerce en la mujer de países más civilizados (...). He aquí que para evitaros ese estigma de degeneración que se ha querido sacar de vuestra tendencia obesa, (...) para que podáis mejorar las condiciones físicas de vuestros hijos condenados a degeneración y decrepitud prematuras, os interesa comparecer aquí y buscar en la educación física la armonía y belleza de vuestro cuerpo y vuestro espíritu. Si queréis y anheláis el verso (...) «Su forma es igual a su virtud», haced algo por arrancaros de la vida sedentaria, haced más por ser buenas madres (Bejarano 1920:216).

La educación física era apreciada en ese momento como una fuente de energía, eficiencia y fecundidad para la voluntad individual. Reinó consenso sobre la viabilidad de transformar el cuerpo mediante una cultura física apropiada y, de esa manera, influir en el alma nacional. Esta polémica le dio un vuelco al papel asignado a la educación física y se dejó de ver en ella simplemente una herramienta de fortalecimiento muscular y una medida higiénica preventiva, para dotarla de valencias morales. Por otro lado, se diversificó y escalonó la trascendencia de sus beneficios en función de grupos y estratos sociales.

En vista de la inquietud eugenésica, resulta comprensible el interés que despertó el cuidado materno-infantil, que en su primer momento aún consideraba la educación física tan sólo vehículo de robustecimiento físico. La intención que tenían algunos abanderados de la cultura física de difundirla especialmente entre las clases acomodadas, surgió de las nuevas atribuciones de distinción que le fueron reconocidas al cuidado del cuerpo y que debían perfilar a las élites nacionales, como lo promovía la prensa en esos años.

La Ley 80 de 1925 dio vida a la Comisión Nacional de Educación Física y a la Sección de Educación Física Nacional en el Ministerio de Instrucción Pública. La Comisión se ocuparía de organizar concursos de atletismo, promover la construcción de plazas deportivas, crear asociaciones de cultura física, preparar publicaciones y conferencias sobre la importancia de los deportes para la salud, la inteligencia y la moral, y elaborar un plan racional de educación física para la enseñanza y la lucha contra las causas del deterioro físico en la infancia y la juventud. Si bien la ley se refiere en principio al fomento del deporte, también menciona la educación física, sin que sean evidentes sus diferencias. Lo que se perseguía con la creación de plazas de deportes era auspiciar la salud y la recreación física, y mejorar la energía mental y la educación del carácter, todo lo cual debería controlarse mediante a la ficha médico-sanitaria y antropométrica de los asistentes a la plaza.

Esta empresa, según lo manifestó en la exposición de motivos el ponente Uribe Echeverri, repetía el modelo uruguayo y su meta era volver culto al país. En aquella oportunidad se ratificó oficialmente que la educación física, además de fortalecer los músculos, desarrollaba la inteligencia y afectaba de manera esencial al carácter, por lo que constituía un factor de progreso para los pueblos y de felicidad para los individuos. Uribe Echeverri hizo hincapié en el estrecho vínculo entre los músculos y la voluntad, entre la cultura física y el desarrollo de los centros cerebrales y conceptuó que una educación integral era aquella que se ocupaba de la inteligencia tanto como del físico y la moral. Aseguró confiar en una transformación nacional positiva por intermedio de la educación física, dados los efectos regenerativos que el deporte, basado en ejercicios científicamente dirigidos, había tenido en Suecia, en la unidad, fuerza, orden y disciplina obtenidos por la raza alemana con la organización gimnástica, y en el valor y tenacidad que los deportes habían infundido a los ingleses hasta conducirlos a la victoria. A más de poseer estas ventajas de orden nacional, la gimnasia correctiva actuaba positivamente sobre los defectos físicos, en tanto que los juegos y ejercicios, al obrar sobre la energía mental, compensaban la fatiga y la postración nerviosa impuestas al organismo humano por la vida moderna. Por último, Uribe Echeverri subrayó las valiosas repercusiones de los juegos sobre la formación del carácter: activan el espíritu de cooperación y sacrificio a través de la solidaridad y la disciplina, ejercitan la toma rápida de decisiones y la resolución frente a acciones difíciles y aumentan las fuentes de energía y la confianza en sí mismo.

*El deporte*

> *No debemos olvidar que el deporte es una dimensión centrada en el interior del alma con suficiente dinamismo para alentar el porte del cuerpo. Es una actitud que suplanta el esencial instinto del juego y le añade elementos más valiosos, en el empeño de conjurar los peligros de la fiera animal que sobrevive en el hombre*
> 
> *(Naranjo Villegas 1959:73).*

Que se reconociera oficialmente la cultura física y se la incluyera en la vida escolar no significa que hasta entonces los deportes y la gimnasia no se practicaran, sino que lo hacía una minoría, cuyas actividades eran seguidas por la prensa nacional. Los deportes y la gimnasia se ejercitaron durante las primeras décadas del siglo en tres ambientes diferentes: social, militar y escolar, y en los tres casos los revistió un aire de novedad, acontecimiento social y espíritu moderno. Tanto la policía como los estudiantes de los colegios privados de la ciudad organizaban regularmente revistas de ejercicios gimnásticos y musculares, mientras que los equipos de la clase alta bogotana se enfrentaban periódicamente en partidas de fútbol que *Cromos* consignó e ilustró en las páginas centrales desde sus primeros números. El magazín informaba también sobre los encuentros de tenis femenino y, aun cuando no mencionaba la manera de practicar el juego, sus reglas, los problemas técnicos o los resultados de los encuentros, procuraba que esta novedosa ocupación encontrara acogida. ¿Cómo darle aire distinguido a una actividad que exigía trabajo físico, sudor, exposición del cuerpo e incluso algo de desarreglo en medio de una sociedad que todavía vivía al pausado ritmo de la placidez republicana?

La aclimatación se inició instruyendo sobre los atuendos que debían completar el ajuar de las «elegantes y modernas», recalcando las características de distinción del tenis, las sensaciones placenteras suscitadas por la actividad y las cualidades del juego en cuanto reto a las capacidades individuales. Por lo demás, se trataba de un evento social en el que hombres y mujeres compartían el terreno en calidad de jugadores y espectadores. En una partida se veía

> (...) la alegría de los jugadores y de las jugadoras; una especie de embriaguez se desprende de estos movimientos rápidos y precisos, el gozo emana de los ojos claros cuando siguen la bola (...). Sentirse rival digno de sí mismo; comprender que una voluntad está frente a la vuestra y que se empleará en frustrar vuestros planes y vuestras astucias, emplear todos los recursos de su agilidad y de su inteligencia para encontrarse al mismo tiempo en muchas partes, son las alegrías de una cualidad que ningún deporte ofrece con igual celeridad ni multiplica tanto en un lapso determinado. Cada raza está allí sin demostrar diferencias de temperamentos; los franceses son exquisitos; en cuanto a los ingleses, tienen sorprendentes cualidades de resistencia, pero les falta un poco de flexibilidad y de elegancia en el juego (C-9:143,1916).

El problema de los deportes era cómo ungirlos de garbo y elegancia; cómo quitarles ese desagradable aire de trabajo físico y sudor tan ajenos y odiosos a la percepción local; cómo justificar este nuevo interés por ejercitar el cuerpo[3]. Un paso adelante en este sentido consistió en darles un aire *chic* y diferenciarlos de lo que podría tenerse por corriente y vulgar, mostrando la galanura de sus practicantes en París y el provecho estético que se obtenía de ellos:

> Las burguesitas y provincianas son las que van de buen grado a pasear; las parisienses que alardean de elegantes, aman el footing. Y para que nadie acuse a esta distinción de snobismo, viene la aclaración: El paseo y el footing tienen relaciones lejanas. ¡El footing es un deporte y conviene ser deportista, señora! ¿Por qué? El deporte endurece los músculos, suaviza las articulaciones, impide la nefasta gordura. Es cierto que estropea la piel (entiéndase el verdadero deporte, al aire libre, practicado en todo tiempo, a la inglesa; el golf, el tennis, el hockey) (...). Las mujeres de París tienen pasión por la marcha. Como quieren ser a toda costa deportistas y no desean afearse ni fatigar sus cuerpos, han adoptado el footing. Este ejercicio encantador permite todos los refinamientos de la elegancia, y no exige ningún penoso adiestramiento ni aprendizaje, puesto que basta caminar con gracia durante una o dos horas, como saben hacerlo las parisienses desde sus primeros pasos (...). Ligerito, ligerito, trotan dejando apenas sobre la arena húmeda las imperceptibles huellas de sus talones. Rubias o morenas bajo el sombrero de tafetán azul guar-

---

[3] Safford (1976) se refiere al sello con el que la tradición hispánica marcó a la sociedad colombiana, asignándole el mayor prestigio a los letrados y asociando el ocio al honor en oposición al trabajo manual propio del servilismo y considerado un mal necesario. Este carácter de los letrados latinoamericanos lo destacaron también Angel Rama (1984; 1985) y José Luis Romero (1976).

*necido con minúsculas florecillas, con las mejillas rosadas por el aire matinal, son la imagen perfecta de la parisiense, más encantadora que bella, y tan viva como un pájaro (C-10:159,1916).*

La argucia que busca ganarse los favores femeninos apela con mayor énfasis a la ganancia estética que a la moral, y guarda esta última para vencer preferentemente la resistencia masculina. La vanguardia pedagógica, encabezada por el Gimnasio Moderno, había comenzado su programa con una concepción sobre la cultura física de índole ético-fisiológica. Agustín Nieto Caballero, empeñado en su labor de educar una élite moderna «más vigorosa, más emprendedora, más útil, más elevada y más sana que la presente», aclaró el interés en la educación física:

*Desde luego, hemos de procurar formar hombres vigorosos. No se ha de confundir este intento con el de formación de atletas. (...) la educación física, más que en ejercicios calisténicos, ha de consistir, para ser verdaderamente eficaz, en juegos al aire libre, en saltos, en carreras y en excursiones. Esta es la fórmula para vigorizar armónicamente, para dar agilidad y fuerza. Lo que debe ser sagrado en la educación física son los preceptos higiénicos (C-68:290,1917).*

Al halo de refinamiento que circundaba los deportes y las excursiones se añadían los elogios a los cambios físicos -aumento de estatura de los jóvenes, por ejemplo- y al nuevo estilo de vida que encarnaban. Para las mujeres, eran la señal de una época verdaderamente nueva: «No estamos en el tiempo en que las mujeres de mundo no salían sino en coche. En esa época, ser pálida y delicada, en una palabra, ser una sílfide, era de buen gusto» (C-10:159,1916). La inclinación por el atletismo, al menos la de las parisinas, permitiría a las mujeres librarse de los dictámenes de la moda que imponía «la disposición de órganos y la repartición de la carne femenina» según el capricho de algún árbitro de la elegancia. «Es tranquilizador ver que la mujer busque en el ejercicio corporal, en los deportes violentos, el equilibrio físico y moral, condición indispensable de una perfecta *euforia* intelectual y sentimental» (C-186:281,1919). Fuera de los discursos oficiales que reservaban ciertas ventajas a los hombres, la cultura física de divulgación popular brindaba también a las mujeres autonomía sobre su cuerpo, las inducía a explorar nuevos terrenos sensoriales, anímicos e intelectuales, y llenaba este cuidado de sentido y valor, independientemente de la maternidad.

*Cromos* presenta la práctica de los deportes como una actividad de las élites y la gimnasia como una ocupación apropiada para la educación popular. Los dictámenes del buen tono reforzaron la diferencia. La urbanidad de Ospina (1917) se refería a los juegos deportivos -tenis, polo y fútbol- que se practicaban en paseos y días de campo. El ciclismo, la equitación y el excursionismo los creía apropiados para hombres y mujeres, y aconsejaba a todos vestir traje de campo. Recuérdese que en la Escuela de Minas, al igual que en el Gimnasio Moderno, la práctica deportiva era el método para lograr el equilibrio psicofísico (Mayor Mora 1989).

En la tercera década del siglo se afianzó la idea de que algunos deportes eran típicos de las élites: «match» de golf en el Country Club de Bogotá; partida de jockey femenino en el Polo Club y, el domingo, corrida de toros en San Diego. Entretanto, el fútbol empezó a popularizarse, si bien los partidos se vivían todavía como eventos sociales. Con el boxeo se realzó el cuerpo masculino más que con ningún otro deporte y, por primera vez, se lo desnudó públicamente. En 1921, el encuentro de Carpentier y Dempsey fue ocasión para que las mujeres expresaran su favoritismo por la finura y aristocracia del primero, personificación del atleta perfecto: «Cuerpo blanco, de admirable armonía, que podría servir de modelo para una estatua griega». No así el «cuerpo de Dempsey (...) cubierto de vello, como el de un oso» (C-269:76,1921). Para completar la imagen, el feo boxeador se mantuvo en pie sólo «gracias al valor de la raza».

Pero fue especialmente el combate del campeón nacional Rafael Tanco con el boxeador Brewer, el que expuso el cuerpo masculino en su condición de objeto de culto deportivo y sacó a luz la perspectiva estética. De ambos boxeadores se publicaron fotos y medidas, y a sus figuras se asociaron placeres incontenibles: «Como el centelleo, homicida si queréis, pero rubio y bello del relámpago deslumbra todos los ojos, así la crispación heroica del músculo en el que palpita y bulle el dinamismo de la lucha, sacude todas las inteligencias y galvaniza todas las voluntades» (C-280:244,1921). Alrededor del boxeo también se urdió la trama de los provechos mentales y morales del cuidado corporal. El enfrentamiento Carpentier-Dempsey se describió -vista la actualidad del asunto- como el de las razas latina y sajona: «En el uno la gracia, la destreza, la ciencia guiando con elegancia y con arte la potencialidad del músculo, a la manera de un caballero gentil la pujanza de homérico corcel. En el otro, la fuerza incontrastable de la maquinaria humana, captada como la energía de una corriente en poderosos mecanismos, e insensibilizada a los golpes por obra y gracia del método, que es repetición, que es constancia» (C-280:244,1921). En cuanto a Tanco, debía vencer la fuerte musculatura del adversario yanqui con la «rapidez nerviosa y sabia de su voluntad colombiana». Unos meses después se publicaron fotos de los formidables músculos del boxeador Brewer y de «su robusto organismo sometido a un entrenamiento científico que le ha permitido desarrollar admirablemente su fuerza y su destreza» (C-281:260,1921).

El boxeo, se decía con vehemencia, era el regreso a la cultura clásica y la actividad que atraería a quienes se preocupaban por el porvenir físico y la salud de la raza (C-295:100,1922); proporcionaba incluso una alternativa al enfático y fatal determinismo geográfico de la época, pues «practicado con método y cultivado con inteligencia, está llamado a vigorizar nuestra raza hasta hoy demasiado inclinada al pesimismo y a la abulia» (C-280:245,1921).

*El atletismo, el sport, como fin y practicado moderadamente es el mejor creador de una robusta salud física, sin la cual no es posible una hermosa salud moral. El gusto de los ingleses por el atletismo es causa de su longevidad a pesar del clima mediocre. Con el boxeo se puede conservar el cuerpo joven, se mejora la salud, la resistencia física y moral, y se hacen más armoniosos y flexibles los movimientos y los músculos. Es también una manera de corregir las injusticias corporales. Por otra parte, es mejor asistir a un espectáculo pugilístico que podría sustituir a los cabarets (C-295:100,1922).*

Al establecer la diferencia entre la afición moderada a los deportes y el «cultivo del músculo como principal razón de la vida» (C-304:246,1922), la «locura pugilística» que desató el encuentro Dempsey-Carpentier en Bogotá marcó el inicio de la crítica al culto corporal, llevada en 1935 hasta la cultura física escolar, cuando se denunció la «falta de alma» de la juventud:

*(...) enarbolando la raqueta se olvidó el libro; y debe afirmarse también que, pese a las apariencias, tampoco podría decirse que se cuida el cuerpo al dorarlo por fuera bajo la tibia ducha del sol y sacrificándolo por dentro con el veneno de la nicotina y los escozores de las bebidas alcohólicas (...) no se prolonga la juventud defendiendo solamente el cuerpo; ella es privilegio de los que saben construirse un mundo espiritual armónico en perfecta consonancia con las bellezas todas de la tierra. (...) Y los*

*jóvenes de hoy permiten que los absorban por completo la preocupación del músculo, las arriesgadas aventuras del trapecio y las estridencias del jazz, estado físico de repercusiones morales a que los acostumbró una infancia prematuramente sabia y menos ingenua que atrevida (C-999:6,1935).*

Quince años antes, todavía se veía con escepticismo la eventualidad de implantar una cultura física popular en el país. La ausencia de una delegación nacional en los juegos de Amberes se interpretó como «signo de una atonía extraña en la que se ha sumido el país porque se niega a integrarse a las corrientes que conducen a los pueblos al perfeccionamiento. La ausencia de maestros y aparatos de gimnasia en muchos institutos educativos muestra que la práctica de los deportes aún se considera una *idolatría* del cuerpo» (C-269:79,1921).

Transcurridos seis años, tras celebrarse los Juegos Atléticos Nacionales, se aplaudió el nuevo espíritu deportivo:

*(...) entre nosotros, devotos inmemoriales de todas las disciplinas del corazón y de la mente, afectados de una terrible predisposición doctoral y universitaria, ahítos de especulaciones metafísicas y de erudición más o menos complicada, la formación de un criterio simplemente deportivo y, lo que es aún mejor, de eminente naturaleza colectiva, asume las proporciones de todo un proceso de transformación social. (...) Juzgábamos vagamente laborioso y estéril el esfuerzo en el sentido de difundir en la masa misma del pueblo, penetrado de todos los prejuicios indolentes de las razas criollas, ese alto concepto de la eficacia en la educación deportiva, del cultivo ardiente y espontáneo de la fuerza física en todo lo que ella ofrece de plasticidad armoniosa y de dignidad humana (C-562:1,1927).*

Se trataba, amén de celebrar los logros físicos, de impugnar el legado que ignoraba el cuidado físico mediante los deportes y cualquier propensión al perfeccionamiento corporal para atender exclusivamente a intereses espirituales. A esta tendencia se la acusaba de sentirse amenazada por «el contacto de todo alarde de habilidad corporal y energética masculina». Los designios de la reforma pedagógica se hicieron extensivos a la nación: redefinir la relación cuerpo-alma compensando un intelectualismo excesivo, impartiendo educación física y desplegando con ello nuevas fuerzas morales:

*El éxito de los juegos anima a los pedagogos a aconsejar los ejercicios al aire libre como contrapeso a las tiranías de los sentidos y el espíritu porque la perfección corporal garantiza y asegura en gran parte la perfección moral. Si se quiere formar hombres de alma expansiva, de volun-*

*tad intrépida y generosa; si se quiere tener trabajadores aptos para las graves tareas o las fuertes labores, conviene prepararlos ante todo con un organismo vigoroso, con una sólida resistencia (C-568:2,1927).*

El discurso pedagógico desbordó las fronteras escolares para sugerir que se canalizaran las fuerzas naturales a través de una educación física fundada en el control permanente de los actos. Ella generaría, partiendo de una sana voluntad, arrojo y valor sereno.

## *La gimnasia*

Mientras *Cromos* hacía en 1927 las últimas alusiones insistentes a la importancia de la cultura física escolar, ya arremetía en favor de la adopción generalizada de las actividades corporales según el esquema: deportes y juegos para las élites y gimnasia para el pueblo. El deporte y el aire libre equilibrarían y prepararían para las actividades espirituales; la gimnasia, contrarrestaría el cansancio físico y capacitaría para el trabajo fabril: «nos bastaría sencillamente con educar un pueblo joven, a favor de una gimnástica elemental y precisa, para contradecir en un porvenir cercano la tesis derrotista y peligrosa de nuestra caducidad prematura» (C-568:2,1927). Divisar signos de civilización en los avances gimnásticos era otra faceta de la confianza en alcanzar el progreso por intermedio de una cultura física acertada. Luego de visitar una casa para la regeneración de menores delincuentes, Germán Arciniegas se refirió al grupo de muchachos que

*(...) al compás del tambor, marcha, corre, salta, recibe el baño de aire y de luz y pone al servicio de su vida el desarrollo de sus músculos. De gentes insociables que eran, surgen los escolares en filas ordenadas como seres capaces de realizar ejercicios complicados dentro de un ritmo asombroso. No son golpes rudos de militarismo imperial los que regulan el trabajo: se persigue la agilidad, la elegancia, la pulcritud de las actividades de acuerdo con la vida según la naturaleza (...). Tal es la gimnasia rítmica, esa manifestación excelente y armoniosa del moderno régimen escolar. Al desarrollo corporal, perfecto por su integridad, sin descuidos y sin aberraciones, se une la educación social, porque los movimientos, uniformes o combinados de cada ejercicio, exigen el vínculo de una inteligencia total (...). Hábitos de aseo, hábitos de trabajo, hábitos de respeto, dan una base nueva -si a tal efecto llega el poder educativo- a la personalidad, y así, del baño y de la gimnasia, van a los talleres y a las clases, a educarse y a instruirse para llegar a la aptitud social (C-316:64,1922).*

Este juicio evoca el ideario de Arboleda: conformar un pueblo culto, higiénico y físicamente apto para producir riqueza y desempeñarse convenientemente en una sociedad moderna.

En 1917, el mismo año en que Jiménez López inauguró su cátedra de psiquiatría, se reunió el *Primer Congreso Pedagógico Nacional de Colombia*. Uno de los trabajos premiados fue *Cultura física, intelectual y moral del niño*, de Luis Alberto Castellanos. También se galardonó *Gimnasia educativa sin aparatos en Colombia*, cuyo autor era Fidedigno Cuéllar, y se recomendó *El pénsum de las escuelas primarias* elaborado por las Escuelas Cristianas de los Hermanos Maristas. En este último, obedeciendo al espíritu práctico de La Salle, se identificaba la formación religiosa, intelectual, práctica y física como el objetivo de la educación popular. Se citaron sus *Règles de la bienséance et civilité chrétiennes* para recordar que correspondía a los maestros instruir en las reglas básicas de la educación física, la higiene y el aseo, sin rebajar el alma con un cuidado exagerado del cuerpo. El programa manifestó que la Iglesia no era hostil al desarrollo y educación del cuerpo, siendo así que veía en él un servidor del alma cuyos sentidos debían educarse y perfeccionarse para que asistiera al espíritu. La educación física propuesta consistía en juegos de formación física y en gimnasia -especialmente sueca-, más que en ejercicios militares, «porque nuestros niños necesitan no tanto dar a su cuerpo la resistencia que proporcionan los ejercicios militares como darle agilidad y forma en sus diversos movimientos» (Escuelas Cristianas 1917:163). En apoyo de esta tesis se arguyó que los estudios médicos recomendaban los juegos más que la gimnasia. «No consideramos el asunto sino por su aspecto meramente físico -se reafirmaba-, viendo tan sólo en los juegos uno de los principales factores del desarrollo corporal» (Escuelas Cristianas 1917:163). En lo tocante a los ejercicios pedagógicos modernos dirigidos a la educación sensorial, los Hermanos Maristas aclararon que el mal estado de las escuelas anteponía a tales preocupaciones el mejoramiento de las condiciones higiénicas generales y que el orden, la disciplina y la formación del entendimiento mediante el «esfuerzo regulado» representaban objetivos básicos de la educación.

Agilidad y forma son metas que distan del vigor muscular tenido por la higiene como tarea de la educación física escolar. En tanto que este trabajo, aconsejado por el Congreso, le daba prioridad a los juegos sobre la gimnasia y a ésta sobre la fortaleza y los ejercicios militares -sugeridos en las legislaciones de 1870, 1892 y 1904 para desarrollar los músculos e incrementar la resistencia física a partir de los principios fisiológicos-, la ponencia de las Escuelas Cristianas invocaba un ánimo estético propio del discurso urbano. Esta heterogeneidad respecto a las cualidades que debería fomentar la cultura física, así como a la relación cuerpo-alma, también se hizo patente en los otros dos trabajos premiados.

La *Cultura* de Castellanos, con el subtítulo *Educación física, intelectual y moral del niño*, perseguía el cultivo y perfeccionamiento de «los órganos y aptitudes corporales del niño para que adquiera la delicadeza de los sentidos y su cuerpo se vuelva *sano, vigoroso y bello*, y para que sirva como medio de favorecer la mejor cultura de sus facultades intelectuales y morales» (Castellanos 1917:254). El propósito de «desarrollar las fuerzas corporales» lo logra el ejercicio, consistente sobre todo en juegos al aire libre acordes con las capacidades locomotivas infantiles y con la aptitud de los órganos para el cultivo físico. Castellanos se preocupó por relevar la particularidad del niño y de sus necesidades, un interés que coincide con la introducción de los primeros jardines preescolares. Sobre una base higiénica sólida, tomada de Monlau, debían apoyarse las diversas modalidades de juegos infantiles que componen el ambiente propio del niño, lo preparan para la vida adulta, le sirven de estímulo biológico y perfeccionan su sistema nervioso siempre que satisfagan las necesidades motrices, psíquicas y del lenguaje. Sólo entonces tiene cabida la gimnasia:

> *El arte de desarrollar, por un sistema conveniente de ejercicios, las fuerzas físicas del niño y de establecer, por este medio, un armonioso equilibrio entre todas las facultades de su naturaleza. La gimnasia es para el cuerpo lo que el estudio para el espíritu; a saber, el instrumento más poderoso de la educación física (Castellanos 1917:265).*

> *La gimnasia, con sus desenvolvimientos de energía física, agilidad y fortaleza, da belleza al cuerpo, y en la primera edad corrige aun los defectos naturales, conserva y afirma la salud, favorece el ejercicio de todas las funciones fisiológicas, perfecciona los sentidos, agita los músculos, suaviza y da gran flexibilidad a las articulaciones; comunica al niño dignidad en la postura, gravedad en el andar, elegancia y donaire en las maneras (Castellanos 1917:266).*

A diferencia de los juegos, la gimnasia, en sus dos formas -natural y artificial-, supone que el niño haga un esfuerzo corporal. La gimnasia artificial consiste en «una serie de ejercicios razonados y metódicos, fundados en las leyes de la anatomía». Se la llama activa cuando se trata de juegos que cumplen un reglamento (fútbol, billar) o una secuencia de movimientos (argollas, trapecio) que ponen en funcionamiento «los músculos de los miembros y del tronco, y de ahí que ejecutados convenientemente sean muy provechosos al organismo y a la salud» (Castellanos 1917:267). Los ejercicios pasivos exponen el cuerpo inmóvil a una acción externa, como ocurre al viajar en tren, barco o carruaje[4]. Por último, los ejercicios mixtos combinan una fuerza exterior con un movimiento del cuerpo, tal el caso de la equitación, el ciclismo y el automovilismo, y son de particular provecho para niños obesos o pletóricos que se mueven poco.

De esta gimnasia también hacían parte los trabajos manuales, sin duda la herramienta pedagógica mejor recibida de la época, porque «llama la atención infantil, despierta su curiosidad y estimula su entusiasmo», al tiempo que demanda un esfuerzo físico e intelectual continuo. El empeño en resaltar las ventajas pedagógicas de las labores manuales representa, como mostrará el siguiente capítulo, la victoria del sensualismo.

La cultura física tiene la mayor injerencia sobre el intelecto y la moral infantiles:

> *Existiendo íntima unión entre el cuerpo y el alma del hombre, fácil es apreciar la influencia eficaz que ejerce la parte física en la intelectual y moral. En efecto, si el cuerpo se desarrolla de la manera que hemos indicado atrás, el alma acopiará muchas emociones y aumentará sorprendentemente el entendimiento, su fuerza generalizadora y abstractiva para formar las ideas; en cambio, si el cuerpo es endeble o enfermizo, el ánimo se sentirá también moralmente agobiado e inhábil para una labor intelectual sostenida (Castellanos 1917:268).*

La educación de los sentidos externos e internos -vista, oído, tacto, olfato, gusto, conciencia sensible, imaginación, memoria y sentido estimativo- forma el intelecto; la de la voluntad forma la cultura moral y da contorno al carácter. La segunda consiste en estimular la sensibilidad, capaz de percibir sin ceder a los sentimientos y las pasiones para optar por la fortaleza de ánimo, la energía, la serenidad y la resolución firme de no entregarse al placer: sentir para conocer, discriminar y rechazar.

---

[4] *Esta nueva perspectiva sugiere la importancia que se le atribuye en la época al movimiento como elemento fundamental de la vida moderna, al punto que basta someterse pasivamente a él para que se tenga ya una práctica deportiva con todo y sus efectos benéficos, como se interpreta también el cansancio que produce viajar en tren (Schivelbusch 1977).*

La *Gimnasia educativa sin aparatos* establece que su objeto es el «conjunto de ejercicios practicados metódicamente para dar agilidad, desarrollo, fortaleza, salud y perfección al cuerpo humano» (Cuéllar 1917:354). Mientras que los deportes se practicaban al aire libre, por diversión, e incluían la higiene del cuerpo y el espíritu, esta gimnasia se proponía dotar al individuo «de una constitución tal que lo capacite para resistir victoriosamente las enfermedades y para preservarlo y curarlo de muchas de ellas, y especialmente para hacerlo insensible al trabajo y a la fatiga y despojarlo de la laxitud y la pereza; en una palabra, prepararlo para todas las necesidades y circunstancias de la vida» (Cuéllar 1917:354).

Cuéllar compartía la opinión expresada por Nieto Caballero en el sentido de que, más que atletas, «la patria necesita entre otras cualidades, hombres de acción, hábiles, inteligentes, enérgicos y vigorosos». Su sistema de ejercicios estaba ideado para fortalecer los músculos con «fines higiénicos» y se recomendaba a mujeres y niñas, quienes debían practicarlo con menor fuerza para que «sólo resulte una elegancia notable en las formas y en los movimientos, y para mayor progreso de los objetivos higiénicos». Otra ventaja de estos ejercicios, en el espíritu de las formaciones castrenses reglamentarias, radicaba en garantizar el aprestamiento de los niños para el servicio militar. Además desarrollaban la atención y contribuían a domar la voluntad y educar el carácter. A las evoluciones militares y sus cambios Cuéllar les añadió gimnasia respiratoria, carreras, inclinaciones y rotaciones de cabeza, tronco y brazos, flexiones, estiramientos y levantamientos de piernas, ataques y saltos. Los deportes más recomendables eran, a su modo de ver, la natación, la equitación, el baile, el fútbol y el tenis, combinados con ejercicios que dieran armonía a los músculos.

Los pedagogos, incluso los maristas, incorporaron a sus ideales el aspecto estético, hasta ese momento ignorado por los higienistas: la forma del cuerpo, su embellecimiento, la posibilidad de cincelarlo mediante ejercicios gimnásticos surgió como otro argumento a su favor. Sin embargo, esta motivación vino a poner de manifiesto la naturaleza imperfecta del cuerpo; desde entonces sólo el trabajo gimnástico permitiría desarrollarlo con propiedad. Junto con la belleza comenzaron a escasear otras cualidades innatas: salud, energía, capacidad mental, sensibilidad y aun moral, pues tan sólo una oportuna cultura física convertía al individuo en un ser humano pleno. La insuficiencia física connatural se instauró paralelamente a la nueva cultura somática. Y el lugar del cuerpo con relación al alma avanzó en su reacomodación.

Otro jalón en el adelanto de la cultura física fue la Conferencia Panamericana de Higiene, reunida en 1926 en Washington, donde se adoptó el Código Sanitario Panamericano acordado en La Habana en 1924 para todos los países del continente. Como consecuencia, Antonio José Uribe presentó en seguida el proyecto de la Ley 12 sobre enseñanza de la higiene y construcción de estadios, gimnasios, parques y demás elementos de la cultura física «que formen la niñez y la juventud en una vida hermosa, alegre y sana». Su exposición de motivos recordó que el estado rudimentario de la higiene individual y urbana era la causa del estancamiento de los países tropicales. En 1927, el Decreto 953 reglamentó la ley e implantó la enseñanza de la higiene desde el segundo año de la escuela primaria, incluyendo en ella nociones de educación física y ejercicios prácticos.

El *Programa de salud e higiene para las escuelas primarias* del Ministerio de Educación (1940) consignó la función del juego y la gimnasia en la salud infantil y le dio prioridad al primero, alegando que estimulaba la energía vital, la inteligencia y la voluntad, el control de sí mismo y el dominio de los nervios. A la gimnasia le atribuyó un papel complementario y reiteró el vínculo de la salud con el placer, la alegría, la belleza y la felicidad.

Finalmente, gracias a la educación integral, la Escuela Normal Superior consiguió superar la carencia de orientaciones educativas y bases científicas en la educación física. En el instituto a su cargo, los ejercicios se clasificaron con arreglo a criterios científicos, es decir, por actividades, edades, desarrollo intelectual, capacidades, constitución e intereses; con su aplicación se procedió atendiendo a «la producción de trabajo y su correspondiente grado de fatiga en relación con el consumo energético». El llamado hecho al gobierno mencionó su deber de intervenir de manera más directa en el cultivo somático, con el fin utilitario de moldear juventudes sanas y responsables (C-1551:16,1946).

A partir de 1923 creció la inquietud por el cuerpo y su desarrollo[5] y se agolparon los hechos que lo situaron en un lugar ostensible y lo incluyeron en el catálogo de las preocupaciones del Estado, los

---

5 *Carlos Uribe Celis (1985) señala que de 1923 a 1926 se vivió el auge de esta década de transformaciones. En medio de la euforia causada por el dinero que obtuvo el país como indemnización a cambio del territorio panameño, proliferaron los discursos que vieron en el cuerpo un eje de progreso y modernización.*

saberes y el consumo. La visita de Octavio Decroly en 1925 redobló la importancia de la educación sensorial; para la instrucción pública vino un nuevo período de reformas educativas marcado por la propuesta de reestructuración hecha por la segunda misión pedagógica alemana. En 1925 se realizaron los primeros juegos olímpicos en el país y se selló la incorporación de la educación física al ideario pedagógico nacional, conservándose la tensión entre una educación física militarista y una concepción integral del cuerpo y el movimiento. Sin llegar a una definición unificada de sus principales recursos y alcances, se mantuvieron prácticamente todos los matices de los discursos sobre cultura física.

## 2. Los órdenes de la cultura física

La década de los veinte le aseguró un lugar al cultivo del cuerpo: lo incluyó en los ideales de la legislación educativa y lo dotó de un ámbito discursivo nacional. De esta base se desprendieron diversas modalidades para su cuidado y se enriqueció el espectro de métodos y objetivos. Las inquietudes nacidas del debate eugenésico y los problemas abordados en la Conferencia Panamericana de Higiene de 1926 delimitaron un campo de acción preciso para la higiene y la cultura física. Las campañas sanitarias iniciadas en 1923 continuaron y la Ley 98 de 1928 para la protección de menores robusteció el interés por el cuidado materno-infantil. Los años siguientes vieron florecer la higiene, convertida en carrera universitaria en 1928, el mismo año en que Laureano Gómez reavivó la preocupación por el deterioro biológico del pueblo en una conferencia ampliamente difundida[6]. Tanto los argumentos en contra como

---

6 *La conferencia de Laureano Gómez fue repetida unas semanas después de su presentación en junio de 1928. El punto de vista de Gómez representa un momento culminante de esta discusión. Absolutamente convencido del determinismo del trópico, Gómez retrató la población colombiana como si fuera presa del «frenesí lúbrico», el espanto, el asombro, la pasividad, la indiferencia y el fatalismo. El panorama desolador que ofrece la naturaleza no le permite más que dictaminar que el territorio es impropio para la cultura humana. La única posibilidad, opina, es perseguir el progreso con inteligencia, artificio, celo y vigilancia, a la vez que buscando los elementos españoles para contrarrestar el «estigma de inferioridad» dejado por indios y negros. Con una actitud decididamente modernista, Laureano Gómez declara que la única salida que tiene la cultura colombiana es la de ser siempre artificial, lo «que requiere cuidado y atención inteligente». Sin embargo, incapaz de sobreponerse al fatalismo que le inspira «una raza incapaz», destierra cualquier posibilidad al confirmar la inexistencia de una élite ilustrada y activa que pueda conjurar «el imperativo categórico de las influencias del medio».*

a favor de estas visiones acompañaron una ola de afán nacional por el cuerpo, su importancia y cuidado, abanderada por los higienistas, quienes anexaron la cultura somática a sus intereses eugenésicos.

## Modernidad

Los esfuerzos de las disciplinas y la prensa por formular de modo pertinente la importancia del cuidado físico le dieron carácter público al discurso somático e inculcaron en la población algunos hábitos considerados primordiales para mejorar su desempeño. El nombre acuñado para estas prácticas fue educación física, con lo cual se designan las formas de movimiento -juego, deportes, gimnasia, actividades recreacionales- tendentes a educar a través del cuerpo o a educar el cuerpo. El cúmulo de razonamientos de médicos, pedagogos, higienistas y psicólogos no arroja una imagen homogénea de la trascendencia de la cultura física; los defensores de las diferentes modalidades de educación física esgrimieron en ocasiones idearios antagónicos o excluyentes para desautorizar o interceder en favor de una orientación determinada, por lo que no es fácil advertir una visión armónica con un ideario antropológico. No obstante, en medio de tantos alegatos se destacan ciertas características. Una notable -con todo y las excepciones que contiene- es la discriminación de los tipos de educación física en función de la clase social, la edad y el sexo: los deportes para los varones de la clase alta y las formas «mecánicas» de la gimnasia para el pueblo, los niños y las mujeres.

La inconsistencia en el empleo de los términos en ausencia de un marco general, dificulta identificar estas disparidades. En la controversia se confunde el esfuerzo por elaborar un sistema de distinción de clases con la preocupación eugenésica, la educación de élites con la conformación de una población civilizada y apta para forjar el desarrollo y el progreso del país, las pedagogías filantrópicas con las reformistas, las intenciones pedagógicas católicas con el intento de promover una educación integral, los principios militaristas con los humanistas y la querella de la Iglesia y el Estado en torno del control de la educación.

Al deporte, en cualquier caso, siempre se le atribuyó la capacidad de alejar a los jóvenes de los vicios y las malas pasiones, lo que hacía su práctica más que recomendable. Pero lo que más atraía del deporte como actividad apropiada para formar élites era que:

> *El juego en equipos desarrolla la voluntad, estimula el esfuerzo personal, obliga al individuo a obedecer y a mandar, a dominar sus pasiones y sus*

*instintos, lo enseña a estar alerta para aprovechar de las oportunidades, le enseña a recibir las adversidades de la lucha o de la vida, que es lo mismo, con entereza y hasta le señala la manera de corregir defectos para que más tarde no lo venzan por la misma causa (RMC 20(1):58,1929).*

La gimnasia tiene alcances morales que no posee el deporte. Si éste fortalece el cuerpo, divierte, promueve el valor, la intrepidez, la toma rápida de decisiones, el espíritu de grupo, el arrojo y la competencia, aquélla enseña método y disciplina, afina los sentidos y la percepción, forma el carácter y cincela el cuerpo. Esta gimnasia se distingue también de la que se hace con aparatos para vigorizar los músculos:

*Ya no se propone ésta dar notable incremento a la fuerza muscular; ya el atletismo de antaño es reconocido como inútil y aun perjudicial, por cuanto desarrolla sentimientos de altanería y de imposición (...). La gimnasia de hoy es más suave, más moderada. Atiende al desarrollo racional y armónico de los músculos del cuerpo; a favorecer y ayudar el buen funcionamiento de la respiración y circulación, y a proporcionar energías corporales que contrarresten los efectos producidos por el trabajo mental (E.G.J. 1917:248).*

La meta es acrecentar la capacidad respiratoria, porque «los hombres que resisten mejor las fatigas no son los que tienen músculos más vigorosos, sino aquellos cuya respiración es más amplia» (E.G.J. 1917:249), afirma este proyecto, haciendo eco de Martín Restrepo Mejía. No basta la fuerza, ella sola es incluso reprochable; tiene sentido con la dinámica, el movimiento, la coordinación, el engranaje y la complejización que representa el deporte, al que sólo se accede con la preparación gimnástica. Las dos formas no tienen que ser excluyentes: pueden complementarse en el individuo y en las clases sociales.

El pueblo que anhela la educación física encarna la civilización: moral, salud y trabajo son sus principales rasgos y los obtiene gobernando el cuerpo y las pasiones, adaptándose al trabajo mecánico y usando el tiempo libre para reponer las fuerzas. La eficiencia debe coronar cualquier actividad que emprenda; pero este cuerpo popular sigue considerándose espejo y campo de práctica de las virtudes (Archila 1989; 1991; Mayor 1984).

La gimnasia concebida en 1917 para las escuelas urbanas buscaba la resistencia y la formación militar, quería educar y vigorizar el cuerpo para bien del espíritu a través del estudio y el conocimiento del «mecanismo corporal», el funcionamiento de sus partes y las necesidades orgánicas. Se recomendaba la gimnasia sueca por ser un método verdaderamente científico, fundado en la fisiología y la higiene.

La cartilla de *Educación física* (1935) que elaboró el ex boxeador Rafael Tanco se proponía aportar un método práctico para la gimnasia escolar e individual acorde con los reglamentos modernos, esto es, un método que, ajustándose a los adelantos científicos y pedagógicos, coadyuvara a implantar una educación física nacional. Como pionero de los ideales corporales modernos, Tanco no requirió mayor justificación para introducir su método. En la educación física, sustentada en la higiene, encontró el recurso para echar los cimientos que aseguraran la armonía de las fuerzas corporales, intelectuales y morales: «La educación física constituye para nosotros un medio positivo de conformar de un modo armónico el cuerpo humano, influyendo de manera apropiada sobre su desarrollo y crecimiento natural» (Tanco 1935:5). Esta educación física se basaba en la gimnasia sueca, a la que complementan juegos y deportes, y debía controlarse médicamente con una ficha antropométrica. El ex boxeador columbraba en la educación somática la herramienta para alcanzar y conservar una salud que, siendo escasa, constituía la «base de éxito en la lucha por la vida, proporcionaba alegría y optimismo, tan necesarios para triunfar en toda empresa» (Tanco 1935:10). Por otra parte, la gimnasia educativa reemplazaba el tabaco, las drogas heroicas y el alcohol, vigorizaba la raza y daba prestigio a los pueblos.

El método propone movimientos gimnásticos de los «segmentos del cuerpo» realizados a voces de mando militares y clasificados según los músculos que los ejecutan; también incluye el reglamento para la instrucción de la infantería. Tanco reconoció una nueva propiedad de la gimnasia, a saber, una «excitación cerebral» a la que acompaña la alegría que fortalece el organismo. Esta alegría, dice, es esencial: sin tal estimulante, su ejecución sería defectuosa; la música y el canto hacían parte de su programa.

El método de Tanco clasifica a los estudiantes con ayuda del boletín médico. Sus registros establecen que no todos los alumnos tienen el mismo grado de salud y deben, por tanto, agruparse según la edad fisiológica, determinada con aparatos de medición, tablas de talla y peso, perímetro del tórax, dinamometría, compás torácico de Demeny y pruebas para establecer la «capacidad vital», los errores de conformación y las cualidades físicas sobresalientes. Con los resultados se configuran grupos homogéneos, se envían los niños enfermos al campo y se trata separadamente a los necesitados. La gimnasia correctiva tiene una función destacada: forma cuerpos «bien proporcionados y vigorosos» y ha de practicarla cada persona para «corregir malos hábitos, fortalecer los miembros débiles, enderezar la espalda y los hombros, dar mayor expansión al pecho, y desarrollar todos los músculos del cuerpo, corrigiendo también los defectos físicos» (Tanco 1935:121). La gimnasia también incrementa o reduce el grosor de cuello, brazos y piernas, elimina la grasa acumulada alrededor del estómago y la cintura, y aumenta o baja el peso. Los ejercicios de respiración ensanchan la circunferencia del pecho y fortifican el corazón y los pulmones.

El mismo año en que se publicó la cartilla de Tanco, Laurentino Muñoz expresó su inmensa preocupación por el destino biológico del pueblo colombiano; cuatro años más tarde, con su *Tratado elemental de higiene,* sugirió medidas para solucionar el «problema más importante que afrontamos». La segunda edición del libro (1944) añadió a la higiene individual el ejercicio físico y el deporte, cuyas ventajas para el metabolismo y el sistema muscular, para estimular la nutrición y aumentar el vigor, más su aporte a la prevención de los vicios y las enfermedades, hacían de ellos verdaderos guardianes de la salud, imprescindibles en la educación pública. No menos claros eran sus graves peligros si no se practicaban científicamente o se exageraba: las toxinas concentradas de ese modo podían alterar el organismo.

Muñoz agrupó los ejercicios en naturales (juegos y oficios) y artificiales («gimnasia fisiológica y atlética»). La primera modalidad de gimnasia, la sueca, educa los movimientos, desarrolla los músculos y la agilidad y corrige los defectos de conformación; la atlética exige esfuerzo muscular, se realiza con aparatos y no desarrolla los músculos de manera uniforme. Para la infancia sólo recomendó la marcha, un ejercicio de fondo que no comprometía en exceso la circulación y la respiración como lo hacía la gimnasia sueca; en la pubertad convenían las combinaciones de rapidez que exigían coordinación, atención y ejercicio mental: boxeo, esgrima, carrera, remo, ciclismo y natación. Sólo los adolescentes y los adultos podían practicar además ejercicios de fuerza como el boxeo, el atletismo, la lucha y el levantamiento de pesos, siempre que lo permitiera la constitución orgánica, pues el gran esfuerzo muscular que demandaban producía con facilidad agotamiento. Dadas las deficiencias vitales y alimenticias, Muñoz fue enfático en decir que debía vigilarse la organización del deporte escolar para impedir la fatiga[7].

En contrapunto con los pedagogos, los higienistas estrecharon a cada paso las razones somáticas y expandieron el alcance de la cultura física, llegando a afirmar que aliviaba insuficiencias respiratorias, circulatorias, digestivas y neuromusculares en los niños. De allí procedieron a sostener que la noción de cultura física, en cuanto

> *(...) sostén de un desarrollo armonioso y [del] mantenimiento del equilibrio fisiológico (, debía) ser reemplazada por una verdadera reeducación destinada a corregir las separaciones o deficiencias del desarrollo y a tratar de conducir el organismo en la línea normal. Esta cultura física tendría carácter general y preventivo. La cultura física contribuye a mantener la moral y a una evolución armoniosa del cuerpo y del espíritu. Desarrollando la voluntad, la resistencia, el coraje, ella simboliza la alegoría de los tres carros antiguos que representaba los tres objetos de la educación: la fuerza, la inteligencia y el corazón que hacen el hombre completo: lo que tiene la ciencia para concebir, la fuerza para emprender y la energía para perseverar (C-928:18,1934).*

Tomada la decisión de cultivar el cuerpo porque no hacerlo significa una amenaza -el ascendiente del alma sobre el cuerpo ha menguado y sus virtudes no pueden ya controlarlo- y habiéndole concedido tanta autonomía, se impone evitar que vague a su antojo y que sus vicios y pasiones corrompan el alma. Rota la unidad que todavía acusaba la persona en el pensamiento galénico, el individuo aparece habilitado para, aún más, necesitado de construirse. Se ha disuelto la armonía con el entorno y con su propia integridad, y se acomete entonces la labor de formarlo comenzando por tornear su cuerpo. Pero, como para hacerlo es preciso conocerlo y disponer de técnicas apropiadas, es este el momento en que la cultura física interviene y da principio a su inflación simbólica: el cuerpo moderno se piensa como núcleo de la persona, se reconoce capaz de modificar el conjunto y tiende a llenar el ser con esta razón, buscando ensanchar su campo semántico. El enorme capital simbólico que acumuló el cuerpo en las primeras décadas del siglo proviene de la trascendencia que le otorgó la higiene al descubrir en él la capacidad

---

7  *La necesidad del descanso para evitar la fatiga es una constante en la literatura sobre higiene y cultura física. El concepto de fatiga, resultado de las investigaciones fisiológicas, fue adoptado tanto por Taylor para determinar el punto máximo de explotación racional de la fuerza de trabajo muscular (Mayor Mora 1984), como por la ingeniería civil para describir el estado de desgaste de los materiales (Schivelbusch 1977).*

de ordenar el ideario antropológico. Esta labor consistió primero en perfilar, mediante el cultivo somático, categorías y órdenes interpretativos reconocibles en el cuerpo mismo: clases, géneros, edades, principios morales, progreso y civilización, atributos que se asignan en la labor de dotar de sentido y dictar guías de interpretación y conducta en una sociedad que irrumpe en un nuevo ideal.

Como vástago de la higiene, la cultura física repite sus intenciones mecanicistas y científicas y comparte su voluntad de ordenar y disciplinar el cuerpo. La aventaja porque a grandes pasos y en mayor escala pudo popularizar e infundir en la población la disciplina y el orden consubstanciales a su imaginación cinética. Parece haberla superado en su habilidad para redefinir la normalidad y en haberse erigido en el elemento definitivo para configurar al individuo y recobrarle su integridad.

## *Géneros*

Antes que los intereses eugenésicos desembocaran en las campañas de los años treinta y se empezara a tener en cuenta la protección materno-infantil, sólo las mujeres de las clases más acomodadas tenían la opción de la cultura física. Las cavilaciones de los higienistas al respecto habían partido del supuesto de que el cuerpo de las mujeres estaba definido por su debilidad e irritabilidad innatas (Cuervo 1833). Tal era el dictamen del pensamiento médico de la época y de la incipiente ginecología, con cuyos argumentos se componían categorías científicas explicativas de las diferencias entre los sexos. Se especificó que la sensibilidad era la cualidad determinante de la constitución femenina y sobre dicho aserto se elevó -paralelamente al surgimiento de la antropología- el edificio de la ciencia de las mujeres (Honegger 1991; Frevert 1995). El primer rasgo mencionado por Cuervo, la debilidad, aconsejaba limitar toda actividad física; el segundo, la irritabilidad, podría domesticarse con una adecuada educación. Por eso al tratar el esfuerzo físico se dijo repetidamente que a las mujeres les venía bien no agitarse demasiado y abstenerse de juegos que pudieran producir contusiones o caídas, y que se consideraban más favorables para ellas la sobriedad y el ejercicio metódico. En opinión de Monlau, las mujeres estaban dotadas de mayor sensibilidad y menor fuerza muscular, como bien se leía en sus cuerpos flojos y blandos; ellas eran «menos animalizadas» que los hombres, tanto que comían menos, poseían menos calor vital, pero, curiosamente, su individualidad era más atenuada, lo que les daba mayor plasticidad y les permitía ocuparse más de la especie que de sí mismas.

No eran esas todas las atonías del sexo débil. La naciente psiquiatría daba por sentado que el sistema nervioso femenino era extremadamente voluble, propiedad que se manifestaba en un estado indescriptible de excitación de las funciones de inervación. Por este motivo se exhortaba a moderar el sistema nervioso femenino durante la pubertad y a prestar especial atención a la nutrición (Rosselli 1968). La fragilidad y enervamiento del organismo femenino justificaba una gimnasia especial que no lo expusiera a forcejeos, conmociones o saltos. La gimnasia mesurada -es decir, la calistenia- economiza la energía destinada a las funciones genésicas. El plan de estudios discutido en el *Primer Congreso Pedagógico Nacional* para las escuelas urbanas confirmó que las mujeres requerían un programa aparte, «por existir diferencias notables entre la educación física del varón y la de la mujer». Se estimó que la calistenia reportaba escasos beneficios para el desarrollo físico y se la recomendó para las mujeres: sin demandar esfuerzos musculares como la gimnasia, aumentaba la fuerza, «subordinándola a la belleza y gracia de los movimientos» (E.G.J. 1917:250). Arboleda coincidía en esta apreciación: los ejercicios debían otorgar aristocracia y elegancia al andar femenino porque

> (...) *los melindres y contorneos (sic), el desgarbo en el andar, descubren las más íntimas emociones del alma en el obligado gesto de los ojos, de los labios, de las mejillas, y aun a veces de la ligera contracción de la nariz; el andar severo, el cuerpo recto sin afectación, la frente alta inspiran respeto o simpatía y ocultan con el velo de la ocasión los misterios del alma o la fuerza del hombre y el imperio de la mujer (Arboleda 1907:74).*

Este porte no es innato como el continente de la civilidad, sino producto del ejercicio metódico. García Medina, en cambio, aconsejaba los mismos ejercicios a hombres y mujeres; prohibía a las niñas, eso sí, saltar la cuerda y se declaraba partidario de que las mujeres en general practicaran aquellos deportes que suponían más movimiento que esfuerzo, como equitación, volante, croquet y tenis.

La higiene discurrió una cultura física femenina cuando sobrevino el interés eugenésico y pediátrico. Sin embargo, ya antes la estética había tomado la iniciativa de desbrozar un camino propio y afrontar con gran sutileza los obstáculos morales que plagaban su carrera. De ninguna manera fue éste un esfuerzo unilateral, pues a medida que los valores estéticos corporales ganaban terreno, los discursos de la higiene y la cultura física se servían de sus avances para impulsar los suyos, hasta enunciar la equivalencia de salud y belleza.

Los primeros aspectos a que se consagró la cultura física femenina fueron el caminar y la postura, hasta entonces de incumbencia exclusiva de la urbanidad. Hacia 1911 la educación física femenina tenía la tarea de dotar a la mujer de «elegancia aristocrática en el andar», con lo cual hacía asequible un don que era para la urbanidad patrimonio connatural de las virtuosas. En 1925, apareció en *Cromos* la primera nota sobre la utilidad de la gimnasia sueca para conservar la espalda recta pero cimbreante, vale decir, un sustituto del corsé, cuyo rechazo ya se proclamaba, pero exigía nuevas habilidades al torso: «No hay que usar corset, si se puede evitar. Nada hay tan elegante como un cuerpo flexible, cualidad que permite las más delicadas y originales actitudes; personalmente [opina la lectora que escribe], yo prefiero esta gracia, con algo de abandono, a la esbeltez rígida que da el corset» (C-2:32,1916).

En lo sucesivo se prestó mayor atención a las posibilidades de la gimnasia para cincelar el cuerpo que «progresa». A la mujer moderna le urgía fortalecer los músculos y templar los nervios para la actividad deportiva e incluso se aseveraba que el hombre decaía físicamente mientras la mujer se fortalecía, sus piernas se hacían «más duras y resistentes», los brazos más fuertes y hermosos (C-514,1927). Pronto se conocieron ejercicios para reducir el estómago y afinar la cintura, y se dio la bienvenida a la «hembra moderna» que había dejado atrás el romanticismo, la fragilidad y la languidez, poniendo de presente el papel del cuerpo femenino en este desarrollo. La publicidad instaba a combinar la gracia y el encanto con un cuerpo sano y fuerte, y promovió la vivacidad y la robustez como cualidades deseables en la mujer.

La estética corporal no se centró del todo en la figura femenina. En 1926 apareció el *strongfortismo*, ofreciendo a los hombres belleza y rendimiento sexual: «antes de casarse hágase digno de su esposa». El método permitía convertirse en un hombre vigoroso, capaz de «gozar de las delicias de su vida matrimonial». Las cualidades sugeridas eran las de un cuerpo musculoso y esbelto: Charles Atlas anunciaba el producto.

El discurso sanitario optó por vigorizar el organismo materno, seno del progreso nacional y molde de la raza. María Suárez transmitió la perspectiva de las mujeres colombianas en la *All Americas Women's Conference*, en donde elogió a la madre y se refirió a la importancia de su educación para obtener «el verdadero progreso, la legítima civilización y la más completa unión»:

> *El ideal de la mujer, digna de la enorme responsabilidad de formar y dirigir una familia, sólo se alcanzará, repito, cuando los encargados de prepararla, tengan en cuenta que debe dársele una educación integral especialísima, que la haga dueña de un organismo equilibrado, rico en fuerzas y capaz de reaccionar ampliamente contra el dolor, la fatiga y los mil contragolpes a que su situación en la familia la expone; un organismo que se sienta parte integrante de la naturaleza, amante de sus bellezas, cuyos secretos y cuya profunda sabiduría ha penetrado; un organismo, en fin, bien provisto de fuerzas defensivas, merced a las cuales no sólo sea capaz de protegerse a sí misma, sino también a los seres más débiles que la naturaleza ha puesto a su cuidado (C-459:1,1925).*

En consonancia con las insinuaciones de los salubristas, *Cromos* hizo notar la participación femenina en los Juegos Atléticos Nacionales de 1927 y lo oportuno de la misma, siempre que las mujeres se ciñeran a movimientos adecuados a su sexo, excluyendo por supuesto el boxeo, la lucha y la esgrima. Una vez aceptado el deporte femenino, rodeado inicialmente de un halo de sofisticación y elegancia, la cultura corporal femenina tomó rumbos diversos. Por un lado se subrayaron su aspecto competitivo, a través de las hazañas de las deportistas norteamericanas y europeas, y las capacidades físicas cada vez más cercanas a las masculinas. El deporte, instrumento para robustecer el cuerpo, se enarboló como un arma para disminuir las diferencias entre hombres y mujeres: el cuerpo «vigorosamente musculado» de las campeonas de natación insinuaba «que en los Estados Unidos se está forjando, gracias a las *performances* deportísticas, un tipo de superhembra capaz de luchar con el hombre, sin desventaja, en todos los campos de la competencia darwiniana» (C-706:4,1930).

Pero estos comentarios no parecían atinados para las deportistas nacionales. En ellas se elogiaba la feminidad o, lo que era igual, la facultad de amalgamar los beneficios de la cultura física con las cualidades estéticas del romanticismo. La nueva figura femenina tuvo aceptación entre las mujeres más adineradas; su imagen abrió la puerta a los deportes femeninos y de su apología se hizo merecedora la Reina de los Deportes, digna del mismo trato que la Reina de los Estudiantes, sin duda en reconocimiento a sus rasgos femeninos. Doña Luz Ramírez, «esta gentilísima deportista, reina de la gracia y del sport, que parece resumir en su deliciosa personalidad todos los complicados atributos de la girl moderna», recordó lo significativo que era fomentar los deportes entre las mujeres: «(...) si bien la inteligencia puede no ser el resultado inmediato de la salud o del apogeo muscular, necesita indispensablemente de tales factores para brillar con plenitud. Sin un normal funcionamiento de todos los órganos, las manifestaciones intelectuales se amenguan, se oscurecen, se extravían» (C-794:10,1931). La misma atleta aseguró que el deporte al aire libre perfecciona la raza, «hace fuertes, esbeltos y flexibles los cuerpos y alegra el espíritu al paso que sentidos tan importantes como la vista, el oído y el tacto se afinan e intensifican con el constante ejercicio». Los beneficios morales que percibiría, especialmente la mujer, serían tantos que era irrecusable elegir una Reina del Deporte en Bogotá (C-794:10,1931).

En busca de la soberana se entrevistó a una «encantadora» deportista del Country Club, de «silueta ingrave y voz diáfana», poseedora de «la estupenda dulzura de una rosa jugosa y recién cortada». De ella se dice que «en la intimidad del hogar cautiva su porte y en los elegantes salones, su silueta admirable, su trato exquisito y su inigualable simpatía seducen desde el primer instante» (C-825:16,1932). En tanto que el columnista alababa las cualidades del eterno femenino, a las que el deporte parecía dar más realce, la candidata lamentaba el atraso en que se encontraban los deportes debido al escaso valor que las entidades oficiales concedían a la educación física.

En 1933 se anunció la implantación de varias modalidades de deporte en los colegios femeninos de la ciudad (C-847:10,1933), en especial, baloncesto y tenis. Las ventajas que les traerían a las mujeres comprendían «esbeltez en sus líneas y salud completa».

Rafael Tanco incluyó en su manual una sección de gimnasia femenina y discriminó las actividades de niños y niñas. Para los varones: trotar, hacer ejercicios respiratorios, marchar con las piernas semiflectadas, correr agitando los brazos, saltar como un sapo, arrastrarse como una culebra y patalear; para las niñas: correr un poco y descansar, pues «el corazón les salta mucho», cantar, bailar una polka, respirar libremente, hacer equilibrio, marchar, patalear y saltar. En cuanto a la gimnasia para las mujeres, Tanco pensaba que convenía no hacer movimientos enérgicos y que debían primar la elasticidad y la precisión sobre la fuerza. Con la gimnasia correctiva se conseguiría salud, belleza y juventud prolongada, pues permitiría a las mujeres conservar sus mayores dotes: la gracia y la esbeltez. Disminuyendo el tejido adiposo se asegurarían la simetría y las proporciones bellas; las mujeres demasiado delgadas ampliarían sus formas.

Tanco recuerda que la falta de cultura física tiene peores secuelas para la mujer que para el hombre, debido a que «el fin supremo de la mujer [que es] el mejoramiento de la descendencia», sólo puede alcanzarse con una salud perfecta. En la mujer una inteligencia cultivada carece de valor si la constitución física es débil; lo contrario merece sobrevivir por cuanto garantiza el desarrollo de las generaciones futuras. Así, en el método de Tanco interesa aumentar la capacidad pulmonar para dar mayor vitalidad al organismo y mejorar la pubertad. Como arte ortopédico, la gimnasia correctiva aseguraba una posición vertebral justa; por sus propiedades psicoterapéuticas combatía enérgicamente «la exagerada depresión del sistema nervioso, tanto en las niñas como en las mujeres jóvenes, muy frecuente en nuestra vida moderna» (Tanco 1935:130), y estimulaba las funciones cerebrales encargadas de las manifestaciones espirituales. Las danzas y la gimnasia rítmica favorecían a mujeres y niños: no llegaban a fatigar y el ritmo musical tonificaba y disciplinaba el cerebro haciendo a la mujer «bella, graciosa y buena».

En la década de los treinta se afianzó el deporte femenino: fue creada la Asociación Femenina de Deportes, se instituyó el deporte escolar para niñas y jóvenes -algunas modalidades ganaron cierta popularidad- y se propagó, desde 1925, la gimnasia con fines exclusivamente estéticos. Mientras que las mujeres se ocupaban del tema en las columnas de belleza y moda, los textos de educación física fueron dominio masculino. En 1938 Gilma Wills Olaya, profesora de educación física, publicó su *Educación física escolar*, un tratado práctico que interpretaba la norma del Ministerio de Educación Nacional. Por primera vez, Wills presentó de manera sistemática y crítica las diferentes escuelas de gimnasia, prefiriendo la sueca en su versión «pedagógica», como fue ideada por Ling. Antes de considerar la opinión de Wills sobre la educación femenina, vale la pena incursionar en sus apuntes sobre las escuelas gimnásticas por la luz que finalmente arrojan sobre las opiniones y reticencias de la época en relación con algunas de estas modalidades.

La gimnasia alemana, es decir, la tradición iniciada por Gutsmuths y perfeccionada por Jahn, le resultaba a Wills exenta de valor educativo y exclusivamente interesada en la forma exterior y el efecto visual. Como muchos autores de la época que también renegaban de ella, Wills desconfiaba de sus pruebas por no encontrarles valor fisiológico y anatómico y juzgar que desarrollaban en demasía la musculatura superior, sometiendo a los gimnastas a contracciones bruscas y violentas:

> *La gimnasia alemana no puede ser escolar ni educativa, de formación ni de desarrollo; por consiguiente, no sirve para los niños ni para la mujer;*

*tampoco para el joven o soldado. Sirve únicamente para fomentar la vanidad, el gusto por las exhibiciones y el deseo de sobresalir. Es una gimnasia que debe dejarse para quienes buscan como único objetivo la fuerza y el aplauso de pruebas acrobáticas que tienen más cabida en un circo que en un gimnasio (Wills 1938:8).*

La misma crítica valía para la gimnasia -fisicoculturismo- que cultivaba engañosamente el desarrollo muscular sin formar verdaderos atletas, fuertes y vigorosos, y creaba un desequilibrio funcional entre el aparato locomotor y el resto del organismo. La escuela sexlateral del belga Happel se le hacía limitada y mecánica en sus opciones cinéticas y carente de estímulos cerebrales. Lo que se conocía como gimnasia natural, es decir, marchar, trepar, saltar, correr, lanzar, atacar y defenderse, nadar, etc, al aire libre, con ser sencilla, no dejaba de ser excesiva para el corazón y no contenía elementos correctivos. La alternativa de seleccionar lo mejor de cada variante -tal la gimnasia ecléctica de Demeny- conservaba los defectos de las modalidades consagradas al incremento muscular y la forma externa.

La solución para atender tanto a las necesidades anatómicas y fisiológicas como a las cerebrales era la gimnasia científica o sueca, en la que el movimiento valía por su efecto sobre todo el organismo. Ofrecía además variantes para cada edad y sexo, por cuanto enseñaba a apreciar las fuerzas propias y a emplearlas con el mayor rendimiento y el menor gasto energético.

En lo referente a las escuelas consideradas por otros autores aptas para las mujeres, Wills afirmaba que la gimnasia rítmica implicaba una intervención excesiva del cerebro, pues había sido creada para educar los sentidos y la sincronía de éstos en un trabajo muscular realizado con gracia y soltura. De ella se esperaba que provocara «el gesto y la acción por sugestión auditiva psico-motriz, de acuerdo con el ritmo de determinado trozo musical» (Wills 1938:12), lo que la hacía inapropiada para la escuela y para personas fatigadas por el trabajo mental. Como modalidad femenina podía practicarse con moderación para perfeccionar el sentido rítmico y la expresión plástica y musical, pero debía limitarse a ser un complemento de la gimnasia científica porque «tiene el inconveniente de desarrollar de manera excesiva la emotividad sensorial; es demasiado fatigosa para los centros nerviosos y se ha comprobado que la inmensa mayoría de las mujeres que la practican tienen los músculos débiles, el pecho hundido, la espalda abovedada y una insuficiencia muscular bastante notoria» (Wills 1938:12).

La calistenia, tan alabada por otros autores para la educación femenina, era en opinión de Wills un conjunto de «todos los defectos anotados a los ejercicios seriados; (...) los ejercicios resultan monótonos, débiles y cansones. (...) interesa (...) la uniformidad del conjunto y la sucesión de los ejercicios, prescindiendo por completo de la relación y buena inteligencia que deben existir entre la mente del gimnasta y el músculo en acción» (Wills 1938:11).

A pesar de tantas reservas, Wills no se distinguió por una visión que reformulara los géneros; sus discrepancias no sobrepasan el terreno de los métodos, pues si bien defendió la cultura física femenina como una necesidad que no debía escatimarse aunque hubiera quienes juzgaran sus movimientos grotescos y vulgares, su defensa se centró en que la «práctica racional de la educación física» era imprescindible «para cumplir la obligación que tiene toda mujer de ser bella y sana y conservarse así». Belleza y salud. La primera no termina en un rostro agradable:

> *(...) para ser verdaderamente bellas es indispensable la armonía en las proporciones del cuerpo y el goce pleno de la salud, la cual se exterioriza por el brillo y expresión de los ojos, la alegría en la sonrisa, el colorido natural de la piel y la agilidad y gracia de los movimientos. La educación física al dar a la mujer un cuerpo sano y bello la enriquece física, intelectual y moralmente, acrecienta el ritmo de su vida y le permite alcanzar la posición a que tiene derecho en la comunidad, como indiscutible factor de mejoramiento social (Wills 1938:217).*

La salud tiene como principal objetivo que las mujeres cumplan «normalmente con la misión trascendental que deben ejercitar como un imperativo biológico en el organismo social y puedan sortear felizmente los múltiples inconvenientes que la actual civilización trae consigo al utilizar a la mujer en la oficina, el taller o la fábrica (Wills 1938:218).

No era la primera vez que se expresaba la necesidad de fortalecer el cuerpo para soportar las exigencias del mundo moderno, tampoco aquí ventajosas para las mujeres, sino, por el contrario, una carga para la cual deben prepararse. Teniendo siempre en la mira las funciones generatrices y la importancia de «readquirir las formas precedentes y sus funciones, al mismo tiempo que una escrupulosa forma estética», la gimnasia femenina oscila entre evitar los grandes esfuerzos musculares que proveen apariencia atlética, los «movimientos bruscos y pesados», y no caer en la total suavidad y las posiciones melindrosas. Los ejercicios no se distinguen más que en detalles de los practicados por los hombres, en razón de las alegadas diferencias anatómicas, fisiológicas y psicológicas. Se deben evitar la hipertrofia de la musculatura del cuello y atender en los movimientos de piernas a la menor estabilidad de la pelvis femenina, que proporciona menor seguridad y apoyo. Las mujeres descuellan por sus habilidades equilibristas a ras del suelo; en la altura desmejoran notablemente. La marcha es sin duda la gran fortaleza femenina y debe educarse especialmente; la carrera, en cambio, no debe producir una fatiga que podría ser peligrosa y contraproducente. En cuanto a los saltos, no constituyen una actividad para la que la mujer esté tan predispuesta como el hombre; por consiguiente, no deben ser violentos ni sostenidos para evitar que las caídas o los golpes desplacen los órganos internos. Se prefiere el fortalecimiento de la musculatura abdominal y la región dorsal, así se «asegura el triunfo en la constante lucha contra la fuerza de atracción terrestre». Todos estos movimientos necesitan aún otra aclaración: para las mujeres de clase alta representan una liberación del sedentarismo, para las obreras, una liberación del trabajo excesivo.

Las diferencias entre los sexos son un factor a considerar desde la infancia. El hombre «es más esforzado y resistente y trabaja de manera marcada y precisa; la mujer demuestra mayor firmeza y perseverancia, pero es menos resistente; por esto, su trabajo es menos vigoroso, debe ser interrumpido por breves descansos, y sus movimientos son continuados y alargados» (Wills 1938:221). A estos rasgos se ajustaba la educación infantil a partir de los diez años, cuando el dimorfismo sexual debía dar paso a la constitución de los géneros, «pues a tiempo que [los niños] gustan de demostrar su arrojo y capacidad en ejercicios tales como los de suspensión y los saltos, las niñas demuestran mayor gusto por los movimientos elegantes y continuados» (Wills 1938:222). El espíritu competitivo estaba equitativamente distribuido, pero las niñas gustaban más de los juegos acompañados de canto. A esta edad debían introducirse los ejercicios «correctivos» y comenzar a practicarse la coordinación, el ritmo y los movimientos que daban al cuerpo movilidad, soltura y gracia. Un año más tarde, se iniciarían los ejercicios de equilibrio y los saltos variarían, se reduciría el juego en favor de los movimientos sistemáticos y los juegos competitivos y en equipo. Si a los doce años se había comenzado ya el desarrollo que producía un desequilibrio entre lo mental y lo físico -etapa que se extendía hasta los quince años- procedía introducir la mayor diferencia entre la gimnasia para hombres y mujeres. Parece muy importante que los ejercicios confirmaran a las adolescentes el género a que pertenecían. Este período se caracterizaba por una disminución en las facultades de concentración y precisión, con arreglo a la cual debían ordenarse los movimientos; la falta de dominio sobre el cuerpo y de interés por los ejercicios resultaba evidente. Lo más conveniente eran las «actitudes sencillas y que exijan poco gasto energético», el fortalecimiento de la musculatura abdominal y dorsal, de piernas y brazos y los estiramientos del tronco sin que llegaran a demandar esfuerzos exagerados. Hacia el final de estos años de transición se podía comenzar a ejercitar la preferencia de las jóvenes por el ritmo, evitando forzar las articulaciones y las movilidades anormales. Los ejercicios de agilidad y destreza se reducían a los que incorporan la flexión conjunta de brazos y piernas para que el dorso no se redondee. En los saltos tampoco era prudente pedir demasiada coordinación ni esfuerzo muscular; los laterales debían desaparecer pues dañaban la armonía de los hombros. Las rondas y danzas se practicaban con mesura aunque agradaran mucho a las muchachas; los juegos debían ser de tipo competitivo.

Desde los 16 años y hasta los 25, el cuerpo alcanza un desarrollo total y conviene entonces dotarlo de armonía en la forma y el movimiento. Evitando siempre esfuerzos en demasía, se desechaban los ejercicios de equilibrio en la altura y los saltos que requerían una carrera larga y rápida y una inversión grande de energía, es decir, los de altura y longitud. La marcha a diferentes ritmos, la carrera inteligente -con objetos, no la simple carrera de velocidad- y los juegos, preferencialmente los que se ejecutan con pelota, ocupaban un lugar destacado junto a las danzas, las rondas y los movimientos rítmicos.

La cultura física femenina de Wills incluía una formación artística que capacitara al cuerpo

> *para ejecutar movimientos armoniosos otorgándole el poder de expresar pensamientos, emociones y sentimientos a la manera como el artista (...) expresa las fluctuaciones de la vida interior y sugiere los sentimientos del espíritu. Es preciso que la mujer logre la manera de expresar lo que lleva en sí por medio de movimientos y ademanes y, en una palabra, por su cuerpo; pero a la expresión de la belleza y de la sinceridad no llegarán sino aquellos cuya vida moral tiene el valor de esa misma sinceridad que desean traducir. De aquí que, el arte de los movimientos tiende a formar un ser humano dotado de un cuerpo bello y de un alma pura (Wills 1938:226).*

Es allí donde cobraba sentido la gimnasia rítmica que perfeccionaba el sistema nervioso, creando una mentalidad rítmica que se expresaba tanto en la armonía musical como plástica del cuerpo. Con ello, con la cultura de «la sensibilidad emotiva, del instinto de lo bello y del sentimiento del orden», se completaba la educación física femenina.

Transcurridas estas primeras décadas de intensa elucubración, la cultura física era un método -diríase una terapia- que, practicado diariamente por espacio de unos minutos, ayudaba a controlar los nervios, ser dueña de sí misma y mantenerse mejor equilibrada mediante ejercicios de estiramiento y flexibilidad (C-1229:12,1940). De las cualidades somáticas atribuidas al cuerpo femenino, persistía la fragilidad nerviosa, a la cual se habían sumado la gracia y la belleza como notas físicas artificiales. En los hombres de clase alta se ponderaban la energía, el dinamismo y la virilidad; el pueblo y los obreros debían limitarse a la regeneración que prometían la disciplina y el orden practicados en la gimnasia.

Si la irrupción de los deportes se ilustró de preferencia con el cuerpo masculino y fue en general del que hablaron y el que tuvieron en mente los voceros de la homicultura y el meliorismo, pasado el primer ímpetu modernizador se acallaron las voces que confluían en él. Los años cuarenta y cincuenta fueron más moderados en su discurso sobre la cultura física masculina y se inclinaron por el cuerpo de las mujeres. Diríase que se trató de un período de asentamiento de las imágenes e ideales ventilados a lo largo de cuatro décadas. Se percibe un momento de satisfacción en el que hay tiempo para perfeccionar los detalles de estos arreglos. Así y todo, este silencio en torno a la definición del cuerpo masculino y su papel simbólico no hace sino proclamar los atributos masculinos que se han estabilizado -equilibrio, seguridad, rudeza, vigor, fuerza, actividad-, como se deriva del principio de complementareidad que rige las imágenes de hombres y mujeres, norma obligada por la lógica cultural de la integridad. Su aritmética establece que de la suma de las propiedades femeninas y masculinas resulte el todo, de suerte que de la distribución de los deberes y derechos, de las cualidades, de los papeles de los sexos, de sus emociones, preceptos éticos y capacidades intelectuales debe brotar la armonía de lo complementario. La economía de esta imaginación se impone ordenando las formas de las relaciones de forma equitativa según principios de reciprocidad. La intolerancia sobrepuja otros modos de agruparse los valores en la composición de los géneros si se alejan de la norma disyuntiva: repetición, yuxtaposición, contradicción, repelencia, interferencia o sobreposición, son ordenaciones que le resultan antipáticas. Merced a este procedimiento pueden leerse las imágenes masculinas que conducen al equilibrio un ideario del que por momentos tan sólo se revelan ciertos matices.

El cuadro de las cualidades de los géneros luce por entonces aproximadamente así: las mujeres se caracterizan por la firmeza, perseverancia, continuidad y elegancia. Son deficitarias en concentración, dominio de sí mismas, interés y precisión. Su movimiento es la marcha. Los hombres tienen en su haber esfuerzo, resistencia, precisión, arrojo y capacidad para el «trabajo marcado»; sus inclinaciones cinéticas son la suspensión, el salto y ante todo la carrera. Consecuentemente, en las mujeres se busca fomentar el equilibrio (sin riesgo), la mesura, la coordinación, la movilidad, la soltura, la gracia y el descanso. Las actividades propicias para ello son las grupales, incluyendo las competitivas, pero se controlan las placenteras. En el cuerpo femenino los músculos deben ajustarse a una forma ideal.

Lo que se desestimula en la educación física de las mujeres es lo que caracteriza las actividades deportivas y gimnásticas masculinas: riesgo, velocidad, fatiga, esfuerzo sostenido, resistencia, vigor. La carrera, el salto y las suspensiones, que los hombres deben practicar con regularidad, contienen dos elementos ausentes de la educación física femenina: la competencia individual y el espíritu competitivo sin más propósito que la victoria misma. El desarrollo muscular, siempre que no sea exagerado, conduce a la forma ideal del cuerpo masculino.

*Infancia*

Al surgir y ser adoptadas oficialmente la puericultura y la pediatría, el bebé y el infante se convirtieron en asunto nacional, demográfico y económico. Los afanes eugenésicos no derivaron de inmediato, sin embargo, en una cultura física especializada en el bebé. Apenas se la introdujo en los años cuarenta en la literatura de divulgación médica popular. El primer objetivo de la *Cultura física para su pequeño*, como tituló *Cromos* una de sus columnas, eran los juegos para conseguir y mantener la postura correcta, esto es, el fortalecimiento muscular que previene el encorvamiento, bajo la premisa de que: «En muchos aspectos, el cuerpo humano es como una máquina, todas sus piezas están ajustadas entre sí con exactitud absoluta, cuando una de estas piezas queda fuera de su posición la máquina no funciona correctamente» (C-1215:78,1940). El niño adquiriría una buena postura si usaba todas las partes del cuerpo con gracia y soltura, y practicaba desde pequeño las posiciones adecuadas para evitar resabios y defectos posturales. A las niñas, además, les sería provechoso ejercitar las piernas (C-1216:74,1940).

Algunos años después, la «nueva» educación física infantil propuso que el bebé nadara antes de caminar (C-2529:15,1966) y que comenzara la gimnasia con el nacimiento. Cuidar y modelar el cuerpo son desde entonces deberes que se inician con la vida. Las ventajas de esta temprana dedicación son numerosas: fuera de ser placentera para el bebé y la madre -cuya principal ocupación es justamente esta-, favorece el desarrollo muscular y de las articulaciones, aumenta la capacidad respiratoria y provoca un desenvolvimiento más rápido de las facultades intelectuales y del posterior dominio del lenguaje (C-2731:55,1970). Las formas de estimulación corporal temprana plantan al niño y a la madre en el terreno del rendimiento y el uso intensivo del tiempo, a la vez que ratifican que al cuerpo en su presentación natural lo aqueja alguna carencia, que es incompleto e insuficiente: sin someterse a rigurosos adiestramientos y modelados, se encontraría en una condición exigua para engendrar al joven y al adulto anhelados.

## C. Dimensiones del cultivo del cuerpo

### 1. Extensión

La cultura física se propagó con mayor rapidez que otras propuestas higiénicas. A pesar de las diferencias entre las prácticas sugeridas conforme a la clase, el sexo o la edad, su difusión generalizó una mayor atención hacia el cuerpo. Vista así, la cultura física ha sido uno de los principales agentes de la estética y la sensibilidad somáticas modernas. La amplia acogida de sus usos tiene que ver en parte, sin duda, con los componentes lúdicos (ofrece posibilidades de entretenimiento sin requerir grandes inversiones) y con el hecho de que en sus expresiones más populares es también un vehículo para estrechar las relaciones sociales. Se trata asimismo de disciplinas que no se perciben como una amenaza cultural, sino incluso como un enriquecimiento, a diferencia de las normas de higiene, de comportamiento o de educación en general, adoptadas bajo la condición explícita de desplazar otros usos y tradiciones.

## Popularización

> *Un fenómeno trascendental de los últimos tiempos ha sido el redescubrimiento del cuerpo. (...) El conocimiento de los órganos y de todos los músculos y nervios con el posible repertorio de movimientos, constituye el objeto de una disciplina pujante que lleva el cuerpo hasta la plenitud existencial.*
>
> *Naranjo Villegas (1959)*

Durante los años treinta, al paso que avanzaba la meticulosa justificación de las prácticas higiénicas y, entre ellas, de la cultura física, la prensa alababa los beneficios del deporte, que venía promoviendo ya desde comienzos de siglo a título de distracción de las élites. Esta defensa no tardó en desembocar en un discurso eugenésico-nacionalista. Gracias al incremento del tiempo libre y a los cuestionamientos sobre su empleo, esta especialidad del cuidado corporal pudo madurar y tomar un rumbo propio, sin perder sus vínculos con la higiene y la pedagogía. La relación se tornó más bien simbiótica, por cuanto a partir de entonces se citan y nutren mutuamente.

La cultura física se extendió apoyada en los deportes y destacó en ellos la belleza, el placer y la felicidad. En la pluma de los columnistas palideció el grueso de los matices moralistas y en su lugar se fustigaron el aspecto lúdico y el sentimiento de independencia que representaba el deporte. En las primeras décadas del siglo se enaltecieron estas prácticas porque estimulaban las facultades creativas, el arrojo, el liderazgo, el sentido de competencia, la integridad, la distinción y el enriquecimiento intelectual. Su estimación varió el tono del discurso, sobre todo cuando, además del deportista, apareció el espectador y del cultivo del propio cuerpo se pasó al culto al cuerpo ajeno. Entonces fue proclamado *El regreso de los dioses* y se constató que «el rasgo más característico de la época en que vivimos es probablemente la afición al deporte» (C-769:18,1931), una actividad guerrera que requiere virtudes militares: disciplina, olvido de sí mismo, resistencia física y moral, y energía indomable. No obstante, el punto de fuga es siempre el cuerpo:

el boxeo pone de relieve la magnífica anatomía del cuerpo varonil; los deportes inciden en los hábitos, usos y modas: el cabello corto y la falda a la rodilla, característicos de la figura deportiva femenina, dan a las mujeres un «no sé qué gracioso y picante de androginismo»; la indumentaria del momento, con visos netamente deportivos, no ha perdido la ligereza y sobriedad que una elegancia descomplicada les comunica a todos los movimientos.

> *El muchacho de hoy es, al menos en sus ejemplares eugénicos, ennoblecidos por una alta selección humana, hechura y producto del deporte. Y esto no sólo física y materialmente sino también en lo moral. La necesidad de ejercitarse continuamente (...), de entrenarse para las gozosas luchas del estadio, lo aleja de las preocupaciones turbias, de los devaneos extenuantes que el ocio suscita en el joven púber (...) lo obliga a mantenerse puro y respetar su cuerpo (...). El deporte -y el cine también- han modificado radicalmente en nuestra época ese criterio absurdo (El hombre, como el oso, cuanto más feo más hermoso). Se ha comprendido hoy la importancia de la hermosura física, lo mismo en el hombre que en la mujer. Y se ha visto lo que significa un cuerpo perfecto como elemento de felicidad y como arma para triunfar en la vida (C-769:19,1931).*

La belleza de la juventud se saludó como una resurrección de los «viejos y bellos» ideales paganos que le sonreían de nuevo a la humanidad (C-769:18,1931). Los juegos, «estas fiestas olímpicas que son, en resumen, una fiesta del cuerpo y una manifestación de la belleza humana en su forma más noble, encierran un hondo goce estético, porque nada hay más bello que un bello cuerpo humano». De este espectáculo debe apreciarse «la agilidad y resistencia de un bien proporcionado cuerpo humano, hecho para el placer de la fatiga y para el placer de la molicie (...) los [vencedores] de hoy tendrán suficiente con saber que su desnudez magnífica hace desbordar por el tablado de los espectadores, los siete corceles del deseo» (C-813:14,1932). Tal aguijonazo de la fantasía erótica y la experiencia sensual se adujo como un contrapeso imprescindible: «La sapiencia moderna, ha querido tal vez, al revivir esta manifestación (...), aliviar el cansancio de un mundo mecanizado que perece por falta de sol y de fuerza vital» (C-813:14,1932). Los deportes allanaron el camino por donde se llegaría a hacer del cuerpo una fuente de placer que dotó a la experiencia humana de un sentido reservado hasta hacía pocos años a los espíritus excelsos y ahora puesto al alcance de todos porque todos lo pedían: «Las complicaciones de la vida moderna han hecho del supercivilizado un ser lleno de necesidades que desconocieron los hombres de la antigüedad. Han desquiciado nuestra máquina nerviosa (...). La humanidad quiere vivir su existencia plena e intensamente mediante el desarrollo armonioso de todos los atributos y facultades humanas» (C-828:18,1932).

Los deportes brindaron asimismo la ocasión de sacudirse de una tradición que resultaba opresiva y de adherir a movimientos que invitaban a vivir experiencias sensoriales ignotas y a adoptar una actitud remozada en la que también cupieran la ingenuidad y la pureza:

> *Bajo las inquietudes y preocupaciones trascendentales que han dejado en el hombre veinte siglos de ascetismo cristiano, se agitan fuerzas elementales que se afirman netamente pánicas, y a las cuales debe el mundo su eterna juventud. La humanidad de hoy les debe sobre todo un beneficio incalculable: la exaltación de la belleza física y la tendencia a hacer del hombre un ser completo que viva no sólo con la cabeza, sino con todo su cuerpo sano y fuerte. El nudismo, (...) es otra de las manifestaciones de esta resurrección del paganismo (C-828:19,1932).*

La nueva virtud del cuerpo, embellecido y robustecido por la práctica constante de «ejercicios metódicos y bien dirigidos», era la vía hacia un reencuentro con la naturaleza que incluso liberaría de las inmoralidades insinuadas por el vestido y daría lo que los juegos olímpicos: un «espectáculo de incomparable nobleza: el de todos aquellos miles de jóvenes atletas, hermoseados por la vida gimnástica, al aire libre, y habituados a los movimientos ágiles y armoniosos» (C-828:19,1932).

Mediando la década, los periódicos empezaron a publicar secciones regulares de deportes y principió la deliberación sobre las consecuencias de reducir la jornada de trabajo. Se escogió el deporte como la forma de volver útil el ocio y desarrollar armoniosamente todas las cualidades humanas (C-933:8,1934). A más de combatir el «natural desgaste de una raza que lucha en climas difíciles» y de ser un antídoto contra las enfermedades tropicales y los trastornos de la juventud, las faenas deportivas, se decía, educan el sentido estético y «perfeccionan y levantan el espíritu» sólo con presenciarlas. Se invitaba, por tanto, a asistir a dichos espectáculos para ennoblecer las costumbres públicas (C-951:2,1935).

A medida que se consolidaba el olimpismo, se tejían los argumentos a su favor. Con motivo de los Juegos Bolivarianos, se exaltó el vínculo entre los principios del americanismo y la afición al deporte, entre la democracia y el atletismo, arguyendo que este último influía en las cualidades del carácter humano y, por su efecto sobre las actitudes, representaba la filosofía de los atletas (C-1130:14,1938): el juego limpio, el respeto a los derechos de los contrarios, la entereza para soportar, de ser necesario, cualquier castigo, la cualidad de no achacar las faltas propias a los compañeros y de no depender de la ayuda ajena, en suma, todo lo que hacía falta para afianzar el proceso de modernización en marcha. Este mismo carácter moldeaba a los países participantes en los juegos y desempeñaba un papel «muy importante en el cincelamiento de nuestra moral». Cercana ya la quinta década del siglo, el discurso había adquirido un cariz nacionalista y había cejado en su ímpetu productivo. Se trataba a la sazón de hacer del deporte un lazo internacional de igualdad y democracia (C-1134:2,1938). A partir de 1939, el Día Olímpico debía servir para que la juventud, por medio de actos deportivos celebrados en todo el país, rindiera tributo a los héroes nacionales en las conmemoraciones patrióticas (C-1318:60,1942).

El éxito de estas campañas -incluidas la puericultura y la higiene- se constató poco después: la nueva generación era más robusta que la anterior -tenía mayor peso y talla- y la cultura física y un régimen adecuado se habían transformado en las bases sólidas de una vida sana (C-1318:4,1942). Por esa fecha, ya se tenían en cuenta métodos más eficaces para el desarrollo muscular que la mera práctica de actividades físicas.

El deporte se generalizó, fue incorporado al pénsum universitario (C-2185:10,1959) y en 1968 se inició una «gran cruzada» con miras a las Olimpíadas de México y los Juegos Panamericanos de Cali (C-2633:46,1968). Bajo el lema «contamos contigo» se lanzó una plataforma deportiva para elevar el nivel competitivo y «despertar una conciencia nacional» que le permitiera al país tener representaciones en todas las modalidades olímpicas. A los padres se les recordó que el deporte y la educación física volvían fuertes y alegres a los niños, los alejaban de actividades perjudiciales, contribuían a mejorar el desempeño deportivo nacional y a obtener triunfos para la patria; a las mujeres, que su práctica era fuente de salud y belleza, no reñía con la feminidad y reforzaba un desarrollo armónico; y a todos los ciudadanos, que el deporte aumentaba la belleza, vigorizaba la raza y hacía sano, fuerte y diestro al pueblo, lo mantenía en forma, restauraba la estabilidad psíquica alterada por la vida urbana, conservaba el equilibrio vital, era fuente de salud y vigor, y promovía las actitudes y normas de comportamiento propias del deportista. La fundación del Instituto Colombiano para la Recreación y el Deporte (Coldeportes) coronó este movimiento que oficializó la educación física desde la escuela primaria hasta la creación de una «élite deportiva» (C-2721:18,1970).

*Profesionalización*

La difusión de los deportes tiene dos caras: la práctica misma y el seguimiento masivo de los eventos deportivos, fenómenos ambos que convergen en el deporte profesional, cuya total consolidación data de los años cincuenta, cuando se crearon certámenes tan definitivos como la Vuelta a Colombia en Bicicleta. Las secciones de deportes se ocupaban ante todo del fútbol y comenzó a discutirse la urgencia de reformar el deporte nacional (C-1603:12,1947) y exigir más eficacia. Con la aparición de las primeras estrellas mundiales, el deporte nacional se impuso modificaciones (C-1733:5,1950): importa ante todo el surgimiento del héroe deportivo -la estrella, símbolo de principios y valores-, cuya historia se abre al público. Por primera vez, el pueblo figura con nombre propio y vida privada, ejemplificando la disciplina y el carácter (C-1741:11,1950). Futbolistas, atletas y ciclistas, hombres y mujeres se presentan como deportistas integrales, narran el «amargo comienzo», sus luchas y victorias. La prensa se ocupa de su personalidad y aspecto físico (C-1747:9,1950) y de la mano del éxito relieva la preparación física del deportista y el carácter recio que necesita: voluntad, temple y nervio (C-1791:32,1951).

En la curiosidad por la preparación física se insinúa un cambio en la comprensión del cuerpo más apto: el hombre musculoso no es por definición más fuerte ni tiene con ello el éxito garantizado. Un hombre con grandes bíceps se distingue de un atleta sano por la producción de energía. Para que la generación de energía sea aprovechable, la *combustión interna* debe suceder en las glándulas y no concentrarse en músculos cuyo cultivo es mera flaqueza de la vanidad, inútil, por demás, llegado el momento de hacer efectiva la fuerza adquirida. La lucha por la profesionalización es la lucha por el acondicionamiento físico, que se muestra deficiente en los eventos ciclísticos (C-1817:32,1952): el estado de salud de los corredores es precario y se pide al Estado controlar el deporte en su fase científica. La preparación cobra nuevos matices, exige interés, constancia y vocación (C-1903:34,1953).

Durante las eliminatorias de la copa Jules Rimet se rindió culto al físico de la flor y nata del fútbol nacional y se le ofrecieron los más «exquisitos refinamientos»: alimentación balanceada, juegos y diversiones, lechos blandos y tibios. La jornada de los futbolistas nacionales se iniciaba temprano con un baño tibio, desayuno adecuado a las necesidades de cada jugador y controlado por el médico, paseo y gimnasia. Se advertía, sin embargo, que «los colombianos no pueden ni deben hacer gimnasia todos los días, ni jugar al fútbol a lo largo de la semana. La constitución física de los nuestros es inferior» (C-2089:24,1957). El entrenamiento identificaba y empleaba a fondo las cualidades de los distintos jugadores y en la preparación de los ciclistas la improvisación también había quedado atrás. Los colombianos debían comprender, enfatizaba el entrenador, que «es absolutamente indispensable sacrificar mucho antes de una Vuelta a Colombia». Había que someterse a una disciplina férrea y los corredores sabían que no «basta tener buenos pulmones, buen corazón, buen estómago (...) [hay que] correr con la cabeza antes que con las piernas» (C-2091:11,1957). Los deportistas dormían bien, comían científicamente y recibieron nombres «de guerra».

«El deporte es una necesidad del tiempo presente». Dicha afirmación de Pío XII sirvió de marco para que Radio Sutatenza[8] emprendiera una campaña de apoyo al ciclismo e hiciera al oyente partícipe de una competición que adquirió así carácter de espectáculo multitudinario (Viviescas 1989). El deportista personificó las posibilidades de ascenso social y transformación individual de la democracia nacional: a quien se preparara adecuadamente, perseverara con disciplina y moldeara su carácter le esperaba la gloria reservada a los dioses y los héroes. La imagen del campeón la completa la otra faceta del culto al cuerpo: la reina de belleza, quien le entrega su premio y lo acompaña en el podio de los vencedores.

La figura del deportista profesional revolucionó la preparación física. El entrenamiento y la dedicación perdieron terreno en su capacidad para transformar el carácter; el campeón es un individuo que cuenta de antemano con rasgos específicos que le permitirán someterse al arduo trabajo de vencer sus propias limitaciones y al-

---

8  *La emisora Radio Sutatenza fue fundada en 1947 por el sacerdote Salcedo. Poco después surgió Acción Cultural Popular, una entidad destinada a la «educación fundamental integral de la población campesina colombiana». Entre los años 50 y 70 ACPO y Radio Sutatenza tuvieron el mayor alcance radial de Colombia y uno de los más importantes en América Latina y adelantaron el primer programa nacional masivo para la educación popular y la modernización del campesinado. Debido al enorme cubrimiento radial, su apoyo para la transmisión de la Vuelta a Colombia fue decisivo. Por otra parte, debe anotarse que el cambio de la condición del espectador en radioescucha no pudo haber pasado sin consecuencias para la percepción del cuerpo del ídolo y del cuerpo propio como testigo y participante en un evento deportivo que se desenvuelve en la imaginación.*

canzar victorioso la meta. Ese honor corresponde sólo a los elegidos, y por tal motivo cada detalle de su personalidad y su vida se reviste de propiedades míticas.

Pese a todo, escasean las victorias deportivas en el exterior y la dificultad para sostener los logros alcanzados se le imputa a las trabas que rodean la preparación física y a la ausencia de un movimiento atlético masivo y popular. Si el campeón es un ser selecto, nacido con condiciones para serlo, para el pueblo, en cambio, el deporte sigue teniendo propiedades correctivas y formativas. Se complejiza la imagen del deporte. Al tiempo que se argumenta que la estructura clasista de la organización deportiva sigue impidiendo que la práctica de los deportes se masifique y, en consecuencia, se consiga descubrir y formar figuras destacadas (C-2933:4,1974), gana también adeptos la crítica que sanciona la consagración al cuerpo en detrimento de una formación espiritual.

A la vez que se popularizaba y profesionalizaba el deporte, el interés recaía en el deporte de rendimiento. De las marcas batidas continuamente se llegó a los cien metros en diez segundos y al «superhombre de la velocidad» (C-2160:57,1958); la seguridad y la precisión se revelaron como cualidades para vencer en las competencias gimnásticas y suscitaron la pregunta: «¿Los atletas olímpicos son robots... o son hombres todavía?» Esta incertidumbre surgió al afirmarse que los atletas de primer orden actuaban como bestias salvajes en las cuales «los pectorales, los bíceps, los dorsales, funcionan como un mecanismo de precisión teledirigido por un cerebro electrónico cuyo dispositivo, una vez acondicionado, lo acciona con automatismo casi homicida» (C-2255:38,1960). Frente al horror y la seducción que causan estos cuerpos hiperdesarrollados y altamente eficientes, se pone en tela de juicio el adoctrinamiento de que son objeto los jóvenes para representar a la patria y no para divertirse.

Pero más que el aspecto político interesaba lo que se percibía como deshumanización del deporte: «¿Los atletas llegarán a ser autómatas...?» Un récord deportivo es el fruto de un entrenamiento racional, esencialmente técnico; la preparación de los profesionales resulta del control cibernético que ve en el organismo del deportista un sistema complejo de comandos: el cerebro reacciona a determinadas señales, «los nervios y los vasos sanguíneos hacen las veces de medios de comunicación y aprovisionamiento y (...) los músculos cumplen la función de motores» (C-2507:5,1965): el deportista se vislumbra como un autómata completo, uno que piensa. El cyborg «nacido del connubio del cuerpo y de la mente humanos» trascenderá el objetivo, prerrogativa hasta entonces de la medicina, de devolver al ser humano su estado natural preservando su salud. El nuevo esfuerzo se encauza en una dirección ignorada antes por la medicina y propuesta ahora por la cibernética: transformar al ser humano reemplazando su cuerpo[9]. La voluntad de imaginar la integridad, el anhelo de recuperar la unidad de cuerpo y mente cristaliza a la postre en la figura de un ser artificial y deshumanizado (C-2629:22,1968)

«Cambiar radicalmente la condición humana» es el designio que les permitirá a las ciencias construir el superhombre en el año 2000 recurriendo al control genético de las taras, la implantación de prótesis, la producción genética en serie -clonación- y la prolongación de la vida hasta los 150 ó 200 años (C-2629:25,1968), en otras palabras: la conquista del cuerpo biológico. Llegados a este punto, un reto obstruye la imaginación: el rendimiento de los superdeportistas no puede conciliarse con imagen humana alguna; se perfila la figura robotizada, el cyborg carente de los sentimientos y las emociones que conforman el verdadero sustrato del ser humano. La fantasía no se muestra tolerante con los beneficios de una actividad que sustrae al deportista de la vida cotidiana comprensible para el público. La ausencia de errores y debilidades no se aviene con la imagen del héroe que ha superado obstáculos más o menos familiares y mantiene así un aire profano. La identidad imaginaria con el ídolo deportivo (Gebauer 1988) amenaza diluirse y se hace necesario reforzarla con cuanto rasgo humano rodea a los deportistas. Esta tarea ocupa buena parte de las páginas impresas y de las horas de emisión de los medios.

## 2. Intensidad

La cultura física se extendió e incorporó a su dinámica nuevas intenciones, ahondó sus efectos tornando más intensas las experiencias. La intensificación compromete la sensibilidad, no como la quiso desarrollar la pedagogía, en favor de una mejor aprehensión del entorno y por tanto de un mayor conocimiento, sino como exacerbación de la experiencia sensorial: se desea agudizar las sensaciones mediante velocidad, riesgo, confrontación consigo mismo.

---

9 *Berr (1990) se refiere a la transformación del cuerpo por la técnica y al papel que cabe a las prótesis en esta evolución.*

Sobrepasar límites es una vivencia física en que se entremezclan el aumento de las pulsaciones, las frecuencias, el esfuerzo y el gasto energético o el derrumbamiento de barreras interiores que a la larga liberan cualidades recónditas del individuo. En el caso del deporte profesional es asimismo la negación del propio cuerpo, lograda mediante entrenamientos intensos que superan los límites impuestos físicamente, lo que constituye la experiencia intensa de autorrebasamiento como forma de vida (Baudry 1991).

## Bailes

Pese a su popularización, el deporte no es la experiencia de intensidad corporal más propagada. Esta embriaguez la reflejan con mayor fidelidad las formas modernas del baile, la modalidad de cultura física más popular en Colombia, no solamente porque es la más difundida y frecuente, sino además porque su código estético y valorativo discurre por otros canales y es normado por instancias populares que promueven otro arreglo de los órdenes corporales.

Las variantes que atestiguan el redoblamiento de la experiencia corporal jalonan la irrupción del cuerpo moderno. En qué medida el baile fue un choque de cultura masiva y popular que violentó el orden estético y cinético señorial, lo mostró la reacción de la urbanidad. El baile del que habla la tradición señorial es de origen cortesano, de formaciones simétricas coreografiadas durante la Colonia y la República. Este es el baile que recomendaron los higienistas, en el que priman la disciplina, la mesura, la gracia, la discreción, las coreografías grupales y geométricas de la contradanza, el bambuco, la cuadrilla, la jota o el chotis.

Los bailes que inauguraron la nueva sensibilidad vinieron del Norte con el estrépito urbano de los años veinte, y del Caribe y el Sur con aires de democracia y pasión. Una vez las primeras emisoras comerciales de radio los difundieron, el cuerpo se expresó con velocidad, erotismo y frenesí. En lugar de ordenar el uso del espacio, los nuevos bailes ocupan el tiempo con la melodía y el ritmo, ratificando principios del cuerpo moderno: rendimiento, tensión y velocidad (Eichberg 1978). Sus requisitos en lo tocante a aprendizaje y cultura física trastornan los órdenes simbólicos de la racionalidad, la funcionalidad y la disciplina, y se solazan en las repulsiones de la higiene y la urbanidad:

> (...) *me enseñaron a respirar y a turnar el peso de todo el cuerpo, ponga oído, el peso de todo el baile de un pie a otro, que no tiene ni fe ni ampa-*

> *ro, y el contragolpe suavecito en los solos de piano, en los amañes de Harry Harlow, las piedras de Ricardo Ray que descienden a toda cuando crece el río, saoco en el bugalú, allí hay que sujetarse, cuando la salsa se pone brava, apoyarse en los hombros de la pareja, una ola de misterio y ponte duro y no te doy mi fuerza, pareja, te pido que me la disculpes mientras le encuentro balance a mi respiración y mientras tanto respiro con la tuya, y no te dejo que respires, y a ellos y a mí les gusto cómo sudo como yegua, es tan vivo eso, ya no salgo nunca de un mosaico cuando bailo, una terrible concentración en eso (Caicedo 1977:91).*

La celeridad no encontró mayor resistencia, no faltó quien la considerara benéfica y una forma adicional de ejercicio físico con repercusiones emocionales positivas. Del tap-dance, por ejemplo, se elogiaron las virtudes antineurasténicas: con la aceleración de la funciones vitales, todo el cuerpo y los músculos «trabajan»; si se lo aprende correctamente, incide positivamente en el funcionamiento del hígado (C-1210:14,1940).

> *Me enseñó el brillante misterio de las 45 revoluciones por minuto para un disco grabado en 33, invento caleño que define el ansia anormal de velocidad en sus bailadores (...). El 33 vuelto 45 es como si lo flagelaran a uno mientras baila, con esa necesidad de decirlo todo, para que haya tiempo de volver a decirlo 16 veces más, y a ver quién nos aguanta, quién nos baila. Es destapar el espíritu, no la voz, sino eso turbio que se agita más adentro, las causas primordiales para levantarse y buscar la claridad, el canto. Es volver necesaria y dolorosa cualquier banalidad, porque hay Salsa, mamá. Es apretujar esquelas de música, enrevesar pianos que habían arrancado en líneas directas, embutir a los bailadores en una tercera realidad, en donde cantantes machos han cambiado de sexo o son entes neutros, y bailar la irrealidad, azotar los cabellos enloquecidos, llenar de fiebre las trompetas mareadoras, deshilachar como carne trozos de música salada y caliente, volver consigna un suspiro involuntario del cantante, hacer acopio de fuerzas (...). Música que se alimenta de la carne viva, música que no dejas sino llagas, música recién estrenada, me tiro sobre ti, a ti sola me dedico, acaba con mis fuerzas, si sos capaz, confunde mis valores, húndeme de frente, abandóname en la criminalidad, porque yo no sé nada y de nada puedo estar segura, ya no distingo un instrumento sino una eflu(x)ión de pesares y requiebros y llantos al grito herido, transformación de la materia en notas remolonas, cansancio mío, amanecer tardío, noche que cae para alborotar los juicios desvariados, petición de perdón y pugna de sosiego. (...) así es el 45. Y que lo bailen todos, los quiero ver zapatiar sin esperanzas: que el ideal de la vida se reduzca a dar un taquito elegante para cerrar la pieza, y esperar que coloquen responsable melodía. La rumba está que no puede más (Caicedo 1977:122s).*

La forma del movimiento fue la primera expresión corporal de raigambre popular que enfrentó la herencia del pudor y el decoro. Se dislocó el eje vertical y estático legado por todas las formas de cultura física (Vigarello 1978). Las formaciones de la contradanza o el chotis, el danzón o las cuadrillas, el bambuco, el pasillo y todos los aires criollos se desvanecieron, y los bailarines se concentraron en la pareja y se volvieron hacia sí mismos. Este eje por el que lucharon el corsé, la armadura, la gimnasia y los principios de gracia y donosura, todo se corrompió con los vaivenes, meneos y contoneos de los bailes tropicales: hombros vibrantes, cabezas desgonzadas, torsos cimbreantes, caderas y pelvis ondulantes, brazos y piernas enardecidos, todo el equilibrio físico construido por siglos de contención y mesura, de ceñir y controlar, todo transgredido sin orden ni concierto.

La reacción y condena dio pie a elaboradas reflexiones para impedir que este cuerpo disparatado invadiera los salones. Alguna madre angustiada hizo pública su inquietud: «¿Es pecado bailar? (...) ¿son lícitos estos bailes centro-americanos o negros, de tan desvergonzada sensualidad?» (Nueva Prensa 1961). La cuestión mereció la intervención y el análisis sacerdotales: hay bailes de «contacto limitado», y por tanto inocuos; de «contacto estrecho», que son una ocasión próxima al pecado; y, por último, de «**contacto intervallato**», reprobables sin atenuantes. El fox, el tango y el one-step, peligrosos, denuncian, sin ser deshonestos, una grave falta de pudor; pero justamente los de origen caribeño, «a cuyo ritmo enloquecen los jóvenes de nuestros días» -rumba, carioca, boogie-boogie, raspa, cha-cha-cha, mambo, baión, calypso-, «tienen en común el desenfreno, los movimientos y posturas lascivas, los abrazos voluptuosos y el relajamiento imprevisto; son en una palabra y por sí mismos, un espectáculo inmoral» (Nueva Prensa 1961).

*Ahora te toco, con mis manos voy dibujando una caricia sobre tu vientre, y salgo de lo profundo del otro lado para rozarte, me propongo escapar de la noche en tus brazos y sucumbir ante tu cuerpo, y entonces recuerdo tu llanto ahogado, abro los ojos y busco el amanecer que se ha enredado en tu largo cabello negro extendido sobre tu espalda, encuentro el alba en tus labios y me uno a ella, la descubro dulcemente, nos basta el silencio, rechazamos las palabras porque ellas pueden hacernos caer en el sueño o en la realidad; cierro los ojos y me sumerjo de nuevo en esa oscura región, trato de conservarte en esa actitud, pero tú mueves las*

> *piernas para aprisionarme, tu cuerpo excitado me provoca, y aunque supongo que hace frío me sofocas con tu calor, y siento la misma sofocación del baile, cuando bailamos esa música y hacemos nuestros pasos, todo con una espontánea y sorpresiva exactitud, esa música furiosa que tú bailas tan bien y tú dices que yo también, ¿te acuerdas, ah?, el paso aquel que yo te tiro con fuerza y giro y tú das la vuelta y nos encontramos de nuevo, muy cerca, demasiado cerca y sonrientes terminamos siempre buscando nuestras bocas, desatadas en una inusitada violencia, atrapándose, mordiéndose; de repente resbalo nuevamente donde lo uno es todavía lo otro y caigo junto a ti, muy cerca de la proximidad del alba, y tu recuerdo me lleva al borde del deseo, imagino que renace mi furia ardiente, lo dudo Sonia pero es así, y entonces destrozo con mis gestos tu cristalina belleza, y sin hacerte daño aplasto las mariposas de tu piel, te tomo las manos y busco tu placer, te saboreo, y siento muy cerca de mí tu temblor, y me ciño a ti, siento en mi piel tus uñas hundiéndose, y me duele... (Valverde 1972:85-86).*

El sacerdote responsable de la clasificación citada halló, no obstante, que las fatigas excesivas a que se sometía la pareja, los extraños ejercicios acrobáticos que ejecutaba y la considerable tensión nerviosa que acompañaba el baile mitigaban la carga erótica y reducían el peligro. Por el momento, la solución consistía en ejercer un control para que se bailara en los ambientes indicados, pues ya no se consideraba factible que los bailadores mismos pudieran contenerse:

> *El cristiano no puede ver sino con sospecha, si realmente le importa la tranquilidad de su conciencia, esos bailes públicos, en los cuales la juventud se mezcla demasiado, y sin la adecuada vigilancia. (...) Es difícil que una muchacha frecuente esos locales, sin dejarse dominar por la sugestión de la música, de las luces tenues, y que sepa resistir las solicitudes de su compañero de danza. Aunque no peque, se pone en condición de hacerlo (Nueva Prensa 1961).*

La preocupación, por lo visto, estaba justificada: «no era posible bailar sino restregarse, sintiendo en la arrechera de la borrachera las rodillas de la hembrita, el excitante contacto de sus muslos, sujetándola con firmeza, bailando tan acompasadamente como si cada movimiento fuera hecho por un solo cuerpo» (Valverde 1981:33), y abarcaba el alud de sensaciones desatadas que nada parecía capaz de atajar y antes bien derrumbaba los muros de la contención social: «Cómo es que las autoridades permiten eso. ¡Virgen Santa! Es un baile vulgar y van vagos y siempre hay peleas y dicen que hasta marihuaneros y las muchachas se dejan besar y apretar... Esas son las mujerzuelas de mañana» (Valverde 1972:151), opinan las madres. Otra es la perspectiva del que baila: «La rumba me llama. Me convoca el tintineo del vaso. El desenfreno de la noche. Los cuerpos de mujeres, adolescentes, niñas, que se hacen mujeres mientras bailan y ríen, contonean sus caderas y vibran con el sonido de la trompeta» (Valverde 1981:143).

El baile es la expresión corporal más acabada de la vida y el goce populares:

> (...) nos queda el estremecimiento que siente nuestro cuerpo. La alegría del cuerpo. Poco a poco nos quedamos con la rumba. Todo el resto vale menos. La muchedumbre que enmudece y se calla su grito de hambre, de miseria, de rebeldía, de odio. Esa muchedumbre tan perfectamente sola bajo el sol, semejante a una mujer. Esta muchedumbre que se afirma y se libera al final del amanecer. Que se reconoce en el vive como yo vivo de Bienvenido o en el yo la mato de Daniel Santos (Valverde 1981:145).

La intensidad del baile, de origen urbano y obrero, agota: «Más que ebriedad estaba exhausto. La música seguía pero no la sentía. El cuerpo no daba más. La noche tampoco. Estaba pletórico de recuerdos y sonidos. Y caí en el sueño como en un abismo insondable. El abismo de la soledad y la muerte» (Valverde 1981:116). En esta rumba se despilfarra la energía que la higiene y la educación física quisieran para la producción y el orden, toda se fuga en el embale.[10]

> que abre nuestros ojos y nos da vida. El embale que tanto gusta a las hembritas. El embale llegó y se quedó. El embale que atraviesa fronteras. El embale que nos convoca a la turbulencia, a la rumba inacabable. El pase de los dioses. (...) En la búsqueda de la vida, del goce pleno, encontramos la muerte. Pequeña muerte del coito. Es la muerte agazapada en la tumba que uno quiere llevar hasta sus últimas consecuencias (Valverde 1981:147).

En la cultura física, el baile es la elaboración corporal que más proporciona identidad, y ese «saber del cuerpo» (Ulloa 1992) es la alegoría de la paradoja que componen el goce del erotismo y la domesticación del cuerpo para el rendimiento y la disciplina, dentro de una forma de expresión corporal en la que se conservan con mucha claridad los elementos masculinos y femeninos (Perea 1989). ¿Se opone verdaderamente a la producción laboral? ¿Es poder popular lo que la salsa encierra como «escenario de placer» y «estatuto de prestigio»? (Ulloa 1992). ¿Es una forma de resistencia de la cultura

---

10 *El embale es un estado de extrema excitación producido por drogas estimulantes como la cocaína y el bazuco («crack»), cuyo efecto acelerador se puede asimilar al que provocó el brandy en el siglo XVIII (Schivelbusch).*

urbana popular? (Perea 1989). La rumba le hurta efectivamente una alta dosis de energía al trabajo; lo hace por añadidura en la exuberancia sexual (Bataille 1957) del erotismo y se regocija en la intensidad que roza la muerte y en ocasiones conduce a ella. Transgrede así lo que ha querido normar la higiene: energía, sexo y vida eterna, pero utilizando los mismos recursos del deporte: tensión, rendimiento, velocidad, competencia, intensidad. En la fiesta que es la rumba, ya lo dijo Bataille, se regula la subversión de los interdictos, al tiempo que se escenifica una completa elaboración simbólica de la experiencia del cuerpo. Quizá por ello la rumba es la versión por antonomasia y la más arraigada de la estésica moderna en la cultura popular, allí donde se alegoriza la irresoluble condición de la carne pletórica y el espíritu en lucha por el sentido.

*Prácticas corporales alternativas*

Para contrarrestar el exceso de racionalismo y de velocidad, y el desajuste emocional de la vida moderna, surgieron las prácticas alternativas de la cultura somática. Estas modalidades se acercan a la persona; ella encierra los verdaderos rasgos humanos y en ella se busca restablecer la integralidad de cuerpo, alma e intelecto. Sus movimientos defienden la salvaguardia de los vínculos con la mente, de la armonía y del contacto con la sabiduría de la naturaleza, aparecieron y evolucionaron como tendencias contraculturales y sólo recientemente han comenzado a perder sus aires exóticos. Sus objetivos cinéticos y energéticos reniegan de la velocidad, el esfuerzo desmedido, el agotamiento o el riesgo, hacen a un lado las intenciones agonales, son sordos al mandato olímpico *citius, altius, fortius* y encuentran su dimensión estética sumergiéndose en las profundidades subjetivas[11].

La conmoción urbana que se generalizó en la década del cuarenta tuvo como víctima inmediata a los nervios, estropeados por el alcohol, el trasnocho, la vida agitada, la falta de sobriedad y de descanso. Para morigerar este maltrato resultaron adecuadas las versiones suaves de las técnicas corporales: la gimnasia -no el deporte-, las caminatas y la hidroterapia (C:1329-8,1942), que son fuente de salud y regularizan el funcionamiento nervioso. Unos años antes fue publicado el texto de Galeano en que la nutrición se presentaba ya como la panacea que vendría a popularizarse posteriormente,

---

11 *El capítulo cuarto trata en detalle el fenómeno hiperestésico.*

origen y remedio de todos los males, acompañada de la forma de vida por la que también se interesan en la actualidad las técnicas corporales alternativas: «En nuestro poder está elegir el método de vida que debemos llevar: si acatamos las leyes naturales, gozaremos de buena salud; si violamos esas leyes, tendremos que sufrir las consecuencias o sea las enfermedades» (Galeano 1935:5). Galeano enaltecía las propiedades de los medios naturales de curación que no entorpecen las facultades, no adormecen los sentidos ni provocan otras enfermedades. Para combatir «el desequilibrio de las pasiones, de las emociones y de los instintos [que] es la causa de todos los males», no sugería la higiene sino la hidroterapia, la termoterapia, la cromoterapia, la psicoterapia, los recursos que suministran las plantas y el estudio del biorritmo.

Pero sólo con la embestida orientalista de los años sesenta se comenzaron a popularizar estas tendencias, que hasta la fecha habían mantenido un carácter exclusivo dentro de los círculos algo excéntricos de artistas e intelectuales. El hatha-yoga entró en sociedad como la vía por excelencia para conquistar la mente a través del cultivo del cuerpo (C-2551:14,1966). Sus bondades van desde la conservación del cuerpo en perfecto estado hasta el embellecimiento femenino. Con una concepción global del ser humano, el yoga trata el cuerpo en su totalidad: el desarrollo glandular tanto como la elevación espiritual. Así, el cuerpo deviene instrumento para conquistar la mente y se traza a la vez nuevas metas espirituales como la salvación, pues el yoga transforma la fisiología corporal «en fisiología mística». Para las mujeres maduras es una manera de conservarse bellas y para los hombres una alternativa para emplear mejor sus ratos de ocio. Como cabría esperar, esta disciplina no está al alcance de las gentes sencillas que «no poseen la educación suficiente para entender las prácticas que la conforman» (C-2615:23,1967).

Las vías de conocimiento de sí mismo a través del cuerpo, por ejemplo el refinamiento de la propiocepción (C-2575:14,1967), al igual que todas las técnicas corporales integrales que la globalización ha popularizado, apuntan a volcar la sensibilidad sobre el propio cuerpo. A ese estado se llega alejándose, aunque sólo sea momentáneamente, del mundanal ruido, dándole la espalda al frenesí de la vida urbana en aras de encontrar el manantial de sabiduría que encierra cada individuo. Estas modalidades se instauraron como expresiones menores, femeninas y elitistas de la cultura somática, pero nada más obtuvieron carta de presentación y comenzaron a popularizarse y a ser compartidas por los hombres cuando la medicina empezó a tropezar con limitaciones insalvables para enfrentar ciertos males modernos. La insatisfacción creciente de los usuarios de las ciencias de la salud los empujó a la búsqueda de nuevas soluciones con que diseñar una forma integral de vida en la subjetividad que el cuerpo ayuda a desentrañar.

En esta versión de la cultura física el acento recae sobre la conciencia de las sensaciones, la formación estésica; no la entrega sin reservas a la rumba, sino su utilización expresa para la exploración personal y el conocimiento que provee la vivencia corporal. La proliferación de interpretaciones y técnicas para este cuerpo contenedor de toda la subjetividad, explica el enorme campo semántico en que se ha convertido el cuerpo: un terreno en el que toda experiencia deja su huella y a través del cual puede igualmente accederse a vivencias. Este esfuerzo, situado en el otro extremo de la urbanidad, se concentra en la autoobservación: el cuerpo no debe controlarse, sujetarse o constreñirse, sino abrirse y revelar su verdad.

## 3. Forma

La gimnasia, algo arrinconada con el despliegue de los deportes, fue durante varias décadas la actividad indicada para niños y mujeres. Las variantes para fortalecer la musculatura masculina se mantuvieron, desde la inauguración de la primera escuela de cultura física en 1924, como una actividad más bien marginal; la modalidad calisténico-militar, que continuó transmitiéndose en escuelas y colegios, desapareció de la circulación discursiva cuando se aplacaron los ánimos eugenésicos. La gimnasia de la que se siguió hablando -una práctica con propósitos *caligénicos* más que eugenésicos- cobró importancia durante los años cuarenta, cuando las voces de los higienistas se atenuaron y se abrió paso la autotransformación de la figura femenina mediante la gimnasia.

Con la finalidad de aumentar el poder de atracción del cuerpo femenino, se inició la apología de la juventud, confundida en su primer momento con la alabanza higiénica de la madre. Jiménez López había descubierto que la mujer colombiana era escasa de senos, exagerada en sus caderas y gorda en demasía en la madurez; en una palabra, que necesitaba de un cuidado físico ajustado a su condición de reproductora, pero también estéticamente acorde con su condición moral. Los aportes de la gimnasia para formar y vigorizar el cuerpo, tal como lo concibieron los pedagogos e higienistas, se trocaron en posibilidades para esculpir la figura.

Para imponer este nuevo uso de la gimnasia era menester una argumentación de otro orden y se recurrió a un motivo hasta entonces condenado: la atracción sexual. La cruzada de reforma física se puso en marcha afirmando que «los hombres prefieren las verdaderas jóvenes». Juventud era, a la sazón, sinónimo de sencillez, naturalidad y ausencia de cosméticos, lo mismo que de una cultura física practicada a tiempo, porque «los músculos fortalecidos antes de los veinte son los que duran» (C-1262:12,1941). El robustecimiento deseado no debía ocurrir al azar, el cuerpo de la mujer moderna debía ser armonioso, según el modelo de las tablas de medidas. Al mismo tiempo se precisó el ingrediente imprescindible de la ética de la silueta que dio piso a la tarea que marcaría en el futuro la relación de las mujeres con su cuerpo: la voluntad. La forma del cuerpo «depende de usted y de la voluntad de trabajar para desarrollarse o afinarse», y aquí la gimnasia juega un papel crucial (C-1277:12,1941). La silueta ideal se esculpe (C-1347:8,1942) para conseguir la esbeltez, que otorga un encanto indudable, pero no debe llegar a ser excesiva. El reto consiste en fortalecer, desarrollar y dar firmeza a los músculos, atendiendo a la vez a la respiración.

Casi dos décadas adelante, cuando la figura femenina se había afinado notoriamente, se propusieron ejercicios para adelgazar con rapidez, ya que, se afirmaba, la dieta, la transpiración y los deportes no bastaban si no se hacían ejercicios y se recibían masajes (C-1761:11,1959). La cultura física contiene algunos elementos muy particulares: además del método y la perseverancia de la gimnasia, se adiciona el reposo, hasta doce horas diarias, según sugiere la cura del sueño (C-2225:54,1960). Las propiedades y condiciones de este régimen aumentan: la gimnasia elimina el «óxido» de músculos y articulaciones; el hábito de descansar, esencial para la verdadera belleza, necesita de aprendizaje y autoobservación: sólo así se identifican las tensiones físicas y los tics. La meta es conservar el ánimo sereno (C-2781:2,1971).

Las exigencias de la forma obligan a discriminar los ejercicios que más convienen a la mujer. No toda gimnasia o deporte se ajusta a cada silueta; algunos son nocivos, estos engordan, aquellos adelgazan. Se desaconsejan los deportes que reducen la capa de grasa de las caderas -las cuales deben tener cierto volumen y ser más anchas que los hombros-, los que acentúan la curva de los riñones -equitación, suspensión inmóvil, elevación de piernas extendidas, hiperextensión de la columna hacia atrás- o desarrollan el tórax, al igual que los ejercicios que exigen grandes esfuerzos respiratorios, como los saltos de altura y distancia exagerados, puesto que la mujer tiende a torcerse los pies debido a la debilidad de sus articulaciones. La fragilidad del cuerpo femenino tiene atributos singulares: si bien los hombres poseen mayor capacidad vital y pueden levantar más peso, se cansan «mucho más aprisa de llevar largo rato a un niño en brazos». A pesar de las posibilidades que brinda la gimnasia para tornearlo, las determinaciones biológicas del cuerpo femenino lo constriñen y sus órganos son proclives a la congestión, por lo que deben moderarse los movimientos que producen trepidaciones en el estómago (C-2358:35,1962).

Del anhelo de firmeza y vigor se avanzó en busca de un estado más hondo, proveniente del aumento de consumo de oxígeno favorecido por la actividad física y cuyo efecto consiste en limpiar la sangre y la piel, hacer más sanos los tejidos y más claro el cutis, aminorar la celulitis y mantener la carne fuerte y elástica. Esta profundización quiere forjar un andamiaje para la belleza cimentado en los secretos de los procesos de combustión y del metabolismo celular. La delicadeza que le urge al cuerpo femenino persiste en rechazar la extenuación y masculinización y exige concentrarse en los deportes que dan elegancia al cuerpo. El baloncesto, el voleibol, el balonmano y los juegos de pelota «mantienen el cuerpo en forma, dan fuerza a los músculos y resistencia y flexibilidad a las articulaciones. Por otra parte, desarrollan el escote y el busto, dan agilidad, rectifican la espalda y alargan la línea». Las ventajas de los deportes abandonaron el terreno del carácter y la moral para colonizar cada parte del cuerpo: la marcha, la natación, el remo, el patinaje, el tenis o el ciclismo surten efectos tan variados como desarrollar los músculos en longitud, sin salientes ni hipertrofias, estirar la silueta, repartir la grasa, aplanar la espalda, restaurar la proporción entre la parte superior y la inferior del cuerpeo, favorecer la silueta grácil, proteger los órganos femeninos, combatir el estreñimiento o perfilar los tobillos (C-2869:45,1973).

A la gimnasia han de seguirla los masajes. Estos mantienen la línea, mejoran la salud, equilibran la mente y embellecen. El poder de la reflexoterapia, por ejemplo, reside en el flujo de energía que desencadena (C-3407:74,1983). El premio de tanta aplicación es la eterna juventud (C-3552:63,1986), aquélla que traslucen las mujeres mayores de cuarenta, de edad indefinida y que «amenazan convertir en culto el no envejecimiento». Si se practican aeróbicos, gimnasia, baile, levantamiento de pesas y dieta, los cincuenta años pueden ser incluso «la eterna juventud de la tanga».

El agotamiento de la gimnasia tradicional volvió imperioso el empleo de pesas para adelgazar: «(...) tener una silueta perfecta es hoy día casi una obligación. No importa la edad que tenga ni el sexo. Hombres y mujeres deben conservarse esbeltos en beneficio de su salud» (C-2331:39,1962). El argumento esgrimido para los hombres es el morboso: las epidemias modernas -hipertensión, enfermedades cardiovasculares, cáncer- hacen que este ejercicio sea aconsejable para toda la población. «El dinamismo inmóvil» de los ejercicios isométricos, en los cuales se concentra tensión sin movimiento, dan principio a una nueva era. Al contrario de las aeróbicas, estas prácticas requieren poca inversión de tiempo y sus resultados, medidos en aumento de fuerza y masa muscular, comprueban que se trata del «método de entrenamiento más eficaz». Fue así como, en calidad de intérpretes de la intensidad del esfuerzo realizado, los músculos recuperaron su dignidad en la figura masculina. Su utilidad, cuestionada por las disciplinas atléticas, encontró dos vías de desarrollo: una estética, encarnada en la figura de Charles Atlas, quien de ser «un alfeñique de 44 kilos» pasó a ser, con ayuda de este método, «el hombre mejor formado del mundo»; otra utilitaria, cuyo «triunfo final se produjo al proclamarse que los ejercicios isométricos constituían el método ideal de gimnasia para una nueva generación de héroes empeñados en la exploración del espacio» (C-2689:33,1969).

La medicina también salió en su defensa mostrando prolijamente las ventajas de la técnica isométrica, una revolución en el campo del logro rápido de fuerza que sólo requería «poner en contacto sus propios músculos durante un breve pero máximo esfuerzo». La polémica giró en torno a las cualidades somáticas ideales y sus beneficios: agilidad versus fuerza, elasticidad versus resistencia. La agilidad se desplaza porque requiere mucho tiempo y esfuerzo, aunque sería deseable para todos poder responder rápida y velozmente. Para la longevidad lo que cuenta es la resistencia, así que la intención es conseguir un buen tono muscular sin llegar a una abultada musculatura de «forzudos de barraca»: «Este nuevo aspecto tan atractivo, lo mismo se refiere a hombres que a mujeres». Definitivos son una postura correcta, un buen tono muscular, y una dieta y vida equilibradas (C-2712:45,1969). Los ejercicios isométricos resultan ideales para la vida moderna e incluso pueden intercalarse en las horas de trabajo hasta que formen parte de la rutina diaria

Esta promoción muscular no fue óbice para que el embellecimiento del cuerpo por vías isométricas se mantuviera limitado, todavía sancionado por la estética imperante, afecta a un cuerpo cincelado por las prácticas atléticas y aeróbicas. Los años ochenta dan una nueva categoría a los músculos desarrollados, bien vistos hasta en el cuerpo femenino. Lo que se premia no es la belleza, se dice, sino los músculos (C-3281:92,1980). El espectáculo de protuberancias y dominio que ofrecen, justamente lo que había venido desdeñándose, da fe de una nueva estética corporal. Si para las fisicoculturistas la meta es verse y *sentirse* mejor, no ganar en fuerza, se afirma por otro lado que el esfuerzo obedece al «simple deseo inconsciente de igualar a los hombres también en esto. Y [ello] a pesar de que se sabe que el cuerpo femenino jamás podrá igualar al del hombre», muy distinto en la proporción de grasa y músculos (C-3308:75,1981). Ya aclimatada la técnica, se reconoce que los patrones modernos de belleza sugieren que hombres y mujeres cuenten con algunos kilos adicionales de músculos firmes que ayuden a mantenerse en forma y a adquirir un cuerpo atractivo. La amenaza de igualdad que se cernía sobre los hombres y conminaba a la masculinización a las mujeres, quedó conjurada tan pronto se aclararon los objetivos del fisicoculturismo: ellos «no tendrán que ser perfectos, pero sí lucir saludables. Ellas no serán musculosas, tan sólo tendrán un hermoso cuerpo» (C-3637:72,1987).

En ningún momento se apacigua el torrente discursivo; no bien se habla de una nueva modalidad aparecen sus detractores propugnando otras variantes del cultivo físico. Se critican los desembolsos extraordinarios que hace la gente en pos de una figura delgada; en vez de mortificarse pasando hambre, haciendo gimnasia y gastando el dinero inútilmente, sería suficiente caminar y comer balanceadamente (C-3547:64,1986). Se desenmascara la razón que subyace a este delirio: es el miedo al tiempo y un interés comercial, coqueto vanidoso que involucra el mercado, las modas, los complejos, la competencia y la rivalidad; adelgazar -de ser realmente necesario- debería ser un asunto elemental de salud.

Cuando el furor por estar en forma ha contagiado al grueso de la población, sobrevienen las primeras víctimas de torceduras, infartos, desgarramientos y agotamiento, males todos que asaltan a quienes no pueden seguir los ejercicios. La recomendación reza: «a cada uno según su cuerpo», lo que viene a significar el diseño de programas acordes con las necesidades individuales: estado físico, calidad del movimiento y partes del cuerpo que desean mejorarse (C-3583:68,1986). Tantos damnificados no impiden que salga a relucir que en Colombia el 70% de las personas mayores de treinta años tiene defectos de postura, debido a que pocos escuchan el llamado del cuerpo que reclama ejercicios físicos y una sana alimentación.

> *El común de la gente se preocupa muy poco por su cuerpo. Entre nosotros se le da mucha importancia al cabello, las uñas, el maquillaje o la moda, pero poca a la posición y solidez del cuerpo. Tenemos conceptos errados acerca de la salud física y mental, no hay criterios de medicina preventiva. Para tener un cuerpo armónico sólo se requiere un poco de disciplina y mucho de vida sana (C-3627:48,1987).*

Es contradictorio estimular, por ejemplo, la natación, el ciclismo y el ejercicio en general como el mejor tratamiento cardíaco y la fórmula para prevenir la repetición de un infarto (C-3451:52,1984), en tanto la mayoría de las personas que se divierten en las ciclovías no esté educada para hacer ejercicio (C-3634:104,1987). La solución es consultar al médico antes de iniciar cualquier actividad: la cultura física sigue estando regulada por el discurso de la salud.

## D. Razones físicas

En el escenario del cultivo corporal se explaya la riqueza que ha acumulado el cuerpo de la modernidad; su presencia en diferentes ámbitos y la complejidad que adquiere la urdimbre de los discursos que lo convocan descubren una nueva antropología que atañe al conjunto de ideales e intereses nacionales: hablar del cuerpo es imaginar otro ser humano con nuevas capacidades, perspectivas, necesidades, deberes, limitaciones y sensibilidades. Se precisan saberes adicionales para definir y conformar al individuo que afronta la urbanización, la industrialización y la técnica, y que debe hacerlo atento al impacto nocivo que estos fenómenos tienen sobre él, pero también reconociéndose como agente de progreso, riqueza, bienestar y felicidad. Esta tarea, que ha de acometerse con una actitud racional, resuelta y perseverante, deben regirla principios éticos que hagan justicia a la tradición latina:

*(...) buscando una síntesis armoniosa entre los extremos de la técnica y el humanismo, haciendo una educación para hombres que tengan la inteligencia abierta a todas las verdades, una sensibilidad afinada en los valores más elevados, y una biología disciplinada científicamente por el deporte. Sólo así lograremos un ideal de ciudadano fuerte por el conocimiento, la voluntad y los sentimientos (Naranjo Villegas 1959:74).*

Tal ideal de Ilustración congregó a la mayoría de la intelectualidad nacional alrededor de los favores de la razón; sólo en sus márgenes y con el paso del tiempo afluyeron a un caudal alterno las inquietudes y ausencias de esta modernidad.

El proyecto nacional de la Ilustración comprende el desarrollo integral de la persona guiado por la razón. La aporía que entraña esta intención se desnuda en la educación física. El cuerpo es un componente que la modernidad aporta para abogar por la causa del perfeccionamiento humano y hacerla realidad. La antropología de la modernidad es la del individuo explorado, conocido y controlado en todas sus facetas y posibilidades, habilitado para emplear productivamente el conjunto de sus recursos. En su despertar, la voluntad moderna halló un cuerpo que no le satisfizo, imperfecto e inutilizable, por lo que sus afanes se orientaron a darle un contorno, definirlo y habilitarlo para completar la imagen del ser humano. La educación de que hubo menester recurrió bien pronto a la higiene, con la que, como hemos visto, se confundió en sus primeros momentos. La educación física aspiró a un carácter tan incontrovertible, tan obvio como el del saber médico, especialmente el pediátrico (Ulmann 1967). La medicina, a su vez, no puede dejar de penetrar en los dominios de la moral, ni de descubrirle consecuencias educativas a su conocimiento. La formación de hábitos y el desarrollo moral se imbrican en la higiene del mismo modo que la cultura física se mira en el espejo de la medicina. Ambas disciplinas, ciegas para sus límites y su propia causalidad, sustituyen sus marcos y metas por representaciones sociales e ideales morales. Por este camino la educación física quedó calificada para concluir que «el desarrollo de las condiciones físicas (...) da cabida a un mejor desarrollo de las capacidades mentales, la sociabilidad, la creación de una personalidad más acorde a las exigencias de la vida, en suma, a la formación integral» (Betancur 1984:227). Con su bagaje anatómico y fisiológico, la educación física quiso mostrar que la disciplina y el orden aplicados a los músculos y la cinética corporal, análogamente a la lógica que busca introducir la higiene en el organismo, redundan en beneficios morales, se comunican a la inteligencia y se hacen extensivos al carácter.

Los elementos del cuerpo que interesaron en primera línea a la cultura somática nacional fueron de tipo físico: fuerza, energía, dinámica, tiempo, tensión y trabajo, es decir, los músculos. En el momento inicial el individuo debía proveerse de un sostén interior conformado muscularmente y que se entendía como una fuerza encargada de darle una consistencia robusta al cuerpo, de volverlo capaz de oponer resistencia. Este vigor se obtenía practicando una gimnasia más bien estática, compuesta de poses, acrobacias y evoluciones militares, que actuaba a guisa de coraza contra las enfermedades, la debilidad, la actitud melancólica, pero que también ayudaba a adaptarse a la vida urbana que desgastaba el organismo sometiéndolo al esfuerzo permanente de movilizarse, acoplarse a la velocidad, al ruido, al ir y venir constantes y a la presión sobre los nervios. Estos inconvenientes podían bandearse con los deportes señoriales -equitación, paseos y baile.

En relación con la energía se consideraron las técnicas para generarla, canalizarla y utilizarla. Para el primer procedimiento la cultura física se encomendó a los preceptos higiénicos, encaminados a afectar al organismo en su fisiología; los recursos para apropiársela y darle un uso conveniente fueron de índole disciplinaria y tuvieron connotación moral. Este es el espacio más característico de sus modalidades, cada una dedicada a la tarea de dotar de contenidos precisos las prácticas y sus resultados mediante una inyección de sentido que se ramifica: determina categorías para distinguir géneros, edades, clases y ocupaciones, y contribuye decisivamente a completar las representaciones de la modernidad y sus posibilidades de realización, del progreso y sus requisitos, de la concepción de un ser humano global, las técnicas para formarlo, las experiencias que lo acompañan y la ética que debe guiarlo.

Las modalidades privilegiadas fomentan el procesamiento energético que ocurre tanto en la gimnasia como en los deportes: todas apuntan al rendimiento que se expresa en precisión, velocidad y seguridad. Bien sea calistenia, gimnasia rítmica o sueca, deportes o atletismo, movimientos naturales y femeninos o caminatas, se incita al movimiento continuo que estimula el desarrollo armónico y racional, toma en cuenta la respiración y la circulación sanguínea y contrarresta la fatiga producida por el trabajo. Aun cuando la gimnasia ocupa un peldaño inferior al deporte en la escala del prestigio, prepara para practicarlo, cumple funciones correctivas y tornea el cuerpo. Los ideales de perfeccionamiento del ser humano, de estímulo de la energía vital, de educación de la inteligencia y de control del tiempo y los nervios están bien representados por las formas de cultura física que trajeron las primeras décadas del siglo en defensa de la libertad del cuerpo, de su contacto con la naturaleza y de una relación humana con él.

La tarea de darle una finalidad a la política energética del cuerpo se intensifica con la lucha por racionalizar y aumentar la productividad laboral y ajustarla a la eficiencia de la maquinaria y la tecnología. La tardía industrialización demanda mano de obra más libre y motivada, y los trabajadores mismos acogen la razón y la técnica como fundamentos del progreso (Archila 1989), coincidiendo con quienes afirmaban que era importante hacer un uso racional del tiempo libre (Archila 1990-1991, Vargas 1989). La «contabilidad del minuto» (Corbin 1991) sólo se impone tras vencer en la lucha por distintos ritmos de vida, hasta conseguir que los obreros «se identifiquen con la regularidad del dispositivo mecánico a cuyos movimientos uniformemente continuos es necesario adaptar los ritmos y hábitos del trabajador» (Mayor 1984:255). Buena parte de este proceso consiste en coordinar el reloj moral del obrero con los engranajes mecánicos, en optimizar sus movimientos como prótesis industriales, haciendo que el obrero se identifique corporalmente con el funcionamiento de la máquina, al punto que *sienta* la imposibilidad de que su mecanismo se retarde o detenga; por otra parte, su cuerpo debe entrenarse en la rutina y velocidad de los movimientos a los que no siempre se acostumbra sin resistencias (Arango 1991). La gimnasia ejercita en el principio del ritmo, la regularidad, la rutina y la precisión: es también instrumento que mide la energía.

En contraste con esta energía del trabajador, que no es móvil y se expresa en fuerza, resistencia, disciplina, obediencia y regularidad, la energía que emana de las élites debe ser dinámica, pronta a movilizar recursos y potencialidades internas, fuerzas individuales y colectivas, es decir, a ser el motor del progreso. Su rendimiento también se traduce en tiempo, pero no en la repetición ni la unidimensionalidad, sino en la eficacia, la agilidad, la osadía y la capacidad de acción.

El espíritu con que se acomete el proyecto de la modernidad es el de abandonar el estatismo, la abulia, la desidia, la pasividad: movilizar, como quien dice, la energía nacional ordenándola y disciplinándola. Dicha imagen perdura y en la actualidad la cultura física todavía se considera una herramienta apropiada para lograrlo (Forero 1983, Vargas 1989). Si la higiene y la medicina emprendieron la labor de organizar la actividad interna del organismo, la cultura física se propuso la coordinación del movimiento externo.

Según el aserto que se propaga, la educación física guarda una relación con el desarrollo de los pueblos, es factor de bienestar y felicidad: la falta de ejercicio, adiestramiento, control y dirección de las facultades y las pasiones es morbosa y conduce a la inestabilidad de la conducta y del carácter (Rosselli 1968). Se hace incontestable la tesis de que, además de beneficiar la salud, la educación física premia con la formación del carácter, vence los vicios, prolonga la vida y combate la vejez. La energía es la base de la alegría, el éxito y el triunfo, la condición del enriquecimiento y de la vida empresarial y burguesa. Por otro lado, los deportes, como la temperancia, desvían la energía animal hacia usos productivos, de forma que contrarrestan la sensualidad y las ocupaciones inmorales.

A partir de los años cuarenta se suma la tensión, una forma reconcentrada de energía que revelan el deporte profesional, el espectáculo deportivo y el baile, en movimientos intensos que derrochan energía y conmueven el cuerpo. Tal conmoción influye en la percepción sensorial y desemboca en el fortalecimiento de las sensaciones, concebidas como una necesidad para alcanzar un verdadero equilibrio y un estado integral. El cuerpo se convierte en una obligación cuya defensa no requiere ya la intervención de instancia alguna: la urgencia de hacer uso de él se siente. La recreación adquiere con ello un papel definitivo, pues se vuelve un deber utilizar el tiempo libre en el cuidado del cuerpo, en el consumo de modalidades de cultura física (Viviescas 1989) que, por lo demás, hacen parte de la exigencias ciudadanas y son termómetro del progreso y el bienestar. Así, el cuerpo deja de ser nido de instintos naturales que amenazan sublevarse y demandan el control constante del alma, para ocupar un lugar esencial y activo en la comprensión del individuo.

El ordenamiento social que apoya la cultura física sufre desplazamientos. Inicialmente distinguía clases sociales, ocupaciones, géneros y edades, y en función suya repartió los favores de las actividades corporales y las posibilidades del progreso individual. Flexibilidad y maleabilidad en los niños, fortaleza y activación de su cuerpo, así como agilidad, coordinación, dignidad y elegancia en sus movimientos, desarrollo del carácter y la inteligencia: el esfuerzo puesto al servicio del orden y la disciplina. La cultura física infantil se vincula a la delicadeza de los sentidos: el niño sano, bello y lleno de vigor ve favorecido su intelecto, que se iguala a su moral. La adquisición de hábitos fijos, regulares y confiables no puede más que ser ventajosa para la formación del carácter.

Para las mujeres la cultura física tiene un propósito estético y otro genésico. Con razonamientos parcialmente higiénicos se quiere combatir la gordura y la flojedad, estimular esa abstinencia romántica que representa el cuidado de la figura (Barthes 1984) y que sitúa a la mujer en una relación conflictiva entre el vigor que ha de poseer como madre y la fragilidad que la enaltece como mujer y compromete la totalidad de su sistema nervioso. Al mismo tiempo, el deporte es un trampolín para la emancipación femenina (Mangan 1989) y para la reivindicación de su cuerpo, aunque un trampolín que siempre le recuerda la necesidad de disciplinarlo, hacerse atractiva a los hombres y mejorar su desempeño como madre.

En cuanto agentes de la producción, los hombres forman su cuerpo para el trabajo y la lucha contra los vicios. El componente moral cumple aquí una tarea primordial porque la formación del verdadero «varón» se escenifica en la pugna con un cuerpo más rebelde, más salvaje y plagado de instintos que el femenino. La virilidad que encierra el control de estas pasiones se expresa en la perfección del desarrollo muscular masculino.

Argumentos como el carácter y el orden han quedado atrás en la defensa del cuidado físico; a cambio han prevalecido el placer, el uso del tiempo libre y la salud siempre en el primer plano. Asimismo, se han tornado más difusas las funciones de distinción, que guardan una relación con las posibilidades económicas pero ya no con la edad o la ocupación y cada vez menos con el sexo. El estilo de vida y la estética se ocupan crecientemente de las virtudes de una cultura física que día a día es más intensa y minuciosa, que precisa una inversión considerable de tiempo y esfuerzo y reporta beneficios sobre todo en el gusto por la belleza y el bienestar.

El ahínco con que se emprendió la doma de las energías físicas recalcó siempre el propósito último del desarrollo integral: sacar a la luz todas las potencialidades humanas, darle a cada una la atención y el cuidado necesarios, luchar por estrechar los vínculos de unas con otras, todo ello para que el ser humano alcance el ideal de la plenitud (Meinberg 1986). Del cuidado higiénico se pasa a prestarle al cuerpo atención pedagógica y finalmente estética. El movimiento deja de tener motivos exclusivamente productivos para consagrarse con preferencia al modelamiento del cuerpo bello. Al dictaminarse que el cuerpo no es en realidad una entidad rebelde e irracional, destinada a ser doblegada por el castigo y la soberanía espiritual, sino un componente humano y funcional, sobrevino la paradoja de tener que educarlo para que efectivamente desempeñara su papel de complemento totalizador.

Pese a todo, voces marginales denunciaron que no se prestaba suficiente atención a las facetas emocionales, descuidadas en aras de un afán excesivo de rendimiento. Esta corriente recurre igualmente a la educación del cuerpo, también aquí de suyo incapacitado, para afectar al alma y con ello a la totalidad humana. Sus métodos actúan reduciendo la amplitud del movimiento y la tensión física, renegando de la fuerza, eliminando los elementos agonales y propiciando una redistribución de la energía dentro del cuerpo con miras a orientarla hacia la mente y producir un efecto intenso en el interior de la persona. Estas técnicas corporales suponen un cuerpo alterado y, como consecuencia de ello, insensibilizado a la verdad que porta y que debe reencontrar a fin de hacer suyas las herramientas de que dispone para protestar por los abusos a que son sometidos él y, por su intermedio, toda la persona. Sólo así, restaurándole su sensibilidad y sabiduría innatas, y dándole posibilidades de expresión podrá brindarle equilibrio y un sentido total a la existencia del ser humano.

En el cultivo del cuerpo inagotable y de la plenitud convergen las intenciones de administrar la energía física, bien sea con el fin de disponer el cuerpo para la aventura y la pasión, el trabajo o el placer, bien para incursionar en la propia subjetividad hacia la empresa interior del autoconocimiento.

## IV. HIPERESTESIAS

La actualidad del cuerpo no concluye concediéndole un papel protagónico en la antropología moderna, atareada en conocerlo, hacerlo funcional y desplazarlo hacia el núcleo de sus desasosiegos. La inmanencia del cuerpo no se agota cuando se lo encomienda a la razón productiva, se lo apresta para el desempeño económico, se lo educa en los cuidados higiénicos y médicos, se optimiza el uso de su energía, se adiestra su comportamiento o se lo ajusta a una cinética fabril. Todo este trajín compromete la naturaleza física, sólida, del cuerpo. Otra es la dimensión corporal que se disponen a ocupar los discursos sobre el significado de las prácticas que trascienden esta dimensión material para administrar las propiedades emocionales que se originan en el cuerpo y cargarlas de sentido. No es, pues, asunto de actuar sobre las entrañas inmateriales del ser humano mediante los efectos indirectos del agua, el jabón y el sudor en la constitución moral, sino de establecer un contacto inmediato entre las acciones externas del cuerpo y sus representaciones -imágenes de lo más recóndito de la esencia humana, de sus emociones, inteligencia, sentimientos, ideas y pasiones- a través de interpretaciones sensibles de las percepciones sensoriales, en una palabra, de estesias. Las estesias son en este sentido representaciones organizadas a partir de las sensaciones fisiológicas, pero cuyo verdadero alcance estriba en sus dimensiones histórico-antropológicas.

De esta índole son las labores que pugnan por canalizar las que se tienen por fuerzas propensas al desbordamiento, la desmesura y la expansión -inquietantes porque rehusan ocupar a cabalidad toda categoría antropológica ansiosa por aprehenderlas-, y diseñar mecanismos para explotar y usufructuar el lecho de sus habilidades y erogaciones sensoriales. El éxito de estos procesos -con una cara práctica y otra simbólica- es dudoso. Tal vez esté íntimamente relacionado con lo que se considera necesario, doloroso, conveniente o deseable, acaso con lo que el espíritu de una época entiende por bienestar, con lo que teme, con aquello que convierte en su ideal y mueve a la gente hacia determinadas metas, a construir su vida de una u otra forma, a consumir en ciertas direcciones y cultivar determinados anhelos. Los discursos compuestos, no para acallar sino para inflamar y perfilar esas recónditas sensaciones que en los otros sólo podemos imaginar, están, a pesar de la incertidumbre de sus logros, a nuestra disposición.

Si se hacen a un lado las respuestas culturales a las necesidades de la vida biológica, tales como el abrigo, la alimentación, el cuidado de la salud, la reproducción, la socialización e instrucción de niños y jóvenes, y otros aspectos en que el cuerpo asume un papel activo, como ocurre con sus formas de expresión y movimiento en las relaciones sociales, resta lo que el individuo percibe, con su cuerpo y a través suyo, de sí mismo y del entorno: lo que siente. Dichas aprehensiones conservan una calidad íntima -¿nos será dado alguna vez conocer su naturaleza?-, si bien acusan los esfuerzos realizados para que se constituyan en representaciones culturales y obedezcan a ellas. Las sensaciones de sí mismo, de lo interior y lo exterior, y de su interacción, y la valoración de tales sensaciones, contienen también una historia que obedece y a su vez ha afectado a las nociones antropológicas. Puesto que el cultivo de las posibilidades sensoriales ha sobrepasado con mucho los intereses primarios, las complejas construcciones semánticas de que ha venido a hacerse cargo -lo único a que tenemos acceso- merecen el calificativo de hiperestesias.

La intensidad exacerbada de las sensaciones no era lo que se tenía en mira cuando el sensualismo sentó sus bases. Por sobre todo, se buscaba controlar lo que pudiera obstruir el ascenso victorioso de la razón. En este programa se hizo palpable de nuevo la concepción moderna del cuerpo: reconocerle un poder y diseñar la estrategia para emplearlo en lugar de confiar en la entereza moral para atajar sus inclinaciones. También se coló, sin embargo, la tendencia a ahondar en todas las posibilidades de exploración sensorial y a sustituir, en este caso, los juicios morales por juicios de naturaleza sinestésica -estética, afirmaba d'Annunzio- (Schrader 1968). La sensibilidad irritada de José Asunción Silva lo contenía y anunciaba todo. Aquí abordo su popularización.

Las hiperestesias desencadenadas por la voluntad de domeñar las pasiones conforman un cuadro polifacético. Tres de ellas sobresalen en la antropología que fue imaginada a principios de siglo y echaría raíces a lo largo de la centuria. Por una parte, se enciende el interés por determinar las capacidades de los sentidos externos y asignarles unos rasgos y posibilidades de percepción. Su campo de acción se sitúa dentro del conocimiento; su cosecha se destina a alimentar la razón y a dotar al pensamiento lógico de claridad y distinción. La depuración de los sentidos también serviría para aprehender la verdad del entorno, con lo cual sobrevino el delirio por el conocimiento objetivo.

El regodeo de los sentidos también consintió otras avenencias: la inflación simbólica del cuerpo por parte de la higiene y la cultura física alentó, quizás a su pesar, el cultivo de la belleza física. Si no fue una inclinación novedosa, mostró en cambio perfiles originales, habida cuenta del desplazamiento de las cualidades estrictamente físicas al primer plano y de que se impuso una concertación distinta de los rasgos propios de la belleza, su origen, su cuidado, sus atribuciones y su ascendiente. La definición de la belleza se empapó de *sensorialidad*, dio otro sentido a las virtudes del alma, sumó a la percepción visual el tacto y el olfato, y evocó el gusto y el deleite que despierta la estética amasada sobre la superficie de la piel con el placer y la armonía de colores y texturas, sonidos y aromas, formas y consistencias.

Finalmente, la incesante agitación de los sentidos inmiscuyó otra forma de hiperestesia, más íntima y profunda, que llamaré aquí la *sensitividad* y que sugiere la capacidad de sentir y el refinamiento de las percepciones sensoriales. Esta proclividad se alimenta de sutilezas: una atmósfera determinada, matices olfativos, caprichos del gusto, anhelo de sensaciones intensas, instantes extáticos, minúsculas y casi imperceptibles conmociones, arrebatos y espasmos sensoriales, a partir de los cuales se elaboran estilos de vida que estetizan y *estesian* al individuo y su entorno. Esta sensitividad se regocija exponiéndose a lo que conmueve los sentidos internos y externos; en ella convergen lo corporal y el mundo corporalmente perceptible con las interpretaciones estésicas. La experiencia de sentir corporalmente la vida y la certeza de que el bienestar consiste en buena parte en preparar y perfeccionar la capacidad sensorial -en educar los sentidos- para captar mayor cantidad de estímulos, diferenciarlos en sus más detalladas minucias, hacerlo con la mayor intensidad que nos sea dado experimentar, la autocomplacencia en la sensitividad, la entrega total a ese mundo interno... el cuerpo moderno se explaya a gusto en estas dimensiones.

## A. La fe en el conocimiento

> *El hábito de las cosas produce en el espíritu el mismo efecto que ciertas impresiones físicas en los sentidos cuando son prolongadas. Así como la vista se acostumbra a la oscuridad y el olfato a un mal olor, una situación constante de malestar embota las potencias del hombre y las enerva.*
>
> (Samper 1867:10)

El siglo XIX se mostró interesado en los sentidos por cuanto sus percepciones incidían en el entendimiento y la moral, pero no forjó una doctrina sistemática para su empleo. Con la recepción del sensualismo se esbozaron los primeros intentos por determinar las posibilidades sensoriales y sus alcances antropológicos. La higiene y la pedagogía hicieron las reflexiones más célebres, sin alcanzar aún conocimientos y propuestas tan sutiles como las sugeridas posteriormente por la psicología del conocimiento o los desarrollos del psicoanálisis, la fenomenología, la neuropsiquiatría y la neurofisiología.

En América Latina, el movimiento independentista fue sacudido por el sensualismo de Condillac (Morón 1959; Zuluaga 1979) y el siglo XIX se puede interpretar en función de la querella entre sus defensores y sus detractores. Ya Dámaso Zapata, reformador de la Regeneración, como antes Simón Rodríguez y Andrés Bello, llamaba la atención sobre la importancia de la experiencia en la labor pedagógica, desdiciendo de los métodos memorísticos aunque no del trabajo puramente intelectual ni del papel decisivo de la reflexión en el aprendizaje. La escuela de 1870 se ocuparía del «desarrollo armónico de todas las facultades del alma, de los sentidos y de las fuerzas del cuerpo» (Zapata 1961:113) y entre los educadores se barajaban las consideraciones de Pestalozzi, Herbart y Froebel, así como las «lecciones de cosas» (Zuluaga 1979; Helg 1984). Pero no fue sino hasta Nieto Caballero que cuajaron el método para educar los sentidos con el objeto de percibir y ordenar lo aprehendido, y la idea de que para poder hacerlo se requería perfeccionar la sensibilidad, refinar y organizar las percepciones sensoriales, y agudizar la capacidad receptora de los sentidos.

Esta tradición también la secundó la higiene, que le abrió una puerta, aunque con intenciones puramente racionales y de control, a los sentidos y las emociones en la educación y la vida cultural, inaugurando así los discursos que psicologizan las representaciones corporales. A partir de la sencilla afirmación de que las sensaciones físicas estimulan el cuerpo y constituyen un alimento para las emociones, pasó a organizar estas constataciones fisiológicas y a orientarlas racionalmente mediante la educación y el ordenamiento de los procesos de percepción y de establecimiento de vínculos entre las elaboraciones intelectuales y emocionales, ambas de origen sensorial. Lo que semeja una irrupción de las emociones en la antropología moderna, es más que nada el reflejo del esfuerzo acometido para meterlas en cintura analizándolas, diferenciándolas y afinando el discurso que establece la forma de convivir con ellas y valorarlas.

## 1. El despertar de los sentidos

La confianza en la educación de los sentidos y en el desarrollo de sus capacidades la instauró Rousseau en la tradición pedagógica al reconocer que el entendimiento y el pensamiento se nutrían de percepciones. La razón sólo se adquiriría como resultado de esta formación sensorial que debía ser el fundamento de la pedagogía. Esta recepción pedagógica del sensualismo de Condillac y el empirismo de Locke, fue el primer paso de un programa que evolucionaría convencido de la importancia de oler, oír, gustar, ver y palpar el mundo para aprehenderlo clara y distintamente, contrastar las deducciones derivadas de estas percepciones y fraguar así el entendimiento y la razón. De esta manera la experiencia sensorial obtuvo un lugar preferencial en el desarrollo ontológico.

Que la razón no evoluciona espontáneamente sino que resulta de un proceso educativo «sensualista», como lo precisó Rousseau y lo propagaron también Simón Rodríguez y los pedagogos que lo sucedieron en Latinoamérica, es un argumento que atrajo asimismo a los pedagogos de tradición lasallista alrededor de la «escuela activa». Esta experiencia sensorial por la que aboga la pedagogía moderna, quedó a la vez atada de modo incondicional al contacto con la naturaleza como fuente primera de estímulos sensoriales. Ezequiel Rojas, su más reconocido defensor y difusor, fue atacado primordialmente por secundar el utilitarismo de Bentham.

De la lectura, traducción y recepción activa del sensualismo de Condillac (Morón 1959) se siguió a la de Destutt de Tracy (Zuluaga 1979), discípulo del abate. A pesar de las discusiones y enfrentamientos ocurridos en torno del sensualismo, en la versión que defendió Ezequiel Rojas, y de haber sido esta teoría desterrada de la cátedra universitaria, quedó asentada su idea fundamental, a saber, que sin sensaciones no hay ideas. No considero aquí el hecho de que finalmente se haya rechazado la simplificación benthamista sobre el placer y el dolor como móviles humanos y que el pensamiento de Rojas desapareciera sin dejar huella; importa que tras las enseñanzas de Condillac nunca más fue posible desconocer que la experiencia era un vehículo de conocimiento. Y decir experiencia y sensación es hablar del cuerpo.

Lo que Ezequiel Rojas preconizaba era la máxima de Tracy: «pensar es sentir», es decir, la experiencia sensitivo-intelectiva que vincula la reflexión. Este sentido parecen haberlo pasado por alto incluso los más acérrimos detractores de Bentham y Tracy, aplicados a impugnar el utilitarismo a causa de sus ideas sobre el placer. José Eusebio Caro asimiló dichas ideas al hedonismo, sesgando de esta suerte su comprensión del sensualismo para interpretarlo como concupiscencia y desatendiendo por completo los postulados de la teoría sensualista del conocimiento. La crítica se enderezaba al hedonismo atribuido a los principios benthamistas, por cuanto se los reducía al anhelo de bienestar y felicidad materiales (Marquínez 1988). La misma argumentación había inducido a Ospina Rodríguez a suprimir en 1842 el benthamismo, acusándolo de un sensualismo que para él significaba deleite y, ante todo, «concupiscencia de la carne» y al que le achacaba la caída del genio, del carácter y de las buenas costumbres (Ospina Rodríguez 1870).

La crítica más fundada de la época, la de Miguel Antonio Caro, se basa en el aserto benthamiano según el cual el placer es el móvil de las acciones humanas. Caro (1872) acusó a Bentham de defender lo único que él mismo al parecer podía imaginarse por placer: el goce sensorial, equivalente en su caso a goce carnal, y enfiló sus baterías hacia el insípido utilitarismo de Bentham. La amenaza que presentían Caro y Ospina Rodríguez no provenía en realidad de Ezequiel Rojas, o cuando menos, él no representaba el flanco más peligroso, pues finalmente limitó a la percepción visual la intervención de la sensaciones para el desarrollo del conocimiento, según la tradición de Pestalozzi (Sünkel 1996). Jaramillo Uribe y López de Mesa coinciden en señalar que fueron más bien el estoicismo y la «parsimonia en el ejercicio del bienestar y los placeres», cierto puritanismo y hábitos de trabajo y probidad, los distintivos de la interpretación local del sensualismo. La verdadera amenaza para la filosofía innatista de Caro procedía de los «fundamentos materialistas de la psicología sensualista y de su teoría del conocimiento» (Jaramillo Uribe 1974), y si bien se frenó su difusión académica no parece haberse reconocido su incontenible avance en manos de higienistas y pedagogos, quienes a la larga impusieron los principios reprobados. En opinión de Jaramillo Uribe, el «rendimiento científico del sensualismo y el benthamismo» no fue prolífico; no puede afirmarse lo mismo de la herencia que el sensualismo representó para la práctica de la enseñanza y la sanidad.

Durante el siglo XIX el sensualismo fue combatido como propuesta filosófica, sin que sus críticos más encarnizados llegaran a oponerse, por ejemplo, a la educación práctica y a los métodos que la higiene comenzaba a difundir. A principios del mismo siglo fue muy notoria la influencia directa de Condillac (Morón 1959) en el movimiento de la Independencia, y no menos en los higienistas (Peralta 1992), quienes insistieron en el aseo de los sentidos por ser ellos los perceptores del mundo exterior y, por ende, el cimiento del andamiaje moral. La pedagogía toda, a su turno, se concentró en diseñar métodos para in-*corporar* a los hábitos la continencia de las pasiones -que podrían arreciar sobre los sentidos- y dar así cabida a la mesura que precisaba el imperio de la razón.

Por otro lado, el decurso mismo de la higiene tuvo su punto de partida en los recursos cognoscitivos de los sentidos y en la revolución perceptiva que ellos suscitaron, y fue por los sentidos, en su calidad de herramienta analítica, que se desvivieron higienistas y pedagogos (Corbin 1982, Perrot 1984). En el plano nacional, Miranda (1989) ha ilustrado la manera como la semiología de la medicina anatomoclínica se fundó en las observaciones sensoriales.

Al mismo tiempo que los enemigos del sensualismo repudiaron el placer, viendo en él un peligro moral, apoyaron la higiene y la educación de los sentidos con miras al progreso del pensamiento y el conocimiento, la higiene de los sentidos como principio indiscutible de salud y moral, y la doma de las pasiones sensoriales para imponer la funcionalidad corporal. No hubo un ápice de duda con respecto a la aseveración capital de Condillac: la razón surge de la sensorialidad.

Con estos antecedentes el siglo XX nació decidido a desprenderse de la tradición hispánica y clásica en el sistema educativo y a estimular la independencia cultural de Hispanoamérica. Buscando una respuesta al «pesimismo hispanoamericano» (Ocampo López

1986), se propuso una educación menos intelectual y especulativa y más afincada en la práctica y en los métodos activos de enseñanza, siempre atentos a la psicología infantil. Esa educación activa, creadora y formadora, debía favorecer en los alumnos la investigación y la reflexión.

## 2. La higiene de los sentidos

El aporte que hizo la higiene para que al cultivo de los sentidos se le asignara un papel protagónico en el desarrollo cognitivo se relaciona con dos procedimientos: utilizar los sentidos para conocer el mundo, especificando las percepciones, clasificándolas e incluso construyendo un sistema de distinciones sobre la base de los registros. Primero fue el olfato el que sirvió para inducir un arreglo de la condición de las substancias y su efecto sobre los seres humanos (Corbin 1982); posteriormente la vista, el gusto, el tacto y el oído sirvieron también para componer sistemas de interpretación de las percepciones y juicios sobre la conveniencia de los fenómenos externos para la salud. De manera conjunta, se estableció una preceptiva sobre el cuidado de los sentidos y las formas de disponerlos para la experiencia. Al afirmar que lo que pudiera obstaculizar una percepción nítida debía eliminarse, se ratificó la importancia del aseo, de mantener la piel limpia, disponer de iluminación adecuada, no exponerse a ruidos u olores fuertes ni embotar los sentidos con excesos de ningún tipo o trabajo en demasía, por considerar que ello actuaba en detrimento del sistema nervioso, transmitiéndole un excedente de impresiones que lo obnubilaban y le dificultaban elaborar conceptos y emitir juicios claros. La estesiología deliberó además sobre un nuevo sentido que habría de convertirse en la medida del bienestar y la plenitud modernas: la cenestesia (Starobinski 1983); sólo quien «goce de la cenestesia de las prácticas higiénicas» está capacitado para «predicar e infundir modos de pensar con tendencias sociológicas» (Muñoz 1935:22).

Inicialmente, la higiene de los sentidos no prescribió procedimientos sensoriales específicos, sino que se consagró a la formación de hábitos, y para ello apeló al establecimiento de relaciones entre las sensaciones y los hábitos en cuestión. Los aromas naturales, el agua pura como bebida, los sabores sencillos, la tersura de la piel limpia eran los motivos que Monlau (1885) asociaba con el bienestar que procura la salud: una especie de honradez, pulcritud y sencillez que rodea todo lo que por su carácter natural es benéfico y deseable. Londoño Isaza no concibió una verdadera estesiología, pero sí llegó a sostener que ciertos estímulos, especialmente el ruido, el cansancio extremo, el desaseo y los cambios repentinos de temperatura, eran todos factores que disminuían la capacidad auditiva, sin la cual, a juicio suyo, se perdía el instrumento más importante para el desarrollo intelectual.

Los Hermanos Maristas tampoco definieron con precisión la función que cumplen los sentidos en el conocimiento, pero se refirieron explícitamente a la relevancia de conservar aseados los órganos de los sentidos y abstenerse de embotarlos o exponerlos a estímulos intensos. La argumentación moral hace que la higiene del alma abrace la nerviosa a fin de que la inteligencia sea instrumento del alma. La higiene de los sentidos marca un sendero que aleja de los vicios capitales y de la enfermedad sin incidir en el conocimiento. Bejarano (1924), en cambio, discernió un detallado plan para el cuidado de los sentidos desde el nacimiento, cuya finalidad sería evitar, entre otras cosas, la incomodidad y el malestar. Su visión de la crianza infantil, bastante ascética y sobria, se orientó a prevenir malformaciones del carácter y a propiciar el desarrollo intelectual. A la vez que desaconsejaba los mimos y el exceso de cercanía corporal, se declaró partidario incondicional de «aquellos métodos que utilizan las iniciativas del niño y las sensaciones que le van suministrando los órganos de los sentidos. En este sistema que se vale de lo fisiológico, y que por fortuna se va extendiendo tanto en Colombia, es en lo que se fundan los maravillosos métodos de enseñanza de Montessori y Decroly» (Bejarano 1924:68).

Bejarano no mencionó placer ni bienestar alguno aparejados a los sentidos. Las percepciones que le interesaban eran las que podían redundar en perfeccionamiento intelectual y en la doma de la voluntad. Por esta vía, elucubró sobre la libertad de las sensaciones infantiles, pero no admitió aquellas que puedan rayar en la sensualidad o carezcan de un propósito funcional. El juguete del niño debía ser un objeto agradable, pero la intención general era prevenir toda exaltación que alertara un sistema nervioso de suyo muy excitable. Bejarano aspiraba a que los sentidos favorecieran la racionalidad, es decir, a que el niño adoptara los hábitos convenientes a su salud. En su puericultura, a lo intelectual le cabe un papel más bien potencial, porque el niño por él imaginado no debía embarcarse en ningún tipo de empresa intelectual: su cerebro no podía rendir esfuerzo alguno y sólo estaba capacitado para la vida vegetativa.

Vasco también fue partidario de la educación estoica, introdujo en su *Centro de Higiene Física y Mental* la estesiometría y pregonó la lucha por la formación emocional infantil, por la «personalidad integral del niño». Aun así, el menor de siete años no requería para él una educación intelectual; los trabajos manuales y el juego buscaban preponderantemente usar la energía infantil, fortificando su organismo y su voluntad. El niño imaginado por Vasco es un campo de energías, pasiones, instintos y tendencias guiados por leyes atávicas cuyo control es tarea de la educación. Por consiguiente, la higiene de los sentidos se decidió por el aseo y la temperancia: el baño frío tomado siempre en la ducha porque el de inmersión «tiene inconvenientes y peligros». Vasco se opuso enardecidamente al cine. Antes de los ocho años lo desaconsejaba del todo y, no contento con ello, intentó desaprobarlo echando mano de argumentos higiénicos: exceso de quietud para un niño que requería movimiento, acumulación de gases malsanos, fatiga del aparato visual que «apenas empieza a afirmarse». En la adolescencia -arguyó- ejerce las más «desastrosas influencias porque acentúa y hace más peligrosas las perturbaciones de la pubertad, y le da armas de dudosa moral a un ser desequilibrado y enloquecido por el despertar de las pasiones» (Vasco 1934:215). El niño es incapaz de criticar lo que ve en el cine, pues no posee sentido de orientación y tiene una imaginación desbordada. Tampoco podía confiarse en las funciones intelectivas, porque los nervios irritados, la voluntad debilitada y la salud quebrantada perjudicaban el rendimiento escolar. Los sentidos adquieren la calidad de receptores de estímulos irritantes que perturban un entendimiento endeble o de estimulantes de pasiones todavía incontroladas por la razón y se diría que no hacen una contribución significativa a la educación intelectual. El niño y el adolescente son aquí seres imperfectos. A Vasco lo atemorizaba el niño demasiado despierto y pensaba que carecía tanto de voluntad como de inteligencia, pues «los mismos instintos están menos desarrollados que en los animales». La recomendación a las madres era prolongar la infancia tanto como fuera posible y no anticipar el desarrollo intelectual. El niño, valeroso y sufrido, no aprendería a leer antes de los siete años; entretanto, el trabajo manual educaría y desarrollaría su personalidad.

Bernal se mostró asimismo reacio a consentir el placer sensorial injustificado: «El niño se resabia fácilmente. Por eso hay que evitar el darle alimento, cargarlo, moverlo, arrullarlo o cosa parecida, cada vez que llora, pues él asocia sensaciones, y llora para que lo atiendan o acaricien» (1937:56). En el juego veía una actividad espontánea y útil para el desarrollo físico, intelectual y moral, así como para desviar las primeras tendencias sexuales que se muestran entre los cinco y los siete años. Dentro de esta perspectiva utilitaria, se inscribe su defensa de los principios de Froebel y Montessori, del jardín infantil y de las labores que ponen al niño en contacto con las figuras geométricas. Su declaración de fe en el desarrollo de menores que no se ajusten a los parámetros de normalidad y, consecuentemente, en las herramientas pedagógicas, la introduce así: «La crianza de los débiles y prematuros es tan difícil, y su porvenir tan oscuro en los primeros, que los Espartanos los mandaban a ahogar (...); con una serie de cuidados, puede lograrse la crianza».

En 1940, el Ministerio de Educación Nacional se refirió por primera vez, en su programa de enseñanza, al placer como una ventaja adicional de las costumbres higiénicas. En cuanto a los sentidos mismos, ponderó particularmente la visión y la audición por su efecto en el rendimiento escolar y puso el énfasis en la fisiología de los fenómenos sensoriales.

La higiene reivindicó los sentidos en su uso funcional y se guardó bien de hacer sugerencias tocantes a los placeres que pueden deparar los sentidos, pues siguió fiel a la noción del cuerpo como seno de pasiones que amenazan la moral y la razón, y que sólo la disciplina y la voluntad pueden contener. Vistas así, las sensaciones no son de mayor utilidad para el conocimiento y, no obstante los progresos en la investigación del funcionamiento sensorial y el desarrollo cognitivo, la higiene no las mencionó. Pese a tal omisión, no puede dejar de reconocerse que la higiene rompió el bloqueo impuesto por los pensadores conservadores a las premisas del sensualismo. Aunque el higienismo se esforzó por concederle un lugar preeminente a la educación estoica y al temple físico, muy ajeno a los placeres, colocó en el primer plano los sentidos y su cuidado que lleva a domeñar las pasiones, una versión del sensualismo que dio por resultado una «educación negativa» al estilo de Rousseau. Para el avance intelectual confiaba plenamente en el desarrollo autónomo de la razón. Desde ahí bastarían unos pocos pasos para que la educación sensorial y el principio del placer conquistaran los ideales antropológicos.

### 3. La pedagogía de los sentidos

Ya antes de fundarse los jardines infantiles modernos afirmaba Martín Restrepo Mejía que ellos hacían del cuerpo un «dócil instrumento del espíritu en sus funciones intelectiva y moral y en el ejercicio de su imperio sobre la naturaleza áspera y bravía» (1912:xxvi). Este pedagogo se proponía encauzar la educación popular por los derroteros trazados por Froebel, de manera que mediante la labor manual se educaran las destrezas motrices, ante todo las de la mano, y se aprestara así al menor para su futuro desenvolvimiento como obrero. Restrepo Mejía compartía el modelo pedagógico de los Hermanos Cristianos -el de La Salle-, es decir, el de la escuela que transmite conocimientos a la vez que prepara para el futuro desempeño de un oficio. El principal ejercicio sensorial es una forma de mimetismo en que el sentido de la vista permite imitar los movimientos del trabajo. La apropiación física de tales movimientos induce a la vez un proceso de formación del carácter y de la razón que ocurre sobre la base de la disciplina que las mencionadas faenas inculcan al cuerpo, no sólo para desarrollar habilidades, sino sobre todo para desterrar la insensatez infantil: «Los niños son seres débiles de alma y cuerpo, de voluntad y razón; ligeros, inconstantes y dominados por mil ideas contrarias; capaces de oír la voz de la razón, pero propensos a olvidarla. Reciben con facilidad un buen consejo, pero siguen fácilmente un mal ejemplo» (Restrepo M. 1893:402).

Restrepo Mejía admitía una influencia recíproca entre el cuerpo, la mente y el corazón, originada en el conocimiento intuitivo propio de los niños. Este rasgo cognitivo infantil lo llevó a adjudicarle al dibujo una importancia notable en la educación de la mente y los sentidos, por cuanto a su juicio activaba los vínculos entre los tres componentes mencionados. No obstante, el entendimiento no podía cumplir su función a cabalidad si la educación no formaba a la vez para la vida, es decir, para la lucha y el sufrimiento.

Tras los seis primeros meses de vida, durante los cuales el pequeño vive un período vegetativo en el que los sentidos perciben pero él no es consciente de ello ni «distingue los objetos unos de otros ni de sí mismo (...) [y] la inteligencia y demás facultades están adormecidas» (Restrepo M. 1912:132), se inicia la etapa sensitiva, en la que evolucionan rápidamente la sensibilidad y la motricidad. La educación sensitiva debe entrenar los sentidos, especialmente la vista, el oído y el tacto, pero también el gusto y el olfato, haciéndole reconocer al niño lo que encuentra a su paso junto con sus peculiaridades: color, forma, nombres, tamaño, características sensoriales, texturas, ruidos, olores, etc. La importancia de una adecuada formación de la sensibilidad provenía para el pedagogo de los hábitos que adquiría así el «apetito sensible» y que eran, en última instancia, los responsables de la educación de la voluntad y de la formación de la virtud. ¿Qué podría pervertir este apetito sensible y con ello toda la educación infantil? El amor y el mimo, que debían por consiguiente tasarse muchísimo para que las necesidades y caprichos infantiles no se magnificaran. Esta indiferencia enseñaría al niño a esperar, contenerse, abstenerse, aceptar la autoridad, las incomodidades y mortificaciones, todo lo cual evitaría un carácter altanero, terco, débil, afeminado e inútil.

La definición de este período preponderantemente sensorial de la infancia da lugar a los castigos físicos, porque sólo con ellos se consigue dotar a la conciencia de un freno interior que complete la formación de hábitos morales. Este proceso, igualmente «sensualista», es el camino para el despertar moral. Si, por el contrario, el niño mostrara preocupación, pesar o arrepentimiento por sus acciones erradas, esto es, si diera señas de una evolución de la conciencia y la razón, entonces no debería aplicarse tal castigo.

A contar desde los tres años y hasta los siete, la evolución sensitiva e intelectual se equilibran. Restrepo Mejía aseguraba que era este el momento de sumar el ejercicio físico a la educación de los sentidos externos y que la formación debía concentrarse en que el niño puliera sus percepciones sensibles, guiando su fantasía y despertando su entendimiento con el juego. Se obtendría el éxito si la razón lograba conducir el apetito sensible y se establecía una armonía entre la ideas y los actos, pues la voluntad -facultad que juzga lo que la razón conoce- y el apetito sensible -que cede o rechaza los que los sentidos conocen- se conjugarían en la virtud. De no ser así, imperarían el desorden y la maldad: en ausencia de la voluntad, el hombre, aun conociendo y amando el bien, ejecuta el mal.

No obstante el lugar preeminente que Restrepo Mejía le reservó a la razón, su pedagogía católica es transparente:

> *Por desgracia el apetito sensible, a causa del pecado original, está inclinado con tal fuerza a las cosas sensuales que cierra los oídos a la voz de la razón, se revela contra ella y tiene más fuerza para ir a su objeto, que la voluntad para sujetarlo. Amamos tanto lo que deleita nuestros sentidos que tendemos a encerrar la vida en los límites de lo terreno y la razón y la voluntad se pliegan a ello hasta dejar de ver los horizontes de su altísimo destino. La vida animal tiende a ahogar la espiritual (Restrepo M. 1912:106).*

En esta encrucijada, no son la razón o la voluntad las que pueden vencer las flaquezas humanas; una comunión del apetito sensible y la voluntad sólo es posible

> (...) mediante el auxilio de la gracia divina obtenida en los sacramentos, lo cual vigoriza la luz de la razón y las fuerzas de la voluntad suficientemente para vencer en esa lucha del espíritu con la materia. El triunfo de la virtud, el triunfo completo, el triunfo en todas nuestras costumbres y actos es imposible sin la gracia. Podemos alcanzar sin ella algunas virtudes parciales: hay impíos que no mienten, pagan lo que deben, hacen algunos favores, etc., pero hay contrarios que son flacos en otras cosas, y que aun aquellas virtudes carecen de la frescura y vigor, que suelen adquirir en el cristiano. Este peca también y puede cometer faltas mayores que el impío, pero lleva en sí un germen de vida que le transformará cuando él lo atienda y cultive (Restrepo M. 1912:176).

Así pues, la educación sensorial católica resolvió crear hábitos morales y adiestrar para el trabajo manufacturero. Las virtudes cristianas sólo vencerían en la dura guerra que el joven libra contra sus pasiones y su inclinación a romper toda sujeción moral y dar rienda suelta a los impulsos naturales, si se aplica a aprender oficios y profesiones. Las jóvenes, esforzadas en imitar a María, no atraviesan una fase de peligro similar a la que deben sortear los muchachos. Restrepo Mejía tenía fe en que las labores domésticas y la diligencia y bondad que habrían ganado hasta entonces las librarían de esta espinosa batalla. Aun así, ni la voluntad ni la razón podrían jamás sojuzgar el apetito sensible sin la intervención de la gracia divina.

La educación sensorial encontró un segundo discurso pedagógico que también abogó en su favor y descubrió en ella otro tipo de ventajas. El Congreso Pedagógico de 1917 (Uribe 1919) aprobó algunos acuerdos relacionados con el fomento del trabajo manual, «factor importante en el desarrollo económico y comercial de las naciones más adelantadas» cuya organización «es una necesidad universalmente reconocida». Estos cursos de manualidades se enfocaban a la producción y debían reemplazar asignaturas «poco adecuadas a la clase trabajadora». Las ocupaciones manuales se justificaban por ser «medios eficaces para el desarrollo y perfeccionamiento físico, intelectual y moral de los alumnos», y su fin era «desarrollar la habilidad general, la agilidad, la destreza de las manos, la rapidez y seguridad en los movimientos», pero también avivar el gusto y el amor al trabajo, inculcar hábitos de orden y corrección, promover la atención, aguzar la percepción visual, muscular, y táctil, instruir sobre las formas geométricas y el sistema de medidas, fomentar la constancia y la presentación completa y correcta del trabajo, así como cultivar «el gusto estético por medio de la armonía de las formas y de los colores de los objetos confeccionados». En este proyecto, la participación del niño consistía en copiar un modelo, analizarlo y reducirlo con ayuda del dibujo lineal; asimismo, debía consignar por escrito el propósito de su tarea y bosquejar el modelo a realizar. El maestro vigilaba la postura, los movimientos y el desenvolvimiento armónico del cuerpo. Los objetos fabricados debían ser útiles, bien porque su aspecto transmitiese un concepto geométrico o estético, bien porque sus líneas clásicas le confirieran una utilidad general. Con esta mira, los alumnos se darían a la tarea de cortar papel y cartón en forma de triángulos, rombos o círculos, para luego hacer con ellos cajas, tableros, sobres, cuadernitos, canastillas, estuches, álbumes, pantallas o alcancías. El programa para los muchachos incluía trabajos en madera, modelaje y agricultura, en tanto que el curso para las jóvenes se especializaba en gran variedad de tejidos, puntos, encajes, zurcidos, bordados y flores de papel y holán. Se confiaba en que en el futuro las muchachas también se ocuparían en artes gráficas, fotograbado, litografía, fotografía, orfebrería, farmacia, alfarería artística y sericultura. La capacitación femenina no descuidaba la economía doméstica: arte culinario, arreglo de las piezas, limpieza de las manchas en vestidos y telas, aprendizaje teórico del lavado y aplanchado de ropa, estudio de la desinfección de habitaciones, ropas y personas, e higiene de alimentos y bebidas.

En el trabajo premiado por el Congreso Pedagógico, Castellanos (1917) se refirió a la formación intelectual. Los sentidos reciben las impresiones de los objetos externos y causan las sensaciones que éstos producen en el alma. Si los órganos de los sentidos externos funcionan bien y los sentidos se educan convenientemente, entonces interpretan con acierto las impresiones que les transmiten los objetos percibidos. Castellanos no ligó directamente la percepción sensible con la intelectual, a la que le atribuyó bastante autonomía. En este contexto, el trabajo manual no es más que una forma de gimnasia, mientras que la mejor manera de educar los sentidos era para él, como para E.G.J. (1919), el método objetivo, las llamadas «lecciones de cosas», por medio del cual el niño se entera, a través de la experimentación sensorial, pero fundamentalmente dirigido por la cuerda de las disquisiciones y las preguntas lógicas del maestro, de las cualidades y la naturaleza visual y táctil de los objetos, aprende a distinguir el ruido del sonido y las propiedades de éste, e incluso educa el olfato y el gusto, menos susceptibles de perfeccionamiento.

A esta modalidad de educación de los sentidos externos, que no discrepa en mucho de la planeada para *Emilio*, Castellanos adicionó la de los sentidos internos: conciencia sensible, imaginación, memoria y sentido estimativo. El primero, o sentido común, es la misma atención y su entrenamiento busca aplicar el entendimiento a un objeto material o inmaterial; la imaginación interviene cuando se percibe o produce lo bello y requiere para su ejercicio de experiencia y memoria. En este caso se trata de despertar sentimientos de base moral. La memoria y el sentido estimativo, a su turno, son componentes indispensables para retener y auxiliar el entendimiento, así como para apreciar y juzgar sobre las propiedades de las cosas.

La tercera variante del trabajo manual es la piedra angular de la moderna pedagogía de los sentidos. Tal vez con esta modalidad ilustrada de las manualidades se quiso superar el rechazo y desprecio seculares que la tradición hispánica legó hacia las ocupaciones físicas, rescatándolas, no sólo como «una disciplina de las manos y del espíritu, sino [como] un verdadero deleite para el escolar» (Nieto Caballero 1933). El trabajo manual, base del desarrollo intelectual, encuentra su fundamento en una argumentación que se remite a propiedades que no se atribuyeron al juego ni al deporte, con todo y que a éstos se les reconociera en su momento la cualidad de hacer funcional el carácter lúdico, el rasgo intrínseco de la personalidad infantil. El trabajo manual tiene, en esta perspectiva, el poder de desarrollar la creatividad, por lo que debe ser libre en su concepción. Así lo entendió Nieto Caballero, el más sobresaliente defensor de esta práctica pedagógica, para quien las manualidades no eran una «nueva materia escolar sino la expresión de todas ellas». En el trabajo manual se debían, por una parte, educar los sentidos, que venía a ser lo mismo que ejercitar sus más recónditas capacidades de percepción sensorial y aprehensión; por otra, estas actividades eran el vehículo de expresión de los conocimientos adquiridos. Aquí también está contenido un elemento de formación del carácter que surge de aprender «a vencer ordenadamente las resistencias que la materia presenta» (Nieto Caballero 1933:3), pero que apela en primera línea al proceso sensualista, el cual insufla al alumno una suerte de «lógica motriz» que revierte sobre el carácter, y no a la entereza concebida como logro inmediato de las faenas manuales.

> *La actividad manual entendida (...) desde un punto de vista esencialmente educativo, es uno de los grandes descubrimientos de la pedagogía de nuestros días. Esta actividad busca el dominio muscular, el control nervioso, la educación del ojo y de la mano, la formación de hábitos de reflexión, de orden, de pulcritud, de buen gusto, de economía, en toda la obra que proyecta. El trabajo manual, comprendido así, logrará por el solo medio del esfuerzo continuado la disciplina de la voluntad y el afinamiento del sentido crítico, y ejercerá asimismo un seguro control sobre la imaginación. Sólo quien ensaya realizar una determinada idea puede medir las dificultades que su ejecución implica. Lo que va de la teoría a la práctica; este es el camino que recorre el trabajo manual (Nieto Caballero 1933:4).*

El valor de estas labores yace en la conjunción de sentir, pensar y ejecutar, lo que sería la realización del verdadero conocimiento. La mano es lo que más interesa: el tacto y los datos que la mano le comunica al cerebro y que le permiten a éste elaborar ideas. Había quedado completamente atrás la oposición de Caro y Ospina Rodríguez al sensualismo y la prensa hizo eco de este avance. Nieto Caballero secundó la aplicación de los principios psicofisiológicos a la manera de Dewey, que serían a su vez la base para el desarrollo ulterior de terapias corporales fundadas en la correspondencia y el diálogo del cuerpo y la mente. El cuerpo se había convertido para entonces en memoria ontológica: «(...) se ha venido a comprender por qué cuando en el niño existe un tropiezo en su sistema muscular la inteligencia encuentra en su desarrollo este tropiezo y no puede evolucionar normalmente» (Nieto Caballero 1933:5). Con esta inferencia, la libertad comienza a conquistar el discurso de la pedagogía infantil: el niño debe tener libertad para tocar y manipular lo que sea de su interés, sin que ello tenga una intención en el programa de enseñanza distinta de la evolución y el enriquecimiento de la inteligencia. De esta manera, el pedagogo colombiano separa definitivamente la infancia de la edad adulta y circunscribe la primera a un ámbito de experimentación y escalas propias: «A un chiquillo que aún no tiene el llamado uso de razón, pero que necesita adiestrar sus manos, precisamente para mejor formar su discernimiento, no se le puede pedir siquiera que diga qué utilidad tiene el trabajo que ejecuta» (Nieto Caballero 1933:6). La infancia se transforma en la época de la construcción de conceptos a partir de la experiencia sensorial:

*El niño en este precioso instante de su vida [en el jardín infantil] es pura sensación y movimiento, y es movimiento porque la búsqueda de sensaciones rompe toda quietud. Después de la mera curiosidad sensorial vendrá el período de la construcción, y aun entonces, si pretendemos que la inteligencia infantil no se ahogue, habremos de respetar las iniciativas del niño, porque para él todo el medio ambiente es un laboratorio que brinda al desarrollo de su espíritu las más variadas ocasiones de experimentar y de crear (Nieto Caballero 1933:6).*

Nieto Caballero (1955) respaldó la metodología de la Escuela Nueva arguyendo que despertaba la curiosidad, estaba en contacto con el ambiente y creaba disciplina interna, libertad responsable y franqueza. De los métodos de Montessori y Decroly quiso recuperar la disciplina y el sentimiento de responsabilidad que le infunden al niño y la oportunidad que le brindan de estar en contacto con la naturaleza. En los llamados «centros de interés» quiso propiciar la observación, la asociación y la realización, todo en aras del saber: «En su aspecto docente, la clave del sistema está en que todo lo que cae en un momento adecuado bajo el dominio de nuestros sentidos nos interesa vivamente. Es un foco de atención que satisface en su hora nuestra sed de conocimientos, y siembra una emoción perdurable» (Nieto Caballero 1957:156).

Pero a Nieto Caballero también le interesó la Escuela Activa porque allí se adquirían hábitos y no sólo nociones, y porque constantemente le brindaba al estudiante oportunidades de trabajo que él había de adelantar conscientemente. El quehacer manual ejercita las manos infantiles y el intelecto, y le permite al niño «sentir el placer de la actividad consciente» (Nieto Caballero 1959:221).

Bernal Jiménez (1940) encabezó la lucha por implantar en la escuela rural una educación popular orientada, mediante la enseñanza técnica, al trabajo industrial (Lebot 1978). La educación sensorial que apadrinó tenía por finalidad sensibilizar los sentidos externos y, a través suyo, afinar el entendimiento y hacer posible una educación integral que influyera en el conocimiento, la conducta y la voluntad. Su propuesta dispuso las labores hogareñas para las niñas y los oficios y trabajos rurales para los niños. Este afán también lo había ventilado dos décadas antes la prensa, que apoyaba la introducción de los trabajos manuales en las escuelas urbanas, los agrícolas en las rurales y la higiene de los alimentos y la cocina para las niñas (C-201:129,1920). El anhelo de una formación completa lo había expresado también, como siempre, primero la prensa, que hizo suya esta versión de la pedagogía: «Para ser provechosa tiene que ser integral, es decir, ha de promover de una manera armónica el desenvolvimiento de las facultades físicas, intelectuales, éticas y estéticas del educando» (C-215:353,1920).

La otra corriente que preconizó la Escuela Nueva y los métodos activos en la educación popular fue la que inauguró el pedagogo alemán Julius Sieber en Tunja. Sieber también se hizo partícipe del esfuerzo por «educar al niño para el dominio de los sentimientos primitivos», y ello a fuerza de un endurecimiento del cuerpo que le enseñara a soportar hambre, frío y dolores: educar a la juventud para «sufrir sin queja» y no permitir manifestaciones exageradas o inmotivadas de los sentimientos primitivos. Al igual que Nieto Caballero, consideró que la psicología era el eje de la labor pedagógica y sus preceptos educativos se derivaban igualmente de la observación sensorial y la percepción (Ocampo López 1992), y de la idea de apercepción de Herbart. En su psicología, de cuño cognoscitivo, las sensaciones están en la base del aprendizaje, en razón de la propiedad que tienen los sentidos de responder a los estímulos externos y de ser el medio para conocer el mundo.

En general, el interés de la época era desvirtuar la tesis de que la adquisición de conocimientos era el objetivo primero y exclusivo de la enseñanza, para imponer la idea de que «el niño no va a la escuela a instruirse sino a desarrollar sus facultades corporales y espirituales» (C-121:377,1918). En 1918 se protestaba en contra de la educación clásica y académica, y se imputaba la incoherencia que imperaba en los métodos pedagógicos. La prensa auspiciaba la implantación de un programa educativo para los campesinos y la «masa del pueblo». Nieto Caballero interpretaba estas expresiones como la reacción de la escuela contemporánea contra la escisión entre teoría y práctica, entre maestros y pedagogos. Para él, la actualidad la personificaba el maestro capaz de insinuar, formar individualidades conscientes, crear con los alumnos en contacto con la realidad y preocuparse por hacer comprender, por interesar, por mantener viva la atención. Era aquel que educaba sin perder de vista la formación integral del individuo, su desarrollo físico, sus sentimientos, su carácter, su voluntad y su espíritu (C-50:1,1917). Pero, antes que nada, se quería reformular la función de la educación básica:

*La escuela primaria no tiene por objeto hacer que los discípulos aprendan las cosas por las cosas mismas, ni por lo que éstas hayan de servirles*

> *en lo material, sino por lo que ese aprendizaje realiza en el desarrollo de sus facultades corporales y espirituales; no se propone nutrirles el entendimiento con ciencias y artes, sino adaptarles ese mismo entendimiento y las demás potencias a la vida y sus accidentes, enderezarles el carácter, formar el molde y la norma de conducta... (C-122:398,1918).*

Esta idea asumió diferentes modalidades, pero el Gimnasio Moderno se convirtió en la institución modelo y así como fue promovida la cultura física, lo fueron el dibujo, los trabajos manuales y todas las actividades de la Escuela Nueva y la Escuela Activa, que tuvieron un espacio garantizado en la prensa nacional[1]. Se publicaban regularmente fotos de los alumnos en excursiones, en el campo, en clases prácticas al aire libre o en salones llenos de luz y alegría donde «aprenden como jugando» (C-179:296,1923). El dibujo, se decía, desarrollaría el sentido de la observación porque supera las deficiencias causadas por métodos pedagógicos con los que «hemos aprendido a ver sin conocer».

Lo que inicialmente circulaba entre los entendidos, estaba hacia finales de la segunda década del siglo en boca del público: «La verdadera comprensión de las cosas no es la que se resuelve en admiración ruidosa, sino la que se traduce en una exaltación de nuestras energías» (C-57:121,1917). Conseguir que el niño entendiera así la materia y la forma, se trocó en el camino para penetrar en su alma. Con este telón de fondo, el Gimnasio Moderno abrió la casa Montessoriana para niños de cuatro años. La primera reacción consistió en apoyar y explicar la labor del kindergarten: ejercitar las facultades perceptivas del niño, canalizando y dándole una utilidad pedagógica a su propensión tanto a la construcción como a la destrucción. En el jardín el pequeño también aprendería virtudes sociales: dominio de sí mismo, respeto a los demás y rudimentos de asociación y mutuo auxilio; los principios de Froebel, además, le garantizarían ventajas sobre los que asistían a la escuela «en estado primitivo y para quienes todo es exótico e incomprensible» (C-192:377,1919).

La promoción de los métodos modernos de enseñanza intercedía para incorporarlos a la reforma instruccionista con miras a desarrollar la inteligencia, el criterio y el gusto, lo mismo que los hábitos de reflexión y disciplina que practica el ciudadano útil y honrado. Los desgastados métodos mnemotécnicos no ofrecían siquiera la venta-

---

1 *A manera de comparación y para complementar esta información, el trabajo de Muñoz y Pachón (1991) presenta un rico corpus de datos sobre este y otros temas aquí mencionados.*

ja de impartir cultura, higiene o habilidades manuales. La prensa repetía la máxima de Froebel: sólo se comprende lo que se es capaz de ejecutar.

En esta misma época se detectaron grandes máculas en las tendencias estéticas nacionales, y se le imputaron a la ausencia de una «educación objetiva sensorial». Dichas fallas explican, se decía, que no se aprecien la línea, el color, las proporciones, la armonía y el ritmo de todo lo circundante, lo mismo que la «atrofia de las emociones objetivas» ocasionada por el «predominio en la instrucción de la lógica racional sobre la afectiva». La falta de clases de dibujo en la escuela y de obras de arte y museos en el país, impide remediar esa carencia. La incultura sensorial es de tal magnitud que ni siquiera los literatos están en condiciones de ver y describir la naturaleza (C-231:222,1920).

La panacea, como quedó dicho, no es otra que una reforma educativa que englobe atención, asociación, descubrimiento, juego y representación. Cuando Decroly visitó el país en 1925, hubo oportunidad de volver sobre estos ideales pedagógicos: «Romper la idea del sistema colectivo, en que se pretende medir a los niños por un mismo rígido patrón (...). La escuela nueva es la exaltación de la individualidad infantil» (C-457:364,1925).

Nieto Caballero continuó promocionando los ideales reformistas de «los más seguros métodos de orientación pedagógica» (C-533:1,1926) y de su instituto se afirmó que debía «adquirir todo el alto valor simbólico de una obra de regeneración nacional en relación con el arduo problema instruccionista de Colombia». Las reformas comenzaron finalmente a consignarse en leyes y decretos a partir de 1924, y se concretaron en la creación de normales e institutos que debían formar en los métodos modernos de enseñanza bajo la dirección inicial de la segunda misión alemana. Aunque buena parte de la reforma recayó en cuestiones de organización y presupuesto, el interés de la misión pedagógica era modificar los métodos: experimentación, dibujo, *learning by doing*, trabajos manuales y compaginación del esfuerzo físico y muscular con la asimilación de ideas en aras de la resistencia moral (Uribe 1926).

La intervención eclesiástica y la de diferentes tendencias atentas a las posibilidades y los alcances de la educación sensorial facilitaron la coexistencia de diversos modelos, a pesar de las intenciones unificadoras del Estado. Desde la visión elitista de Nieto Caballero hasta las propuestas de educación popular de Bernal Jiménez, pasando por las variaciones de la educación femenina y de los innumerables institutos privados, la noción de reforma pedagógica entrañaba en todos los casos una educación sensorial que actuara sobre el carácter, las habilidades para el desempeño laboral y el conocimiento.

En los años treinta el discurso sobre la educación popular brillaba bajo la luz de la higiene social y esta conjunción señaló el momento de impulsar una práctica estésica popular. De acuerdo con el espíritu de la «Revolución en Marcha» del presidente López Pumarejo, se sostenía que «antes que instruir las masas e ilustrar los gremios, deben fundarse las bases de una educación nacional, sobre las cuales sí podrá ser fructífera toda obra instruccionista y cultural» (C-917:36,1934). Dicha base era la higiene social, el cimiento de la «obra de reconstrucción social». La voluntad del gobierno era

> (...) llevar a las aldeas ciertos elementos de cultura que pueden hacer de la vida aldeana algo menos trágico y sombrío de lo hoy la alimenta. El pueblo campesino y aldeano abandonado, empobrecido, triste, no sólo tiene derecho, sino que, en mi opinión, debe reclamarlo con energía, a participar un poco de la civilización que ha beneficiado ya a otras partes del país, como un privilegio de las clases urbanas acomodadas (López P. 1934:8).

Este gobierno, muy preocupado por el problema educativo, renovó con López de Mesa como Ministro de Educación los esfuerzos por la escuela rural mediante el programa de la Cultura Aldeana, cuyo cometido era propiciar una nueva forma de sensibilidad. Así lo expresó Bernal Jiménez, quien calificó el Estatuto de la Aldea Colombiana de «una nueva manera de vivir y de sentir la vida de la aldea, más acorde con los principios de la higiene y de la estética» (1934:204). Esta experiencia perseguía en primer término la adquisición de hábitos higiénicos, así como la incorporación de medios audiovisuales y el mejoramiento de la calidad arquitectónica de viviendas y poblados, para «facilitar al campesino colombiano la mayor suma posible, dentro de las condiciones actuales de la República, de bienestar material y de dignidad espiritual para que ame la vida que le cupo en suerte, y la sirva con efectiva estimación y gratitud» (López de Mesa 1934:3). La vida aldeana, «más tranquila, más barata, más íntima», debía volverse también «más animada, más abierta, más confortable, más digna de vivirla» (Olano 1934).

En 1935, las pretensiones estésicas de la educación popular quedaron consignadas en la legislación para la educación básica, que aspiraba crear una actitud apropiada en el estudiante y un ánimo bien dispuesto. Se hizo hincapié nuevamente en el trabajo manual que, adecuado a los intereses y capacidades infantiles, «amplía las manifestaciones de su pensamiento» (República de Colombia 1935). Las actividades no debían simplemente satisfacer la necesidad infantil de movimiento y juego, sino «aprovecharse para perseguir otras ventajas, que son otros tantos factores educativos. (...) [El] movimiento (...) debe traer como consecuencia la formación espiritual y emotiva del individuo» (República de Colombia 1935:48). Todas las actividades habían de contribuir a la observación y la educación moral, a lo que se añadió la formación de la voluntad como propósito clave de la educación popular. Para el programa el bienestar personal era una exigencia y una meta de la educación, toda vez que afirmaba que el organismo sano y equilibrado era el único del que «se puede esperar, y es justo exigirlo, la comprensión clara de las cosas, al propio tiempo que el goce estético de la vida» (1935:51).

Las actividades que el Ministerio de Educación tenía en mente eran las de los «centros de interés» que Nieto Caballero venía promoviendo y que en este caso consistían en realizar proyectos de trabajo y lograr tres objetivos: fijar los sentidos sobre la naturaleza (observación), estimular la asociación de ideas con base en la observación y conducir esta actividad mental a la expresión o realización. En este programa han desaparecido las actividades de estimulación sensorial y priman las actividades visuales y la ejecución de obras manuales. La observación desemboca en el conocimiento del ambiente físico; las obras manuales son medios de expresión y cultivo de las capacidades artísticas. Aun cuando el texto establece que «la delicadeza de los sentidos corporales (...) redunda en una mayor y más fina percepción de los estímulos que provocan la naturaleza y el arte» (1935:66), no se especifica cuáles son las actividades que deben llevarse a cabo, ni se explica cómo ocurre esta evolución. Los beneficios que reporta al niño serían el vigor físico y la alegría espiritual; el placer que brinda no se califica de físico, sino que, antes bien, el acento se pone continuamente en la calidad moral y espiritual que debe rodearlo. Este programa está diseñado para educar jóvenes que ingresan en la vida laboral hacia los catorce años, formando en ellos «hábitos de vida moral, social y religiosa, perfectamente acordados con la moral cristiana y con las buenas costumbres, y equipando su inteligencia con los instrumentos de trabajo más necesarios para la mejor adaptación social» (República de Colombia 1935:103).

Como aconteció con el discurso sobre la educación física (Pedraza 1995), la aprobación de estas reformas imprimió un viraje a las informaciones periodísticas y abrió paso a otras tendencias de la educación sensorial. Ya habían aparecido algunos componentes, tal vez los más relevantes, los que desencadenarían los grandes cambios por venir en los discursos e ideales relativos a la injerencia de las percepciones en la educación: individualidad, libertad y placer.

En 1928 se comentó en *Cromos* una nueva orientación en un tema dominado a la sazón por el discurso médico: la educación infantil en el hogar y la necesidad de cambiar pronto en los hogares hispanoamericanos los métodos educativos plagados de prejuicios, hipocresías y mentiras, que ahogan desde la cuna «el probable genio de la raza; que matan la personalidad, disminuyen la belleza de la vida, escatiman la dicha y son origen de innúmeros males». Por primera vez se consideró una alternativa al modelo de socialización estoica que abanderaban los pediatras. En los «pecados» cometidos por padres y maestros se halló una «falta de respeto por el alma-crisálida» del infante y se impugnó el vanidoso afán de modelar al hijo a imagen y semejanza de los padres. La atención que el niño merece aconseja ante todo que se actúe con responsabilidad y restricción creadora, a fin de evitar tres errores crasos en su educación: falta de libertad, de verdad y de respeto a su individualidad. «¡Hacer feliz al niño! «El objeto de la educación, en todas sus fases, debiera ser el de darle un máximum de felicidad». En esta enorme dádiva entran la libertad, el respeto, los cuidados grandes y pequeños, lo necesarios para subsistir, y -no lo olvidéis- lo superfluo también, porque es la carencia de esto que nos hace más desgraciados. Al hijo se le debe todo» (C-595:16,1928).

Miguel Jiménez López publicó el mismo año *La Escuela y la Vida*. Aparte de los métodos pedagógicos y de la disciplina educativa del trabajo manual, «que tan necesaria es particularmente para nuestras clases indigentes», *Cromos* resaltó en su comentario de este libro el carácter imprescindible de la psicología en la enseñanza superior -la de las élites- para conocer las facultades individuales para la profesión (C-621:1,1928). El autor estaba en verdad más interesado en la educación popular y activa, en la nueva escuela en que el trabajo es principio y medio de enseñanza y las actividades manuales son el método didáctico por excelencia, y estimaba que también aquí la psicología infantil y las capacidades individuales debían situarse en primer plano. Se imponían, pues, nuevos enfoque spsicológicos respecto al uso de las impresiones sensoriales, entroncados con las nociones biológicas del sistema nervioso y en general con una concepción biológica de la mente. La traducción de las *Charlas pedagógicas* de William James en la revista *Cultura* se presentó como un aporte en el sentido de darle prelación al sistema nervioso y automatizarlo con un entrenamiento adecuado que garantizara, primero, reacciones favorables, segundo, hiciera de éstas hábitos útiles y, finalmente, formara una conducta estable.

En 1935, tras culminarse la fase popular del proyecto modernizador de la Revolución en Marcha, se redobló la inquietud psicológica. Si una década antes había quedado legitimado el discurso pedagógico para las élites, ahora un discurso psicologista planteaba una antropología en la que el cuerpo cumpliera un papel algo diferente. Antonio José Sánchez señaló la «necesidad de la educación mental» (C-1008:11,1936) para regular la conducta individual y social; un campo más prolífico que el de la educación física por las posibilidades de evolución moral que encerraba. La «bestia que llevamos dentro» sólo podría dominarse fortaleciendo la mente con técnicas que despertaran energías morales y robustecieran la voluntad. Esta propuesta respondía a la crítica, adelantada también en otros terrenos, de la visión materialista del hombre, para la cual la muerte física era el fin de la persona carente de un «alma espiritual» y engendrada por una educación egoísta (C-1011:11,1936). Urgía incorporar una concepción espiritual que integrara a la educación «la expresión universal del amor». El proyecto educativo para forjar el «tipo humano ideal» (C-1015:11,1936) partía de la recomendación de que tanto los educadores como los padres conocieran los métodos pedagógicos que consideraban al ser humano desde el punto de vista biológico y psicológico. El cuerpo reaparece aquí desde las intimidades del sistema endocrino al que está supeditado el equilibrio del ser humano: las leyes fisiológicas no pueden incumplirse ni menospreciarse, se advierte, y se pronostica que merced a esta perspectiva psicofisiológica los educadores conocerán y mejorarán el «estado vital» de los educandos.

La participación de la psicología en calidad de auxiliar de la pedagogía conquistó nuevas dimensiones: descubrir la vida fenoménica de las almas, en cuya unicidad reside el quid pedagógico. Esta visión resulta atractiva para los discursos estésicos en virtud de su comprensión de las impresiones y del papel que por este motivo le cabe al psicoanálisis. Para Antonio José Sánchez son excepcionales los niños que pueden controlar su mente en el mundo contemporáneo, porque la proliferación y el desorden de impresiones que ella no puede asimilar y los complejos causados por este exceso han desbordado las capacidades humanas. Es, por tanto, el psicoanálisis el saber competente para estudiar tales fenómenos mentales y facilitar el perfeccionamiento moral. El educador, dotado de habilidades de este orden, debe estar preparado para vencer los complejos mentales infantiles (C-1016:3,1936).

La educación, atenta a la higiene mental, contempla una profilaxis nerviosa que contrarreste los perjuicios ocasionados por el género de vida y la mala educación, factores ambos que contribuyen a un estado generalizado de hiperestesia cuyo origen se halla en programas de enseñanza aptos para jóvenes de nervios fuertes, «de razas superiores», no para jóvenes de «hipersensualidad prematura, acribillados por impresiones de todo orden, fustigados por el abuso del café y del alcohol y envenenados por la nicotina del cigarrillo». Los niños de las escuelas de Bogotá, sumidos en neurosis o próximos a ellas, no «deberían ser educados como tipos humanos de absoluta normalidad», sino sometidos a una reconstrucción del sistema nervioso y a «procedimientos de reeducación cerebral» orquestados por ese psicólogo que encierra todo educador modelo (C-1018:3,1936).

El otro gran frente de acción pedagógica está a cargo de las madres, cuya propia educación provoca las desgracias de los hijos y sus desviaciones mentales (C-1028:3,1936), como que de ellas provienen las primeras y más importantes impresiones que el niño recibe. Esta apreciación de los efectos estésicos coincide con la pedagogía doméstica al estilo de Restrepo Mejía y los higienistas que lo sucedieron; es decir, aboga por una educación moderada en sus expresiones de cariño y placer para con el niño, quien debe recorrer una infancia de austeridad sensorial para evitar que caiga en deformaciones neuróticas. Sus métodos son más bien negativos; en contraste con los planteamientos de la Escuela Nueva, no pondera el contacto con estímulos sensoriales ni pretende enriquecer las experiencias de los niños; prefiere, por el contrario, sustraerlos a todo lo que pueda asociarse con placer y estimular equivocadamente el «apetito sensible».

El *Curso de educación* que publicó Cromos al iniciarse los años cuarenta en su sección *El rincón de las madres*, se centró en el proceso psicológico que forma la moral y la conciencia. Con un gran hincapié en la evolución de la conducta, discutió los castigos y, en general, los medios para conseguir la obediencia, al tiempo que recalcó la importancia de asegurar la libertad infantil y no infligirle al niño humillaciones bajo el supuesto de que los padres disfrutan del derecho ilimitado de corregirlo. Para los padres es imperativo esforzarse por que la infancia sea una edad de alegría, placer y felicidad, valiéndose a tal efecto de juguetes apropiados, actividades creativas y contacto con la naturaleza.

Si bien es verdad que los discursos estésicos de los años cuarenta y cincuenta no dieron lugar a renovaciones substanciales, ello no fue óbice para que en el letargo conductista también se decantaran algunas de sus nociones. El ánimo desarrollista de la época trajo a la misión Currie al país y su director elaboró un plan económico para elevar el nivel de vida, con la tesis de que debían garantizarse «el consumo adecuado de comida para el goce de una salud suficientemente buena como para permitir una sensación de bienestar físico, la posesión de vivienda y ropa adecuadas, y la oportunidad para algún esparcimiento» (citado en Molano 1982:135). La misma época, estéril en novedades pedagógicas, tuvo la ocurrencia de la educación vocacional para crear hábitos católicos de laboriosidad y patriotismo.

De los años sesenta en adelante, una ola de interés por la influencia del cuerpo en el espíritu refrescó el discurso estésico. Para empezar, se confirmó la influencia de los «fluidos corporales» en las funciones mentales y espirituales. El sistema endocrino permaneció en la mira, pero lo esencial no eran ya sus relaciones con los nervios, sino el papel que correspondía a las glándulas sexuales en lo relativo a la potencia y calidad del espíritu. No sólo las sobredosis de estimulantes ambientales, también los excesos sexuales obstaculizaban la actividad intelectual. El máximo grado de poder intelectual únicamente sería asequible después del completo desarrollo de las glándulas sexuales, pero requeriría a la par la represión temporal del apetito erótico. Además de subrayar todo el alivio que podían procurar el ejercicio, los hábitos de vida y la nutrición atenta al rendimiento intelectual, la crítica se enderezó al «industrialismo» que entorpecía las actividades mentales que le brindaban algún placer al ser humano (C-2435:19,1964). Como es sabido, las tentativas por contener el peso de la sexualidad en la sensación de bienestar no prosperaron; por el contrario, ésta asumió un lugar descollante en la sensibilidad, aunque ha sido bastante tímido su avance en el terreno de la generación de métodos pedagógicos.

A partir de los años sesenta se retomó la defensa de una pedagogía que antepusiera el desarrollo de la inteligencia a la memorización y que formara en la mente del niño una base sólida por medio de la educación científica, humanista y artística, recurriendo a métodos menos rutinarios, a más comprensión y firmeza, a tolerancia y respeto, y alentando la capacidad de trabajo y el sentido de la responsabilidad, sin caer en el exceso de disciplina (C-2291:25,1961). En 1976 se instauró la educación preescolar para fomentar el desarrollo físico, afectivo y espiritual del niño, su integración social, su percepción sensible y la preparación para las labores escolares (C-3211:82,1979). La educación escuchaba el rumor de la integridad que invadía al discurso salubrista. El sistema educativo en su conjunto se concibe a partir de 1978 para «contribuir al desarrollo equilibrado del individuo y de la sociedad sobre la base del respeto a la vida y por los derechos humanos». A ello coadyuvan «las actitudes y hábitos que favorezcan la conservación de la salud física y mental de la persona y el uso racional del tiempo» y la impulsen a superarse a lo largo de la vida a través de la educación. Los beneficios sociales se traducen en una participación que fortalece «la identidad y el progreso de la sociedad», en el «aprecio por el trabajo», en el uso «racional de los recursos naturales y de los bienes y servicios de la comunidad» y en el desarrollo de la capacidad crítica y analítica (Ramírez 1978).

Las actividades que forman los sentidos se canalizaron principalmente a la preparación de los niños para la educación básica. La idea de transformar el colegio en una «isla de la fantasía» (C-3418:110,1983) se sustentó con la tesis de que así se perfeccionaba el «proceso de aprestamiento». Aun cuando se advirtió que debían respetarse las inclinaciones y aptitudes personales, se dispuso que el niño fuera entrenado para su desenvolvimiento en las áreas clásicas. Dentro de la campaña de Instrucción Nacional Camina, puesta en marcha en 1985, la estimulación temprana es decisiva para el desarrollo integral y se trabaja para que el niño dirija sus potencialidades hacia el despliegue de la creatividad (C-3537:40,1985).

La consigna de la educación contemporánea es la creatividad y la inteligencia. Las metodologías activas siguen empleándose a fondo para estimular el trabajo personal y la investigación, pero se han añadido la «reflexión crítica» y la «expresión creativa», cuyo vehículo es un uso más intensivo del cuerpo y de sus posibilidades de expresión artística: musical, gráfica, oral, visual y corporal. La estrategia consiste en «favorecer el desarrollo integral del joven, abarcando todos los aspectos de su vida» (Colegio La Salle 1990:454). El gran aporte en este sentido sigue considerándose, al lado de aspectos sociales y vocacionales, lo que hace relación a las «necesidades vitales» del cuerpo: promoción del deporte, educación física para las alumnas y «plan de destrezas» (trabajos manuales, mecánicos, artísticos y sociales). Especialmente la educación integral preescolar debe sentar «las bases, tanto para la salud física como para la salud mental». Entre los cero y los seis años los niños «adquieren las experiencias y habilidades necesarias para adaptarse a las exigencias de la vida, para aprender y progresar» (Bossio 1980:48). El acento se pone aquí en la estabilidad emocional y las relaciones afectivas conseguidas a lo largo del desarrollo integral infantil. Las actividades efectuadas conservan la salud física y mental; permiten la experiencia de libertad y dan oportunidades para desarrollar una escala de valores éticos y morales que den seguridad en sí mismo; ayudan a aplicar el conocimiento que el pequeño obtiene sobre su propio ser, su esquema corporal y el mundo circundante; facilitan el goce estético; estimulan las creaciones artísticas; enseñan a apreciar la belleza, utilidad y sabiduría de la naturaleza; y proporcionan la dicha de ratos de expansión y recreación que «pueblen de gratos recuerdos las memorias de su infancia y le ayuden a desarrollarse como una persona normal, capaz de proyectarse en el futuro e irradiar su felicidad a los demás» (Bossio 1980:52).

El principal mecanismo de este ambicioso proyecto de perfeccionamiento humano consiste en atender al niño «como un todo integrado». Con el juego «debe ser sensibilizado hacia todas sus relaciones con la naturaleza, con los seres humanos y con los objetos inanimados, de tal forma que ellas enriquezcan permanentemente su universo a través de la observación, la manipulación directa, el ejercicio en el cuidado de esos seres y elementos y la expresión de su vivencia particular de ellos» (Arboleda 1980:82). El proceso de formación sobresale por el enriquecimiento de la capacidad creadora y la multiplicación de la expresividad en todas sus posibilidades. En un individuo integral se equilibran las áreas cognoscitiva, socioafectiva y psicomotora, y esa armonía da lugar a «que el individuo pueda tomar una decisión propia sobre su futuro» (Villamizar 1980). Contando con sólidos desarrollos motrices y sensoriales, la coordinación justa entre ambos y la adquisición de destrezas y habilidades, queda avalado el perfeccionamiento psicomotor. Por su parte, la evolución afectiva y social comprende actitudes y hábitos de reflexión, convivencia y responsabilidad, fuera de creatividad, habilidad físico-deportiva y desarrollo del sentido estético, sin detrimento de los conocimientos comunicativos, expresivos, cuantitativos, socio-culturales y de los que guían la orientación laboral y el ambiente natural.

El programa de los Hermanos Cristianos supone una transformación de la realidad por un alumno que es «sujeto de su propio proceso de formación» y en la que la ciencia y la investigación permanentes no contravengan la fe. La tradición oficial, por su parte, apunta al fortalecimiento democrático con principios como participación, equidad, eficiencia, organización, tolerancia y responsabilidad. La Escuela Nueva se ha circunscrito a la educación rural, mientras que en los centros urbanos la recreación y el deporte son la estrategia para conseguir la educación integral y el uso creativo del tiempo libre:

> *(...) el deporte es el mejor y más eficaz embajador de la paz; propicia la identidad y la integración nacional; promociona la necesidad del esfuerzo y de la superación personal ante la vida, con una benéfica influencia que se transfiere a otras conductas y actividades sociales; y admite y ejemplariza las acciones solidarias o de conjunto, todo lo cual se convierte en valiosa herramienta para el mejoramiento y el progreso de los pueblos. Por otro lado, la práctica deportiva es un hábito que generalmente se prolonga durante toda la vida del practicante y constituye no solamente una adecuada utilización del tiempo libre sino un sistema de mantenimiento de la salud física y mental, de defensa contra la drogadicción y la delincuencia (Becerra 1990).*

La antropología pedagógica contemporánea recusa «la trampa de la razón» que ha atrapado al niño en la «tiranía de la inteligencia» (Restrepo 1989). El anhelo actual es educar para la libertad, la creatividad y la comunicación; la vía para lograrlo consiste en responder al niño que pide «que lo acojamos corporalmente, (...) nos exige una seguridad en presente, sin racionalizaciones ni explicaciones sustitutas, sin excesos verbales ni discursos pedagógicos, lo cual sólo es posible si estamos dispuestos a reconocer la apertura gestual y el diálogo tónico como lenguaje universal de la infancia» (Restrepo 1989:151). Este designio comporta una opción para el cuerpo lúdico, para el derecho a la diferencia, el placer y la verdad.

> *Llenando el nicho afectivo de tacto y de cuerpo e impidiendo que el lenguaje abandone su forma juguetona y se torne rígido, directivo y causalístico, contará el niño, cuando lo necesite, con un aval de seguridad, pudiendo a la vez desorganizar en su conciencia incipiente las formas simbólicas que se le entregan sin que ello implique el abandono o la segregación. Entrenado sin chantajes en la dinámica metafórica de la conciencia, podrá un día acceder a la elección y a la construcción de una nueva verdad (Restrepo 1989:178).*

La oportunidad que tenga el futuro adulto de ejercer su libertad con responsabilidad depende de una disposición corporal surgida a su vez del afecto que circundó la infancia en forma de vivencias sensoriales.

La enorme importancia que ha cobrado la educación de los sentidos a lo largo del siglo no se debe exclusivamente al sensualismo; el psicoanálisis, la neurofisiología y la psicología cognitiva fueron definitivos para incorporar esta forma de cuidado estésico a la educación infantil y por ende a la concepción contemporánea de bienestar. No hay método pedagógico ni discurso sobre puericultura o educación infantil que no sea pródigo en observaciones sobre las ventajas de la estimulación temprana y del contacto corporal para el desarrollo tanto intelectual como afectivo.

Lo que se ha reacomodado con el paso de las décadas no son tanto los métodos cuanto su significado y alcance antropológicos. La introducción del sensualismo, con la recepción directa de Locke, Condillac y Destutt de Tracy, al igual que a través de Monlau y el sociólogo español Balmes (Mora 1897, Valderrama 1986), comenzó a traslucirse en los pedagogos e higienistas del Centenario. Una primera consecuencia fue la definición de una infancia que merecía atenciones particulares en vista, precisamente, de la trascendencia de su evolución sensorial. La convicción de que prestar el debido cuidado a las impresiones estésicas revertiría en beneficios intelectuales y morales prevalece en estos discursos. No se sugirieron inicialmente actividades específicas diferentes de las manuales, sino más bien el control de los estímulos sensoriales a que se exponía el niño. Las ventajas eran de dos órdenes: en lo que atañe a la formación moral, se aseguraba así un carácter íntegro y, en último análisis, la virtud; en lo referente a las facultades mentales, el interés primario fue fomentar la razón y la conciencia junto con la adquisición de determinadas nociones. Estos dos aspectos, por lo demás, se influían mutuamente y se resolvían por fin en el fortalecimiento moral. El bienestar físico que procuran no sobrepasa el plano higiénico y el placer que prodigan no es otro que el espiritual. El esfuerzo por incidir en la sensitividad tuvo intenciones puramente racionales y dio prioridad a los sentidos del conocimiento: la vista y el oído. En realidad, lo que hizo fue habilitar la vista y el oído como los sentidos capaces de percepciones objetivas y asociar a ellos la razón. Las percepciones de los sentidos más cercanos se descuidaron: mientras que el olfato se cultivó como un sentido crítico para la higiene y el refinamiento de los principios de distinción que ella propugnaba, perdió muy pronto su capacidad cognitiva, sin que por ello se menguara en nada su fuerza semántica. Los sentidos del tacto y el gusto permanecieron algo marginados; de su sensitividad se ocuparían los discursos de la belleza corporal, la sensualidad y el hedonismo.

La Escuela Activa, símbolo de la pedagogía católica, se remonta fundamentalmente a La Salle y tiene orientación popular. Sus cometidos no relievan la educación de los sentidos sino el desarrollo de destrezas y, muy especialmente, la depuración de las habilidades de la mano. La Escuela Nueva, por otra parte, busca sobre todo la educación de los sentidos con base en el conocimiento y la evolución psicológica infantil. Al primer tipo de actividades se lo juzga muy apropiado para inculcar hábitos de trabajo y disciplina y, por extensión, para garantizar la enteraza moral y el progreso industrial. Se piensa, además, que las manualidades propician el sentido lógico y el buen gusto. La alegría y el placer nacen de la satisfacción de saberse útil. La versión laica de la educación popular sí consideró que el trabajo manual formaba los sentidos y era esencial «para el desarrollo y perfeccionamiento físico, intelectual y moral de los alumnos», con todos los beneficios subsecuentes (Uribe 1919:56).

El ascendiente de los sentidos en la Escuela Nueva fue mucho mayor y se puede afirmar que en su formación se vio el eje de la Ilustración. Dentro de la ética laica en que se aclimataron sus métodos, sobresalía la experiencia, o sea: el momento de aprehensión sensorial y su vinculación con un acto de racionalización que derivaba a la larga en la obtención de conocimiento. El efecto de este fenómeno era el cultivo de la inteligencia, pero también la creación de hábitos de trabajo cuyo fruto era una personalidad definida por la voluntad, el control y el dominio físicos y emotivos, la disciplina y el ejercicio de la libertad responsable. A esta evolución se asoció el placer, es decir, el gusto que proporciona el trabajo creativo efectuado en tales condiciones y que conduce al desarrollo de la propia individualidad, que es el objetivo último.

A la pedagogía de la Ilustración la sucedió un apaciguamiento de los discursos estésicos. Empujados por el ímpetu con que se acogió la higiene mental desde mediados de los treinta, dos componentes estésicos se erigieron en valores inamovibles. Por un lado, los años cuarenta y cincuenta testimonian la desaparición del dolor físico, el temple y las prácticas estoicas, no sólo en la educación sino en general como valores antropológicos. Su aporte pedagógico pasó a ser negativo. A la vez, la alegría y la felicidad, y su expresión física en forma de cariño y contacto corporal, devinieron en elementos básicos del desarrollo individual y el bienestar social. La higiene mental que caracterizó esta época se fundó en la educación vocacional concretada en adiestramiento. Ya por entonces estaban fuera de discusión los beneficios de la educación sensorial y su pedagogía se esforzaba por moldear la conducta en medio de una profilaxis nerviosa que aspiraba a automatizar el sistema nervioso sin infligir dolor físico.

Las últimas décadas han acrecentado el valor de la personalidad en detrimento del de la conducta, la cual no es en sí misma un objetivo pedagógico central sino un canal de comunicación. Los métodos pedagógicos que forman la capacidad crítica, la mentalidad reflexiva y la creatividad deben garantizar el comportamiento democrático y para tal fin confían en que la exploración sensorial no comience ni termine con propósitos racionales, sino que la vida sea de por sí un ámbito que potencie todas las habilidades estésicas y establezca alrededor de ellas una comunión emocional, intelectual y espiritual. Las categorías antropológicas subyacentes son el goce y el disfrute, ambas con un contenido marcadamente físico, incontrovertiblemente corporal, que hace del bienestar una noción estésica.

## B. El rapto estésico

> *¡Qué encanto de mujer! Seduce al hablar hasta hacer prender en quien la oye el mismo fuego interior que ella siente en su entusiasmo.*
>
> *(C-563:6,1927)*

La enorme dedicación que exige la belleza física no encuentra su total justificación en los ojos que la admiran, aunque es innegable que sin ellos la sutileza y los detalles que la pueblan tendrían escaso poder. Engalanarse, y téngase en cuenta que la empresa puede ser harto dispendiosa, es algo que interesa también en tanto experiencia, por las sinestesias que la belleza ocasiona en el observador y especialmente en quien se da a la tarea de hacerlo. Durante el proceso de creación de la imagen que conmoverá, los sentidos se estimulan, comunican y educan; embellecerse es transmutar los hábitos caligénicos en experiencias estésicas.

La crítica ha sido incisiva y prolija en develar la farsa de la belleza femenina y en delatar la sujeción y servilismo a que somete (Brownmiller 1984; Freedman 1986; Dowling 1989) o la reducción del cuerpo a signo y fetiche (Baudrillard 1970, 1995). Asimismo se han desenmascarado los alcances del poder de la estética corporal (Guggenberger 1995; Maisonneuve/Bruchon-Schweitzer 1981; Pfannenschwarz 1992) y lo proclive que es el mundo actual a sumergirse en sus espejismos. Nada indica, empero, que se haya hecho una mínima pausa en la labor de acentuar la belleza del cuerpo en todos sus rincones y con todos los medios y métodos disponibles. No resta más que aceptar que se trata de otro anhelo que nos traspasa, otra hiperestesia, un deseo insaciable de entregarse a la ebriedad sensorial que la belleza corporal puede suscitar. A la vez, si admitimos que el ánimo estetizante es un ingrediente inobjetable de la modernidad (Jiménez 1995), donde la experiencia estética se prolonga a la vida cotidiana en forma de estilización, sólo queda agregar que el embellecimiento físico, en especial por lo que hace a la experiencia estésica que lo gesta, atestigua una forma de percepción de la vida cotidiana de la mayor extensión y popularidad, casi democrática cabría decir, si no fuera porque sus mecanismos de distinción son tan despiadados como es inmenso el arsenal de recursos de que dispone para su expansión.

Es indudable, y así lo ha denunciado con ahínco la crítica feminista, que el cuerpo de las mujeres ha sido el objeto preferido de este discurso, que lo ha poseído para trocarlo en la principal fuente de conmociones estésicas. La gran dedicación invertida para precisar las características del cuerpo femenino y asignarles a las mujeres sobre esa base una sensibilidad romántica y cualidades de debilidad pero virtudes de resignación, ha compuesto un cuadro en el que la modernidad se reviste de paradoja. Cuando no se las juzgó carentes de habilidades para las ocupaciones intelectuales y públicas, se pronosticó que un terrible desajuste social procedería al descuido de los deberes femeninos. Pero de considerar que la esencia femenina se encontraba en intangibles como el alma y el cultivo de sus virtudes, se pasó a desplazar el eterno femenino hacia el cuerpo y su cuidado. El discurso caligénico floreció e incluso contagió al cuerpo masculino.

La instauración de la modernidad, con su voluntad de que los seres humanos asuman en calidad de sujetos y objetos el control del mundo, tal la declaración de Berman, fue un esfuerzo maniobrado por la razón masculina. La medida en que la perspectiva antropológica que imaginó la modernidad pignoró las voluntades femeninas nos la recuerdan Bermúdez (1992, 1993), Honegger (1991) y Frevert (1995). El desarrollo de subjetividad, autonomía e individuación fueron desenvolvimientos que quisieron reservarse para los hombres; las mujeres quedaron atrapadas en la inferioridad y fragilidad que la visión psicofisiológica diagnosticó en sus cuerpos. De su temperamento enervado y lábil no podría esperarse actitud distinta a la subordinación, ni ocupaciones diferentes de las impuestas por el matrimonio, el hogar y la maternidad.

Las imágenes de hombres y mujeres y, por tanto, la asignación de sus papeles, deberes, derechos, emociones y principios éticos, se basan en la noción de complementariedad y armonía. De ahí que las características de unos y otras se puedan listar en forma de oposiciones que se equilibran, tales como: fuerte - débil, activo - pasivo, impositivo - sumiso, etc. La norma que subyace es la intolerancia de otras modalidades de organización. La economía de esta imaginación busca abarcar todo el espacio simbólico mediante una repartición equitativa de principios genéricos opuestos pero complementarios. Otras formas -yuxtaposición, contradicción, disyunción- resultan antipáticas a la demanda moderna de totalidad. De esto se deriva que el complejo escenario de la belleza femenina descubra a un tiempo el de la estética masculina, el contrario que lo complementa.

El placer del cuidado corporal no se agota en el consumo mercantil; debe recordarse que precisa del hábito de las prácticas caligénicas. En la experiencia estésica de estas prácticas se esconde la dimensión más profunda del sistema de distinciones que convierte al cuerpo en el objeto de prestigio que delata Baudrillard. A pesar de los intentos por desenmascarar la belleza, por esclarecer la poca relación que guarda con los placeres carnales, ella impera sobre la imaginación con una fuerza inapelable. El aura que circunda al cuerpo tras su inmersión en el placer caligénico, sólo puede aprehenderla a cabalidad quien comparte experiencias estésicas similares, y da así cabida a una jerarquización social situada más allá del consumo de moda, cosméticos, etc. Las publicaciones sobre belleza explican algunos indicios que facilitan distinguir los rasgos fundamentales de estos estilos de vida.

## 1. Los substratos de la belleza

> *Es la belleza femenina un tema abundante. No consiste solamente en perfecciones físicas, sino en atractivos menos definidos, a veces más poderosos que la aristocracia de un perfil o la flexibilidad de un talle.*
>
> *(C-18:86,1916)*

¿De dónde proviene la belleza? ¿Se la puede conseguir, crear, aumentar, amasar? ¿Es una cualidad, acaso una virtud innata? ¿Qué rebela la belleza? ¿En qué consiste? Sólo en contadas excepciones una mujer pobre en atributos físicos ha sido considerada si no bella, cuando menos femenina; en general, se apela a otros calificativos para las mujeres notables, a veces se hace expresa referencia a la belleza de su alma. Pero si esto es así, también es cierto que al iniciarse el discurso caligénico, en los albores del siglo, reinaba un amplio consenso sobre el hecho de que la belleza suponía un ingrediente adicional a las meras cualidades físicas. La verdadera belleza no residía en la imagen pura, en la expresión material de la belleza, sino en la impresión que provocaba, en su potencia estésica. La belleza real debe impresionar, no se pasa a su lado incólume. Sobre los efectos estésicos particulares y sus propiedades han divagado los discursos sobre la belleza a lo largo del siglo. A los intangibles de la morbidez se han asociado con mucho acierto sutiles y eficaces sistemas de distinción social que transfiguran la aparente democracia y casualidad de la belleza congénita.

*El alma*

A principios del siglo la belleza provenía del interior, del alma, así lo cantaron el romanticismo y el modernismo. El arreglo y los cuidados no debían sobrepasar los que admitían la urbanidad y la higiene, y la belleza física era un atributo que se sabía pasajero y ajeno a la belleza espiritual. En realidad, la belleza física no era un tema en sí mismo. Esto contrasta con el planteamiento del discurso caligénico, el cual nació negando la existencia de mujeres feas por estimar que la belleza era un criterio convencional y relativo que permitía a cualquier mujer ser o hacerse bella, idealizándose: su propio ser contenía la capacidad de generar belleza «como un motor». La clave para que esa belleza brotara del interior eran los sentidos; ellos, «los carceleros del alma», capaces de transmitirle los mensajes del exterior y facilitar la creación estética, podían sin embargo mutilar dichos mensajes para su propia satisfacción. Esa belleza que todavía quería ser espiritual, simular una obra de la naturaleza, debía completarse con el cuidado. Añadir un adorno discreto la realzaba, sin que éste se confundiera con la esencia: la belleza era estéril si se la cultivaba en la superficie.

Las expresiones visibles de la belleza obedecen a complejas elaboraciones discursivas que vinculan las impresiones por ella producidas con la constitución espiritual. «Un cuerpo lindo, un rostro de estatua, son apenas dos accidentes de belleza. La esencia de ella es algo más grande y no efímero» (C-710:10,1930). La belleza que brota del alma era una cualidad inmaterial, lo cual no quiere decir que no hubiera preferencias respecto de las proporciones, las tonalidades, las texturas, los olores y las consistencias, sino que sólo adquirían su verdadero carácter de portadoras de la belleza si componían determinados arreglos. La belleza de origen espiritual no era una suma de perfecciones sino un efecto conseguido por la feliz conjunción de matices diversos. Aquí, el alma femenina es una fuente caligénica que irriga la superficie del cuerpo: "(...) para conservar la belleza hace falta ante todo la paz del alma, la serenidad del corazón, una vida exenta de cuidados, que producen el insomnio, arrugan la frente, contraen la boca y adelantan por tanto la edad de las temidas arrugas" (C-90:268,1917).

La noción de belleza interior que el discurso caligénico comienza a transformar se compone de diferentes recursos que bregan por enfatizar la inmaterialidad de una cualidad que se materializa a ojos vistas: «(...) perfeccionarse siempre, moral y físicamente, tener el mismo cuidado con el adorno del espíritu que con el del rostro, he aquí el verdadero sentido de la vida para una mujer. Debemos ser mejores hoy que ayer y menos bellas hoy que mañana» (C-25:16,1916). Así reza la ardua consigna que deben seguir ellas. El método para alcanzarlo combina aplicación, tacto y discreción, y sólo puede darse por logrado si estos tres elementos se conjugan en la *elegancia*, el tropo por excelencia de la belleza modernista, la síntesis de las cualidades materiales que realzan la belleza interior. Si bien en las primeras décadas del siglo prevalece la belleza compuesta de rasgos inmateriales, ya se han roto la perfección del alma y la belleza románticas, lo que acarrea una disyuntiva: tras la «bancarrota universal a la belleza femenina» surge la cuestión de si la mujer debe ser sólo instrumento de adorno y de belleza u ocuparse de ello únicamente después de tratar de ser útil y encantar el espíritu. Las mujeres perdieron la belleza innata. Para complacer los ojos y el espíritu «no alcanza la vida»; la solución que resta es la elegancia, puesto «que una mujer elegante puede ser al mismo tiempo una intelectual activa y avisada». Los residuos de ese raro y espléndido privilegio que es la belleza se los disputan las elegantes y las talentosas y lo que se pone a la orden del día es lo «interesante»: «¡Revolución hecha para regocijar el número, como la mayor parte de las revoluciones!».

> *Porque la belleza es imposible de adquirir, en tanto que un cierto aspecto de conversación, muy parecida al talento, está al alcance de la mayoría de las mujeres resueltas a adquirirla. (...) Igualmente la elegancia se adquiere con la voluntad y la aplicación, si no está naturalmente dotada de ella; la única condición es tener dinero, y el dinero también se adquiere (C-32-128,1916).*

La belleza perdida, cuyo poder inefable consiste en instaurar el desasosiego y la pasión, en trastocar el orden estésico, tiene exponentes notables en María:

> *(...) sus labios rojos, húmedos y graciosamente imperativos, me mostraron sólo un instante el velado primor de su linda dentadura. Llevaba (...) la abundante cabellera castaño-oscura arreglada en dos trenzas, sobre el nacimiento de una de las cuales se veía un clavel encarnado. Vestía un traje de muselina ligera, casi azul, del cual sólo se descubría parte del corpiño y la falda, pues un pañolón de algodón fino color de púrpura, le ocultaba el seno hasta la base de su garganta de blancura mate. Al volver*

> *las trenzas a la espalda, de donde rodaban al inclinarse ella a servir, admiré el envés de sus brazos deliciosamente torneados, y sus manos cuidadas como las de una reina (Isaacs 1865:6),*

y en la Helena de Silva:

> *El otro perfil, el de ella, ingenuo y puro como el de una virgen de Fra Angélico, de una insuperable gracia de líneas y de expresión, se destacaba sobre el fondo sombrío del papel del comedor, iluminado de lleno por la luz del candelabro. Completaban su belleza los cabellos, que se le venían y le caían sobre la frente estrecha en abundosos rizos, las débiles curvas del cuerpecito de quince años, con el busto largo y esbelto, vestido de seda roja, las manos blanquísimas y finas. Al bajar los párpados, un poco pesados, la sombra de las pestañas crespas le caía sobre las mejillas pálidas, de una palidez sana y fresca como la de las hojas de una rosa blanca pero de una palidez exangüe, profunda, sobrenatural casi, y por la curva armoniosa de los labios rosados flotaba una sonrisa supremamente comprensiva. No le había visto los ojos y fascinado como estaba por la gracia de su figura ideal, por la impresión de frescura y de aristocracia que emanaba de toda ella, como emana el aroma de una flor que se abre, soñaba en vérselos. De repente sacudió la cabeza hacia atrás, y agitando los sedosos bucles de la cabellera castaña, la volvió en la dirección de mi asiento y los clavó en mí mirándome fijamente, con expresión severa. Eran unos grandes ojos azules, penetrantes (Silva 1925:271).*

Pero en la segunda década del siglo se afirma que las mujeres modernas y la indiferencia de los hombres han derrotado la belleza femenina y el don innato carece de valor frente a los logros del talento y la elegancia que «realizan la voluntad y el «trabajo» femeninos» (C-32-128,1916). En rigor, la estética romántica ha sido revaluada por la burguesía que accede día a día a los privilegios de la belleza y amenaza con engalanar a más mujeres de las que un estrecho sistema de distinciones puede admitir. La belleza femenina -cualquiera sea su origen- es de tiempo atrás un capital simbólico esencial para la distinción (Frevert 1995) y demanda una reacomodación de sus términos. Desde entonces, la elegancia -el buen gusto- pone coto a un don que se distribuye aleatoria y prolíficamente, y se define como la cualidad más sobresaliente de la distinción. La lucha contra la vulgaridad se libra en todos los frentes, se desvirtúa el alarde en todas sus manifestaciones y se le niega incluso su exuberante pasado:

> *Siempre fue de un gusto deplorable y hasta calificado de elegancia de* parvenus *el ostentar la riqueza con un uso desmedido de joyas. Probablemente con el fin de diferenciarse de las nuevas ricas, mujeres de comerciantes sin escrúpulos que han hecho o están haciendo grandes fortunas al amparo de la guerra, las verdaderamente elegantes (ser elegante denuncia también el origen lícito de la fortuna) se adornan hoy con el menor número posible de joyas. Ojalá perdure este refinamiento de coquetería, este gracioso* chic *del momento, para confusión de las millonarias sin gusto y satisfacción de las que saben embellecerse sin recurrir a los deslumbramientos de piedras (C-57:127,1917).*

> *El conocimiento de sí mismo, que constituye el arte de vestirse, lo poseen algunas mujeres en alto grado, en tanto que otras carecen de él completamente. Aquellas son y serán siempre las elegantes y las segundas han sido y serán las* cursis *de toda la vida (C-119:351,1918).*

De un lado se alinean la vulgaridad, el dinero sin abolengo, la falta de gusto y el lucimiento; del otro, la elegancia, la discreción y el refinamiento, esa indescifrable y caprichosa forma de comedida ostentación que la urbanidad se complació en describir. Al paso que la lucha arrecia, los términos pierden sutileza:

> *En tiempos difíciles, la mujer distinguida disminuye la cantidad de sus vestidos pero nunca la calidad, nunca quiere parecerse a una sirvienta «endomingada» (...). Lo que seduce particularmente en la mujer, es este conjunto gracioso y perfecto que hace* **Toda la mujer:** *su belleza y sus encantos (...) [que] no residen únicamente en una cara bonita: son hechos del conjunto perfecto y de la buena armonía de todas las partes del cuerpo (C-747:10,1931).*

La belleza debe cuidarse en igual medida que la salud y el vigor, y comparte sus cualidades: puede adquirirse y afinarse, alterarse o perderse. Con todo, es imposible confundirla con la elegancia: no todas pueden ser bellas, pero todas pueden y deben ser elegantes y bonitas. Para eso hay que realzar las calidades y encantos personales, saber ser atractivas. Con este propósito creó *Cromos* la columna de belleza, que dará «a conocer los medios que la ciencia moderna pone al alcance de la mujer elegante que quiere cuidar y guardar la linda encarnación de la juventud y los medios más prácticos para recobrarla si una causa cualquiera la tiene alterada» (C-747:10,1931).

Un nuevo ideal que pugna por sustituir el ánimo señorial se cobija también con el manto de la elegancia:

> *(...) los nuevos estilos están en completo desacuerdo con lo pomposo y lo rimbombante, con lo sentimental de mal gusto, con lo unilateralmente sensual y en favor del deporte, del confort, del reconocimiento amplio y cordial de la naturaleza. (...) El ideal moderno de aire libre, trabajo, utilidad y confor derrotó fácilmente al ideal de sensualidad que había inspirado a las mujeres del siglo anterior (C-912:12,1934).*

A cambio de esta sensualidad ha aumentado considerablemente la atracción erótica y «se escogen aquellos atributos que hablan de juventud, de higiene, de líneas rectas y símbolos geométricos». La primera herramienta disponible para crear esa nueva atracción es el «arte del maquillaje», el cual, justamente por ser tan útil, entraña algunos riesgos. Pero veamos primero las ventajas. La cosmética declara que «la mujer fea no existe», toda vez que la belleza depende del buen maquillaje (C-1194:15,1939), consistente en advertir los defectos y corregirlos, una habilidad que es parte de las virtudes femeninas. Esta etapa de democratización estética se funda en una belleza acerca de la cual se afirma que no tiene cánones ni reglas. Su secreto está en la manera de presentarse: «No hay físico, por ingrato que sea, que no pueda mejorarse. La mujer fea es la que no quiere hacer nada para ser bonita». Habiendo tantos medios al alcance de las mujeres, su esfuerzo debe concentrarse en evitar las notas falsas a fin de revestirse de coquetería y ejercer el arte de las proporciones de los rasgos, el atuendo y los colores. La elegante es aquella mujer que no yerra en las proporciones.

Es sabido que la elegancia y el buen gusto renuevan constantemente sus reglas bajo la premisa de que «ser elegante es una cosa complicada» (C-1369:6,1943). A la toilette se suman la conducta y el porte, tanto o más importantes que el vestido y el maquillaje. «La postura perfecta crea una impresión de seguridad y naturalidad que la rodeará de un encanto particular», resultado de mantenerse erguida conservando la apariencia de comodidad y de observar algunos principios para sortear cualquier situación sin perder gracia ni elegancia.

Al cabo de varias décadas de construir el buen gusto y la elegancia a partir de la correspondencia de atributos inmateriales y físicos, se abandonaron las imágenes prefiguradas para volver la atención sobre la fabricación de imágenes individuales. Así lo muestran algunas exigencias recientes, más minuciosas, cifradas en un conocimiento cada vez más pormenorizado de la individualidad y el arte de realzar las cualidades particulares. Labrar una imagen única es la mayor conquista del buen gusto contemporáneo. El rostro y el vestido se juzgan actualmente dos facetas cuyas tonalidades deben armonizar. El equilibrio del maquillaje, las joyas y la indumentaria asegura «el cincuenta por ciento del éxito en la vida». Cuando el acceso a los artificios de la belleza se ha ampliado a un gran porcentaje de la población, se dice que a la gente ya no se la estima solamente por su condición social, sino por su forma de ser y de «saber estar». Lo que cuenta es arreglarse de acuerdo con las circunstancias y guardar el tono de la piel, trasunto del vivir de cada quien, de lo que come y lo que bebe. La elegancia no la imprime «el valor de la ropa, sino la percha que la luce» (C-3554:72,1986). El buen gusto sólo tiene perspectivas si, al igual que la belleza del alma, proviene del interior. Todos los rasgos superficiales no pueden pasar por auténticos signos de distinción si no están respaldados por una forma de vida que se traduce en el matiz de la piel y en cada movimiento y actitud del cuerpo. He aquí una gramática no menos elaborada que la propuesta un siglo antes por la urbanidad.

En tanto que la elegancia y el buen gusto son cualidades externas, a pesar de la sustentación moral que se les quiere atribuir, la gracia es uno de los expedientes más sólidos del discurso estético y en él se funde el don divino con la atracción que ejercen las acciones y la fisonomía, el garbo y la agudeza mental. «La mujer pequeña es chuchería frágil que reclama la protección masculina. Su delgadez, su débil apariencia, sus gestos vivos y menudos, su delicadeza de muñeca son otras tantas seducciones que demuestran al hombre cierta superioridad» (C-12:183,1916). La gracia es una cualidad de niños y mujeres. Especialmente a las mujeres pequeñas las favorece su vivacidad admirable y tal vez lo que haya de infantil en su figura. «Los hombres son niños grandes y a los niños les gustan los juguetes; una mujer bonita y fina es una linda muñeca con la que le gustará jugar a su marido» (C-90:268,1917). En el fondo es también un asunto de armonía: «(...) en cualquier caso, puesto que se trata del gran negocio, del punto culminante de toda existencia femenina: el matrimonio», es mejor la pareja de una mujercita y un hombrazo que la de un hombrecito y una mujer enorme, quienes «forman un conjunto desigual, incapaz de hacer resaltar una gracia siquiera» (C-12:183,1916). Las pequeñas son por naturaleza ligeras, graciosas, elegantes y gentiles. Las proporciones reducidas garantizan las normas estéticas:

> *¡Cuántas trampas se tienden a la mujer de gran estatura! Cuando se vigoriza su silueta puede parecer maciza y si lo contrario, extenuada. Vigilará, pues, su higiene y antes que todo, sus gestos, sus entonaciones, su modo de ser. Los movimientos bruscos, sin gracia, una voz sin dulzura, un aspecto pesado, son tan nocivos, que bastarían para destruir el encanto de un bello rostro y para borrar la impresión de un cuerpo perfecto (C-12:184,1916).*

La gracia define la feminidad y para defenderla se condenaron las teorías que acrecentaban a costa suya el saber de las mujeres. El feminismo, expresaba una columnista, no puede desarrollarse renunciado a agradar; la coquetería no riñe con la inteligencia y los conocimientos: «Que se nos instruya, que se nos arme para el combate de la vida, puesto que nos vemos obligadas o queremos sacudir la dulce cadena del hogar; pero no se nos torne en seres híbridos faltos de la ruda energía del hombre y de la gracia de la mujer» (C-18:286,1916).

La gracia, un atributo arisco, es antes que nada un fruto del movimiento: «Hay que saber estar, ir, entrar, subir, saludar, mirar, pronunciar, sonreír, llevar el traje, y mil cosas más con gracia»; por fortuna, tiene algunos auxiliares como la gimnasia rítmica, que enseña las suavidades y expresiones agradables del andar y el inclinarse, da airosidad y persigue aquella delicada ligereza, aquella curiosa flexibilidad. La gracia se revela también en la mesura del movimiento, en el gesto y sus matices: «la mirada con sus mil recursos, la voz con sus mil tonos y semitonos, las sonrisas con sus mil y una sugestividades». Finalmente, se dispone de ejercicios de armonía, es decir, de expresión, pues, aun siendo correcta, ésta no es sinónimo de gracia si no se posee ese peculiar atractivo que despierta una simpatía irresistible. Se la puede adquirir con mucha dedicación, al punto que la diferencia con quienes la poseen naturalmente sea casi imperceptible (C-313:12,1922).

> *¿Se adquiere la gracia? Puede suceder. A lo menos se perfecciona, porque, más o menos, todas la poseemos. Sólo espera para nacer, un estímulo. (...) Entre el lujo, en una existencia fácil, la gracia es una flor que abre sus pétalos maravillosamente. Pero tan pronto como se la pretenda disciplinar, se rebela. De la gracia ficticia se deriva la afectación de las posturas. Evitemos los gestos ayunos de gracia, porque afean... La verdadera gracia es aquella que se ignora (C-12:183,1916).*

La gracia también sirvió para dirimir las diferencias entre la mujer bella y la bonita. Entre los encantos de la segunda se cuenta la gracia, ese rasgo de divinidad que completa la belleza física. ¿Qué es una mujer bonita?

> *No hay expresiones con qué responder a esta pregunta de manera satisfactoria... es cosa que se siente pero no es posible decirla ni con mediana exactitud. Podemos tan sólo afirmar que es lo más importante, lo más poderoso, lo más afortunado, lo más difícil de ser. La mujer bella será casi siempre un tesoro; la mujer bonita ejercerá siempre un influjo como ciertas joyas de valor inapreciable. Admira la una y seduce con los atrayentes rasgos, con el poder visible de toda su belleza; en tanto que la otra entusiasma, cautiva, obsesiona y aun da locura (...). Posee recursos de una sutileza que maravilla (C-345:130,1923).*

Las armas de la bonita se sienten y no se agotan en la mera apariencia porque son espirituales. Sobre la gracia de la mujer bonita decide el sentido de lo inefable que corresponde más a la sabiduría del sentimiento que a las razones de la inteligencia.

La gracia tiene, pues, algunos auxiliares; no así la sencillez que refleja de manera sin par la belleza interior, la de María y Helena. El poeta y periodista Eduardo Castillo, interrogando a una reina de belleza en torno a los sentimientos que la embargaron en el momento en que le anunciaron su triunfo, celebró sus manos y su boca. Ella se había sentido tímida y sobrecogida.

> *Su actitud es tan sencilla y familiar como si estuviese en su cuartito de costura (...) es la señorita Vásquez Pérez. Una niña de belleza delicadamente virginal. (...) Bajo la masa del cabello, de un oro tostado, la frente albea con una tersura y una transparencia incomparables, y los ojos claros, resplandecen húmedos como si estuviesen ungidos por un óleo suavísimo. Su traje (...) revela las líneas de su cuerpo (...) de una impecable armonía de ánfora griega (C-811:6,1932).*

El periodista opina que su sencillez encanta; ella piensa que a las bellezas locales les falta

> *un poco del arte refinado y exquisito con que las beldades europeas realzan su encanto; quizá la ciencia de la pintura y el* maquillage *que empurpura los labios, satina la piel y les da a los ojos una sombra de fascinación y de enigma. Pero esa ciencia y ese arte son cosas que se adquieren... El encanto especioso de la Eva moderna reside, en gran parte, en sus sedas, sus pieles, sus joyas y sus perfumes. Y la mujer colombiana se ha mantenido, hasta ahora, en una noble sencillez y en un recato hogareño que le han hecho ignorar los artificios de las hembras supercivilizadas (C-811:6,1932).*

La sencillez no ha acompañado siempre a la belleza. La transparencia y el carácter inofensivo y dúctil no causan las mismas conmociones estésicas de las bellezas artificiales y muy elaboradas. Otra ola de sencillez, que repudiaba los artilugios, sacudió los cánones de la estética femenina décadas más tarde, cuando se saludaron con beneplácito los ideales de belleza natural de la juventud, distantes de «las monstruosidades que caracterizaron a las damas que usaron corsé». La sencillez prefiere la figura femenina sutil y los tonos claros; le ofende el negro por picaresco y «vamp», porque atropella el gusto refinado y es extravagante, o el rojo, porque es vulgar y propio de cabareteras.

Pero si la gracia es un don divino, el encanto es una cualidad mágica, arrolladora: no se limita a los atractivos físicos ni a las bondades del espíritu. El encanto obnubila a su víctima, avasalla su voluntad y derriba todas las barreras. «¿Emana de los ojos, del conjunto del rostro, de la entonación de la voz, de la armonía del gesto, o de ese misterioso chisporrotear del espíritu? Nadie lo sabe. Es algo invisible, impalpable pero omnipotente» (C-6:83,1916). En los hombres, «aunque distribuido con más parsimonia (...), existe, seductor, inquietante, imperioso». Desde ya queda planteado el duelo entre la belleza y el encanto. Para la primera hay, además de los dones naturales, consejos, prácticas, ejercicios, productos que irán multiplicándose, perfeccionándose con el tiempo hasta hacer aflorar de la médula de los huesos la belleza que contienen en potencia. Cuando ésta no pueda ya acrecentarse, entonces vendrán las prótesis y la cirugía plástica a completar la misión.

El encanto ofrece un terreno más ambiguo y paradójico. Es claro que el encanto no es igual a la belleza, se diría que es casi ajeno a ella y que sólo se explaya cuando la belleza no es total. Su ámbito es propiamente estésico.

*El encanto encorva bajo su yugo, somete entre el anillo de su cadena, crea un lazo a menudo indisoluble. El fastidio surge en el hogar en que la intimidad es completa. Unos ojos bellos, una nariz adorable, una boca diminuta, un cuerpo lleno de gracia, se habitúa uno a ellos (...) y se cansa, se fatiga. El encanto se renueva sin cesar; la mujer que posee este poder incomparable no fastidia nunca (...), es tan lleno de persuasión. Conquista mejor que la belleza y la hermosura, y sus conquistas son más estables, más duraderas (C-6:83,1916).*

Pero el encanto es difícil, si no imposible de adquirir. Generalmente es innato, incluso en quienes no han gozado de una educación privilegiada. De ahí que sea un elemento tan importante de distinción y que deba definirse, mantenerse dentro de unos límites y, claro, evolucionar con el gusto y la moda: a la vez que permite el ascenso social y da entrada a determinados círculos a nuevos miembros, deja sin posibilidades a quien carezca de él.

> *Se cultiva la hermosura, se prolonga la belleza, se hace una elegante, se adquiere distinción; para esto hay cuidados, recetas, artificios; hay gusto, hay educación (...). Para definirlo [el encanto] se necesitarían palabras de suavidad que apenas desfloraran, pero sin aplastar, sin ser graves, por el peso de sílabas demasiado duras, fuertes. ¿Es un sortilegio? Es un poco de esto y mucho de otras cosas. Es una esencia de seducción, un perfume que embriaga sin percibir el olor, es la emanación de un alma... Es una brizna de espíritu, de gracia, con mezcla de un poco de esto y de aquello: dulzura, bondad, ternura, suavidad, deseo de agradar (C-6:96,1916).*

Si en algunos casos es casi indescifrable, en otros parece componerse de elementos bastante concretos que, de cualquier modo, se combinan en proporciones imposibles de sopesar:

> *La verdadera encantadora, la que quiere serlo en cada instante de su vida, en sus mil detalles, es la mujer que al mismo tiempo cuida su belleza y su reputación de alta elegancia ocupando en el mundo la posición que le da su fortuna y su clase, y que sabe dirigir y llevar su casa con sabia economía... La esposa encantadora es la que sabe ordenar sin despotismo, economizar sin miseria, es amable sin dar confianza, cultiva su inteligencia y sabe cuidar de su belleza (C-18:86,1916).*

La impresión viva y grata producida en los sentidos y en el alma se nutre de gracia y simpatía, vence la voluntad y gana favores. Es el caso de la esposa encantadora. Pero el encanto también somete: es la seducción cuyo poder de arrobar y cautivar procede del engaño tramado con las artes que le son propias. Esta forma de seducción resulta del artificio. La técnica para lograrla, una hija irreverente de la urbanidad, se conoce como glamour. La distingue su intención explícita: «Busquemos delante del espejo para hacer valer ese detalle. Experimentar para aprender a equilibrar todas las posibilidades de agradar. (...) Lo que cuenta (...) es (...) ser lo más seductoras posible» (C-1203:16,1939). Los elementos de su gramática podrían confundirse con los de la urbanidad, pero siempre los delata su propósito de subyugar, la exhibición palmaria, incapaz de la doble codificación que encierran otros recursos. Su irreductible voluntad de doblegar la obliga a presentarse sin ambages, la incapacita para el ocultamiento y le impone una táctica que debe ser fulminante. Si falla, será irremisiblemente condenada por el buen gusto. Su víctima podría identificarla, saber que la ha elegido; podría incluso descifrar sus códigos y desarmarla, pero a menudo se entrega a la exposición estésica que rapta y embelesa de inmediato. El embotamiento sensorial que ocasiona se logra limando toda posible aspereza: la voz dulce y el hablar pausado, por ejemplo, «conquistan más amistades y mayor admiración de los hombres» (C-1663:34,1949).

*El cuerpo*

Los intangibles de la estética corporal se desvanecen en ausencia de la figura bella. Los cánones de ambos varían sus especificaciones aunque se los designe con las mismas palabras. Ni la coquetería ni la línea de 1920 han preservado sus rasgos. Algunos cambios sucedieron de manera abrupta y fueron drásticos; para los discursos sobre la estética corporal son significativas las novedades que, además que transgredir la forma, exigen construcciones simbólicas que alteren las normas morales y los hábitos, que propendan a nuevas formas y estilos de vida, en otras palabras, verdaderas revoluciones semánticas que reacomoden las interpretaciones sensibles de la belleza y les asignen un valor. El ritmo de los cambios a los que se ajustan sin tardanza las líneas del cuerpo en la actualidad, sólo puede modificarlo la velocidad a la que se ponen a disposición nuevas dietas, prótesis o técnicas de modelación somática, y el único factor que limita su uso generalizado es el económico. Intervenciones radicales como las cirugías estéticas no necesitan mayor justificación; en cambio, la incorporación del carmín y de los pantalones al arreglo y el ajuar femeninos requirieron un esfuerzo retórico colosal que hubo de superar sólidas barreras estésicas, juicios morales y preceptos estéticos.

El pálido lienzo del rostro finisecular no admitía más que aromas tenues en el cabello y el rubor discreto del pudor y la salud. Nada en él denotaba intenciones seductoras; la gracia y la sencillez del recato, acompañadas de una naturalidad estoica, bastaban para trastornar el alma masculina. Con estos atributos, que no hacían otra cosa que traslucir la belleza interior, conmovió Aura al continente:

> *Su cuerpo había tomado la esbeltez de la mujer formada. Tenía cierta languidez en sus maneras, cierta voluptuosidad inocente en sus movimientos, que la hacían encantadora. El eco de su voz, de esa voz a través*

*de tanto tiempo, aún llega a mi alma, como el eco de una melodía lejana, era entonces más armónico y más dulce. Sus hermosos ojos azules, agrandados por las ojeras que el pesar había impreso en su rostro, tenían un aire de melancolía infinita; de esa melancolía de los mártires y de los genios, de las almas que sufren y que piensan y que aman con pasión un solo ideal. Parecía vivir en el mundo por lo humano, pero vivir por el pensamiento en Dios. Aquella frente pensadora y seria se alzaba con majestuosa dignidad, como si tuviese algo de divina; había nacido para ser coronada, ya con las bellas flores del amor, ya con las pálidas y tristes del martirio. Su sonrisa era bella, pero melancólica como la luz del crepúsculo, y se notaban en su fisonomía: dulzura para el amor y resignación para el sacrificio. Era una de aquellas mujeres predestinadas a andar entre las borrascas del mundo, como pintan a Jesús sobre el Tiberíades, sin hundir las plantas (Vargas Vila 1896:38).*

Esta belleza se concentra en el rostro y en su efecto. Sus principales cualidades son la blancura y la tersura; si no se poseen naturalmente, ya en las primeras décadas se consiguen con «crema de nieve», polvos para blanquear, productos que suavizan y embellecen la piel, borran las pecas y las manchas. Algo de este afán níveo toca a los hombres, a quienes los polvos de talco color «blanco para hombre», casi invisible, les quita el brillo de la cara, sin empalidecerlos. La tersura es una provocación para el tacto, que obviamente no la roza; se expone a los ojos que la admiran y desencadenan sinestesias. La exigua superficie a la vista -las manos, el rostro, acaso el cuello, feliz aquél que atrapó un tobillo- sobra para subyugar la imaginación. En una mujer hermosa tampoco hay lugar para el encanecimiento prematuro: «nada hay tan antiestético como esos hilos blancos que asoman imprudentes por entre la maraña de vuestros cabellos» (C-2:32,1916). Del rostro se elimina lo que mengua su belleza: el vello, las hinchazones bajo los ojos y las espinillas; incluso unos labios abultados se esconden tras un gesto estudiado.

La tarea caligénica es característica del siglo actual. El anterior -estoico y ascético en sus manifestaciones estésicas- fue insensible, no a la belleza física, pero sí a la inclinación a producirla. Al igual que en otras innovaciones, en este campo se tuvo conciencia de su índole pionera. El naciente siglo se sabe enseguida portador de una nueva sensibilidad, instaurador de una época que descalifica la anterior; afirma que el buen gusto se transforma y que le es intrínseco ajustarse a las novedades. En cuanto a la estética de la apariencia femenina, la introducción del maquillaje representa una revolución que las sensibilidades señoriales quieren contener con argumentos que advierten sobre el menoscabo de las cualidades morales de las mujeres y la erosión de los soportes de la vida social. Para redimir al carmín de su dudosa reputación se apeló al recurso erótico. La vehemencia de las estesias modernas se abrió paso en los textos de belleza con esa propiedad tan suya de insinuar mediante la alegoría de las virtudes de la seducción, el placer y la salud:

> *En primer lugar: los ojos, dos ventanas sobre el mundo; en el entresuelo, la nariz, elegante balcón para aspirar el aire; más abajo, la boca, entrada de alimentos, salida de las murmuraciones. Volved siete veces el aldabón antes de golpear. La misma inquilina habita toda la casa. Primeramente, tiene sus salones, dos salones que no son sino uno, dos salones arreglados con inteligencia, con perspicacia, con delicadeza, con malicia, con astucia y con muchos adornos. El mueblaje denuncia a la dueña de estos salones, que parecen hablar aunque no se habla. Dejo para otro día el entresuelo -gentil piñón- y bajo: una cocina en un (...) palacio, muebles blancos en hemiciclo, una bóveda roja, una alfombra que se agita. Se festeja, o simplemente se satisface el apetito. Necesidad a la cual nadie puede sustraerse, prosaísmo obligatorio, cuando no se vive sino para comer. Todo nuestro ser material está allí, con sus necesidades, con sus instintos (...) la boca absorbe los alimentos y deja escapar los sonidos, estos pájaros fugitivos, intocables. Superioridad de la que hacemos a menudo mal uso: mentira y calumnia salen de la boca, y es ella la que contradice la mirada y disfraza la idea. (...) Para una mujer, la boca es un arma de muchos filos.... Riente y glotona, la boca que roe pastelillos, esa boca que puede a voluntad rasguñar o embriagar, supongámosla ni grande ni pequeña, media, los labios graciosamente arqueados, carnudos como la más hermosa fruta, pero no demasiado, con un hoyuelo, nido de tentaciones, a un solo lado. ¿Quiere esto decir que únicamente una boca así es hermosa? ¡Oh! no; una boca pequeña también es bella, como una fresa entre el tinte agradable de la leche. El dibujo de los labios debe ser irregular, caprichoso, y el rostro gana con ello, adquiriendo gracia especial; y aun una boca grande tiene su encanto, si la cubre una hilera de dientes unidos, alineados, cuya blancura reluciente sea como un resplandor entre los bordes sangrientos de los labios. Estas perlas de un oriente ignoto se muestran, después se ocultan graciosas como para ejercitar mejor el poder de su gracia. (...) La boca tiene su significado como los ojos; ella oculta el pliegue, el misterio de nuestra idiosincrasia; es dulce, buena, confiada, sonriente, acariciante; ella es indiferente, altiva, burlona, sarcástica, desconfiada o escéptica; es obstinada, maligna, avara, pródiga, glotona o apasionada (C-2:31,1916).*

La primera y decisiva batalla fue la del carmín, iniciada en *Cromos* con la elocuente imagen de la boca. Mover el núcleo del rostro hacia la boca, o al menos permitir que los ojos y la boca compartieran el poder estésico, hizo corpórea la belleza. Los ojos son «el espejo del alma»; la boca revela lo que los ojos ocultan. El uso del carmín le abrió también paso al erotismo, proscrito de los discursos y los designios explícitos de las prácticas corporales. Desde entonces y de manera creciente es ostensible el empeño en erotizar todo rincón del cuerpo. La publicidad asegura que el interés por la boca hace parte del gusto moderno: no es únicamente un elemento de distinción; el carmín también viene a sustituir la pérdida de cualidades estéticas ocasionada por la vida urbana:

> *En cuanto a los labios, es necesario que sean de la púrpura más fina, semejantes a dos pétalos de rosa, tan finos y dulces como éstos y con el tinte bermejo de una sangre generosa. ¡Ah! Este carmín natural no existe en estas ciudades nuestras, llenas de calor y de gente, y si lo hay en los labios, viene del perfumero, este mercader de tentaciones que vende la belleza en frascos, en vasijas, en cajas, en barritas. Aún hay gentes a quienes este color adquirido artificialmente asusta y maridos que lo prohiben formalmente a sus esposas, pero no dejan de admirar los labios de la señora X, de la señorita Y, tan hábilmente impregnados de escarlata. (...) Hoy este es un lujo al alcance de todas las mujeres, y son numerosas las que lo usan sin llegar al abuso. ¿Hay necesidad de consejos? ¡La gracia es un guía bueno! El rojo escogido debe emplearse armoniosamente con el matiz de los labios, con la carnadura del rostro; debe distribuirse regularmente, siguiendo el contorno de los labios; no debe ponerse de modo que ensanche la boca, si ésta es bastante hendida, pero si los labios son delgados, el rojo puede pasar de la línea de la boca, delicadamente, para darle un poco más de espesor (C-2:32,1916).*

El carmín acapara el interés de una época atenta a la boca: labios, dientes y aliento. Los avances higiénicos y estéticos y toda la sensualidad permitida se han atrincherado allí. Las mujeres desean por fin modificar la forma de sus labios, pues junto con los patrones de la belleza cosmética se introduce la insatisfacción, una variante menor de la infelicidad, causada por el tipo físico:

> *(...) aplicándose fuertemente se puede, no hacer de una boca grande algo imperceptible, sino impedir su ensanche con tanta desenvoltura. En vez de dejar que los labios se abran y amplíen sin limitación alguna, es necesario tenerlos continuamente apretados, sin obligarlos a contorsiones y gestos que serían ridículos. Por un movimiento contrario se podría hacer rotar los labios planos y delgados. Observando, se podrá lo mismo dar relieve a las comisuras que se hunden y hacer menos prominente el labio*

*que avanza indiscretamente. Yo no os aconsejaría llevar el estoicismo hasta privaros de la risa (...). La risa es sana, dulce, y en esta vida no siempre se puede reír (C-2:32,1916).*

Para justificar el uso del carmín se tendió una trampa que se aplicaría en toda la caligenia: la fantasía de democracia. El carmín al alcance de todas. Y a renglón seguido las instrucciones para su uso. ¿En qué consisten? En guiarse por la gracia que, como el encanto, es un don natural, virtualmente imposible de adquirir: inasequible para las «burguesitas y provincianas».

El discurso caligénico es posible porque la belleza natural agoniza. Hay que identificar los agentes que le son propicios, pero ante todo los que le son adversos. El primer enemigo que se identifica es una sensación: el tedio, cuya obsesión acomete especialmente a los cerebros femeninos. La naturaleza «porque nos creyó pasivas (...) nos designó para registrar las emociones que vibran profundamente, repercuten en nosotras, y hallan refugio en esta nuestra imaginación, tan fácil de excitarse y que tiene la propiedad de dar a todo una forma imposible o irreal» (C-11:164,1916). El tedio es implacable: «cuando llegan mis *horas negras* y me miro en el espejo, siento miedo: apagados están mis ojos, el color ausente: a causa de la vigilia, arrugas invisibles surcan mi piel. No soy la misma de antes. Casi no me reconozco: me encuentro vieja y fea» (C-11:164,1916). Por eso hay que evitarlo a cualquier precio, ocupándose, consagrándose a un ideal: «encontré el mejor y más simple remedio contra el tedio: el cuidado de ser siempre bella, el deseo de agradar, el fino aguijón de innumerables artificios» (C-11:164,1916). Ahí acechan las infinitas tribulaciones: la nariz ruda de ventanas carnosas que da lugar a un conjunto grosero y se afina amasando su punta entre el índice y el pulgar, si la nariz es muy larga de abajo para arriba; y de arriba para abajo si es corta. «No se vacile en infligirles durante la noche el suplicio de las pinzas de metal forradas en fieltro». Si el disgusto lo causa la nariz grasosa, entonces, antes que abusar de los polvos, conviene resecar la piel, extirpar las espinillas y visitar al médico si la nariz es además excesivamente roja.

La belleza obtuvo una página propia en *Cromos*. Con ello no se aseguraron novedades: los temas de la estética física son reiterativos, sólo las figuras se renuevan. Una vez salvado el escollo del carmín, las cosmética conquistó todo el rostro y se acentuó la autoobservación: «Ejercitando sus poderes observativos, una mujer puede llegar fácilmente a la conclusión de cuál es la causa de sus «ojeras»» (C-863:9,1933). Se aconseja entonces cambiar la dieta, tomar mucha agua, bastante aire fresco y muchas horas de sueño reparador, más «dolce farniente». El fin de ocuparse de las particularidades es hallar la solución para cada problema: «Los cutis son tan diferentes como las digestiones y exactamente tan melindrosos y temperamentales». Todo los afecta -mala circulación, cambios atmosféricos, dieta defectuosa o desidia, así que el autoconocimiento y el sentido de individualidad que fomenta la belleza lleva a las mujeres a reparar en los efectos del entorno y las emociones sobre el rostro.

El consumo de cosméticos había alcanzado en 1940 niveles masivos, pero el ingrediente fundamental de la caligenia continuaba fuera del mercado: era la sensación que proporcionan la tranquilidad, el sueño reparador y la sutileza, entendiendo por esta última el arte de aplicarse únicamente lo que se adapta al rostro. Estudiar y analizar cada una de las facciones, clasificarlas como factores de riesgo o de éxito, conocer los cosméticos y comprender los distintos tipos de caras y el maquillaje que les conviene (C-1216:14,1940), seguían siendo el secreto básico de la belleza. «En el mundo no hay mujeres feas: lo que hay es mujeres malas o sin educación», le puntualizaba José María Vergara y Vergara (1878) a su hija. Sesenta años después tampoco «hay mujeres feas» (C-1739:17,1940), sino aquellas que destrozan sus rasgos, exageran el maquillaje y alteran su fisonomía. Las que no pueden ser hermosas pueden hacerse atractivas e interesantes dedicándose al cuidado de su cara.

La figura se rige por normas que convalidan las leyes del buen gusto y la distinción. Una de estas normas atañe a los requisitos necesarios para lograr cierto aire al que contribuyen los movimientos, la actitud general y el vestido, una composición que sería totalmente acertada siempre y cuando la sustenten las proporciones corporales correctas. Desde los albores del siglo se anunció que la silueta sería lo más fina posible. En 1919 se proclamó la victoria de la silueta estrecha, fina y larga, con talle indefinido; dos años más tarde se había establecido que «el cuerpo de la mujer (era) el más poderoso encanto, el arma más dulcemente implacable que la naturaleza puso en nuestro ilimitado arsenal de seducciones, para rendir al sexo feo y fuerte» (C-66,1917). El cuerpo femenino desveló su naturaleza de herramienta: «La que tenga el cuello redondo y blanco, el busto rico y firme, las caderas armoniosas, debe, claro, realzar con discreción pero con sana y permitida coquetería, tales motivos de belleza, tales armas que la naturaleza dio a su juventud, para dominar, para atraer los ojos primero, y luego los corazones» (C-188,1919).

Por entonces bastaba lucir los dones naturales con discreción y coquetería, intención expresamente sancionada al finalizar el siglo XIX: «Mira que si vales mucho por el peinado, podrá avaluarte cualquier peluquero. Si tienes la desgracia de ser bella, haz que la envidia no hable de tu belleza por consideración a tus virtudes. El color de la vergüenza gusta más que la palidez de la serenidad» (Vergara y Vergara 1878). Ospina (1917), en cambio, pensaba que cierta coquetería, es decir, el uso moderado de maquillaje, colores y joyas, convenía a las jóvenes. El corsé en particular dio pie a fantaseos sobre nuevos efectos estésicos: flexibilidad, delicadeza, originalidad, un ápice de abandono. ¿Qué forma tiene el cuerpo? Rivalizan

> *la cintura redonda y fina, la que Muset quería aprisionar entre sus diez dedos, y la cintura corta y derecha como la de la Venus de Milo. Tanto peor para la Venus de Milo, porque es el poeta quien ha triunfado. La cintura del poeta, la cintura de avispa, exige el corset alargado que hace resaltar lindamente la curva de las caderas. Por otra parte, sería imposible llevar los vestidos actuales con otra clase de corset (C-11:176,1916).*

Todavía vacila la línea: en el cuerpo de moda «las faldas alcanzan la altura de la rodilla, y la amplitud de las caderas se acentúa aún más. (...) La silueta femenina raya en ridículo. Esperemos que la gravedad de la hora nos dé valor para retroceder» (C-28:63,1916). Pese a que todavía la figura contorneada por el corsé encontraba defensores y a que no se aceptaba todavía la falda exageradamente estrecha, venció a la postre la figura alargada: «Es preciso, ante todo, mis queridas lectoras, que nuestra silueta sea un triunfo de la línea recta. Procuremos conseguir la mayor pureza de ella aunque nuestras formas no sean apropiadas, y así seremos un triunfo de la elegancia de la hora presente» (C-119:351,1918). En lo sucesivo se reitera que existe la mayor libertad en materia de indumentaria, que muchas mujeres no se pliegan al gusto general sino que crean una estética particular en la que atienden a su propia conformación física.

El trastorno completo de la apariencia vino a mediados de los años veinte, cuando la falda subió hasta la rodilla: pelo corto -estilo «la Garzón», con la nuca rapada- blusas sin mangas y escotes bajísimos (C-443:138,1925). A esto se le llamó feminismo. El mismo año *Cromos* publicó una fotografía de «la mujer moderna en Londres»: dos muchachas fumando, el cabello casi al rape, sin medias, falda muy corta y una figura que confunde los contornos masculino y femenino (C-473:240,1925): un atisbo del desbarajuste de lo inamovible. Y con todo y el alud de críticas locales que desencadenó el famoso corte de pelo, poco después anunció *Cromos* en su carátula a la «muchacha de 1926»: una joven fumando, sin mangas, falda corta, escote y pelo corto.

No había concluido, sin embargo, la disputa por la línea, respetuosa todavía de tradiciones culturales y estéticas. Los primeros concursos internacionales de belleza dieron ocasión para otras lucubraciones: «Si el norteamericano está acostumbrado a que la esbeltez es belleza, no puede aceptar que sea bella una mujer de caderas opulentas y de busto semicircular. La diferencia estética entre los Estados Unidos y Europa es la misma que existe entre la línea recta y la línea curva» (C-667:11,1929). La línea recta, se decía, es más fácil de comprender y asimilar, y en ella prima la fuerza, mientras que en la curva se impone la intensidad de las emociones,

*es producto de una complicada labor mental; de búsqueda de forma, de pulimento y de plenitud. Lo cuadrado es lo que está por modelar (...) la estética europea (...) ya se halla en el estado curvo, en el cual la armonía interior pronuncia la euritmia de su comba en triunfo de lo flexible sobre lo rígido, lo terso, lo áspero, de la forma en modelada preparación sobre el bloqueo en bruto de lo primario (C-667:12,1929).*

Si la época está ávida de fuerza, claridad, vigor y salud, es claro que esta sensación la produce la línea de la norteamericana, «que privará sobre todas en el mundo moderno, que obedece a los imperativos de la renovación, tiene toda la belleza fuerte de las líneas rectas que han sido forjadas en el yunque de los deportes al aire libre, sin preocupaciones y sin malicias, espontánea y vital» (C-667:12,1929).

Definido el contorno, la cintura volvió a marcarse y la mirada se dirigió al torso: «No hay nada más encantador que lindos pechos, bien redondos, bien firmes y de una blancura deslumbrante o de un color de melocotón aterciopelado. (...) No escotarse, es confesar una imperfección de la naturaleza, y como el deber absoluto de la mujer es ser linda y siempre agradable, debe ella usar cuidados especiales» (C-752:14,1931). A la línea y la armonía de la forma se añadió la piel, la textura y consistencia de cada una de las partes del cuerpo, que comenzaron a reclamar cuidados: endurecer y fortalecer los senos con métodos racionales, científicos y sencillos -baños de agua fría, por ejemplo- para volverlos o conservarlos opulentos y juveniles, con tejidos plásticos y consistentes, sin gordura ni glándulas blandas, o con píldoras que los embellezcan «para incitar al amor». Del ir y venir de las curvas se desembocó en la concisión de «las medidas de la mujer moderna», cuyo cuerpo debe ser armonioso y depende de «usted y de la voluntad de trabajar para desarrollarse o afinarse» con instrumentos de transformación como la gimnasia (C-1277:12,1941). Sobre la base de un molde que no admite dudas -pululan las consultas sobre las medidas que corresponden al peso y la edad-, se habla de la construcción de la silueta ideal aumentando de peso y desarrollando los músculos, que se fortalecen y afirman sin desgastar en exceso la energía ni amenazar la salud. Tras las siluetas delgadas de los años treinta se avecina una época de mayor volumen: «¿Es que, en realidad, quiere usted engrosar? (...) El tejido adiposo no es siempre necesario; por el contrario, llega a ser perjudicial si su formación es excesiva. Por tal motivo, lo único que usted pretende al decir que desearía aumentar de peso es fortificar, desarrollar y dar firmeza a sus músculos. ¿No es eso?» (C-1347:8,1942).

El talle esculpido por la cultura física triunfó cuando se desnudaron algunas partes del cuerpo, y ello coincidió con la acentuación de la sanción a la negligencia con la figura: «Es imperdonable que mujeres jóvenes todavía se abandonen a un esfuerzo (sic) tan grato y tan pequeño como es el de cuidar de la propia apariencia. Y es imperdonable porque un día querrán reaccionar, reparar el mal, y ya será demasiado tarde» (C-1486:52,1945), se habrá perdido la tonicidad muscular y al adelgazar el rostro ganará en años. El placer de la tonicidad y la energía se aunó con las delicias del tacto: los tratamientos estéticos de vanguardia atacaban los problemas agudizados por la desnudez: la textura y la consistencia. Si las caderas y las piernas tienen aspecto granuloso y pellizcar las partes grasosas causa dolor, es que la dejadez ha hecho de las suyas y se avecinan tobillos pesados, senos fláccidos, mentón doble y vientre distendido. Para remendar la hermosura maltrecha hay un cúmulo de posibilidades: tratamientos de luz, masajes galvano-faródicos y manuales, baños de parafina, correas vibradoras, ejercicios en extensores, sudación y cultura física. El destape del cuerpo sólo precisó que se respetaran las normas estéticas. La última gran polémica en torno a la figura femenina la generó el abandono del sostén y se limitó a examinar los perjuicios que podría acarrear: sobre las jóvenes se cernía la amenaza de lamentarlo a la edad de 30 años (C-2943:66,1974). Toda esta preocupación vinieron a resolverla las prótesis y la cirugía.

El cuerpo cobra su plena dimensión simbólica al cubrirse, y a la luz de este hecho el vestido dota de elocuencia al riguroso sistema de representaciones del atuendo. «En realidad, en el traje reside toda la fuerza, todo el peligro, todo el misterio de la mujer. Desnuda ¡oh enemiga! sólo eres un pobre ser prisionero y débil, un alma cándida y cristalina que no tiene nada que esconder» (C-235:292,1923). Por diferenciar sexos, oficios, clases sociales y estilos de vida, el vestido se ha prestado a una detallada organización discursiva. Cuando el desarrollo económico empezó a flexibilizar las rígidas estructuras sociales heredadas de la Colonia y la República, los avatares de la moda pasaron a ser una cuestión de interés general, y el buen gusto y la elegancia se convirtieron en elementos de distinción. La prensa desempeñó un papel importante en este punto: con las novedades de la moda incluía ayudas para su correcta interpretación, a fin de impedir que se copiara sin más un modelo confiando en que ello fuera suficiente para lucir elegante. El dictado del nuevo siglo impuso el reto de equilibrar la elegancia con el sentido práctico, sin incurrir en pecados antiestéticos como las alegres inglesas o las americanas del norte: ellas «se desinteresan de su apariencia física, pero una joven o una niña cuidadosa de su elegancia se esforzará en combinar un vestido que le deje la deseada libertad en los movimientos, haciendo valer la armonía de su cuerpo y la euritmia de sus gestos» (C-9:144,1916).

El sentido práctico no puede llegar al grado de vestir overol, como ocurre en los Estados Unidos, donde «han adoptado aquella económica indecencia que, muy de acuerdo con la moralidad angloamericana, titulan símbolo de valor moral» (C-220:43,1920), cuando en verdad, «el bien vestir es un esfuerzo de igualdad democrática y estética». A las mujeres no se las puede despojar de los atavíos, que son el eje del progreso y el resorte de la civilización. Siendo pues la moda una expresión de las calidades personales y sociales, los cambios se juzgaron en términos de su conveniencia para las mujeres. La silueta recta, se sentenció, era una victoria que permitiría a la mujer «seguir siendo bella sin comprometer su comodidad ni minar su salud» (C-277:207,1921), un acto de autoafirmación femenina. Los defensores de la novedosa apariencia consideraron que, en tanto los hombres seguían una moda ridícula desde el punto de vista higiénico y estético, las mujeres habían dejado atrás el porte de muñeca sin perder su feminidad, y que con su atavío moderno propugnaban una vida más amplia, plena e inteligente (C-624:2,1928). La figura recta se defendió por la impresión de libertad que daba el paso que avanza sin el obstáculo de la falda y la respiración libre de toda constricción. Las sensaciones de movimiento, dinámica y circulación se experimentarían físicamente. En contrapartida, era imperativo no violar la pureza de esa línea -del talego- con protuberancias desmedidas. Y la lucha por contenerlas quedó a cargo de la dieta y los músculos.

Hubo voces que deploraron la pérdida de dignidad y la mancha del alma cristiana ocasionada por el impudor de abandonar medias y ropa interior, por entregarse al mito irresponsable de la moda y tolerar «ese ambiente que inficiona almas y cuerpos; ese ambiente donde se ahoga la pureza, ese ambiente de cabaret que hoy se respira en la playa y en los salones» (C-839:2,1932). Cuando los cambios se aceleraron de manera incontenible se acusó a las mujeres de insensatez:

> (...) parecen adoptar y fomentar un abandono de maneras e indumentaria que tiende a aflojar los impedimentos al movimiento progresista y a convertirlas en violentas revoluciones. Las mujeres prudentes deberían comprender el valor de representar la gracia espiritual y estética de la feminidad, ambas como influencia civilizadora y como valla contra la tendencia de los hombres de retroceder hacia la barbarie en su esfuerzo por avanzar. Deberían saber que en el pasado, cuando las mujeres actuaban y se vestían como mujeres, nuestra civilización estaba en pleno avance (C-1567:4,1947).

Era un último clamor en favor de las tradiciones señoriales, que recuperó algo de su ímpetu durante los años cuarenta y cincuenta, y que añoraba el retorno de la falda larga, el talle marcado y el cabello largo, un aspecto a tono con una «civilización pacífica». El corsé se enalteció porque representaba el principio de orden, por la disciplina que imponía y porque resaltaba las curvas femeninas insinuando una escondida suavidad; la falda larga, porque favorecía el andar gracioso, engendraba una mente más tranquila, sugería apaciguamiento y daba cabida a las caderas anchas, apropiadas para la procreación. La desnudez y la renuncia al corsé amagaban con diluir la atracción sexual y la fuerza misteriosa, enigmática e inspiradora de la mujer. Los nuevos contornos aflojaban el control de la juventud y alentaban la promiscuidad; el cabello corto se equiparaba a un paso hacia la masculinización y la neutralidad genérica. «Los pueblos civilizados continuarán retrogradando mientras sus modas sigan expresando un deseo por las caderas estrechas y las faldas cortas» (C-1567:4,1947).

La minifalda fue sin duda la mayor sacudida estésica causada por el vestido en la segunda mitad del siglo, un «grito al vacío» (C-2557:24,1966): «cuerpo, pose y diseño para quitar el aliento». El colorido y las nuevas líneas, la naturalidad y el nudismo, al tiempo que obligaban a mantenerse en forma, ayudaban a conservar la juventud mental, airear los prejuicios y alegrar la ciudad (C-2712:16,1969).

La comodidad es la sensación que domina en el discurso de la moda y tiene varias dimensiones: no se refiere solamente a lo que pueda apretar o ajustar, a la libertad de movimiento, sino a la comodidad social, a saberse acorde con los propósitos y las circunstancias, la clave de la elegancia. Se reconoce que quien viste debidamente encarna un estilo de vida y dispone de un arma que le permite marcar las diferencias transgredidas permanentemente por la democratización de la moda.

## 2. Métodos y técnicas

*Si quieres triunfar en amor y en la vida, si quieres ser feliz a fuerza de sentirte sana, ágil, resistente y hermosa, cuida desde niña de tus dientes, de tus cabellos, de tus ojos... Depura tu organismo para que tu cutis sea claro y transparente. Desecha las grasas inútiles con gimnasia, deportes, bailes rítmicos, con curas y regímenes. Expón tu cuerpo al aire y al sol. Permite a tus pulmones, siempre que puedas, respirar a tus anchas. No trasnoches sin necesidad. Nada, corre, salta. Sé toda agilidad de músculo y equilibrio de nervios. Así triunfarás. En la escuela. En la Universidad. En tu profesión o en tu empleo. Serás amada y tendrás hijos hermosos y sanos como tú. Y cuando pasen los años no te convertirás en una de esas ruinas de grasa y pellejos, sino serás una joven de albos cabellos y sonrisa de luz, a quien seguirán admirando y queriendo chicos y grandes. Vicki Baum (C-879:1,1933).*

Nuevas impresiones estésicas acompañaron el desplazamiento de la esencia de la belleza desde el alma hacia los puros atributos corporales: al observador lo afecta estésicamente la belleza, quien la irradia es a su turno generador de un caudal de sensaciones propias que dimanan, por una parte, del bienestar que le procuran las faenas caligénicas: sentirse saludable, ágil, resistente y deseable; por otra, de ostentar el poder que otorga la belleza: saberse polo de atracción y causa de conmociones estésicas... poblar la imaginación ajena.

*Voluntad*

La belleza que se acumula y conforma un capital simbólico es la que se obtiene de las tareas caligénicas. No importa si la componen en mayor medida la sencillez y la naturalidad, o la gracia y la elegancia, si es encanto o seducción. La belleza innata fue un don derivado de las virtudes del alma; la moderna es el premio al robustecimiento del más preciado de los atributos burgueses: la voluntad, una forma de ascetismo que combate dos pecados capitales: la gula y la pereza. Templanza, esfuerzo y trabajo son las virtudes que engloba la voluntad. El principal argumento de la estética corporal moderna es, por lo mismo, que «nadie nace hermoso», pero tampoco está exento de atractivos; sólo hay perezosos. El reto consiste en hacer aflorar la belleza mediante una lucha sin tregua similar a la que conduce a la salud, con cuya ética productiva está cercanamente emparentada.

Estas premisas tienen algunas consecuencias. A la par que se estima que la belleza no es ingénita, sino corolario de la disciplina y la constancia, cierta relajación de los cánones estéticos admite, en teoría, que prácticamente cualquiera puede hacerse a alguna porción de ella. La belleza, que desde luego no se distribuye al azar, pasa a convertirse de ese modo, como la educación, en un requisito social y en un capital simbólico valioso. La química y la medicina se alían con diversas técnicas auxiliares para promover tales potencialidades personales: «la mujer que trabaja por su belleza es más apta para ser feliz porque tiene mejor sentido de los valores» (C-1269:12,1941).

Paralelamente a la aparición del discurso caligénico y a su desmesurada tendencia inflacionaria, hay quienes intentaron relativizar el peso de la belleza. «La belleza tiene la importancia que Ud. le dé», se afirma; no es el aspecto físico el que determina el éxito o el fracaso, sino la confianza en sí mismo y la autoestima. El discurso para los menesterosos estéticos invita a realizar un gran esfuerzo destinado a compensar las desventajas que ello les trae, y lleva, por lo demás, a las lides caligénicas:

*No es fácil. Tendrá que exigir el máximo de sí misma en personalidad y desempeño. Será necesario someterse a una severa disciplina, extirpando de su vida actitudes perjudiciales tales como la amargura y la conmiseración hacia sí misma. El optimismo tendrá que ser de hoy en adelante su mejor amigo, al que debe cultivar asiduamente, aunque en ciertos momentos ese optimismo no tenga ningún asidero o parezca fuera de lugar (C-1749:14,1950).*

La joven desagraciada debe saber que la personalidad se perfecciona cuando se le exige y que sin sacrificio no se llega a un pleno desarrollo espiritual. Lo definitivo es tener un objetivo, pues nada impide que una chica fea consiga marido y sea feliz en el matrimonio; pero cuanto menos bonita sea, más necesidad tiene de sacar partido de sí misma. El consejo: «Estúdiese, determine los rasgos más dignos de destacarse y no escatime esfuerzo. Con la combinación de pulcritud, dieta y gimnasia, y el maquillaje se puede lograr un resultado perfecto» (C-1749:14,1950). La confianza en y el amor a sí mismo (C-3504:78,1985), la seguridad y la individualidad (C-3637:120,1987) constituyen los intangibles de la belleza actual. Sobra decir que las bellas -ahí están las reinas, actrices y modelos para confirmarlo- personifican la constancia y la férrea voluntad de apropiarse todos los atributos del cuerpo y la personalidad. La calimetría contemporánea, la «fabricación de la belleza» (Damkowski 1992), sólo tiene sentido si tasa y recompensa parámetros que la caligenia se ha dado a la tarea de alcanzar: «(...) lo físicamente bello se encuentra más en la mujer con busto suficiente, caderona pero no gorda, de piernas largas que aseguren su elegancia al caminar, con una buena estatura y un peso adecuado. Que posea una mirada atractiva, tenga los ojos grandes y, sobre todo, luzca su armonía. «La belleza física perfecta existe. Hallarla es difícil, pero esta ahí...»» (C-3435S:48,1983). En pos de esa perfección corren «muchachitas de acné en el rostro, con curvas bajo el uniforme (...), pura materia prima» (C-3435S:71,1983), candidatas a un cetro de belleza, que invierten su voluntad en hacerse a los rasgos físicos premiados por la competición.

La gordura -léase debilidad de la voluntad-, la peor falta a la estética corporal, es entonces una falla del carácter, como todo descuido de la apariencia física. Esta debilidad no tiene repercusiones éticas, aunque imprime cierta incompetencia social. En virtud de la influencia moral que la higiene consiguió atribuir a las costumbres alimenticias, al control del apetito y a la suma de los hábitos higiénicos, y del ascendiente que tales prácticas conquistaron sobre el carácter y el temperamento, «los malos hábitos se traducen en errores múltiples que es fácil prevenir gracias a una disciplina física y moral, impuesta por los padres o por la persona misma» (C-883:12,1933). El tipo de ascetismo a que compele el afán de ser bello se ejerce sobre el cuerpo y los sentidos; si bien sólo sobre aquellos cuyas pasiones podrían deformar la figura. El premio que reciben los sentidos por esta continencia son placeres estésicos que la ascética cristiana condenaría.

*Artificio*

El cometido inicial de la cosmética moderna es fabricar un lienzo adecuado. Para que la cara y el cuerpo sean tersos se eliminan los pliegues debidos a la caída de la piel y la gordura. Todo lo que melle la pureza de la línea se previene con masajes, activando la circulación sanguínea (C-52:44,1917). El vello, que inicialmente no desentonaba más que en el rostro (C-58:141,1917), quince años más tarde desaparece también de brazos y piernas. Sobre el lienzo inmaculado del rostro se aplica el maquillaje, cuya perfección se obtiene procediendo ordenadamente, teniendo los productos y utensilios apropiados y conociendo las técnicas que corrigen problemas concretos: masajear los labios caídos; esconder u operar las orejas separadas; maquillar los ojos saltones; hacer ejercicios y poner paños sobre la doble papada; usar el peinado y los accesorios que disimulan un cuello demasiado largo; planchar con aceite una permanente estropeada (C-1157:57,1939). La cosmética es una técnica que proporciona una nueva imagen, y con ella, seguridad. No obstante, desde que el maquillaje comenzó a ganar aceptación su desafío ha consistido en discriminar entre lo indispensable y lo superfluo, en no confundir el arreglo con la «coquetería» (C-1205:12,1940), que es una falta a la sencillez y la elegancia cometida por quien pretende seducir pero queda desenmascarado al hacer un uso inadecuado de los instrumentos y actitudes caligénicos.

Al imprescindible cuidado de la piel -limpieza, tranquilidad y sueño-, le siguen en medio del furor caligénico de los años cuarenta problemas más sutiles. El maquillaje suaviza las líneas de fatiga, oculta los pequeños defectos cutáneos, parece natural, aviva el color de la piel pálida y demacrada, y acentúa los encantos del cutis rozagante (C-1224:13,1940). Lo más importante de su estética es crear un aire natural, una belleza que se diría innata, y ese será desde sus inicios un objetivo constante y muy particular del visajismo. Como la tarea se vuelve más y más ardua, el método y el uso del tiempo entran a formar parte de las reglas. Se precisa una organización del tiempo con alternativas para las mujeres que trabajan: cada noche, limpieza, nutrición, y cepillado; cada semana manicura, exfoliación y máscara facial; cada mes, limpieza profunda del cuerpo y la piel, y lavado especial del cabello (C-1264:12,1941). Fuera de los tratamientos especializados para conservar el rostro terso -ondas cortas y ultra violeta (C-1300:12,1941)-, es necesario combatir las arrugas por medio de la distensión facial que se facilita con un recurso al alcance de todos: el buen humor y el reposo. Cuestión de voluntad, nada más (C-1486:52,1945).

Las técnicas y procedimientos caligénicos colonizaron durante las décadas del cuarenta y el cincuenta un territorio que no les podrá ser usurpado en adelante y que consagra el surgimiento de la experta en belleza: «Hoy en día es una necesidad presentarse de la mejor manera posible, no únicamente en la forma de vestir sino también en lo que hace relación a la persona misma, para lo cual debe recurrirse a los cosméticos con el fin de aparecer más joven y más bella» (C-2079:1957). La estética corporal es una necesidad para la mujer que trabaja, el ama de casa y la joven que aspira a casarse lo más pronto posible; todas deben mantenerse en las mejores condiciones físicas y estéticas. La culminación de esta faceta de la estética corporal es la belleza de talla internacional, resultado del arte del maquillaje, de la elegancia y de la gracia:

> *Creo que la belleza me definió la vida porque yo no tenía horizontes para ser una profesional, o tener un trabajo, de manera que el reinado de belleza era mi mejor alternativa (Galvis 1993:212*

> *El colegio fue siempre muy claro en explicarnos que nosotras éramos elegidas, que éramos una clase dirigente, hechas, construidas y fabricadas para casarnos con ministros, embajadores, personajes importantes que manejan el país. Todo giraba alrededor de las maneras sociales y no era elegante pelearse como las mujeres de la plaza del mercado y menos por política (Galvis 1993:324).*

Después de trasegar por las sinestesias de los sesenta, cuando cedieron temporalmente las pretensiones naturalistas y permitieron la tregua del psicodelismo, «un arte que llega a los sentimientos a través de sonidos musicales, de efectos de luz y movimiento continuo» (C-2627:24,1968), el visajismo retomó el rumbo de la apariencia natural (C-3237:70,1980) siempre interesada en marcar diferencias. La cosmética sugiere aprender a maquillarse para no «chillar» (C-3483:110,1984) y declinar el propósito de estar a la última moda para optar por la discreción, por lo que se amolda a la personalidad y la figura. Esta habilidad, fundada en el autoconocimiento, consiste en seleccionar los colores que le sientan a cada tipo. Se trata, sobra decirlo, de un arte que pocas mujeres dominan y que requiere por lo tanto de la intervención del visajista. Su misión estriba en identificar los puntos básicos a ocultar y resaltar en la cara.

Tras las etapas de higiene, activación de la circulación y limpieza profunda, la caligénesis ahondó sus raíces. Las curas intensivas con cremas, máscaras o extractos «regeneran» y para garantizar su acción se recurre a masajes que hacen penetrar los productos hasta esas profundidades -con lo cual «no hay ninguna excusa que le impida mantener un aspecto inmejorable a cualquier edad» (C-3211:55,1979)- o que moldean el cuerpo mediante una suerte de transmutación alquímica de las sensaciones: «escuchaba el tronar de sus propios huesos y cartílagos, y sentía deshacerse la grasa depositada en corvas, tobillos, espalda y cintura» (Buitrago 1993:41).

«El primer paso es el examen de conciencia: qué somos, qué atributos tenemos y cuáles no tenemos y, sobre todo, qué comemos.» Con este cuestionamiento el discurso de la belleza se adscribe el lugar más destacado de la jornada femenina: es un capítulo que debería de ocupar las primeras páginas en la agenda diaria de toda mujer (C-3370:70,1982). El mejor comienzo es el cuerpo «oxigenado», el cual suministra mayores energías para los pasos a seguir; la disciplina es la palabra clave si la mujer quiere ser bella, y la nutrición es el principio básico; a continuación vienen los pilares de la cosmética: las mascarillas y el maquillaje.

El discurso caligénico crea un programa de vida completo porque alcanzar, conservar e incrementar la belleza involucra toda la existencia. La piel, el órgano más sensible, es receptora de todo estímulo externo: «todo entra por la piel», y lo que entra, bueno o malo, se dejará ver tarde o temprano. En consecuencia, hay que empezar a cuidar la piel desde la pubertad y ajustar los cuidados a la edad. Los hombres también deben hacerlo, tomando agua y una alimentación sana y equilibrada, durmiendo de siete a ocho horas diarias y huyendo de los enemigos de la piel: el licor, el cigarrillo y el sol (C-3424:98,1983).

La forma más radical de la cosmética es la cirugía, que combate la «tristeza de envejecer», una dolencia justificada en vista de que «la vejez es la antesala de la muerte». Este momento es particularmente doloroso para las mujeres, a quienes la fealdad de la senilidad las aleja del amor, el quid de su vida. La cirugía estética «devuelve a las víctimas de la vejez el brillo y la lozanía de la mocedad. ¡Qué consuelo para las mujeres que, con la edad, comienzan a perder sus encantos!» (C-842:3,1932). Cuando la cirugía estética empezó a popularizarse, en la década de los setenta, se vio en ella una cura para la enfermedad de la vejez (C-2823:58,1972) y un complemento de la cosmetología. El cirujano plástico señala que los problemas estéticos de la población se agolpan en el rostro, predominantemente en la nariz, y acarrean «dificultades para progresar en su trabajo y desenvolverse socialmente». Hombres y mujeres se someten a la rictitectomía, mejoran el perfil de la nariz, corrigen la calvicie, se deshacen del abdomen y modifican los senos, el mentón, las caderas y los glúteos. Los cosmetólogos remueven células muertas, hacen limpiezas profundas, fortalecen, oxigenan e hidratan los músculos faciales, les dan masajes relajantes y los irrigan (C-2771:55,1971).

El médico confirma que los hombres rejuvenecen y mejoran su imagen con la cirugía que «ofrece la posibilidad de ganarle un poco la carrera al tiempo y permitir que un alma joven y llena aún de deseos de vivir no se esconda tras una cara en la que el curso de los años ha dejado su marca de arrugas y tejidos caídos» (C-2989:60,1975). No se trata en este caso de un simple acto de vanidad, sino de una necesidad de la vida moderna (C-3627:50,1987). La belleza deja de ser pasajera: la figura agradable y la armonía del aspecto general (C-3073:92,1976) se convierten en requisitos para toda la vida.

La conveniencia social de este procedimiento la constata una y otra vez la medicina: «La cirugía estética no puede confundirse con simple vanidad ya que tiene una función social definida. Tiene la aceptación de la Iglesia Católica que sostiene que si el cuerpo es receptáculo del alma, el cuerpo debe procurar ser tan perfecto como el alma misma». La bendición eclesiástica se comprende por la demostración del «nexo incuestionable que existe entre desfiguración facial y criminalidad. (...) Preocuparse por la estética es tan importante como preocuparse por la conquista de la libertad, de la felicidad misma», concluye el cirujano (C-3297:20,1981).

## 3. La sensibilidad caligénica

A la consolidación de una imagen bella la siguen indicaciones acerca de los detalles que irradian belleza y de las estesias que produce. Este cometido lo llevan a cabo muchos de los textos que acompañan las imágenes: haciendo gala de precisión y de riqueza en las figuras retóricas, especifican lo que la belleza comunica. De ahí que el vocabulario sobre la belleza corporal sea pródigo en referencias estésicas. Cuanto más variado el espectro de sensaciones experimentadas y cuanto más intensas las conmociones que ocasiona, mayor es el grado de belleza percibido.

Hacerse al aspecto que cumple las normas estéticas en boga es una labor que fue secundada por la definición de sinestesias: lo que deleita e inspira admiración tiene una correspondencia estésica en el cuerpo embellecido. La higiene dio el primer paso restituyendo el deleite del agua, y aparecieron los baños refrescantes, suavizantes, tonificantes y perfumados. Las acciones caligénicas rehabilitaron sensaciones que el ascetismo de la tradición señorial tenía proscritas: «lo primero que hay que hacer para conservar la piel y el cuerpo en buen estado es tomar un baño diario» porque con ello se limpia, estimula y tonifica; al frotar y empolvar la piel se realiza una acción medicinal y refrescante. Para completar este programa *higiénico* de belleza, un baño semanal en la tina descansa los nervios, abre los poros y, con algo de sal de soda, suaviza la piel (C-845:8,1932). Descansar, no de cualquier manera, sino mimando la piel, es una sensación caligénica insustituible. Darse baños de sol, escapar de la ciudad y seguir un régimen abundante en frutas y legumbres es la «cura físico-dietética» más conveniente para «una renovación total de la belleza» (C-1661:39,1949). Partes del cuerpo antes ignoradas revelaron una *sensitividad* vital para hermosear. Los pies, por ejemplo, si se descuidan, envejecen el semblante, surcado así por una «expresión de pena y desaliento»; ahora que si se atienden con baños diarios, masajes, pedicuras y ejercicios (C-1911:55,1953), proporcionan una sensación de alivio que aumenta el atractivo.

El descanso es la sensación caligénica por antonomasia. Merece que se lo aprenda, pues comunica un aspecto reposado y plácido. Relajarse consiste en aflojar los músculos y conservar el ánimo sereno. El mejor sitio para hacerlo es la cama; allí puede uno estirarse y bostezar (C-2781:2,1971). Los masajes son otra actividad caligénica y sinestésica de efecto múltiple: mantienen la línea, equilibran la mente y crean belleza. Aplicados en los pies, desencadenan un flujo energético que incide en diversas regiones del cuerpo (C-3407:74,1983). Todas las técnicas de renovación celular, así como la visita a la peluquería o la aromaterapia, provocan estados placenteros y resultados que acentúan el carácter y la personalidad (C-3554:64,1986). Producen tal bienestar las prácticas caligénicas, que bien vale la pena dedicarse a ellas durante las vacaciones (C-3448:96,1984).

Las hábitos de belleza deben practicarse con disciplina pero sin que causen mortificación. Por el contrario, su efecto estésico se compone de relajación muscular, serenidad, ligereza, frescura, placidez, contacto con la naturaleza, reposo de los nervios, sensaciones placenteras para la piel, sol, aire y activación del flujo energético. Así se entrelazan dos elementos que la ética burguesa decimonónica no habría podido conciliar: la voluntad, que viene a ser uso metódico del tiempo, constancia, disciplina y perseverancia, y el descanso, cuyas propiedades caligénicas no se obtienen sino sobrepasando el que la higiene recomienda para renovar el vigor y cuyo único fin es solazar y, así, generar belleza. Con todo, no hay tal aporía. Posiblemente lo único que puede exponerse en la actualidad como símbolo de distinción es el tiempo, ¡qué mejor que derrocharlo como antes se hiciera con la laboriosidad, las buenas maneras o las virtudes del alma!

El contubernio de salud y belleza es de vieja data. Recorrimos sus alianzas desde los escritos higienistas hasta las visiones recientes de la cultura física. A las recompensas de uno y otro orden se allegan las complacencias estésicas. Si el secreto del buen aspecto es practicar ejercicios que estimulen la irrigación sanguínea y seguir un régimen «para estar sanas, jóvenes y tener una gran vitalidad», el resultado es el flujo de energía que atraviesa el cuerpo e insta a la acción. Una dieta de alimentos crudos produce una sensación de bienestar sin precedentes; el estómago ligero incrementa la propiocepción (C-1197:14,1939), los músculos abdominales y el plexo solar se complacen. La combinación estésica que traen consigo las prácticas caligénicas se concreta: vitaminas, minerales, alimentación adecuada, vegetales, frutas, sol, agua, aire libre y gimnasia se transmutan en el brillo de los ojos y el cabello, la firmeza de la dentadura y la línea elegante (C-1277:6,1941).

No es cuestión de refinamiento, recuerda el ánimo democratizante: ¡es un asunto de higiene! La belleza depende exclusivamente de la salud y es también un aroma. La piel no seduce si la impregna el olor del sudor, ni los cabellos atraen si por grasosos despiden un olor feo y rancio; después de lavarlos han de se friccionarse con un perfume discreto que insinúe sin imponerse (C-1307:12,1942) y que transmita una sensación de frescura. Eliminando las toxinas, la epidermis adquiere tersura y belleza inigualables (C-1435:53,1944). Limpiar la sangre, esto es, enmendar los hábitos alimenticios, incumbe igualmente al «sexo masculino (...) tan vanidoso de su cutis facial como aquéllas»: hay que librarse del enrojecimiento de la nariz y los ojos, y de las dolencias de los órganos causadas por el alcohol. Consumir más alimentos frescos y someterse a más regímenes para adelgazar alivia todas las «afecciones» de la belleza - uñas quebradizas, caída del pelo, celulitis, grietas bajo la piel, cutis marchito, manchado o amarillento, arrugas-, síntomas superficiales, por cierto, de trastornos internos (C-2387:18,1963). Abstenerse de fumar significa erradicar las secuelas del tabaco sobre los nervios, prescindir de la garganta inflamada y la voz ronca, mejorar el aspecto de los ojos y la piel (C-2511:72,1965). Todas las medidas saludables se resuelven en sensaciones de pureza, limpieza, ligereza, frescura y suavidad: una especie de consistencia etérea.

Esta ingravidez la consuma la cultura física. La sensación de disponer de energía preserva el cuerpo y la juventud de espíritu. El ejercicio que activa y vigoriza, y los aparatos eléctricos, vibratorios, de rayos y limpiadores (C-2383:28,1963), todo lo que estimula el organismo es una fuente de bienestar. El placer de poseer energía se percibe en las tres funciones básicas de la máquina humana: respiración, circulación y nutrición; la segunda clave para que la energía fluya libre de intermitencias es el control nervioso, sinónimo de dominio sobre la vida. Si se acopia toda la voluntad y nunca se desfallece, entonces se conservarán la juventud y la belleza.

La actitud estoica y las virtudes de la disciplina y la voluntad no perduraron como alicientes genuinos por mucho tiempo. Rápidamente el gusto de saberse disciplinado cedió su primacía en favor del placer producido por la acción misma, que es una satisfacción estésica, no espiritual. Sus piezas fundamentales son el vientre liso, el estómago ligero, los huesos y los músculos sin trabas y la respiración profunda (C-1159:18,1939). El estómago, tan cercano al plexo solar, es uno de los focos estésicos de la cultura física; allí se albergan muchas sensaciones: «todas las mujeres quisieran tener el estómago más plano» (C-1206:14,1940). El estómago liso, fruto del control de los alimentos, la contracción muscular, la posición adecuada y el entrenamiento muscular abdominal, es la corporalización del desaparecido corsé y la zona del cuerpo donde el control estésico y emocional actúa con mayor eficacia (Rose 1991). El argumento más socorrido de las dietas es la ligereza: abolir la pesadez (C-824:10,1932) y descubrir los alimentos frescos y saludables. La grasa superflua fatiga, el estómago debe «cerrarse» y reducirse para incrementar la fuerza física y la eficiencia mental. El estómago abultado es un sumidero de energía, su obturación reporta los consabidos beneficios físicos y una reorganización absoluta de la manera de vivir (C-1198:12,1939), que va de la mano con una nueva esbeltez que se siente, pero que es también emocional, habida cuenta del dominio que otorga sobre la voluntad.

La estabilidad nerviosa es el cuarto pilar del canon estésico (C-1229:12,1940): ser dueña de sí misma y mantenerse mejor equilibrada con ejercicios sencillos de estiramiento y flexibilidad; guardar una postura correcta, libre de tensiones musculares en la garganta y el cuello (C-1225:12,1940); desterrar la sensación de oxidación de músculos y articulaciones (C-2225:54,1960) y lograr que el esqueleto se mueva sin fricciones. En razón de la fragilidad nerviosa de las mujeres, el equilibrio viene a ser otra sensación importante que se obtiene con las dietas: determinar la manera apropiada de comer y orientar los esfuerzos hacia un comportamiento nuevo y más constructivo, no es otra la vía para experimentar el autodominio y desarrollar nuevos hábitos (C-3003:83,1975).

El placer del reposo, el vigor de la energía, la limpieza y ligereza de una alimentación sana y el equilibrio de los nervios controlados integran el meollo estésico de la caligenia. Hasta los años setenta se insistió en que el aire debía penetrar profundamente en el organismo (C-2869:45,1973) e incrementar el consumo de oxígeno para limpiar la sangre y la piel, hacer más sanos los tejidos y más claro el cutis, mitigar las manifestaciones de la celulitis, mantener la carne fuerte y elástica, y la piel tersa. Con tal régimen de salud y belleza se cambiaba mucho de la textura y algo del perfil; éste, excepción hecha de algunos detalles, permanecía inmodificado en hombres y mujeres. En los ochenta se impuso una sensación más intensa que derivó en el interés estético por la consistencia muscular (C-3281:92,1980). La fuerza, expresada en volumen y potencia, recuperó un poder estésico privilegiado.

Este momento se mostró propicio para hacer a los hombres partícipes de las inquietudes caligénicas. El discurso sobre la belleza masculina se inició con mesura en torno de algo tan incuestionable como la afeitada (C-2293:36,1961). Siendo la barba un rasgo de virilidad, los consejos al respecto no parecen amenazadores; no obstante, sirven para hablar de lociones y cremas de afeitar, y de la naturaleza de cada piel, así como para aconsejar a los jóvenes. La caligenia masculina hacía a la sazón carrera propia. Durante años, la estética masculina no había trascendido los gajes de la rasurada, pero en vísperas de los sesenta el cabello, o mejor su caída, se hicieron públicas y se popularizaron las prácticas para hermosear a los hombres. Retardar la calvicie se convirtió en un remedio encomiable para prevenir casos de neurosis. La ciencia intuía las causas de la calvicie en desequilibrios glandulares de procedencia nerviosa (C-2175:49,1959) y su tratamiento se defendió alegando que evitaba la pérdida de autoestima y seguridad. La renovación que trajeron los años cincuenta a diversos aspectos de la belleza masculina también se hizo sentir en el vestido: color y una figura más ajustada fueron las primeras innovaciones (C-1739:17,1950). La misma preocupación por la consistencia muscular y el contorno del cuerpo asaltó a los hombres. Con la reivindicación del uso de las pesas empezaron a compartir la obligación de la figura perfecta que no se compadece de la edad ni el sexo (C-2331:39,1962). Los anuncios de la época representaban «un nuevo concepto más dinámico de la vida, de la función dentro de la esfera ejecutiva y social», y la exigencia de estar a tono. La dedicación al cuerpo masculino se concentra en la forma, no tanto por el contorno cuanto por la potencia que encierra (C-2807:75,1971). Teniendo asegurado un atributo tan masculino como el desarrollo muscular, que conjuraba cualquier malinterpretación, fue posible seleccionar a los hombres más bellos del mundo (C-3495;42, 1985). Se popularizan las cualidades de que antes sólo hacían gala los atletas. Garantizada la virilidad, se pueden prever los cambios que deteriorarán su aspecto (C-3473:55,1984) y salirles al paso. Los hombres pueden dedicarse a ser bellos (C-3637:94,1987) y cuidar el pelo, los pies y las manos, usar tinturas, darse masajes, limpiar la piel y someterse a la liposucción.

En los ochenta, las prácticas caligénicas deben comulgar con la naturaleza e incluyen una sensibilidad ecológica. Lo que da salud y belleza proviene de la naturaleza, siempre y cuando se hayan respetado sus principios. Disminuir el consumo de carne, beber agua mineral, preferir los alimentos integrales y desconfiar de los productos químicos (C-3405:50,1983) son nuevos componentes de los rituales caligénicos. Esta sensibilidad supone también una actitud positiva, uno de los ejes estésicos y una fuente de eterna juventud, porque la belleza siempre viene de adentro (C-3560:77,1986).

Todo el habitus de la estética corporal gira en torno a la capacidad individual para juzgar la conveniencia de las prácticas de acuerdo con las sensaciones que provocan (C-3583:68,1986). Es menester una aguda *sensitividad* para interpretar los pálpitos del manantial caligénico que se ha despedido de problemas superfluos como el cabello, las uñas, el maquillaje o la moda (C-3627:48,1987). Esta tolerancia que aparenta liberar de imposiciones formales, es sin embargo obligante, pues dada la amplitud de alternativas que ofrece, no admite disculpa: desdeñar la belleza implica graves peligros que pueden conducir a la infelicidad (C-3424:105,1983).

La apropiación de la belleza física por todos los grupos sociales y la consecuente relajación de sus pautas superó límites como el de la edad, límites que otrora establecían barreras rígidas y restringían la belleza a la juventud. En este caso, encontrar belleza en la madurez y la vejez no significa aceptar o siquiera tolerar su aspecto, sino imponer a estos grupos la sensación y el aire de la juventud.

Para las mujeres la juventud acababa con el matrimonio o a más tardar con la maternidad. El primer paso para prolongar la juventud consistió en determinar que entre los 35 y los 45 años las mujeres, de «cierta edad», no eran ni jóvenes ni viejas y que podían quitarse edad si habían conseguido buenos resultados en la prevención de la vejez: «El Padre Tiempo tiene una horrorosa tendencia a asir a las mujeres por la garganta» (C-883:12,1933). Principiando a tiempo, entre los 14 y 16 años, la coquetería se convierte en la base de la salud y la felicidad futuras y se evitan las edades ingratas (C-1199:12,1939). La belleza toma el aspecto de la juventud abandonando bastiones tan sólidos como la elegancia y el buen gusto: «Ya hemos dicho que la moda es una joven de dieciocho años, y como tal, graciosa y alegre, pero también esbelta, con un talle fino ceñido en anchos cinturones. Terrible para las que tienen «estómago» o son un poco encorvadas» (C-1211:14,1940). El primer móvil son los hombres: ellos prefieren las verdaderas jóvenes (C-1262:12,1941). Las características de esta juventud son piel limpia y sana, músculos fortalecidos, alegría y naturalidad. Preservar estos rasgos es un deber cuyo cumplimiento salta a la vista. Un factor tan decisivo como la «línea» se decide entre los 10 y los 13 años. Por ocuparse de bagatelas, las madres descuidan asuntos que tienen serias implicaciones en el futuro de las niñas. Su obligación es «vigilar en su hija un equilibrio del cual dependen, en gran parte, su belleza, y su felicidad como mujer» (C-2275:41,1961).

A mediados del siglo «la mujer todavía es joven» a los 40, gracias a los adelantos técnicos, los deportes y la medicina que le permiten mantener su vitalidad y su capacidad intelectual o manual. Tanto a las mujeres como a los hombres de esa edad se les atribuye entonces menor capacidad mental y física (C-1953:13,1954). Poco después, la vejez ha pasado a ser un proceso intolerable: «La falta de todo tratamiento cosmético serio y metódico explica perfectamente el envejecimiento prematuro de nuestras antepasadas: su cutis arrugado, su cuello mustio» (C-2223:50,1960). Servirse de los adelantos científicos y valorar un físico agradable son cuestiones vitales. La divisa es conjurar la edad por medio del artificio, disminuirla visualmente, borrar sus huellas con un arreglo que haga brillar de juventud, seguridad y elegancia (C-2263:46,1960).

A medida que la esperanza de vida aumenta y la higiene se orienta a prolongar indefinidamente la vida, se rompe la barrera de los treinta años y se afirma que, habiendo variado el concepto de vejez, las mujeres han hecho una de sus mayores conquistas. El límite mínimo son los 50 años y la lucha consiste en explotar la edad. Para conservar la silueta y la gracia juveniles se recomienda todo lo que comunica juventud: vestir colores claros, utilizar el color natural de su cabello y teñirlo solamente si se puede acudir a un buen peluquero, lucir un peinado que suavice los rasgos, usar zapatos que permitan caminar con soltura, ligereza y seguridad, y gafas adecuadas al rostro, practicar deportes suaves que ayuden a guardar la línea, y seguir, en fin, los consejos dietéticos del médico (C-2353:38,1962).

En los años ochenta la vida de las mujeres apenas comienza a los 40 (C-3293:62,1981); entonces alcanzan su verdadera plenitud, a condición de que lleven «una vida coherente con el pasado», dediquen tiempo al cuidado físico y se «dejen invadir» por la sensatez. Allí ingresan al mundo de la edad indefinida (C-3552:63,1986) y a los 50 pueden obtener la eterna juventud con ayuda de aeróbicos, gimnasia, baile, levantamiento de pesas y dieta (C-3539:63,1985).

El esfuerzo caligénico de toda una vida encuentra su razón de ser si consigue prolongar indefinidamente no sólo el aspecto sino ante todo la dimensión estésica que se le atribuye a la juventud. La belleza se determina por virtudes que el cuerpo expone, por rasgos que componen un cuadro, inspiran sensaciones y finalmente alteran la definición de las etapas de la vida. Los jóvenes son degradados por las edades «problemáticas», en tanto que su fisonomía y las peculiaridades de su vigor se les conceden a los adultos.

Las intenciones de la caligenia son ajenas a la elaboración de la apariencia de que fueron testigos los siglos anteriores: no se practica para expresar la condición, para escenificar la esencia, sino con el fin de enmascararla (Perrot 1988) y elaborar una nueva. La predilección de la burguesía incipiente del siglo XIX por la apariencia sencilla indicaba ya un ánimo dispuesto a exhibir su vida austera. El repudio de la exuberancia estésica llevaba el traje de la honestidad, la higiene y el recato; su cosmética basada en la moral del aspecto sincero y exento de los artilugios del maquillaje perseguía una transparencia que permitiera reconocer la integridad del alma. Pero acaso ningún otro discurso sobre el cuerpo anunció tan pronto la agonía del alma y de la manifestación corporal de su gracia. Marchitas el alma y la belleza romántica, sus bondades emigraron hacia el cuerpo y en él se rastrearon los vicios de la forma que mancillan su pulcritud y una belleza compuesta por la suma de muchas perfecciones, por la gracia del movimiento y sus matices.

Como las virtudes espirituales, las carnales pueden y deben perfeccionarse si han de dar cuenta de las excelencias personales; a seccionarlas contribuyó la higiene. No obstante su designio hedonista, los hábitos caligénicos coinciden del todo en este punto con las prácticas piadosas y las virtudes que cultivan el cuerpo para que germine la belleza. El cuerpo grácil, sucedáneo moderno del cuerpo glorioso bendecido por la gracia divina, posee cuando menos tres de las cuatro virtudes de este último: claridad, impasibilidad y sutileza. No faltará, por cierto, quien aventure la afirmación de que la agilidad se la concede la virtualidad de los medios visuales de comunicación.

A los beneficios de las artes cosméticas se accede doblegando la gula y la pereza con templanza, esfuerzo y trabajo. Por su intermedio se logra extraer la belleza de la profundidad en que reposa. Si el empeño tiene éxito, el cuerpo embellecido habrá merecido las cualidades antes señaladas: el resplandor de la tez y la mirada -claridad-, el arte de eximirse del padecimiento para refinar la donosura -impasibilidad- y el poder de traspasar el cuerpo ajeno -sutileza. Esta forma de impasibilidad, consistente en hacerse inmune a padecimientos que desdoren la belleza, se suma al placer que vimos contenido, pese al esfuerzo que requieren o precisamente por ello, en las numerosas tareas caligénicas, así como al que comunica la sutileza.

Es cierto que la belleza moderna ansía satisfacer cada uno de los sentidos; con todo, obsequia con mayor generosidad a la vista, como es propio del desenvolvimiento moderno de los sentidos (Andrieu 1993; Buci-Glucksmann 1984; Elias 1976; Onfray 1991; Simmel 1922). El ojo debe poder aprehenderlo todo y engendrar sinestesias: ver olores, texturas, sabores, adivinar espasmos. Aquí reina la sutileza. El dominio del ojo es en este plano el de la imaginación que recrea en el voyerista las sensaciones percibidas. El erotismo halló en el distanciamiento táctil un terreno abonado para explayarse: ver, imaginar y postergar; acariciar con los ojos. El erotismo se solaza pues en la mirada; el ojo es intermediario del placer y la caligenia se depura para alimentarlo: el gozo que brinda la belleza se produce para que sea, en buena medida, captada visualmente.

Aparte del puro consumo visual, la mirada capta el aura del cuerpo forjado por la caligenia. Esa aura o atmósfera (Böhme 1995) la gesta la experiencia estésica que es el habitus embellecedor. Pero su relevancia no se agota en la experiencia hedonista individual y en lo que de ella transmita el cuerpo: también cumple una función en tanto recurso de distinción. Por un lado es la *corporización* de una sensibilidad y un estilo de vida particulares, una suerte de código que proclama formas de refinamiento estésico; por otra, habla de disciplina y de aquel severo control de las emociones sin el cual no prospera la belleza. Asimismo, el consabido buen gusto se erige en parámetro de la capacidad de mesura de que puede hacer alarde quien tiene en demasía. El excedente de riqueza se condensa en sobriedad, el de placer en erotismo y nada más se derrocha aquello que representa dinero para los menesterosos.

Las emociones adquieren en el discurso de la estética corporal una dimensión amplia: sirven para reforzar, además de sensibilidades, grupos y clases sociales, los órdenes del género y los de las edades. Así se ejerce un control discursivo continuo sobre lo que amenaza alterar los pilares del orden simbólico.

## C. Sentio, ergo sum

> *El estado supremo supone un espíritu en total posesión de sus fuerzas y capaz de percibir los mensajes del cuerpo y del mundo en toda su riqueza sensible: la hiperconciencia requiere de la hiperestesia.*
>
> *(Starobinski 1987)*

La vehemencia de los deseos, las pasiones, los ánimos perturbados o desordenados, los sentimientos que entrañan alguna forma de exceso con talento para apabullar o confundir la razón han sido un motivo predilecto de los discursos sobre la constitución y representación del cuerpo. A menudo semejan un peligro que la modernidad ha querido apaciguar. Las pasiones, con todo y ser cualidades propiamente humanas, han sido degradadas por la tradición judeocristiana al terreno animal y salvaje, y admitidas solamente cuando se amoldan a ciertas especificaciones estésicas. Los bríos radicalmente iluministas tuvieron una vida corta en América Latina; los discursos que quisieron una doma completa y racional del cuerpo, hijos del sensualismo, sufrieron pequeñas fisuras por las que se coló la apetencia de percepciones sensoriales. No porque ello sucediera, cabe pensar que el desorden y el ánimo tumultuoso de emociones incontenibles socavara el ímpetu racionalista, toda vez que también las orientaciones estésicas infiltradas acusan una concertación que vino a complementar las nociones centrales de la antropología de la modernidad en relación con la comprensión del progreso y la felicidad.

El discurso estético asociado a este fenómeno es de otro orden: en tanto que la disposición estésica sienta las bases mismas de la experiencia corporal y es con ella ingrediente ontológico (Andrieu 1993; Böhme 1995; Starobinski 1983; Onfray 1991), su estetización obedece a intereses de la razón y la distinción social (Bourdieu 1979; Gebauer/Wulf 1993; Mörth/Fröhlich 1994). Pese a que en la actualidad los términos estética y estesis propenden a la sinonimia, esto no exime de reconocer que su naturaleza difiere (Ehrenspeck 1996). Las especulaciones estésicas obedecen al imperativo de ordenar, administrar y dotar de sentido al conjunto de las percepciones sensoriales; en un segundo momento ocurre una valoración estética de la experiencia sensorial en función de un sistema de distinciones.

## 1. Aprensiones

La experiencia estésica del individuo moderno ha sido definida y es constantemente actualizada, entre otros, por los discursos de la higiene, el comportamiento, la belleza, la cultura física y la pedagogía; todos aportan elementos para ordenar la experiencia de sentir el mundo y encauzar el deseo. Durante el siglo XIX se pugnó por encarar estas experiencias, en el ámbito estésico, especialmente mediante prácticas estoicas; en el estético, con enjuiciamientos morales. Nuestros resquemores, teñidos de desastres ecológicos y demográficos, distan de las invasiones microbianas, la concupiscencia o las nacionalidades difusas que arredraban al siglo XIX. Estas aprensiones, tanto las unas como las otras, son más que incertidumbres: las acompaña el desasosiego de no poder asir, comprender y prever. Algunos de los motivos que han desvelado a la imaginación del presente siglo[2] nos instruyen acerca de la manera como se los ha querido superar definiendo sus substratos estésicos y sancionándolos estéticamente.

### *Nacionalidad y civilización*

A partir del afán letrado por salvar la tradición hispánica y el idioma en pro de la edificación de la identidad republicana, el siglo XIX y buena parte del XX se consagraron a deliberar sobre los valores que convendrían a la nacionalidad. Las imágenes bosquejadas en torno a las opciones corporales de este propósito desnudan los vicios que se han querido superar y las cualidades anheladas. Para la consolidación de una identidad fecunda se impuso el ideal de una civilización burguesa y católica enfilada hacia el progreso. Lo que se interponía en ese camino eran trazas de incultura, salvajismo e inmoralidad -el pueblo y sus vicios, la historia, los grupos marginales y su capital estésico-, por lo que los medios para conjurar las secuelas del atavismo se empeñaron en la expresión del cuerpo, su apariencia y funcionamiento, lo mismo que en definir su sensibilidad.

El pueblo, «embrutecido y atrofiado físicamente» por falta de una educación intelectual, moral y física medianamente científica,

---

2 *Además de los motivos que menciono a continuación, el de la ciudad como lugar privilegiado de la civilización descolló y prohijó un generoso discurso sobre sus calidades estésicas y estéticas para el progreso (Pedraza 1996a).*

minado por la bebida y por la falta absoluta de higiene, y sumido en la acción morbosa de los climas (C-371:176,1923), obstruía la marcha hacia la civilización. La higiene, la educación popular y las diversiones sanas que protegían de los vicios y de las «representaciones que estimulan la ociosidad y el crimen» debían sentar las bases del progreso. Por otro lado, una ética que enseñara a derrotar la pereza, la incapacidad y la indisciplina (C-1234:28,1940), y a modelar un carácter exento de pusilanimidad afianzaría la personalidad y forjaría individuos ponderados.

Del horror al desacierto formal y a la apariencia delatora, y resueltos los más acuciantes problemas de rendimiento, las inquietudes por la identidad se extendieron a la psicología nacional (C-342:81,1923). En medio de la pugna por el progreso material y el bienestar fisiológico, las élites fueron acusadas de despreciar las disciplinas mentales y desatender la vida espiritual. Se advertía el desvanecimiento de la «armoniosa civilización mediterránea», la pérdida de toda manifestación espiritual elevada en aras de la posesión material y de todo interés por «lo que no sea industria, comercio y cultivo físico» (C-259:253,1921). Al tiempo que el parangón con la civilización hacía pensar en un embrutecimiento general y una barbarie sin remedio (C-365:78,1923), el nuevo progreso ofrecía la alternativa de ser tasado por la frecuencia e intensidad del placer (C-421:173,1924). El descanso activo y divertido -no indolente y pernicioso como en el trópico- brindaba una salida: si después del fin de semana en playas y campos, al aire libre, «el cuerpo y el espíritu se sienten vigorosos y se entra en la vida activa de la nueva semana con energía y entusiasmo frescos», entonces se está frente a una verdadera civilización.

Alcanzar la mesura civilizadora implicaba un comportamiento sobrio y libre de pretensiones odiosas al carácter nacional, en particular por parte de las élites. El discurso de la urbanidad elucubró ampliamente al respecto y perfeccionó los detalles de la conducta. Su intención de incorporar la «cultura y las buenas maneras» a la percepción social tuvo su momento culminante a mediados del siglo. Por esas fechas se aducía que habían perdido terreno en la definición de las clases el apellido, el abolengo, la pigmentación o las formas del cuerpo y la jerarquía se concebía por la capacidad económica, la cultura y los modales «que las personas hayan adquirido para alternar con quienes tienen, por tradición, refinadas costumbres para comportarse en el conglomerado social» (C-1751:7,1950).

Lo que contaba era la educación, sinónimo de moral, acerbo de buenas maneras, ética, hidalguía, sentimiento, conciencia honesta del propio valer y merecimiento. En la élite no se ingresaba de golpe; aunque el dinero era el factor que más favorecía la incorporación, no disculpaba del imperio de la forma (C-1751:7,1950). Para la clase media, el grueso de la población, en cambio, «el rasero común de la nacionalidad es la medianía, en lo social, en lo político, en lo científico, en lo económico, en lo moral» (C-1752:7,1950).

La tenacidad del esnobismo resistió la acción civilizadora de la urbanidad: «Nos portamos «formalmente» a veces como pueblos desarrollados en un ambiente subdesarrollado. Aparecemos por ello ridículos (lo ridículo adviene de la disparidad entre los valores y los medios para alcanzarlos), pues intentamos conseguir con pobres modos, ya sean intelectuales, ya sean sentimentales, aquellos que justamente hemos tomado como justa medida de valor y que es apenas el baremo de nuestra ignorancia» (C-2572:38, 1967). Esta crítica se dirigía a una burguesía cuya falta de identidad era ostensible (C-2666:50,1968), al «lobo» - versión refundida del rastacueros finisecular-; los desfases formales del comportamiento del pueblo pudieron ser reivindicados, por el contrario, siempre que conservaran su raigambre popular. El «corroncho», baldón y antítesis de todo lo civilizado, se revalidó como reluctancia a los «embelecos de la civilización»: «La corronchería auténtica es una manera leal de comportarse con la vida, es una forma altiva y admirable de negarte a romper el cordón umbilical que te une a tu tierra, tu ambiente, tu geografía» (C-3195:82,1979).

La exploración estética marca la segunda mitad de un siglo «atrapado por la angustia» (C-2578:17,1967) y la soledad, impedido para valorar, comprender y aceptar las emociones y los sentimientos. Para exorcizar el fetiche del prestigio urgía moldear la sensibilidad con una educación artística y contrarrestar así el embotamiento sensorial ocasionado por el ruido, la congestión, el exceso de información, el ansia de renombre. La creencia generalizada en una felicidad de base material y social (C-2579:13,1967) había signado el inconsciente, causaba agresividad, trastornaba la sexualidad y dificultaba el control de los instintos (C-2580:10,1967), dejando secuelas del estilo de la impotencia y el egoísmo sexual, haciendo necesarias las psicoterapias y provocando el auge de enfermedades psicosomáticas como úlceras, hipertensión, jaqueca, asma, inapetencia y obesidad (C-2581:11,1967).

La búsqueda de la felicidad, ese anhelo individual que sustituyó la búsqueda del progreso, alberga una «imperiosa necesidad individual y colectiva». Es feliz el bueno, «el sano de corazón, el limpio de pensamiento, el que está convencido de que la luz existe sin necesidad de conocer la llama» y se aleja de la pobreza, la ignorancia, las multitudes y los paraísos artificiales (C-2765:23,1970). Una alternativa es conquistar la libertad, que es como decir conquistar el «tiempo que huye» (C-3517:117,1985), reaccionar a la sensación de que la vida se va de las manos, restableciendo la confianza en sí mismo. Ese tiempo acumulado, además de servir para estilizar la vida, concreta la imagen de una sociedad verdaderamente ociosa en que la felicidad del conjunto social habrá aumentado considerablemente, el reino de la libertad en donde «los seres humanos podrán vivir las experiencias más plenas, más variadas e imprevistas» (C-3541:54,1985). La administración del ocio, una insuficiencia del latinoamericano (C-2615:61,1967), es la propuesta de los exploradores del cuerpo, que llevará a bucear en la sensorialidad y a disponerse para los arrobos estésicos.

## El deseo

Aun con sus prohibiciones, la empresa de transformar el rendimiento y la apariencia del cuerpo a fin de consolidar un sustento para la nacionalidad es un llamamiento a la acción, a emprender prácticas y desarrollar hábitos. En general se la puede considerar positiva. En contraste con ella, el objetivo de temperar el deseo denuncia el recelo ante las sensaciones capaces de alterar la constitución de la persona y del orden social, y su cariz es por tanto negativo. Su estrategia consiste en encauzar las posibilidades estésicas por derroteros concretos que sean en sí mismos avales del rechazo de las sensaciones temidas. También se recurre a *anestesiar* por medio de severos enjuiciamientos estéticos. Para contener este foco de desorden que son las pasiones, se terció en la constitución y la representación del erotismo, la feminidad y la juventud. Los temas se confunden: no es casual que la joven encarne los deseos y peligros que rondan a la sociedad burguesa y que su vida sea el blanco de las más minuciosas reglamentaciones. No es tampoco capricho del azar que con el cuerpo de la joven se escenifiquen las alegorías de las virtudes y los vicios. Controlar la sensualidad asegura la producción; definir la feminidad asegura la masculinidad; constreñir a los jóvenes asegura la juventud. No obstante, la elaboración discursiva de estos motivos y el sentido reconocido en ellos son difíciles de asir; son difusas las fronteras entre el erotismo y el sexo, entre la feminidad y las mujeres, entre la juventud y los jóvenes. Cabría preguntarse si la imaginación y su concreción discursiva pueden equipararse con las manifestaciones corporales. Las aprensiones que delatan los discursos en torno a la sensualidad, los géneros y las edades no coinciden siempre con los problemas sexuales, los de hombres y mujeres, los de jóvenes y adultos. En el empleo alegórico del cuerpo se amalgaman los usos simbólicos con las prácticas. Porque la historia nos ha llevado a verter en el cuerpo el grueso de nuestros anhelos, queremos sentir en él lo que tenemos el don de imaginar.

La tradición decimonónica fue elocuente en cuanto al peligro del placer. También germinaba el recelo hacia la juventud y la feminidad, pero el deseo apenas comenzaba a perturbar sus cuerpos, así que las reconvenciones morales y sociales bastaban para contenerlos. El goce de los sentidos, en cambio, comenzaba a despertar y amedrentaba al orden señorial:

> *Entre todas las pasiones no hay ninguna, dice el autor del buen sentido de la fe, que ejerza sobre ésta una acción tan deletérea como el deleite; el deleite como el hábito vicioso, como inmoralidad. El se apodera del hombre y lo domina hasta esclavizarlo; como una sombra que ofusca se interpone entre el espíritu y la luz natural, que debilita y amengua; al mismo tiempo que sojuzga la voluntad, enflaquece la fuerza del alma y apaga el fuego de la imaginación. El hombre que siente su abatimiento y abyección, busca en la blasfemia la excusa de su humillación (Ospina 1870:367).*

Por entonces, el erotismo no surgía sino de la opulencia, haciéndole odioso todo sacrificio al hombre acostumbrado a gozar. El pensamiento conservador afincaba el valor del ser humano en su trascendencia espiritual y despreciaba en el cuerpo la animalidad revelada por el apetito sensual. La educación del cuerpo quiso contener esta inclinación y, según han variado los ideales y los peligros, ha sabido mantenerse fiel al objetivo de «formar el corazón y cultivar los sentimientos justos y benévolos» (Ospina 1870:432), lo cual no es otra cosa que esculpir la sensitividad hasta hacerla invulnerable a percepciones que pudieran trastocar la organización de las experiencias. Esta impasibilidad dispone a su turno un sistema de distinciones que refuerza el rechazo y el enjuiciamiento de vivencias abismales.

Los discursos salubrista y pedagógico propusieron mecanismos para desviar el deseo hacia actividades y hábitos edificantes. Esta táctica tuvo éxito hasta los años veinte, cuando una enorme conmoción estésica hizo tambalear el andamiaje de la sensibilidad estoica. El culpable fue el cinematógrafo, transgresor del interdicto de concentrar los sentidos en miras distintas de las del progreso; para completar lo hizo públicamente, traspasando las barreras del pudor. Se condenaron las escenas que levantaban el velo de la intimidad para mostrar el «amor voluptuoso» (C-366:95,1923). El tema, empero, no fue acogido por la prensa escrita[3]. Su elocuencia es de orden visual y merece por consiguiente los favores de la publicidad, que recurrió tempranamente al argumento del placer y a las imágenes eróticas. Al sexo le cupo un magro espacio bajo la rúbrica del amor y el matrimonio, sobre todo para destacar que no debía ser motivo de divorcio y que era ventajoso limitarlo a la vida matrimonial (C-1172:6,1939).

Sólo en los años sesenta desaparecieron los eufemismos y la prensa cuestionó el rumbo que tomaba el sexo, cuando las muchachas habían renunciado a la virginidad y la moral sexual perdía consistencia, pasando a ser de incumbencia particular. La píldora anticonceptiva, utilizada masivamente a partir de 1960, permitió que el sexo se admitiera como una necesidad. Además de enriquecer la vida humana y a diferencia de la noción decimonónica que lo tasaba para salvar la salud, pasó a inscribirse en una contabilidad de placer y satisfacción (Gay 1984). Simultáneamente se denunció el efecto destructivo de la libertad moral y la pérdida de tensión entre pasión y amor, en especial por carecer el país de personalidad y afirmación cultural suficientes para exponerse a los impactos sexuales de la época. Pese a todo, se exhortó a desterrar la ilusión de que el sexual era el único pecado y se pidió al Estado, a la familia y a los educadores acometer una labor de educación sexual para evitar el debilitamiento del amor y el imperio del sexo (C-2445:37,1964).

Fue este el tiempo en que la explosión demográfica obligó a examinar la relación entre «los católicos y el control de la natalidad» (C-2451:14,1964), augurando la posición inflexible de la Iglesia frente al tema. La controversia se ciñó a argumentos sobre la necesidad de reducir la familia por razones económicas, para defender

---

[3] Cromos *publicó regularmente cuentos del género «trivial», producidos en su mayoría por escritores nacionales. Estos cuentos, a diferencia de los demás espacios de la revista, fueron los únicos textos que cumplieron la función de sugerir y ordenar las experiencias sensuales (ver también Sarlo 1987).*

la salud, la dignidad y la vida de la mujer, y para garantizar «el porvenir de la raza y librar a la sociedad de elementos indeseables», en vista de la prolífica reproducción de las clases pobres: el control de la natalidad, al impedir la superpoblación, acrecentaría el bienestar individual y social. La Iglesia subrayó que era preciso solucionar los problemas sociales y superar el egoísmo, y anunció que se avecinaba una crisis social a raíz del culto a la belleza infecunda (C-2509:10,1965).

El «erotismo» se hizo público en 1967 en calidad de producto de una «edad de ansiedad» marcada por el amor sensual exacerbado y la propensión desmedida al placer de los sentidos. El inicio de esta época se situó en 1950 y se consideraron eróticos los elementos de acción estésica decidida: drogas, orgías, voluptuosidad, exposición del cuerpo, publicidad, moda, héroes (C-2597:13,1967). El sexo abandonó con honor el ámbito de los pecados y se desvaneció la condena cristiana al mundo, el demonio y la carne; la «moral de las apariencias» perdía valor social (C-2662:9,1968). El primer llamado de atención advertía sobre la pornografía y el erotismo puesto al servicio del consumo, y reivindicaba el carácter placentero que debía tener el sexo (C-2697:26,1969).

Tras la campaña en favor de los anticonceptivos femeninos se inició la difusión de la vasectomía. El sexo había cambiado diametralmente su valor y se tenía por uno «de los poquísimos placeres siempre al alcance de los seres humanos». De la intervención quirúrgica se resaltaba que no alteraba el apetito ni la actividad sexual y que, muy al contrario, permitía compartir plenamente, tornaba «más sabrosas las cosas de la vida» (C-2857:32,1972) y mejoraba la calidad de la vida matrimonial (C-2947:36,1974).

Con la aceptación del placer sexual en el matrimonio y reconociendo la generalización de las «relaciones prematrimoniales» -eufemismo que condena el sexo antes del matrimonio-, la *sexualidad* se convirtió pronto en un aspecto urgido de educación (C-2843:61,1972), en un imperativo para la satisfacción plena, para una vida emocional equilibrada y para el desarrollo integral de la personalidad. Las dificultades sexuales se volvieron materia terapéutica y pedagógica. Incluso se restauró la reputación del hostigado hábito onanista: no solamente se desmintió que ocasionara trastornos físicos o psicológicos, sino que se lo rehabilitó como una práctica propia de una vida sexual completa (C-2893:80,1975).

La terapeútica de la sexualidad acometió la frigidez de las mujeres -surgida de su rivalidad con los hombres y de la negación de su condición femenina (C-3080:26,1977)-, valoró su cuerpo en la vida sexual (C-3082:78,1977) y se ocupó de esclarecer los temores y el rechazo femeninos al sexo opuesto, todo con miras a reconciliar la sexualidad en la vida de la pareja con la capacidad de «dar y entregarse físicamente» (C-3083:27,1977). En los hombres se registró una mejoría en el desempeño sexual y el anhelo de encontrar en la mujer una amiga, compañera, confidente y, después, una amante (C-3169:52,1978).

En el término de una década se verificó el pronóstico acerca de la comercialización del sexo, su empobrecimiento y la colonización pornográfica facilitados por la ausencia de una cultura erótica (C-3203:34,1979). La sexualidad había desbordado el matrimonio, en cuyo seno terminaba por aburrir. Al aplicarle al matrimonio su mayor sanción, el aburrimiento, la cultura estésica le extendió carta blanca al lesbianismo, las relaciones extramatrimoniales, la masturbación (C-3313:19,1981) y el homosexualismo, rehabilitado por la pasión y la belleza y por su índole femenina (C-3480:50,1984). En menos de dos décadas, el sexo pasó a ser un vehículo para redefinir los géneros (C-3319:91,1981) y una categoría antropológica central en la búsqueda de la felicidad.

Al peligro que reviste una alteración de la esencia femenina me he referido en diferentes momentos, por el ahínco con que se lo quiso impedir y posteriormente, a raíz de su transformación, resemantizar, para limar al menos las aristas. Con el ímpetu de las reivindicaciones femeninas se redobló el esfuerzo por conservar a la verdadera mujer: «(...) una suavidad más deseada que la primavera; una belleza corporal más acogedora que la arcada del rosal silvestre que corona el monte; ser una esencia más penetrante que el jugo exprimido de la viñas; una música encantadora, más que la apasionada pulsación de Filomela; ser todo eso en una sola y suave turgencia del seno, lo que la flor de la vida -¡qué cosa tan extraña!» (C-72:368,1917). Se defienden las sensaciones que brinda esta forma de feminidad: suavidad, recogimiento, encanto, pasión. En lugar de competir con el hombre, la mujer debe descollar en su propio campo: el bien, exaltar el destino del hombre como creadora de voluntad y manantial de ilusión. El derecho de la mujer es elevar su alma (C-333:328,1922) y la prevalencia de ésta en las mujeres es el argumento por antonomasia de la feminidad: en el alma femenina anidan el bien y lo positivo, lo que proviene de ella deleita si se ha formado en las virtudes morales. A la vez, el alma y, por extensión, las mujeres, son incomprensibles, están fuera del alcance de la razón y producen un sentimiento abismal: «(...) cada mujer es un infinito porque no hay nada más insondable que un alma femenina (...) tan grande en su pequeñez, tan luminosa en su obscuridad, ¿quién sería capaz de conocerla y descifrarla?» (C-355:302,1923). Mientras cada sexo cumpla con sus deberes se guarda un orden en que «la mujer, según características, deberes y aptitudes de su sexo, es alternativamente superior e inferior al hombre: nunca es igual, si bien puede fingirlo a veces en prueba de que no lo necesita y en reconocimiento de que no lo es» (C-407:372,1924).

El riesgo de violar esta norma es destruir el orden estésico: ni los hombres se verán conmovidos como hasta entonces, ni las mujeres se podrán deleitar en ello: se esfumará el secreto de lo encantado y prohibido. El aumento del talento femenino se calcula inversamente proporcional a la pérdida de cualidades femeninas y camino seguro hacia el único pecado que no tiene perdón en ellas: la vulgaridad. La lucha por contener el cambio de la figura al tiempo que el campo de acción de la mujer se libra inicialmente en el terreno estético, atacando la esencia de la feminidad para recomponerla con alabanzas a la superficialidad (C-266:23,1921) que la misma época criticaba a las mujeres:

> *Las feas y hombrunas superhembras que dirigen en el llamado «mundo civilizado» el movimiento feminista, han tratado en vano de convertir a la Eva moderna en un ser a su imagen y semejanza, privándola, so pretexto de prepararla para la* struggle for life *(sic), de las cualidades y defectos deliciosos que constituyen su mayor encanto: la frivolidad, la coquetería y el afán de agradar. (...) Las mujeres son adorables por sus defectos; a pesar de sus defectos, y tal vez a causa de sus defectos (...) la mujer sigue siendo lo que siempre fue y ha sido: una criatura de gracia y seducción, a quien preocupa más triunfar en un concurso de belleza que hacerse elegir diputada a un parlamento (C-804:3,1932).*

Cuando se anunció que «ya no [había] ademanes diferenciadores ni monopolio sexual de los gestos» y que había variado toda la «arquitectura femenina» hasta desvanecerse la historia romántica de la mujer, se recordó que la diferencia sobreviviría (C-855:2,1933). La diferencia es el cuerpo, su poder de seducción, de ventajas ambiguas: «La belleza, con ser un regalo precioso, no alcanza a constituir nunca la dicha de una mujer». A menudo es una fortuna cruel: «(...) la mujer hermosa se torna una especie de estatua sin alma» (C-1155-18,1939). Ahora que el cuerpo se arroga el poder de seducir y lo despliega sin ambages, las mujeres deben hacer gala de una conducta intachable, tomar infinitas precauciones, empaparse de cualidades que compensen su gracia: virtudes morales e intelectuales aptas para equilibrar el lastre excesivo de su belleza. La inteligencia debe depurarlas para que el éxito que puedan alcanzar no se atribuya a su aspecto.

Con la amplitud y libertad conquistadas por los movimientos femeninos, las diferencias, que no desigualdades, del organismo de las mujeres -delicadeza, debilidad y sensitividad- se convertían en verdaderas ventajas -perspicacia visual, delicadeza de los dedos, suavidad del pulso, escrúpulo natural y abnegada constancia- si se expresaban con la energía y voluntad propias de la mujer en los trabajos de detalle y minuciosidad (C-1052:10,1937): odontología, oftalmología, otorrinolaringología, joyería, manejo de laboratorios o el arte de hacer anuncios. Antes de arrancar la década de los cuarenta apareció la intuición, una cualidad femenina que, complementada con inteligencia, acaso permitiría a la mujer superar al hombre (C-1164:14,1939).

La percepción de la sensorialidad femenina perfiló las diferencias estésicas entre los géneros, poniendo ahora a salvo la igualdad de carácter, la inteligencia y la capacidad de trabajo, pero descubriendo siempre nuevos matices anímicos para que no se olvidara que

> (...) la propia Naturaleza elevó una barrera entre ambos sexos. Aún la mujer mejor preparada y más fuerte, está y estará siempre dominada por sus nervios; la emotividad, la incapacidad de resistir a los impulsos, constituyen los rasgos predominantes de su carácter. Fue y será siempre superficial... Por su naturaleza necesita que se la proteja (C-1311:6,1942).

La mujer tampoco podría igualarse al varón si no tiene más armas que la astucia, la pasividad o el disimulo. Mediando los cuarenta, las mujeres habían perdido su influencia sobre el hombre, su lugar en el hogar, el encanto y la bondad del corazón y no se concebía un hogar amable con una «mujer metalizada» (C-1497:10,1945). Mientras arreciaban las luchas femeninas en busca de mayores derechos se hizo mucho énfasis en la cualidad de la feminidad, la virtud de agradar el gusto masculino: «El dirá que usted es hermosa si» usa un maquillaje adecuado -el sexo fuerte no tolera la menor falta en este sentido-; lleva vestidos ajustados a la edad -a ellos les gustan las cosas en su sitio-; conserva en orden el tocador -ellos no toleran este defecto en los demás-; tiene buen humor -ningún hombre acepta la belleza sin la alegría-; sigue un régimen agradable y cumple con sus sacrificios en silencio -ellos desean que la mujer querida sea esbelta e incluso toleran tratamientos-; su lápiz de labios es indeleble... ; «las frases de alabanza y de amor nunca brotan de los labios masculinos cuando pequeños descuidos como los que puntualizamos hieren su sensibilidad» (C-1609:42,1947).

Dado que el arreglo delata el frágil carácter de la mujer, ella sabrá lo que tienen en cuenta los «boys» al ver una chica por primera vez. La mujer de gusto sobrio y medido impresiona por su naturalidad. El descuido del cabello es propio de la chica atolondrada, aturdida, inconstante. La que lleva el cabello arreglado es sin temor a equivocarse una persona aplomada, con personalidad, al igual que la que, en lugar de hacer monerías con los ojos, los clava con simpatía, de frente. Ella cuida las piernas y los pies, lleva los colores convenientes y las uñas y manos arregladas, y tiene en su voz uno de los encantos más poderosos. A los muchachos les atraen las jóvenes que parecen y son femeninas de verdad: el cuadro perfecto que atrae, cautiva ... ¡y retiene! (C-1703:6,1949).

La naturaleza positiva de la mujer se concentra en su innato espíritu constructivo y conservador, opuesto al masculino, que tiene vocación de «empresario de catástrofes». Inclusive sigue la moda sacrificando lo mudable en favor del «eterno femenino». La mujer, que por su formidable poder de renovación refleja en sus formas cada cambio social e histórico, es artífice de sí misma: es la expresión física, anatómica, formal y viviente de lo que se propuso ser, el ideal insuperable de equilibrio y esbeltez (C-1713:5,1950).

El costo y los beneficios de haber aventurado su propio gobierno no arrojaban dos décadas más tarde un balance halagüeño. Ser mujer se había vuelto una empresa difícil: temerosas de arrostrar solas la vida, las rondaba la infelicidad en que las sumía el imperativo de agradar e imponer su naturaleza al dejar de vivir a través de los hombres (C-2489:21,1965). No tardó, sin embargo, en reconsiderarse la ventaja que podían llevar las mujeres, gracias a la mayor intensidad de su vida emocional y a que el exceso de control perjudicaba, cuando menos, la belleza (C-2791:54,1971). El discurso sobre la organización estésica femenina permaneció anclado en el cuerpo: un «campo de batalla» signado por vaivenes temperamentales de origen hormonal rivales del cerebro. A las mujeres las inhibe el estado de ansiedad interior que les produce la cercanía del éxito. Por las relaciones entre el ciclo menstrual y el estado emocional, las sustancias químicas «elaboradas por su organismo luchan por crear conflictos entre sus esperanzas y sus angustias» (C-2851:74,1975). Las diferencias hormonales marcan la frontera entre hombres y mujeres. Estas tienen mayor capacidad para sentir y responder a estímulos (C-3449:80,1984). Tras vagar por el alma, la inteligencia, el carácter y la sensibilidad, la definición de la feminidad reafirmó su localización en el cuerpo, en la intimidad hormonal que da cuenta de la más contundente distinción entre los géneros: la inconsistencia de las emociones femeninas y su corolario: un carácter en el que nunca se puede confiar plenamente.

Vencer la muerte, alcanzar la eterna juventud, borrar las huellas del tiempo, de la vida, todo ello es la búsqueda de un universo estésico en el que primen la energía, la belleza, la vitalidad y las pasiones de la juventud. A medida que la cultura somática se ha propuesto apoderarse de estos atributos, los jóvenes han caído en desgracia. La aparición de la juventud en el escenario nacional fue la definición de un nuevo problema; su presencia descubre una y otra vez el fracaso del proyecto modernizador.

La juventud que reveló su existencia como tal en las primeras décadas del siglo, concretamente en la forma de los universitarios, fue llamada a una vida estésica y condenada por lo mismo: «(...) sabe interpretar la alegría, el regocijo calenturiento, el espasmo jovial y dionisíaco de unas cuantas horas hurtadas al tedio mediterráneo de Bogotá y la estirada somnolencia de su vida callejera». Los estudiantes imponían un concepto de la vida ciudadana que se avenía con las exigencias de la cultura moderna: improvisación artística y vitalidad apasionada, expresiones de una civilización aguda y trepidante (C-617:1,1928). Con la juventud triunfó la alegría sana para el alma y el cuerpo, una alegría que no era siempre frivolidad y superficialidad, sino que las más de las veces era la consecuencia única y directa de un equilibrio psicológico, de una comprensión inteligente de la vida (C-668:1,1929).

La generación de los años veinte representaba al mismo tiempo y con la misma fuerza egoísmo creciente, mercantilismo, «abulia y una inevitable decadencia cerebral y volitiva cuyos efectos se sentirán en el futuro». Para corregir estas flaquezas se pensó en «vigorizar con método y firmeza las potencialidades psíquicas de la adolescencia» y garantizar el progreso moral y el conocimiento, apartando a los jóvenes un poco del culto al dinero (C-344:113,1923).

«La juventud es menos un estado que una vocación», es una energía interior que «aclara la vista, anima el paso y da agilidad a los gestos», es un estado de ánimo descomplicado y espontáneo (C-1263:6,1941). Estas cualidades contrastan con la visión contemporánea de los jóvenes: de la generación de los años cuarenta se dijo que era más apariencia que ideas y que no haría «ruido en la historia» porque existía sin vivir, era un «producto cinematográfico» pendiente del chicle, el baile, la corbata y los tacones. Se trataba nuevamente de una generación superficial en la que habían declinado las fórmulas sociales, el amor no se declaraba, la política carecía de valor, que mentía por miedo a la cursilería, presentaba una actitud tímida y falsa, y sólo se dejaba conmover por el culto al deporte y el tributo a la belleza (C-1272:5,1941). La juventud «irrumpía» por segunda vez de manera dramática y se la juzgaba banal, intrascendente, superficial y periférica (C-1272:28,1941). De sí misma afirmaba ser frívola, poco genuina, escéptica, intrascendente, alegre, inconsciente, enferma de pereza mental, difusa, cómoda, indiferente, inconstante y libre (C-1273:3; 1274:6; 1275:10,1941). En general imperaba el escepticismo sobre el «potencial dinámico» de la juventud (C-1585:8,1947). Los jóvenes opinaban que no habían sido capaces de crear nuevos valores porque les faltaba espíritu de sacrificio y temían perder sus ventajas económicas. Desengañados por la decadencia de la cultura occidental, permanecían indiferentes a las grandes obras y preferían disfrutar pronto de la comodidad de la vida burguesa. Se requería, afirmaban algunos, más organización, mejorar la educación, superar la vacuidad del momento.

En vísperas de los sesenta la juventud había comenzado a fraccionarse en «teen agers» y adolescentes, y se la veía orientada al consumo, con un desarrollado sentido del lujo, pasando horas en el teléfono y frente al televisor. Los jóvenes comenzaban a definirse como un grupo económico, se iniciaban tempranamente en la vida amorosa -sexual-, eran aficionados a los carros, asiduos asistentes al cine y fanáticos del rock and roll (C-2179:14,1959). A mediados de la década ya se vivía «el drama de la juventud contemporánea» marcada por las infinitas comodidades que tenía al alcance, por un mundo en constante transformación y por anhelos insaciables (C-2513:67,1965). Al final del decenio el inconformismo y la desadaptación que distinguían a los jóvenes provenían del exceso de confort, el desmoronamiento de las creencias, la falta de atención, la tendencia a vivir el presente y el aumento de la injusticia social, todo lo cual se manifestaba en sus concepciones escapistas sobre el sexo, los alucinógenos, el amor libre, la política y la religión. Su porvenir era un «cuarto oscuro lleno de interrogantes» (C-2749:23,1970).

Los temores son de suyo un capítulo de la historia de la sensibilidad. Su anclaje en el cuerpo es una de sus formas de expresión, elocuente en la antropología de la modernidad a través de su naturaleza alegórica. De ella se conocen los miedos a lo que desvirtúe su universo figurado sobre la base de la razón y el ascetismo, de nociones duales y jerárquicas (Turner 1994). El arquetipo de la diferencia echó raíces en lo femenino: en él tienen cabida niños y jóvenes, el cuerpo, la mujer y el deseo. En la urdimbre de la utopía racionalista latinoamericana está entrelazado, sin embargo, el otro por antonomasia, el otro que le dio identidad a la cultura moderna (Todorov 1982), una historia vivida en carne propia, aquende los mares. Esa diferencia no la confirma el espejo, pues su reflejo no posibilita un reconocimiento nítido; tal vez no sea siquiera un espejo. La imagen que devuelve acusa contornos desdibujados: es un prisma en el que una doble refracción proyecta un tercero. Estar afuera, adentro y en medio; ser el uno, el otro y el tercero: esta androginia recoge la condición doblemente moderna de América Latina.

Hemos seguido algunos de los motivos de la multiplicación de temores resultante de esta doble refracción. En la tarea sin fin de vencer el extrañamiento se ha perfeccionado una sensitividad ansiosa de armonía y de experiencias estésicas que realicen en el cuerpo la doble integralidad. El hilo que se esfuerza por concatenar las imágenes de tal deseo es el de la experiencia estésica: bien sea para otorgarle una función de este tipo a la civilización, bien para definir una sexualidad y una feminidad surgidas de hábitos estésicos particulares, o para diagnosticar en los jóvenes una descompensación de la sensibilidad pero a cambio adueñarse de los componentes de su vitalidad, en todos los casos se trata del celo de determinar la esencia estésica de una identidad, las sensaciones adecuadas al fraguado de una visión. El proyecto de forjar una nación moderna demanda tales ejes estésicos. Ellos, a su turno, reconocen lo que puede trabarles la marcha. Estas amenazas y sus probables conjuros se expresan alegóricamente en el cuerpo. El impulso hiperestésico sugiere una redefinición del cuerpo en aras de una conmoción que permita trascender la base racional, ascética, masculina, unidimensional, epicéntrica y material de la experiencia moderna. Este cometido tiene trazas de ser un contrapeso de la colosal inversión hecha para racionalizar y funcionalizar el cuerpo con objetivos productivos y disciplinarios. No son claros los indicios que llevarían a comprender si la incursión en el ámbito estésico puede entenderse como la búsqueda de un nicho para el reposo de la extenuada alma moderna, si constituye la vía hacia la explotación total del cuerpo (Gebauer/Wulf 1982) o si la inmersión en las profundidades sensoriales conducirá finalmente a un nuevo ayuntamiento del cuerpo y el alma.

## 2. La verdad del cuerpo

Buscar la verdad en el cuerpo y desentrañar en él la esencia humana son propósitos que han ganado peso a la par que se diluyen las imágenes antropológicas globales. No puede atenuarse el hecho de que el cuerpo es quizá la certeza primordial del sujeto moderno, al igual que otrora lo fueron el alma y la razón. Condenar el proyecto modernizador a causa de su voluntad de dominio sobre el cuerpo podría desfigurar algunas de sus intenciones (Gay 1984). Previamente sería pertinente al menos tomar conciencia de las categorías antropológicas que nos imponen nuestras experiencias hiperestésicas y que nos han sumergido en un interés muy particular por la sensitividad propia, en el que «lo importante es que la experiencia corporal de apropiación del tiempo y del espacio pueda evolucionar nutriéndose de principios abstractos formalizados y partiendo de la experiencia misma, y no que la experiencia corporal esté determinada por principios formales impuestos desde afuera que no le permiten existir como algo original» (Denis 1973:149). Como quiera que ese mismo proyecto modernizador reconoció los peligros del control desmedido sobre las capacidades estésicas, se dio a la tarea de indagar fórmulas para su liberación.

> *(...) como me fascina y me atrae la poesía, así me atrae y me fascina todo, irresistiblemente: todas las artes, todas las ciencias, la política, la especulación, el lujo, los placeres, el misticismo, el amor, la guerra, todas las formas de la actividad humana, todas las formas de la Vida, la misma vida material, las mismas sensaciones que por una exigencia de mis sentidos, necesito de día en día más intensas y más delicadas (Silva 1896:233).*

> *¡Ah! vivir la vida... eso es lo que quiero, sentir todo lo que se puede sentir, saber todo lo que se puede saber, poder todo lo que se puede... ¡Ah! ¡vivir la vida! emborracharme de ella, mezclar todas sus palpitaciones con las palpitaciones de nuestro corazón antes de que él se convierta en ceniza*

*helada; sentirla en todas sus formas, en la gritería del* meeting *donde el alma confusa del populacho se agita y se desborda en el perfume acre de la flor extraña que se abre, fantásticamente abigarrada, entre la atmósfera tibia del invernáculo; en el sonido gutural de las palabras que hechas canción acompañan hace siglos la música de las guzlas árabes; en la convulsión divina que enfría las bocas de las mujeres al agonizar de voluptuosidad; en la fiebre que emana del suelo de la selva donde se ocultan los últimos restos de la tribu salvaje... (Silva 1896:234).*

El universo hiperestésico que persiguió José Fernández, el protagonista de *De sobremesa*, anunciaba el rumbo que tomarían las prácticas corporales durante el siglo. No iba solamente en pos de las meras sensaciones voluptuosas, lo abrasaba «el frenesí por ampliar el campo de las experiencias de la vida, (...) (el) afán por desarrollar simultáneamente las facultades múltiples con que [lo había] dotado la naturaleza» (Silva 1896:231). El alcance de este deseo es difícil de precisar; basta echar una ojeada al campo semántico que abarca: Sensación, sensatez (prudencia), sensibilidad, sensible, sensitivo, sensorial, sensorio común (sentido común), sensual, sentido (significado), sentir (oír, experimentar, lamentar, juzgar, presentir), sensato (prudente, cuerdo), sentimiento, conciencia. // *italiano,* Sentire: oír, escuchar, sentir, oler, encontrarse. Sentore: perfume, indicio. // *alemán,* Sinn: conciencia, percepción, sentido, sentimiento, comprensión, significado. // *francés,* Sens: sentido, sentido común, razón, sensatez. Sentir: sentir, oler, saber, notar. // *inglés,* Sense: sentido, percepción, razón, juicio, apreciación, sensación, sentimiento. Sentience: conciencia, percepción, sensibilidad. // *portugués,* sensaçao, sensatez, sensibilidade, senso (sentido, juicio, raciocinio, criterio), sentido (significación, acepción, noción), sentir (percibir, entrever, padecer, sufrir, presentir).

Ante todo resulta poco claro dónde principia y dónde acaba el dominio del cuerpo, el de la razón y el de las emociones. Su imbricación es tal que más bien parece que en este vasto sentir reposa la esencia ontológica contemporánea y que a su perfeccionamiento se han dedicado los discursos sensoriales fundados en un «trabajo corporal» diseñado para «asumir un compromiso con nuestro cuerpo. Si no somos sujeto del movimiento, el riesgo nos acechará todo el camino. No el riesgo de ser objeto, sino de no ser sujeto de nuestras acciones» (Kesselman 1989:148). La intención de poner a la persona en contacto consigo misma, con su sensibilidad, e introducirla en el autoconocimiento a través del cuerpo supone un delicado refinamiento sensorial: «Suelten las células alrededor del isquión, sientan los espacios entre el isquión, la extremidad distal del cóccix, la cabeza del fémur y trocánter» (Kesselman 1989:159). Mediante esta microgimnasia íntima se realiza «un aprendizaje de las sensaciones y de las emociones» y «un viaje por el cuerpo, por los huesos, atravesando tejidos, por las temperaturas corporales, por posturas que nos [ponen] en contacto con las rigideces, con las incomodidades y [le dan] tiempo al trabajo corporal para que la memoria del cuerpo actúe, para que dé lugar a la imagen, a la escena que duerme en las formas, en las concavidades y convexidades» (Kesselman 1989:164).

Los antecedentes de la actitud hiperestésica propia del modernismo se reconocen en la definición de la cenestesia, el parámetro del equilibrio psicofisiológico (Schrader 1968, 1969; Starobinski 1983). A su alrededor ha evolucionado *el corporeísmo*, ese conjunto de prácticas que apuntan a crear una experiencia integral del sujeto marcada por el bienestar y el equilibrio, la liberación, la exploración de las aptitudes sensitivas como condición indispensable para una vida plena y honesta y que evidencian en su totalidad inclinaciones hiperestésicas[4].

> *El despertar de la sensibilidad no sólo es poner a la persona en contacto con sus sensaciones, con las tensiones profundas, sino con la reflexión corporal del estilo de vida. La ocasión de estar despierto en las contradicciones, en los desequilibrios que lo llevan a no cuidar su salud. Esto es, en lo más profundo, relajar, flexibilizar el tono, liberar la coraza: cuestionar el modo de construirnos la vida o -todavía más- el modo en que nos construimos el cuerpo para vivirla (Kesselman 1989:92).*

No solamente la literatura finisecular exudaba emociones hiperestésicas; también había en la época un interés explícito por el movimiento corporal y sus dimensiones estésicas. El origen de estas prácticas se remonta a los mismos movimientos (Bernard 1976) que desembocaron en los usos sensoriales que acogió la Escuela Nueva. Aún así, su recepción vino a ocurrir sólo en los años ochen-

---

[4] *La historia de las concepciones científicas y filosóficas sobre el cuerpo en su relación con el movimiento, el espacio y las emociones es un campo amplio dentro del actual interés por la historia del cuerpo que se sale del objetivo de este trabajo. En consecuencia, no considero aquí las nociones centrales de esta evolución, tales como esquema corporal, zonas erógenas, esquema postural, tono muscular, espacio corporal, las diferentes propuestas psicoanalíticas y los análisis del cuerpo que presentan las múltiples técnicas corporales practicadas a lo largo del siglo, todo lo cual ha sido objeto de estudios y críticas (Aisenson 1981; Bernard 1976; Chiraz 1963; Denis 1973; Gentis 1980; Kesselman 1989; Le Du 1976; López/López-Ibor 1974; Maisonneuve/Bruchon-Schweitzer 1981; Picard 1983).*

ta, como se colige de las fechas de traducción del alud de textos sobre prácticas corporales puestas en circulación para tal fin, así como de las obras críticas y de los primeros aportes latinoamericanos al tema (Aisenson 1981; Kesselman 1989; Rivara 1980). La tradición conformada a lo largo de un siglo de tareas kinesiológicas y estésicas permite aseverar con justicia que en la actualidad «quien quiera «vivir mejor» debe experimentar, por lo visto, más intensamente su corporeidad para amoldarse mejor al mundo y a la sociedad que lo circunda» (Bernard 1976:11).

La incursión en estas prácticas corporales para depurar y refinar la sensitividad con miras a la liberación individual y a una reformulación de la vida que dé cabida a la expresión, la reacomodación de géneros, la liberación de estereotipos y la espontaneidad tuvo en Colombia sus precursores en quienes practicaron yoga en los años sesenta; alguno anticipó incluso los usos de la aromatoterapia y la terapia musical (Londoño 1966). Al perfeccionamiento de técnicas para refinar los sentidos externos y por su intermedio el universo psicosomático, se sumó el entrenamiento de sentidos más recónditos como la centestesia, el del esquema corporal (Schilder 1935), el uso del cuerpo (Alexander F.M. 1969; Barlow 1973; Gelb 1982), el ajuste del tono muscular (Alexander G. 1976; Digelmann 1976; Gainza 1985), la estructuración de la imagen del cuerpo (Dolto 1986), la integración funcional (Feldenkrais 1972; Rywerant 1983), el dominio del movimiento, de la psicokinética y la proxémica (Hall 1959, 1966; Laban 1960; Le Boulch 1971) y la pléyade de «gimnasias suaves» para sentir el cuerpo (Bertherat 1976; Dropsy 1973; Haxthausen/Leman 1984; Lowen 1972, 1975). Se ha intensificado así una propensión a estimular todo lo que en el cuerpo pueda incrementar la sensitividad tanto para percibir lo que afecta negativamente la integridad humana como lo que la promueve. Al tiempo que el discurso de la belleza viraba hacia orientaciones individuales y naturistas y el uso de los sentidos abogaba por la creatividad y la educación integral, sobrevino la necesidad de darle al cuerpo una nueva dimensión estésica capaz de aprehender el mundo interior, individual, de sensibilizar a la persona hacia sí misma, hacia sus propias necesidades físicas y emocionales, todas corporalmente perceptibles:

> *La atención que se presta aquí al cuerpo no es la que se presta a un instrumento cuyo dominio debe adquirirse o reforzarse en términos de destreza, de fuerza o de rendimiento, sino que es una atención puesta en el sí-mismo corporal como lugar y medio de descubrimiento, de emoción,*

*de goce y también de reconocimiento de los demás por obra de todos los sentidos (especialmente a través del olor y del gusto de la piel de cada cual) en experiencias de diferenciación (Maisonneuve/Bruchon-Schweitzer 1981:30).*

El reto consiste en inculcar un *habitus* estésico que haga posible este autoconocimiento y conduzca tanto a una experiencia liberadora y humana que haga justicia a la experiencia psicofísica y social del individuo, armonizando sus relaciones consigo mismo y con su entorno, como a vivencias corporales placenteras que implanten en su cuerpo el deleite estésico como forma de vida.

Inicialmente se trató de una rememoración del fisionomismo, un intento por descifrar en el cuerpo la verdad del individuo -»Analice el carácter de su hijo estudiando su cara» (C-1965:15,1954)- y encontrar los tipos hipocráticos en los rasgos secundarios. El cuerpo se mostró como una revelación del «propio yo» (C-2199:55,1959) todavía atrapado en una jerarquía de las características anatómicas: tipos respiratorios, digestivos, musculares o cerebrales, entre los cuales descollaba el último como el más evolucionado y perfecto. No tardó en subrayarse «la relación íntima entre el cuerpo y el espíritu» (C-2435:19,1964), en la que la vida sexual había adquirido una ascendencia nada despreciable sobre la potencia y calidad del espíritu. Todavía con la mira del perfeccionamiento humano puesta en lograr el «máximo grado de vigor de la inteligencia», la vida emocional adquiría peso y se abogaba por la estabilidad de los sentimientos y el placer mental como un imperativo emocional y físico. La lucha por elevar la calidad estésica de la vida se concentró durante la década del setenta en la sexualidad.

Pero el desasosiego se hizo más íntimo: desajustes emocionales con efectos negativos sobre los órganos y la necesidad de «introvertirse, analizarse, calmarse y pensar» (C-3314:75,1981), así como de expresar la unicidad individual, a semejanza de la que vimos brotar tanto en la exploración sensorial pedagógica como en la caligénica, también se hicieron sentir en la educación de la sensitividad (Nomura 1990). Las técnicas corporales entraron en escena: la bioenergética, la sofrología -en la que el cuerpo es la clave de la conquista de las esferas más altas del espíritu (C-3371:34,1982)-, la revaloración de la capacidad emotiva y de la respuesta sensorial a los estímulos según el modelo femenino (C-3449:80,1984), la coordinación de los ritmos físicos, emotivos e intelectuales (C-3490:53,1984) y una amplia oferta de prácticas corporales (eutonía, método Feldenkrais, gimnasias suaves, masajes, terapia del grito primal, psicodrama, relajación y terapia Gestalt, entre otras), constituyen en la actualidad un dilatado espectro de recursos para que la experimentación y expresión corporal de las emociones configure el cimiento del desarrollo personal.

De los temores al cuerpo del otro, fuera este mujer, pueblo o juventud, es decir, a su apariencia y al esfuerzo por transformarla con procedimientos miméticos, se ha pasado a un temor a la propia insensibilidad, a las corazas y los bloqueos. Las orientaciones más recientes -a tono con el proceso de globalización- buscan enriquecer el capital estésico y restituir esta categoría antropológica en calidad de parámetro central de un desarrollo conducente a la experiencia de sí mismo: vivirse, alcanzar una armonía psicosomática, conectarse con las necesidades y contradicciones personales y hallar el balance para todo ello en el cuerpo. El cuerpo es *el* espacio y *el* vehículo para la realización humana, y la elaboración estésica una forma de vida por la que luchan los modelos estesiógenos más recientes, en procura de una nueva manera de aprehender, antes que todo, el propio ser, y después el mundo, para estilizar la vida mediante una experiencia diferente de la misma. Oír la voz del cuerpo, conocerlo, sentirlo y actuar haciendo justicia a sus necesidades se consigue despertando la sensitividad amodorrada por exceso de estímulos mal orientados e invocando una forma de hiperestesia que incita a sentir en el funcionamiento del cuerpo las experiencias emocionales y cotidianas. En este viaje hacia sí mismo confluyen los anhelos de un siglo de cultura corporal: expresar la individualidad, hacer un uso creativo de la energía, compaginar la imagen y la apariencia del cuerpo, hacer del movimiento una herramienta para la autoconciencia y de la expresión corporal un texto para el psicoanálisis... todo el individuo moderno quiere exponerse en el cuerpo. El poeta de principios de siglo se entregaba a la voluptuosidad y la creación o huía al campo para darle reposo a su ansia de estímulos sensoriales: «Mi sistema nervioso, delicadamente hiperestesiado y vibrante como esas copas de cristal de Murano a las que el más leve golpe hace vibrar musicalmente largo tiempo, no resistiría los roces ásperos de la existencia cotidiana» (C-200:120,1920).

# EPÍLOGO

> *Allegory changes a phenomenon into a concept, a concept into an image, but in such a way that the concept is still limited and completely kept and held in the image and expressed by it (whereas symbolism) changes the phenomenon into the idea, the idea into the Image, in such a way that the idea remains always infinitely active and unapproachable in the image, and will remain inexpressible even though expressed in all languages...*
> *Coleridge, S.T.*

> *La cultura física simboliza la alegoría de los tres carros que representan los objetos de la educación: fuerza, inteligencia y corazón que hacen al hombre completo: ciencia para concebir, fuerza para emprender, energía para perseverar.*
>
> *(C-928:18,1934)*

Al recapitular y sacar conclusiones en torno a la profusión de imágenes que han desfilado por estas páginas, me sería posible insistir en los aspectos que el ímpetu teorizador ha destacado en relación con el único aserto indiscutible acerca del cuerpo: su naturaleza simbólica. Entonces podría recordar que los discursos sobre el cuerpo caben en categorías como el cuerpo medicalizado, sexuado, disciplinado y parlante (Frank 1991), o en la versión de O'Neille (1985): el cuerpo mundo, el social, el político, el consumente y, nuevamente, el medicalizado. Una hermenéutica del cuerpo muy contemporánea opondría gustosa el cuerpo barroco/postmoderno al moderno. Esto lo ha sugerido ya Turner (1991), quien más recientemente (1994b) ha agrupado en tres grandes áreas la sociología del cuerpo: la que atiende a su carácter metafórico y atañe a las relaciones sociales; las cuestiones de género, sexo y sexualidad; y la perspectiva médica. A estos acercamientos cabría agregar las propuestas anteriores del mismo Turner (1984), así como el ordenamiento del vasto proyecto editorial de Feher (1979) y el modelo de Frank (1991). También podría reconsiderar los contenidos semánticos del cuerpo y su capacidad de traducir formas de organización social, o enfatizar su condición de eje del habitus y superficie de expresión de la distinción social.

Sin embargo, apenas quiero reconsiderar el propósito hermenéutico que me movió a recorrer este siglo de historia corporal. Por mi interés estrictamente etnográfico, permanecí dentro del ámbito de la antropología histórica, con el solo propósito de desentrañar el significado atribuido al cuerpo en los cien años de modernidad que ha vivido Colombia. Las imágenes de los ideales propuestos a lo largo de la centuria tendrían cabida en alguno de los modelos arriba mencionados. Presiento en la empresa el sabor de la incongruencia. Con la intención de compaginar la multiplicidad de sentidos que abarca la semántica corporal he recurrido a una figura que me parece capaz de contenerlos, sin por ello elucidarlos: la alegoría.

A pesar de la aceptación generalizada de la naturaleza simbólica del cuerpo, el intento de determinar la esencia de su simbología parece infructuoso. El resultado sería explicarlo todo de nuevo, repetir la manera como la representación del cuerpo y la forma de construirlo en un momento y en un lugar determinados ordenan la realidad. El poder sintético de la figura retórica que es el cuerpo es prácticamente nulo. Sin la información pertinente se hace imposible interpretar adecuadamente la imagen del cuerpo porque ella carece en sí misma de valor simbólico. No bastan las apariencias del deportista, del dandy, de la mujer elegante o de la prostituta si no tenemos a la mano el soporte de un discurso que enuncie su significado. A pesar de su concreción y materialidad, y de su incontrovertible presencia, el sentido del cuerpo no es evidente.

Si se dice que en Occidente el cuerpo ha sido objeto de control desmedido, también podrían darse enciclopédicas demostraciones de sus desvaríos. De esta índole es el testimonio de Duerr. El trecho entre la existencia material del cuerpo y sus innúmeras representaciones no puede salvarse más que discursivamente. Cada faceta de la imagen que se nos presenta es trasunto de algo que está por desvelarse, una metáfora, mejor, una alegoría. El discurso que lo acompaña perennemente es imprescindible para descifrar el sentido de lo que el cuerpo encarna: la alegoría tiene que ser explicitada de modo consciente.

El mismo consenso con respecto al carácter cultural, histórico y discursivo de las representaciones corporales impide, por tanto, otorgarle al cuerpo la categoría de símbolo. Más apropiadas me resultan sus propiedades alegóricas: el cuerpo es una imagen que precisa aclaración (Fletcher, 1964; Owens, 1980). Como imagen es sólo un acertijo; el discurso que lo interpreta acumula significados reteniendo sin embargo su imperfección y fragmentariedad; su superficie es un palimpsesto infinito.

En virtud de su calidad alegórica, el cuerpo acopia significaciones, y todas ellas precisan actitudes y traducciones diferentes. A su vez -y es este uno de sus aspectos tan seductores como desconcertantes- permite la coexistencia de autoridades que rivalizan: es un lugar privilegiado para la convivencia del conflicto. Tal vez sea ésta la única forma de acercarse a un discurso tan polivalente como el del cuerpo moderno, sin guardar, dicho sea de antemano, ninguna esperanza de conciliación. Su misma capacidad para ostentar con ironía la contradicción, la disyunción, la convalidación, la incongruencia y la superposición del acervo de discursos que lo jalonan es de por sí bastante irritante. Más allá de cualquier designio de la razón, el cuerpo acoge todas las disputas y los conflictos, las reafirmaciones, los deseos y las negaciones. Puede, en cada uno de sus medios de expresión -figura, piel, conducta, funcionamiento, vestido, rendimiento, sensaciones, movimientos- comunicar principios que se contrarían o se validan mutuamente. El deportista es rendimiento, superación personal y prótesis; la reina de belleza es gracia y objeto de consumo, el niño es sustancia maleable, insensatez, ingenuidad y capricho. El trabajo de representación que se hace sobre el cuerpo sobrepone uno y otro significado a su imagen.

La alegoría del cuerpo moderno permite así formular la quimera moderna de la plenitud. En ella se conjugan las metáforas concebidas por minuciosos y diligentes discursos que comparecen en este escenario para evocar una imagen de integridad que supere la dicotomía cuerpo-alma y que, si no es realizable, sí permite en cambio imaginar y representar un ser humano en el que se diluye el abismo entre la muerte y la vida, entre la naturaleza y la cultura.

# BIBLIOGRAFÍA

### Fuentes

ACEVEDO Restrepo, Delfín (1986). *Educación para la democracia, la paz y la vida social: Textos guía para estudiantes*. Bogotá: Guadalupe.

ACOSTA de Samper, Soledad (1880). "Consejos a las señoritas". *La Mujer (Lecturas para las familias)*. (Bogotá), 4(37-48).

AGUILAR N., Rebeca. *Tratado de urbanidad* (1928). Bogotá: Escuela Tipográfica Salesiana.

ALEXANDER, F. Matthias (1969). *La resurrección del cuerpo*. Buenos Aires: Estaciones, 1988.

ALEXANDER, Gerda (1976). *La eutonía: un camino hacia la experiencia total del cuerpo*. Barcelona: Paidós, 1983 [1979].

ARANGO Velez, Dionisio (1929). *El inocente*. Bogotá: Minerva.

ARBOLEDA Cortés, Enrique (1907). *Educación física y social*. Bogotá: Imprenta Eléctrica.

ASOCIACION Colombiana de Facultades de Medicina (1965). *Indice de la literatura médica colombiana 1890-1960*. Bogotá: Tercer Mundo.

ASTETE, Padre Gaspar (1858). *Catecismo de la Doctrina Cristiana. Corregido y mejorado para uso de las parroquias de la Arquidiócesis de Bogotá por el Arzobispo de Bogotá Manuel José*. Bogotá: Imprenta de Nicolás Gómez.

AZULA Barrera, Rafael (1951). "Lucía Aristizábal Rivadeneira - Señorita Boyacá. Discurso de coronación". *Hojas de Cultura Popular Colombiana*. (Bogotá), (11):s.n.

BARLOW, Wilfred (1973). *El principio de Matthias Alexander: el saber del cuerpo*. Barcelona: Paidós, 1986.

BARRAS Y DE ARAGON, Francisco de las (1955). "Viaje a Colombia con motivo del Centenario de Mutis, 1932". *Boletín de la Real Sociedad Geográfica* (Madrid), 91(1-3):85-179; 91(4-6):266-347.

BECERRA B., Manuel Francisco (1990). *Educación para el desarrollo*. Bogotá: Ministerio de Educación.

BEJARANO, Jorge (1950). *La derrota de un vicio. Origen e historia de la chicha*. Bogotá: Iqueima.

——(1937). *Informe del Presidente de la Cruz Roja Nacional correspondiente a los años de 1936-1937*. Bogotá: Ed. Impresora.

——(1936). *El Estado y las medicinas de patente, ante la Federación Médica Colombiana*. Bogotá: Imprenta Nacional.

─── (1936). *Influencia del vestido y del zapato en la personalidad y salud del inidividuo. (Conferencia)*. Bogotá: Imprenta Municipal.

─── (1929). *La delincuencia infantil en Colombia y la profilaxis del crimen*. Bogotá: Minerva.

─── (1924). *El libro de la maternidad*. 2ed. Bogotá: Minerva, 1932.

BENCHETRIT, Aarón (1965). *Datos para la historia de la lepra en Colombia durante la década de 1926 a 1936*. Bogotá: Minerva.

BERNAL Jiménez, Rafael (1949). *La educación, he ahí el problema*. Bogotá: Ministerio de Educación Nacional.

─── (1934). "El estatuto de la Aldea Colombiana". *Educación*. (Bogotá), (13-14):204-209.

BERNAL Nicholls, Alberto (1937). *Su majestad el niño: Notas sobre puericultura*. Medellín: Tipografía Industrial.

BERTHERAT, Thérèse (1976). *El cuerpo tiene sus razones: autocura y antigimnasia*. Barcelona: Paidós, 1987 [1979].

BETANCUR Mejía, Gabriel (1984). *Documentos para la historia del planeamiento integral de la educación*. Bogotá: Universidad Pedagógica.

BIBLIOTECA ALDEANA (1935). *Nuestros alimentos*. Bogotá: Imprenta Nacional.

BLUMBERG, Nathan (1935). "La tuberculosis", in BONILLA et al. (1935). pp.69-77.

BONILLA, Maria Elvira (1984). *Jaulas*. Bogotá: Planeta.

BONILLA, Ricardo et al. (1935). *Las doce plagas mayores*. Bogotá: Imprenta Nacional.

BONILLA, Ricardo (1935). "Alimentación defectuosa", in BONILLA et al. (1935). pp.3-27.

BRILLAT-SAVARIN, Jean Anthèlme (1825). *Physiologie des Geschmacks oder Betrachtungen über das höhere Tafelvergnügen*. Insel Verlag, 1913.

BUITRAGO, Fanny (1993). *Señora de la miel*. Bogotá: Arango Editores.

─── (1983). *Los amores de Afrodita*. Bogotá: Plaza & Janés.

CABALLERO Calderón, Eduardo (1964). *Memorias infantiles 1916-1924*. Medellín: Bedout.

CAICEDO, Andrés (1977). *¡Que viva la música!* Bogotá: Plaza y Janés, 1982.

CAMPOSOL, Duque de (1930). *Código de etiqueta y distinción social*. Madrid: Juan Ortiz.

CANAL Ramírez, Gonzalo; POSADA, Jaime (1955). *La crisis moral colombiana*. Bogotá: Antares.

CARNEGIE, Williams Rosa (1882). *Aventuras de una lady en Bogotá*. Bogotá: Academia de Historia de Bogotá; Tercer Mundo, 1990.

CARO, Miguel Antonio (1883). s.t., in LAGOMAGGIORI, Francisco (1883). pp.101.

―――(1872-1884). "Artículos y discursos", in ROMERO y ROMERO (1978). pp.59-79.

CARREÑO, Manuel Antonio (1880)[1]. *Manual de urbanidad y buenas maneras. Para uso de la juventud de ambos sexos; en el cual se encuentran las principales reglas de civilidad y etiqueta que deben observarse en las diversas situaciones sociales; precedido de un breve tratado sobre los deberes morales del hombre.* México: Patria, 1994.

―――(1968). *Compendio del manual de urbanidad y buenas maneras.* Bogotá, Voluntad.

CASTELLANOS, Luis Alberto (1917). "Cultura o educación física, intelectual y moral del niño", in *Primer Congreso Pedagógico Nacional de Colombia.* pp.254-329.

CASTIGLIONE, Baldessar (1528). *Il libro del cortegiano.* Milano: Hoepli, 1928.

CASTRO, Alfonso (ca.1960). *Cuentos y ensayos.* Cali: Norma.

―――(1938). *Discursos parlamentarios en los años de 1936-1937-1938.* Bogotá: Imprenta Nacional.

CELNART, Mme. (1833). *Manuel des dames ou l'art de l'élégance*, 2ed. Paris: Roret.

CENSOR (1921). *Don't: lo que no debemos hacer ni decir en sociedad: Manual de educación escrito para los ingleses.* 4ed. Bogotá: Librería Colombiana.

COLEGIO DE LA SALLE DE CAMPOAMOR Medellín (1990). "Proyecto educativo global, como propuesta de renovación de la escuela", in CINEP; CEPECS; INSTITUTO POPULAR DE CAPACITACIÓN (1990). *Encuentro Nacional de Experiencias Pedagógicas en Educación Formal: Los maestros construimos futuro.* Bogotá, 18-21 de agosto de 1989. Bogotá, 1990. pp.447-458.

CONDILLAC, Etienne Bonnot Abad de (1754). *Traité des Sensations. (Abhandlung über die Empfindungen.* Hamburg: Meiner, 1983).

―――(1780). *La lógica o los primeros elementos del arte de pensar.* Caracas: Academia Nacional de la Historia, 1959.

CONSEJO Administrativo de los Ferrocarriles Nacionales. Departamento de Seguros, Auxilios y Recompensas (1932). *Reglamento del Departamento de Sanidad.* Bogotá: El Gráfico.

---

1  *El manual apareció por primera en forma de folletos en 1853 y al año siguiente circuló la primera edición del libro (González S. 1994). Las citas de este trabajo fueron tomadas de la edición de 1994 que corresponde del todo con la de 1880. Agradezco a Víctor Farías por permitirme utilizar su ejemplar de esta última edición.*

CROMOS. Revista Semanal Ilustrada[2] (Bogotá). Nos 1-3647, 1916-1987.

CUELLAR, Fidedigno (1917). "Gimnasia educativa sin aparatos en Colombia", in *Primer Congreso Pedagógico Nacional de Colombia*. pp.354-379.

CUERVO, Rufino José (1879). "El lenguaje bogotano", in LAGOMAGGIORI, Francisco (1883). *América literaria: Producciones selectas en prosa y verso*. Buenos Aires: La Nación. pp.290-298

CUERVO, Rufino (1833). *Preceptos útiles sobre la conservación de la salud*. Bogotá: N. Lora.

——(1853). *Breves nociones de urbanidad*. Edición corregida y aumentada. Bogotá: Francisco de Torres Amaya.

CUERVO Marquez, Emilio (1924). *Lilí. La selva oscura*. Bogotá: Cromos, 1935.

——(1910). *La ráfaga*. Bogotá: Cromos, 1935.

CHANCHITO. Revista para niños (1934-35). (Bogotá), 2-3(39-63).

DEVINE, Elizabeth; BRAGANTI, Nancy L. (1988). *The Traveler's Guide to Latin American Customs and Manners*. New York: St. Martin's Press.

DIAZ Castro, Eugenio (1858). *Manuela*. Medellín: Bedout, 1965.

DIGELMANN, Denise (1976). *La eutonía de Gerda Alexander*. Buenos Aires: Paidós, 1981 [1976].

DOLLERO, Adolfo (1930). *Cultura colombiana. Apuntaciones sobre el movimiento intelectual de Colombia desde la Conquista hasta la época actual*. Bogotá: Cromos.

DOLTO, Françoise (1984). *La imagen inconsciente del cuerpo*. Buenos Aires, 1986.

DROPSY, Jacques (1973). *Vivir en su cuerpo: expresión corporal y relaciones humanas*. Buenos Aires: Paidós, 1982.

E.G.J. (1917). "Plan de estudios para las escuelas urbanas", in *Primer Congreso Pedagógico Nacional de Colombia*. pp.193-253.

EL TIEMPO (1995). "Casi lista, resurrección de Carreño". 21 de marzo:16A.

ENCUENTRO Nacional de Experiencias Pedagógicas en Educación Formal (1990). *Los maestros construimos futuro. Experiencias pedagógicas en educación formal*. Bogotá, 18-21 agosto, 1989. Bogotá: CINEP, CEPECS, Inst. Popular de Capacitación, 1990.

ESCUELAS CRISTIANAS (1917). "El pensum de las escuelas primarias", in *Primer Congreso Pedagógico Nacional de Colombia*. pp.153-192.

F.T.D. (1928). *Cartilla moderna de urbanidad para niñas*. 8ed. Bogotá: Voluntad, 1949.

---

[2] *De los 3647 números publicados por Cromos entre 1916 y 1987, revisé 2397, es decir, el 66%. De 1916 a 1942, revisé el total de los ejemplares; a partir de 1943, cada tercero.*

―――(1929). *Cartilla moderna de urbanidad para niños.* 8ed. Bogotá: Voluntad, 1949.

FELDENKRAIS, Moshe (1972). *Autoconciencia por el movimiento: Ejercicios para el desarrollo personal.* Buenos Aires: Paidós, 1985 [1980].

FERNANDEZ, Jesús María S.J. (1915). *La acción social católica en Colombia: Manual de sociología práctica.* Bogotá: Arboleda y Valencia.

FRANCK, Harry Alverson (1917). *Vagabonding down the Andes; Being the Narrative of a Journey Chiefly Afoot, from Panamá to Buenos Aires.* New York: Garden City.

―――(1943). *Rediscovering South America; Random Wanderings from Panamá to Patagonia.* Philadephia, New York, London: Lippincott.

GALEANO González, A. (1935). *Mensaje de salud. Sistema natural de curación: Estudio y análisis de la vida clave del gran secreto de la salud corporal.* Bogotá: El Gráfico.

GALEANO R., Alberto (1985). *Revolución educativa y desarrollo de la inteligencia.* Bogotá: Plaza y Janés.

GALVIS, Silvia (1993). *Vida mía: Historias de mujeres que amaron, crearon, enfrentaron al país y ¡viven!* Bogotá: Planeta.

GARCIA Medina, Pablo (1907). *Tratado elemental de higiene y nociones de fisiología para la enseñanza de estas materias en las escuelas y colegios de Colombia.* Bogotá: Imprenta de "El Correo Nacional".

―――(1932). *Compilación de leyes, decretos, acuerdos y resoluciones vigentes sobre higiene y sanidad en Colombia.* Bogotá: Departamento Nacional de Higiene.

GELB, Michael (1981). *El cuerpo recobrado: introducción a la técnica Alexander.* Barcelona: Urano, 1987.

GIRALDO, Francisco (1911). *El hijo de la otra.* Bogotá: J. Casis.

GNECCO Mozo, Francisco (1936). *La diabetes en la práctica.* Bogotá: Cromos.

GÓMEZ, Juan Antonio, ed. (1980). *Primer Foro Nacional. ¿A dónde va la educación colombiana?* Bogotá: Universidad Jorge Tadeo Lozano, ASCUN, AVAL.

GÓMEZ, Laureano (1928). "Interrogantes sobre el progreso de Colombia". *Boletín Cultural y Bibliográfico.* (Bogotá), 18(1):5-30, 1981.

GÓMEZ Hoyos, Rafael (1963). "Un informe médico sanitario escrito es Santafé en 1816". *Boletín Cultural y Bibliográfico.* (Bogotá), 6(19):1517-26; 6(11):1714-21.

GOMEZ Restrepo, Antonio (1918). *Bogotá.* Bogotá: Luis Tamayo Alvarez.

GÓNGORA Echenique, Manuel (1932). *Lo que he visto en Colombia.* Madrid: Imprenta Góngora.

GRACIÁN, Baltasar (1647). *Oráculo manual y arte de prudencia*. Madrid: Anaya, 1968.

—(1646). *El Discreto*. México: Porrúa, 1977. pp.1-53.

GRACIÁN Dantisco, Lucas (1582). *Galateo español*. Madrid: Consejo Superior de Investigaciones Científicas, 1968.

HALL, Edward T. (1959). *El lenguaje silencioso*. Madrid: Alianza, 1989.

—(1966). *La dimensión oculta*. México: Siglo XXI, 1983.

HAXTHAUSEN, Margit; LEMAN, Rhea (1984). *Sentir el cuerpo*. Barcelona: Urano, 1988.

HEMSY de Gainza, Violeta (1985). *Conversaciones con Gerda Alexander: vida y pensamiento de la creadora de la eutonía*. Buenos Aires: Paidós.

HERMANOS Maristas (1950). *Cartilla moderna de higiene*. 9ed. Bogotá: Voluntad.

IBARRA, J. Hernán et al. (1935). *Certificado médico prenupcial*. Bogotá: Imprenta Nacional.

IDEAL, El (1937). "Segundas olimpiadas del Colegio San Francisco Javier". Pasto, 2(17-18):2-3,9.

ISAACS, Jorge (1867). *María*. Caracas: Ayacucho, 1978.

JAMES, William (1927). "Charlas pedagógicas". *Cultura*. (Tunja), 1(10)-2(16).

JIMÉNEZ López, Miguel (1928). *La escuela y la vida*. Lausanne: Imprimeries Réunies S.A.

—(1918). "Algunos signos de degeneración colectiva en Colombia", in LÓPEZ de Mesa (1920). pp.1-39.

—(1913). "La educación física", in *La escuela y la vida* (1928). pp.225-256.

JUNCAL, Amelia (1962). "Etiqueta y vida social", in *Enciclopedia de la mujer*. v.1. Barcelona: Vergara, 1965. pp.421-498.

LABAN, Rudolf (1950). *El dominio del movimiento*. Madrid: Fundamentos, 1987.

LE BOULCH, Jean (1971). *Hacia una ciencia del movimiento humano: Introducción a la psicokinética*. Buenos Aires: Paidós, 1985.

LEGRAND, Mario (1938). *Material pedagógico moderno*. Berlín: Deutsch-Ibero-Amerikanische Handels.

LONDOÑO Alvarez, Alberto (1966). *De la música, la enfermedad y los perfumes*. Manizales: Biblioteca de Autores Caldenses.

LONDOÑO Isaza, Juan B. (1894). *Programa para la enseñanza de la higiene pública y privada en la Escuela Nacional de Minas*. Medellín: Imp. del Departamento.

LOPEZ, Alejandro (1927). "Del juego", in *Obras selectas*. Bogotá: Cámara de Representantes, 1983. pp.223-225.

LÓPEZ Pumarejo, Alfonso (1934). *Mensaje del Señor Presidente de la República al Congreso Nacional sobre educación nacional*. Bogotá: Imprenta Nacional.

LÓPEZ de Mesa, Luis (1934). *El estatuto de la aldea colombiana elaborado por el Ministerio de Educación Nacional*. Bogotá.

——(1929). *La biografía de Gloria Etzel*. Medellín: Universidad de Antioquia, 1977.

——(1928). *La tragedia de Nilse: Novela sicológica*. 2ed. Medellín: Universidad de Antioquia, 1977.

LÓPEZ de Mesa, Luis, comp. (1920). *Los problemas de la raza en Colombia*. Bogotá: Cultura.

LÓPEZ Michelsen, Alfonso (1967). *Los elegidos*. 4ed. Bogotá: Tercer Mundo, 1967.

LOWEN, Alexander (1975). *Bioenergética: terapia revolucionaria que utiliza el lenguaje del cuerpo para curar los problemas de la mente*. México: Diana, 1977.

——(1972). *La depresión y el cuerpo: la base biológica de la fe y la realidad*. Madrid: Alianza, 1982.

MADARIAGA, César de (1946). *Introducción al estudio del factor humano en la industria*. Bogotá: s.e.

MADIEDO, Manuel María (1886). *Lumbres, flores y armonías o La divina profundidad de la filosofía del evangelio*. Bogotá: Imprenta de La Luz.

MARROQUIN, Lorenzo; RIVAS GROOT, José María (1907). *Pax*. Bogotá: Ministerio de Educación de Colombia, 1946.

MAYA, Rafael (1951). "Teresa Nieto Navia - Señorita Cundinamarca. Discurso de coronación". *Hojas de Cultura Popular Colombiana*. (Bogotá), (11):s.n.

MESA B., José Alberto, S.J. (1992). "Crisis de valores en la educación: hacia una nueva visión de la educación moral". *Universitas Humanística*, 21(35):71-78.

MONLAU, Pedro Felipe (1861). *Nociones de higiene doméstica y gobierno de la casa, para uso de las escuelas de primera enseñanza de niñas y colegios de señoritas*. 5ed. revisada y aumentada. Madrid: Rivadeneyra, 1885.

——(1853). *Higiene del matrimonio o libro de los casados: En el cual se dan las reglas e instrucciones necesarias para conservar la salud de los esposos, asegurar la paz conyugal y educar bien a la familia*. Nueva edición. París: Garnier, 1926.

―――(1847). *Elementos de higiene pública o arte de consrvar la salud de los pueblos*. 2ed. Madrid:s.e., 1862.
MONTAÑÉS, José Santos (1922). *Cultura social*. 8ed. Bogotá: Santafé, 1960.
MORA, Luis María (1937). *Los contertulios de la Gruta Simbólica*. 3ed. Bogotá: Minerva.
―――(1936). *Croniquillas de mi ciudad*. Bogotá: Banco Popular, 1972.
―――(1897). *Apuntes sobre Balmes*. Bogotá: Colegio del Rosario.
MUÑOZ, Laurentino (1965). *Un informe de la nacionalidad: Examen general documentado sobre la situación educativa, económica y de la conducta en Colombia*. Bogotá: Antares.
―――(1944). *Tratado elemental de higiene: Para la educación pública*. 2ed. Bogotá: s.e.
―――(1939). *Tratado elemental de higiene: Para la educación pública*. Bogotá: Minerva.
―――(1935). *La tragedia biológica del pueblo colombiano: Estudio de observación y de vulgarización*. Cali: América.
NARANJO Villegas, Abel (1959). "Deporte y cultura: Palabras para coronar a Olga Primera, Reina del fútbol nacional, en Barranquilla, el 15 de Noviembre de 1929", in *Ideas sobre educación colombiana*. Bogotá: Imprenta Nacional, 1960. pp.71-74.
NIETO Caballero, Agustín (1963). *Los Maestros*. Bogotá: Antares.
―――(1959). "La escuela activa", in (1963). pp.217-222.
―――(1957). "Ovidio Decroly", in (1963). pp.137-158.
―――(1955). "Problemas y deberes del maestro", in (1963). pp.83-111.
―――(1936). *Sobre el problema de la educación nacional*. Bogotá: Minerva.
―――(1933). "Introducción", in REYES, L.E. (1933). pp.3-8.
NOCIONES de puericultura. (1935). *El cuidado de la salud*. Por Calixto Torres Umaña. *Educación del carácter*. Por Eduardo Vasco Gutiérrez. Bogotá: Imprenta Nacional.
NUEVA PRENSA, LA (1961). "¿Es pecado bailar?". (Bogotá), 1(4):3-8.
OFICINA SANITARIA PANAMERICANA (1925). *Código Sanitario Panamericano*. La Habana, 1924.
OLANO, Ricardo (1934). "Mejoramiento de las poblaciones menores", in LOPEZ de Mesa (1934). pp.9-28.
OROZCO, Alfonso (1936). *Proyectos médico-sociales*. Bogotá: Imprenta Nacional.
OSORIO Lizarazo, José Antonio (1955). "El país se asoma al tiempo", in *Novelas y crónicas*. Bogotá: Colcultura, 1978.

OSORNO Mesa, Ernesto (1935). *Criterio moderno sobre campañas contra uncinaria y otros parásitos intestinales.* Bogotá: Imprenta Nacional.

OSPINA de Navarro, Sofía (1964). *La abuela cuenta.* Medellín: La Tertulia.

——(1958). *Don de gentes: Comprimidos de cultura social.* 3ed. Medellín: Enka de Colombia, Calox Colombiana, Everfit-Indulana, Tejicondor, 1969.

OSPINA Pérez, Mariano (1926). *Economía industrial y administración.* Bogotá: Minerva.

OSPINA Rodríguez, Mariano (1864). "Carta a la señorita Maria Josefa Ospina en la víspera de su matrimonio". *Boletín de Historia y Antigüedades.* (Bogotá), 72(748):241-253, 1985.

——(ca. 1870). *Tratadito sobre el deber*, in *Antología del pensamiento de Mariano Ospina Rodríguez.* Bogotá : Banco de la República, 1990.

OSPINA Vásquez, Tulio (1917). *Protocolo hispanoamericano de la urbanidad y el buen tono.* Medellín: Bedout, (ca.1917)

PASTOR (1917). "El pénsum de las escuelas primarias", in *Primer Congreso Pedagógico Nacional de Colombia.* pp.153-192.

PELAEZ H., Ofelia (1963). *Urbanidad para niñas: Desarrollo de los programas oficiales vigentes de primaria.* 3ed. Bogotá: Voluntad, 1971.

PEREZ Hernández, Ramón (1936). *Codificación del trabajo. Manual del empleado. Manual del obrero. Manual del patrón.* Bogotá.

QUEVEDO F., Jesús M. (1932). "Codificación de disposiciones sobre educación pública. *Cultura* (Tunja), 6(57-59).

RAMÍREZ Cardona, Carlos (1979). *Legislación escolar actual básica. (Recopilación y comentarios).* Bogotá: ECOE.

RAZETTI, L. (1930). "La prostitución y su reglamento". *Repertorio de Medicina y Cirugía* (Bogotá), 21(5):252-273.

RMC-*REPERTORIO DE MEDICINA Y CIRUGIA.* Sociedad de Cirugía, (Bogotá). 20 (1-12),229-240, 1929; 21 (1-5),241-245, 1930.

REPÚBLICA DE COLOMBIA. Departamento Nacional de Higiene (1938). *Lo que todo colombiano debe saber.* Bogotá: Sección 5a. Campaña Antituberculosa Nacional.

——(1937a). *Cartilla sobre lepra.* Bogotá: Imprenta Nacional.

——(1937b). *Lepra: algunas instrucciones para los médicos de los dispensarios y médicos visitadores.* Bogotá: Sección 3a. (Lucha Antileprosa). Laboratorio de Investigaciones.

——(1933a). *Cartilla sobre la lepra, destinada a los maestros de escuela para que la expliquen a sus alumnos en forma más precisa.* Bogotá.

——(1933b). *Resolución No.60, 1932. Lucha contra la lepra*. Bogotá.
——(1932a). *Compilación de las leyes, decretos, acuerdos y resoluciones vigentes sobre higiene y sanidad en Colombia*. Bogotá: Imprenta Nacional.
——(1932b). *La higiene y la crisis económica*. Bogotá.
——(1932c). *Informe de las labores del Departamento Nacional de Higiene, presentado al señor ministro de gobierno por el director técnico y administrador general 1931-1932*. Bogotá: Minerva.
——(1932d). *La protección al niño*. Bogotá.
REPÚBLICA DE COLOMBIA. Ministerio de Educación Nacional (1993). *Proyecto Nacional de Educación Sexual*. Bogotá.
——(1957). *I Plan quinquenal: Informe del proyecto para el 1er Plan Quinquenal*. 2ed. Bogotá: Oficina de Planeación. Centro de Documentación e Información, 1958.
——(1953). *Compilación de leyes, decretos y resoluciones sobre Educación Física*. Bogotá.
——(1940a). *La obra educativa del gobierno en 1940*. Bogotá: Imprenta Nacional.
——(1940b). *Programa de salud e higiene para las escuelas primarias y observaciones sobre la materia*. Bogotá: Dirección Nacional de Educación Primaria.
——(1939a). *Decreto 275 de 1939 (Febrero 7) por el cual se reorganizan las Comisiones Nacional y Departamentales de Educación Física y se dictan disposiciones generales sobre Estadios, Plazas de Deportes y Educación Física*. Bogotá: Sección de Extensión Cultural y Bellas Artes. Servicio de Educación Física.
——(1939b). *Decreto 2216 de 1938 por el cual se reglamenta la organización del deporte en el país (Diciembre 3)*. Edición oficial. Bogotá: Sección de Extensión Cultural y Bellas Artes. Servicio de Educación Fisica.
——(1935). *El texto de los programas de primera y de segunda enseñanza 1935*. Bogotá: Imprenta Nacional.
——(1934). *Disposiciones vigentes sobre instrucción pública de 1927 a 1933*. Bogotá: Imprenta Nacional.
——(1932). *Pénsum, programa y reglamento*. Bogotá: Instituto Pedagógico Nacional para Señoritas.
REPÚBLICA DE COLOMBIA. Ministerio de Trabajo, Higiene y Previsión Social. (1940). *Cartilla contra las enfermedades venéreas. La sífilis. La sífilis se puede evitar y curar*. Bogotá: Departamento de Servicios Coordinados. Sección de Lucha Anti-venérea.

——(1939a). *Algunas disposiciones sobre protección infantil y materna*. Bogotá: Publicaciones del Ministerio de Trabajo, Higiene y Previsión Social.

——(1939b). *Decreto y resolución sobre parteras (Reglamentación de la profesión)*. Bogotá: Publicaciones del Ministerio de Trabajo, Higiene y Previsión Social.

——(1939c). *Memoria del Ministro de Trabajo, Higiene y Previsión Social*. Bogotá.

——(1939d). *La protección de la maternidad. Carta del señor Presidente de la República. Disposiciones vigentes*. Bogotá: Publicaciones del Ministerio de Trabajo, Higiene y Previsión Social.

——(1939e). *Reglamento para los servicios de protección infantil y otras disposiciones. (Higiene, nodrizas, niñeras, alimentación, control médico)*. Bogotá: Publicaciones del Ministerio de Trabajo, Higiene y Previsión Social.

RESTREPO Mejía, Luis y Martín (1893). *Elementos de pedagogía*. 2ed. aumentada y corregida. Popayán: Arboleda y Valencia.

RESTREPO Mejía, Martín (1912). *Pedagogía doméstica: Autoeducación, dirección del hogar, educación de los hijos*. 2ed. Bogotá: Arboleda y Valencia.

——(1913). *Cartilla antialcohólica*. Bogotá: Imprenta Nacional.

RESTREPO R., Luis Carlos (1989). *La trampa de la razón*. Bogotá: Arango Editores.

REYES, Luis E. (1933). *El trabajo manual en la escuela primaria*. Bogotá, Escuela Tipográfica Salesiana.

RICO, Edmundo (1936). *El debate sobre el certificado médico prenupcial obligatorio en la Cámara*. Bogotá: Imprenta Nacional.

RIVARA de Milderman, Susana (1980). *Mi cuerpo y yo*. Buenos Aires: s.e.

RODRÍGUEZ, Simón (1840). "Luces y virtudes sociales". 2ed modificada, in *Obras Completas*. Caracas: Universidad Simón Rodríguez, 1975. pp.67-187, T.2.

——(1849). "Extracto sucinto de mi obra sobre la educación republicana", in *Obras Completas*. Caracas: Universidad Simón Rodríguez, 1975. pp.225-256, T.1.

RYWERANT, Yochanan (1983). *El método Feldenkrais: enseñanza corporal mediante manipulación*. Buenos Aires: Paidós, 1985.

SAMPER, José María (1861). *Ensayo sobre las revoluciones políticas y la condición social de las repúblicas colombianas*. Bogotá: Ministerio de Educación Nacional, 1946.

―――(1883). "Los hispanoamericanos en Europa", in: LAGOMAGGIORI, Francisco. *América Latina: Producciones selectas en prosa y verso*. Buenos Aires: La Nación. pp.280-287.

SAMPER, Miguel (1867). "La miseria en Bogotá", in: *Selección de escritos*. Bogotá, Colcultura, 1977.

SAMPER Gnecco, Andrés (1973). *Cuando Bogotá tuvo tranvía y otras crónicas*. Bogotá: Villegas, 1990.

SAMPER Ortega, Daniel (1937). *Biblioteca Aldeana Colombiana*. Bogotá, Minerva.

―――(1927). *Colombia: Breve reseña de su movimiento artístico e intelectual*. Madrid: Unión Iberoamericana, 1929.

―――(1926). *En el cerezal. La Marquesa de Alfandoque*. 2ed. Bogotá: Colombia.

―――(1925). *La obsesión*. Bogotá: Minerva, 1936.

SÁNCHEZ Gómez, Gregorio (1925). *La derrota: novela de estudiantes*. Panamá: Quijano y Hernández.

SCHILDER, Paul (1935). *Imagen y apariencia del cuerpo humano: estudios sobre las energías constructivas de la psique*. Barcelona; Buenos Aires: Paidós, 1983 [1977].

SIEBER, Julius (1927). *Psicología para escuelas normales y maestros*. Stuttgart: Franck´sche Verlagshandlung; Tunja: Facultad Nacional de Educación.

SILVA, José Asunción (1896). *De sobremesa*, in ORJUELA, Héctor H. *José Asunción Silva: Obra Completa*. Madrid: Consejo Superior de Investigaciones Científicas, 1990.

SOTO Borda, Clímaco (1917). *Diana Cazadora*. Bogotá: Ministerio de Educación de Colombia, 1942.

SUÁREZ, Arturo (1928). *Así somos las mujeres*. Bogotá: Santafé.

TANCO, Rafael (1935). *Educación física*. Bogotá: Imprenta Nacional.

TORRES Umaña, Calixto (1935). "El cuidado de la salud". in *Nociones de puericultura* (1935). pp.1-23.

URBANIDAD y cortesía (1926). París: Cabaut y Cia.

URIBE, Antonio José comp. (1926). *Exposición de motivos y Ley 12 de 1926 sobre enseñanza de la higiene, saneamiento de los puertos marítimos, fluviales y terrestres y de las principales ciudades de la República. La Conferencia Panamericana de Higiene reunida en Washington en septiembre de 1926*. Bogotá: Imprenta Nacional.

―――(1926). *Política instruccionista. La reforma escolar y universitaria de 1903 a 1904. La misión pedagógica de 1924 a 1926. Lo que debe hacerse en la instrucción y en la educación nacionales*. Bogotá.

—— (1919). El *Primer Congreso Pedagógico Nacional de Colombia: Su historia y sus principales trabajos*. Bogotá: Imprenta Nacional.

URIBE Piedrahita, César (1933). *Toá: Narraciones de Caucherías*. Buenos Aires: Espasa-Calpe, 1942.

VALVERDE, Umberto (1981). *Celia Cruz: Reina Rumba*. Bogotá: Oveja Negra.

—— (1979). *Bomba Camará*. Bogotá: Oveja Negra.

VASCO Gutiérrez, Eduardo (1934). *El breviario de la madre*. Medellín: Universidad.

VARGAS VILA, José María (1887). *Aura o las violetas*. Bogotá: Arango Ed., El Áncora, 1988.

VERGARA Y VERGARA, José María (1878). "Consejos a una niña", in *Las tres tazas y otros cuadros*. Bogotá: Minerva, 1936. pp.135-142.

WILLS Olaya, Gilma (1938). *Educación física escolar. Interpretación de los programas del Ministerio de Educación Nacional*. Bogotá: Imprenta del Departamento.

WILSON (1870). *Manual de enseñanza objetiva*. Bogotá:s.e.

ZERDA, Liborio (1889). "Estudio químico, patológico e higiénico de la chicha, bebida popular en Colombia". *Repertorio de Medicina y Cirugía* (Bogotá), 7(83), 1916.

ZALAMEA Borda, Eduardo (1934). *Cuatro años a bordo de mí mismo. (Diario de los 5 sentidos)*. 5ed. Medellín: Bedout, 1970.

## Literatura secundaria

ACKERMAN, Diane (1990). *A Natural History of the Senses.* (*Die schöne Macht der Sinne: Eine Kulturgeschichte.* München: Kindler, 1991).

ACOSTA de Samper, Soledad (1988). *Una nueva lectura.* Bogotá: Fondo Cultural Cafetero.

ACOSTA Peñaloza, Carmen Elisa (1993). *Invocación del lector bogotano de finales del siglo XX.* Santafé de Bogotá: Instituto Caro y Cuervo.

*AIESTHESIS: Wahrnehmung heute oder Perspektiven einer anderen Ästhetik.* 5 Aufl. Leipzig: Reclam, 1993.

AISENSON Kogan, Aída (1981). *Cuerpo y persona: filosofía y psicología del cuerpo vivido.* México: Fondo de Cultura Económica.

ANDRIEU, Bernard (1993). *Le corps dispersé: Une histoire du corps au XXe siècle.* Paris: L'Harmattan.

ARANGO, Luz Gabriela (1989). *Mujer, religión e industria; Fabricato 1923-1982.* Medellín: Universidad de Antioquia, Universidad Externado de Colombia.

ARAÚJO, Helena (1989). "De 1900 a hoy en Colombia: sitio a la 'Atenas Suramericana'", *Hispamérica* (Gaithersburg), 18(53/54):35-62.

ARBENA, Joseph L. ed. (1988). *Sport and Society in Latina America: Diffusion, Dependency and the Rise of Mass Culture.* New York: Greenwood Press.

ARBOLEDA Toro, Jairo (1980). "Comentario oficial", in GOMEZ (1980). pp.79-87.

ARCHILA Neira, Mauricio (1990-1991). "El uso del tiempo libre de los obreros 1910-1945", in *Anuario Colombiano de Historia Social y de la Cultura.* (Bogotá), (18-19):145-184.

——(1989). "La clase obrera colombiana (1886-1930)", in *Nueva Historia de Colombia.* T.3. Bogotá: Planeta, 1989. pp.219-244.

——(1985). "La humanidad, el periódico obrero de los años veinte", *Boletín Cultural y Bibliográfico.* (Bogotá), 22(3):19-33.

ARDILA, Rubén (1986). *Psicología del hombre colombiano: cultura y comportamiento social.* Bogotá: Planeta.

ARIÈS, Phillipe et al. (1982). *Sexualités occidentales.* (Sexualidades occidentales. Barcelona: Paidós, 1987).

ARON, Jean-Paul (1987). "Die äußere Erscheinung - ein Trauerspiel", in BURGELIN; PERROT (1987). pp.186-202.

ASOCIACION Colombiana de Facultades de Mediciana (1965). *Indice de literatura médica colombiana 1890-1960.* Bogotá: Tercer Mundo.

AVENI, Anthony (1989). *Empires of Time: Calendors, Clocks and Cultures.* (*Rythmen des Lebens: Eine Kulturgeschichte der Zeit.* Stuttgart: Klett-Cotta, 1991).

BARCK, Karlheinz et al. (1990). *Aisthesis: Wahrnehmung heute oder Perspektiven einer anderen Ästhetik*. 5. Aufl. Leipzig: Reclam.

BARLÖSIUS, Eva (1991). "Über den Geruch: Langfristige Wandlungen der Wahrnehmung, Kontrolle und Gestaltung von Riechendem", in KUZMICS, Helmut; Ingo Mörth. *Der Unendliche Prozess der Zivilisation: zur Kultursoziologie der Moderne nach Norbert Elias*. Frankfurt a.M.; New York: Campus.

BARRAN, José Pedro (1992). *El poder de curar*. Montevideo: Ediciones de la Banda Oriental.

——(1993). *La ortopedia de los pobres*. Montevideo: Ediciones de la Banda Oriental.

——(1995). *La invención del cuerpo*. Montevideo: Ediciones de la Banda Oriental.

BARTHES, Roland (1975). "Lecture du Brillat-Savarin", in *Le bruissement et la langue*. Paris: Editions du Seuil, 1984. pp.285-306.

BATAILLE, Georges (1957). *El erotismo*. Barcelona: Tusquets, 1988.

BAUDILLO Bello, Luis (1985-86). "La problemática de la instrucción pública y la propuesta del Partido Republicano en 1915". *Anuario Colombiano de Historia Social y de la Cultura*. (Bogotá), (13-14):189-208.

BAUDRILLARD, Jean (1995). *Le crime parfait*. (*Das perfekte Verbrechen*. München: Matthes & Seitz, 1996).

——(1970). "Der schönste Konsumgegenstand: der Körper", in GEHRKE, Claudia (Hrsg). *Ich habe einen Körper*. München: Matthes & Seitz, 1981. pp.93-128.

BAUDRY, Patrick (1991). *Le corps extrême: Approche sociologique des conduites à risque*. Paris: L'Harmattan.

BÉJAR, Helena (1988). *El ámbito íntimo: Privacidad, individualismo y modernidad*. Madrid: Alianza.

BENJAMIN, Walter (1977). *Illuminationen*. Frankfurt a.M.: Suhrkamp.

BERMAN, Marshall (1988). "El camino ancho y abierto". *Gaceta*. (Bogotá), (16):49-51, 1993.

BERMÚDEZ Q., Suzy (1993). *El bello sexo: la mujer y la familia durante el Olimpo Radical*. Bogotá: Uniandes, ECOE.

——(1992). *Hijas, esposas y amantes: Género, etnia, clase y edad en la historia de América Latina*. Bogotá: Uniandes.

BERNARD, Michel (1976). *El cuerpo*. Barcelona: Paidós, 1985 [1980].

BERR, Marie-Anne (1990). *Technik und Körper*. Berlin: Reimer.

——(1989). "Der Körper als Prothese: Als Text", in KAMPER; WULF (1989c). pp.245-264.

BLACKING, John (1977). *The Anthropology of the Body*. London, New York, San Francisco: Academic Press.

——(1977). "Towards an Anthropology of the Body". pp.1-28.

BLEKER, Johanna (1983). "Der gefährdete Körper und die Gesellschaft: Ansätze zu einer sozialen Medizin zur Zeit der bürgerlichen Revolution in Deutschland", in IMHOF, A. (1983). pp.226-242

BÖHME, Gernot (1995). *Atmosphäre: Essays zur neuen Ästhetik*. Frankfurt a.M.: Suhrkamp.

——(1985). *Anthropologie in pragmatischer Hinsicht: Darmstädter Vorlesungen*. Frankfurt a.M.: Suhrkamp.

BOLTANSKI, Luc (1974). "Les usages sociaux du corps". ("Die soziale Verwendung des Körpers", in KAMPER; RITTNER, Hrsg. *Zur Geschichte des Körpers*. München: Carl Hanser, 1976. pp.138-183.)

BOSSIO, Victoria (1980). "La educación pre-escolar en Colombia: evolución y sugerencias para un futuro inmediato", in GOMEZ(1980). pp. 47-76.

BOURDIEU, Pierre (1980). *Le sens pratique*. (*Sozialer Sinn: Kritik der theoretischen Vernunft*. Frankfurt a.M.: Surhkamp, 1993).

——(1979). *La distinction*. (*Die feinen Unterschiede: Kritik der gesellschaftlichen Urteilskraft*. Frankfurt a.M.: Suhrkamp, 1987).

——(1977). "Remarques provisoires sur la perception sociale du corps". *Actes de la Recherche en Sciences Sociales*. (14):51-54.

BROWN, Jonathan C. (1980). "The Genteel Tradition of Nineteenth Century Colombian Culture". *The Americas*. 36(4):445-464.

BROWNMILLER, Susan (1984). *Weiblichkeit*. Frankfurt a.M.: Fischer, 1991.

BRUNNER, José Joaquín (1988). *Un espejo trizado: ensayos sobre cultura y políticas culturales*. Santiago: FLACSO.

BUCI-GLUCKSMANN, Christine (1984). *La Raison baroque*. (*Baroque Reason: The Aesthetics of Modernity*. London, Thousand Oaks, New Delhi: Sage, 1994).

BURGELIN, Olivier; BASSE, Marie-Thérẹse (1987). "Die Unisex-Mode: Diachronische Perspektiven", in BURGELIN; PERROT (1987). pp.155-185.

BURGELIN, Olivier; PERROT, Philippe (1987). *Vom ewigen Zwang zu gefallen: Etikette und äußere Erscheinung*. Leipzig: Reclam, 1994.

BURKE, Peter (1990). "Historians, Anthropologists and Symbols", in OHNUKI-TIERNY, Emiko, ed. pp.268-283.

BUSTILLO, Carmen (1990). *Barroco y América Latina: un itinerario inconcluso*. Caracas: Monte Avila.

CAMACHO Guizado, Eduardo (1988). "Estética del modernismo en Colombia", in *Manual de literatura colombiana*. Bogotá: Procultura, Planeta. T.1. pp.537-578.

CARO Baroja, Julio (1965). "Honour and Shame: A Historical Account of Several Conflicts". in PERISTANY, J.G. *Honour and Shame: The Values of Mediterranean Society*. London: Weidenfeld and Nicolson. pp.81-137.

CASULLO, Nicolás, comp. (1989). *El debate modernidad-postmodernidad*. Buenos Aires: El Cielo por Asalto,1993.

CHARTIER, Roger (1989). *Die unvollendete Vergangenheit: Geschichte und die Macht der Weltauslegung*. Frankfurt a.M.: Fischer, 1992.

CHIRPAZ, François (1963). *Le corps*. Paris: Klincksieck, 1988.

COMTE-SPONVILLE, André (1991). "La petite vertu", in DHOQUOIS, R. pp.20-27.

CORBIN, Alain (1991). *Le Temps, le Désir et l'Horreur: Essais sur le dix-neuvième siècle*. (*Wunde Sinne: Über die Begierde, den Schrecken und die Ordnung der Zeit im 19. Jahrhundert*. Stuttgart: Klett-Cotta, 1993).

——(1987). "Commercial Sexuality in Nineteenth Century France: A System of Images and Regulations", in GALLAGHER; LAQUEUR (1987).

——(1987). "Kulissen", in PERROT, Michelle (1987) *Geschichte des privaten Lebens: Von der Revolution zum Großen Krieg*. Frankfurt a.M.: Fischer, 1992. pp.419-629.

——(1985). "Die Zeit und ihre Berechnung im 19. Jahrhundert", in Wunde Sinne. Stuttgart: Klett-Cotta, 1993. pp.9-21

——(1982). *Le Miasme et la Jonquille*. (*Pesthauch und Blütenduft: Eine Geschichte des Geruchs*. Frankfurt: Fischer, 1988).

DAMKOWSKI, Christa (1992). "Schönheitsfabrik", *Psychologie Heute*, 4:27.

DANNER, Helmut (1988). "Die Hermeneutische Bedeutung der Sinne in der Pädagogik". *Bildung und Erziehung*, 41(3):305-316.

DAVIS, Robert H. (1993). *Historical Dictionary of Colombia*. 2ed. N.J.; London: Metuchen.

DE NEGRONI, François (1987). "Distinktion zum Gebrauch für die Masse", in BURGELIN; PERROT (1987). pp.203-209.

DEAS, Malcolm (1993). "Miguel Antonio Caro y amigos: gramática y poder en Colombia", in *Del poder y la gramática: Y otros ensayos sobre historia, política y literatura colombianas*. Bogotá: Tercer Mundo. pp.25-60.

DEBRAY, Régis (1994). "Glamour". *Babelia*. El País, 29 oct, 1994. pp.2-3.

DENIS, Daniel (1973). *El cuerpo enseñado*. Barcelona: Paidós, 1980.

DHOQUOIS, Régine, dir. (1992). *La Politesse: Vertu des apparences*. Paris: Autrement.

DOMINGUEZ Rendón, Raul Alberto (1988). "El vestido como diferenciador social en Medellín: 1900-1930". *Foro* (Bogotá), 5:69-78.

DUDEN, Barbara (1989). "A Repertory of Body History", in FEHER (1989) T.3. pp.470-578.

DUERR, Hans Peter (1988). *Der Mythos vom Zivilisationsprozess: Nacktheit und Scham*. Frankfurt a.M.: Suhrkamp.

——(1990). *Der Mythos vom Zivilisationsprozess: Intimität*. Frankfurt a.M.: Suhrkamp.

——(1994). *Der Mythos vom Zivilisationsprozess: Obszönität und Gewalt*. Frankfurt a.M.: Suhrkamp.

DOUGLAS, Mary (1970). *Natural Symbols: Explorations in Cosmology*. (*Ritual, Tabu und Körpersymbolik: Sozialanthropologische Studien in Industriegesellschaften und Stammeskultur*. Frankfurt a.M.: Fischer, 1974).

DOWLING, Colette (1989). *Perfekte Frauen: Die Flucht in die Selbstdarstellung*. Frankfurt a.M.:1991.

EHRENSPECK, Yvonne (1996). "Aisthesis und Ästhetik: Überlegungen zu einer problematische Entdifferenzierung", in MOLLENHAUER; WULF (1996). pp.201-229.

EICHBERG, Henning (1978). *Leistung, Spannung, Geschwindigkeit: Sport und Tanz im gesellschaftlichen Wandel des 18/19 Jahrhunderts*. Stuttgart: Klett-Cotta.

EISENBERG, Christiane (1990). "The Middle Class and Competition: Some Considerations of the Beginnings of Modern Sport in England and Germany", *The International Journal of the History of Sport*, 7(2):265-282.

ELIAS, Norbert (1984). *Über die Zeit*. Frankfurt a.M.: Suhrkamp.

——(1982). "Die Genese des Sports als soziologisches Problem", in ELIAS, N.; DUNNING, E. *Sport im Zivilisationsprozeß: Studien zur Figurationssoziologie*. Münster: Lit-Verlag. pp.9-46.

——(1969). *Über den Prozeß der Zivilisation: Soziogenetische und psychogenetische Untersuchungen*. 2 Aufl. Frankfurt a.M.:Suhrkamp.

FALK, Pasi (1994). *The Consuming Body*. London, Thousand Oaks, New Delhi: Sage.

FAUST, Franz (1990). "La identidad en el pensamiento". *Gaceta (*Bogotá), (6):10-11.

FEATHERSTONE, Mike et al., eds. (1991). *The Body: Social Process and Cultural Theory*. London: Sage.

FEBVRE, Lucien (1976). "Sensibilität und Geschichte: Zugänge zum Gefühlsleben früherer Epochen", in: HONEGGER, C., Hrsg. (1977). *Schrift und Materie der Geschichte: Vorschläge zur systematischen Aneignung historischer Prozesse*. Frankfurt a.M. pp.313-334.

FERNANDEZ Cox, Cristian (1991). "Modernidad apropiada", in ARANGO, Silvia comp. *Modernidad y postmodernidad en América Latina: Estado del debate*. Bogotá: Escala. pp.11-22.

FERRY, Luc (1990). *Homo Aestheticus: L'invention du goût à l'age démocratique*. Paris: Grasset.

FEHER, Michel (1989). "Introducción", in *Fragmentos para una historia del cuerpo humano*. Madrid: Taurus, 1990. pp.11-17.

FINEMAN, Joel (1980). "The Structure of Allegorical Desire", *October*. (New York), 12:47-66.

FLANDRIN, Jean-Louis (1986). "Der gute Geschmack und die soziale Hierarchie", in *Geschichte des privaten Lebens* Bd.3. Frankfurt: Fischer, 1991. pp.269-311.

FLETCHER, Angus (1964). *Allegory: The Theory of a Symbolic Mode*. Ithaca: Cornell University.

FORERO Caballero, Hernando (1983). *Evolución histórica de la medicina en Santa Fé de Bogotá*. Imprenta Departamental. Biblioteca de Autores Cundinamarqueses.

FORERO Nogués, Mike (1989). "El deporte en Colombia", in *Nueva Historia de Colombia*. T.6. Bogotá: Planeta. pp.351-390

FOUCAULT, Michel (1986). *La volonté de savoir*. (*La voluntad de saber*. México: Siglo XXI, 1977).

——(1975). "Interview der Zeitschrift QUEL CORPS? (Sept.-Okt. 1975) mit Michel Foucault", in KAMPER; RITNNER. Hrsg. 1976. pp.130-137.

——(1963). *Die Geburt der Klinik: Eine Archäologie des ärztlichen Blicks*. Frankfurt a.M.: Fischer, 1993.

FRANCO, Jean (1982). "What's in a Name?: Popular Culture Theories and their Limitations". *Studies in Latin American Culture*, 1:5-13.

FRANK, Arthur W. (1991). "For a Sociology of the Body: an Analytical Review", in FEATHERSTONE, M. et al., eds. pp.36-102.

FREEDMAN, Rita (1986). *Die Opfer der Venus: Vom Zwang schön zu sein*. Zürich: Kreuz, 1989.

FREVERT, Ute (1995). *"Mann und Weib, und Weib und Mann": Geschlechter-Differenzen in der Moderne*. München: Beck.

FUNDACION Misión Colombia (1988). *Historia de Bogotá*. Bogotá: Villegas Editores.

GALLAGHER, Catherine; LAQUEUR, Thomas, eds. (1986). *The Making of the Modern Body: Sexuality in the Nineteenth Century.* Berkeley, Los Angeles: University of California Press, 1987.

GARCIA Canclini, Néstor (1995). "Narrar la multiculturalidad". *Revista de Crítica Latinoamericana.* (Lima, Berkeley), 21(42):9-10.

——(1992). "Comunicación y consumo en tiempo neoconservadores". *Gaceta.* (Bogotá), (12):40-44.

——(1991). "Los estudios culturales de los 80 a los 90: Perspectivas antropológicas y sociales en América Latina". *Iztapalapa.* (México), 11(24):9-26.

——(1989a). *Culturas híbridas: Estrategias para entrar y salir de la modernidad.* México: Grijalbo.

——(1989b). "El debate posmoderno en Iberoamérica". *Cuadernos Hispanoamericanos.* (Madrid), 463:79-92.

——(1986). "Cultura transnacional y culturas populares en México". *Cuadernos Hispanoamericanos.* (Madrid),431:5-18.

GAY, PETER (1984). *Education of the Senses: The Bourgeois Experience. Victoria to Freud.* New York: Oxford University Press, 1985.

GEBAUER, Gunter; WULF, Christoph, Hrsg. (1993). *Praxis und Ästhetik: Neue Perspektiven im Denken Pierre Bourdieus.* Frankfurt a.M.: Suhrkamp.

GEBAUER, Gunter; WULF, Christoph (1992). *Mimesis: Kultur - Kunst - Gesellschaft.* Hamburg: Rowohlt.

GEBAUER, Gunter et al. (1989). *Historische Anthropologie: Zum Problem der Humanwissenschaften heute oder Versuche einer Neubegründung.* Hamburg: Reinbek.

GEBAUER, Gunter (1988a). "Die Masken und das Glück", in *Körper und Einbildungskraft: Inszenierungen des Helden im Sport.* Berlin, Reimer. pp.125-143.

——(1988b). "Auf der Suche nach der verlorenen Natur. Oder: Die Unsichtbare Hand des Lehrers". in *Körper und Einbildungskraft: Inszenierungen des Helden im Sport.* Berlin, Reimer. pp.167-180.

GEERTZ, Clifford (1988). *The Anthropologist as Author.* Stanford University Press.

——(1987). *Dichte Beschreibung: Beiträge zum Verstehen kultureller Systeme.* Frankfurt a.M.: Suhrkamp.

GEHRKE, Claudia, Hrsg. (1981). *Ich habe einen Körper*. München: Matthes & Seitz.

GENTIS, Roger (1980). *Lecciones del cuerpo: ensayo crítico sobre las nuevas terapias corporales*. Barcelona: Gedisa, 1981.

GERDES, Claudia (1992). *Eliten und Fortschritt: Zur Geschichte der Lebensstile in Venezuela 1908-1958*. Frankfurt: Vervuert.

GEYER-KORDESCH, Johanna; KUHN, Annette, Hrsg. (1986). *Frauenkörper, Medizin, Sexualität: Auf dem Wege zu einer neuen Sexualmoral*. Düsseldorf: Schwann.

GILES, Geoffrey J. (1991). "Temperance before the Temperance Movements: Some Examples from eighteenth-century Children's Literature in England and Germany", *History of Education*. (London), 20(4):295-305.

GOMEZ, Juan Antonio ed. (1980). *Primer Foro Nacional. ¿A dónde va la educación colombiana?* Bogotá: Universidad de Bogotá 'Jorge Tadeo Lozano', ASCUN, AVAL.

GOMEZ Moreno, Alberto; PARRA Parra, Luis Alberto (1989). "50 Años de la Educación Física en Colombia: 1936-1986", in UEBERHORST, Horst, Hrsg. *Geschichte der Leibesübungen*. Bd.6. Berlin: Bartels & Wernitz. pp.1001-1009.

GOMEZ Müller, Alfredo (1991). "Las formas de la exclusión", *Gaceta* (Bogotá), (11):31-34.

GOYTISOLO, Juan (1976). "Severo Sarduy: el lenguaje del cuerpo". *Triunfo*, 31(719):58-60.

GONZALEZ Stephan, Beatriz (1996). "Economías fundacionales: diseño del cuerpo ciudadano", in GONZALEZ, B., comp. *Cultura y Tercer Mundo*: 2.*Nuevas identidades y ciudadanías*. Caracas: Nueva Sociedad. pp.17-48.

——(1994). "Modernización y disciplinamiento. La formación del ciudadano: Del espacio público y privado" in GONZALEZ S. et al., comps. *Esplendores y miserias del siglo XIX: Cultura y sociedad en América Latina*. Caracas: Monte Avila, Universidad Simón Bolívar. pp.431-455.

GOYTISOLO, Juan (1976). "Severo Sarduy: el lenguaje del cuerpo". *Triunfo*. (Madrid), 31(719):58-60.

GRAWERT-MAY, Erik (1992). *Die Sucht mit sich identisch zu sein: Nachruf auf die Höflichkeit*. Berlin: Rotbuch Verlag.

GUERRA Cunningham, Lucía (1988). "La modalidad hermética de la subjetividad romántica en la narrativa de Soledad Acosta de Samper", in ACOSTA de Samper (1988). pp.353-367.

GUGGENBERGER, Bernd (1995). *Einfach schön: Schönheit als soziale Macht*. Hamburg: Rotbuch.

GUTIERREZ, José (1961). *De la pseudo-aristocracia a la autenticidad: Psicología social colombiana*. 2ed. Bogotá, México: Tercer Mundo.

HAUSER, Susanne (1988). *Die Blick auf die Stadt: Grosse Städte und literarische Wahrnehmung bis 1915*. Berlin: Reimer, 1990.

HELG, Aline (1986-87). "Le problème des races et du métissage en Colombie dans les années 1920". *Condor. Revue Suisse de Culture Latino-Américaine*, 2(2):47-60.

——-(1986). "El desarrollo de la instrucción militar en Colombia en los años 20: estudio del impacto de una misión suiza". *Revista Colombiana de Educación*. (Bogotá), (17):19-40.

——(1984). *Civiliser le peuple et former les élites. L'éducation en Colombie 1918-1957*. Paris: L'Harmattan.

HERNANDEZ Vidal, Fernando (1992). "Bailadores". *Gaceta*. (Bogotá), (13):35-39.

HERRERA, Martha Cecilia (1986). "La educación en la segunda república liberal (1930-1946): Apuntes para una historiografía". *Revista Colombiana de Educación*. (Bogotá), (18):84-97.

——(1992). "La educación en la historia de Colombia", in *Gran Enciclopedia de Colombia* V.5. Bogotá: Círculo de Lectores. pp.61-80.

HERZLICH, Claudine; PIERRET, Janine (1984). *Malades d'hier, malades d'aujourd'hui: De la mort collective au devoir de guérison*. (*Kranke gestern, Kranke heute: die Gesellschaft und das Leiden*. München: Beck, 1991).

HOLLANDER, Anne (1994). *Sex and Suits*. (*Anzug und Eros: Eine Geschichte der modernen Kleidung*. Berlin: Berlin Verlag, 1995).

HONEGGER, Claudia (1991). *Die Ordnung der Geschlechter: Die Wissenschaften vom Menschen und das Weib, 1750-1850*. München: DTV, 1996.

HORKHEIMER, Max; ADORNO, Theodor W. (1969). *Dialektik der Aufklärung: Philosphische Fragmente*. Frankfurt a.M.: Fischer.

HUIZINGA, Johan (1938). *Homo Ludens: Vom Ursprung der Kultur im Spiel*. Hamburg: Rowohlt, 1987.

IMHOF, Arthur E. (Hrsg) (1983). *Der Mensch und sein Körper: Von der Antike bis heute*. München: Beck.

JANKÉLEVITCH, Vladimir (1958). «Apparence et manière», in *Homenaje a Gracián*. Zaragoza: Fernando El Católico. pp.119-129.

JARAMILLO Uribe, Jaime (1989). "La educación durante los gobiernos liberales: 1930-1946", in *Nueva Historia de Colombia*. T4. Bogotá, Plaza y Janés. pp.87-110.

——(1982). "Las ideas políticas en los años treintas". *Revista de la Universidad Nacional*. (Bogotá), 3(14-15):25-29, 1987.

——(1961). "Liberalismo y conciencia burguesa en la historia de Colombia". *ECO*. (Bogotá), 3(5):457-471.

——(1956). *El pensamiento colombiano en el siglo XIX*. 2ed. Bogotá: Temis, 1974.

JARAMILLO Zuluaga, J. Eduardo (1994). "Del erotismo en la novela colombiana", in KOHUT, Karl, ed. *Literatura colombiana hoy: Imaginación y barbarie*. Frankfurt a.M.: Vervuert, 1994. pp.217-225.

—— (1994). *El deseo y el decoro*. Bogotá: Tercer Mundo.

JIMÉNEZ, José (1995). "Modernity as Aesthetics", *Paragrana: Internationale Zeitschrift für Historische Anthropologie*. (Madrid), 4(1):173-183.

KAMINSKY, Howard (1989). "From *Mentalité* to Mentality: The Implications of a Novelty", in SZUCHMAN ed. *The Middle Period in Latin America: Values and Attitudes in the 17th-19th centuries*. London: Boulder.

KAMPER, Dietmar; RITTNER, Volker, Hrsg. (1976). *Zur Geschichte des Körpers*. München: Carl Hanser.

KAMPER, Dietmar; WULF, Christoph, Hrsg. (1989a). *Der Schein des Schönen*. Göttingen: Steidl.

——(1989b). "Lektüre einer Narbenschrift: Der menschliche Körper als Gegenstand und Gedächtnis von historischen Gewalt", in (1989c). pp.1-7.

——(1989c). *Transfigurationen des Körpers. Spuren der Gewalt in der Geschichte*. Berlin: Reimer.

——(1982). *Die Wiederkehr des Körpers*. Frankfurt a.M.: Suhrkamp.

——(1982a). "Die Parabel der Wiederkehr. Zur Einführung", in (1982). pp.9-21.

KEMPEN, Thomas von (1979). *Nachfolge Christi: Meditationen*. Zürich: Benziger.

KESSELMAN, Susana (1989). *El pensamiento corporal*. Buenos Aires: Paidós.

KONERSMANN, Ralf (1993). "Seelenschönheit als Weiblichkeitsideal: Versuch, ein Missverständnis zu erklären". *Psychologie und Geschichte*. 5(1/2):94-109.

KÖNIG, Eugen (1989). *Körper - Wissen - Macht: Studien zur historischen Anthropologie des Körpers*. Berlin: Reimer.

KÖNIG, René (1988). *Menschheit auf dem Laufsteg: Die Mode im Zivilisationsprozess*. Frankfurt a.M., Berlin: Ullstein.

KURSBUCH (1995). *Verteidigung des Körpers*. Berlin: Rowohlt, Heft 119.

KURNITZKY, Horst (1995). "Barroco y posmodernismo: una confrontación postergada". *Nuevo Texto Crítico*. (Stanford), 7(14/15):356-368.

LAPORTE, Dominique (1978) *Histoire de la merde (prologue)*. (*Eine gelehrte Geschichte der Scheiße*. Frankfurt a.M.: Frankfurter Verlagsanstalt, 1991).

LAQUEUR, Thomas (1986). "Orgasm, Generation and the Politics of Reproductive Biology", in GALLAGHER; LAQUEUR, eds. (1987). pp.1-41.

LARROYO, Francisco (1982). *Diccionario Porrúa de Pedagogía y Ciencias de la Educación*. México: Porrúa.

LASH, Scott (1990). *Sociology of Postmodernism*. London, New York: Routledge.

LE GUÉRER, Annick (1988). *Les pouvoirs de l'odeur*. Paris: François Bourin.

LEBOT, Ivon (1972). *Elementos para la historia de la educación en el siglo XX*. Bogotá: DANE, 1978.

LE DU, Jean (1976). *El cuerpo hablado: psicoanálisis de la expresión corporal*. Barcelona: Paidós, 1981.

LENZEN, Dieter (1991). *Krankheit als Erfindung: Medizinische Eingriffe in die Kultur*. Frankfurt a.M.: Fischer.

LÉVI-STRAUSS, Claude (1968). *Mythologiques III: L'Origine des manières de table*. (*Der Ursprung der Tischsitten*. Frankfurt a.M.: Suhrkamp, 1976).

LIPPING, Margita (1986). "Bürgerliche Konzepte zur weiblichen Sexualität in der zweiten Hälfte des 18. Jahrhunderts: Rekonstruktionsversuche am Material medizinischer und pädagogischer Texte", in GEYER-KORDESCH; KUHN (1986). pp.28-42.

LONDOÑO Alvarez, Alberto (1966). *De la música, la enfermedad y los perfumes*. Manizales: Biblioteca de Autores Caldenses.

LONDOÑO, Patricia (1990). "Las publicaciones periódicas dirigidas a las mujeres, 1858-1930". *Boletín Cultural y Bibliográfico*. (Bogotá), 27(23):3-23.

——(1984). "La mujer santafereña en el siglo XIX". *Boletín Cultural y Bibliográfico*. (Bogotá), 21(1):3-24.

LOPEZ Ibor, Juan José; LOPEZ-IBOR Aliño, J.J. (1974). *El cuerpo y la corporalidad*. Madrid: Gredós.

LOSCHEK, Ingrid (1990). *Mode im 20. Jahrhundert: Eine Kulturgeschichte unserer Zeit*. München: Bruckmann.

LOUX, Françoise (1979). *Le corps dans la societé traditionelle*. (*El cuerpo en la sociedad tradicional*. Barcelona: José J. de Olañeta, 1984).

——(1978). *Le jeune enfant et son corps dans la médicine traditionelle*. (*Das Kind und sein Körper in der Volksmedizin: Eine historisch-ethnographische Studie*. Frankfurt a.M.: Fischer, 1991).

LÜHR, Volker (1994). "Vom Nutzen der Literatur -auch der lateinamerikanischen- für die Soziologie", in SCHÖNBERGER, Axel; ZIMMERMANN, Klaus, Hrsg. (1994). *De orbis Hispani linguis letteris historia moribus*. Frankfurt a.M.: Domus Editoria Europaea. pp.1653-1671.

LUPTON, Deborah (1994). *Medicine as Culture: Illness, Disease and the Body in Western Societies*. London: Sage.

LYOTARD, Jean François (1989). "Ob man ohne Körper denken kann", in *Das Inhumane: Plaudereien über die Zeit*. Wien: Passagen. pp.23-49.

MAFFESOLI, Michel (1990). *Au creux des apparences: pour une éthique de l'esthétique*. Paris: Plon.

MAISONNEUVE, Jean; BRUCHON-SCHWEITZER, M. (1981). *Modelos del cuerpo y psicología estética*. Buenos Aires: Paidós, 1984.

MANGAN, J.A. (1989). "The Social Construction of Victorian Femininity: Emancipation, Education and Excercise". *The International Journal of the History of Sport*, 6(1):1-9.

MARQUÍNEZ Argote, Germán et al. (1988). "Benthamismo y antibenthamismo", in *La filosofía en Colombia: Historia de las ideas*. Bogotá: El Buho. pp.163-186.

MARTÍN-Barbero, Jesús (1992). "Dinámicas urbanas de la cultura". *Gaceta* (Bogotá), (12):48-50.

——(1989). *Procesos de comunicación y matrices de cultura: Itinerario para salir de la razón dualista*. México: Felefacs, Gustavo Gili.

——(1985). "Pueblo y masa en la cultura: de los debates y los combates". *Tarea*. (Lima),(13):3-13.

MAUSS, Marcel (1935). "Die Techniken des Körpers", in *Soziologie und Sozialanthropologie*. Bd.2. Frankfurt a.M.: Ullstein, 1978. pp.199-222.

MAYOR Mora, Alberto (1984). *Etica, trabajo y productividad en Antioquia*. Bogotá: Tercer Mundo.

——(1979). "El control del 'tiempo libre' de la clase obrera de Antioquia en la década de 1930". *Revista Colombiana de Sociología*. (Bogotá), 1(1):35-59.

MEINBERG, Eckhard (1986). "Die Körperkonjunktur und ihre anthropologischen Wurzeln". *Sportwissenschaft*, 16(2):129-147.

MELVILLE, Stephen (1981). "Notes on the Reemergence of Allegory, the Forgetting of Modernism, the Necessity of Rhetoric, and the Conditions of Publicity in Art and Criticism". *October.* (New York), 19:55-92.

MENSION-RIGAU, Éric (1991). "Distinction chez les élites", in DHOQUOIS, R. pp.171-180.

MERLEAU-PONTY, Maurice (1945). *Phénoménologie de la perception.* Paris: Gallimard.

MIGNOLO, Walter D. (1995). "Entre el canon y el corpus: alternativas para los estudios literarios y culturales en y sobre América Latina". *Nuevo Texto Crítico.* (Stanford), 7(14/15):23-36.

MIRANDA Canal, Nestor (1993). *Medicina: la institucionalización de la medicina en Colombia.* Bogotá: Colciencias.

—— (1989). "La medicina colombiana de la Regeneración a los años de la segunda guerra mundial", in *Nueva historia de Colombia: educación, ciencias, mujer, vida diaria.* Bogotá: Planeta. pp.257-284.

MÖRTH, Ingo; FRÖHLICH, Gerhard, Hrsg. (1994). *Das symbolische Kapital der Lebensstile: Zur Kultursoziologie der Moderne nach Pierre Bourdieu.* Frankfurt a.M.: Campus.

MOLANO, Alfredo y VERA, César, comps. (1982). *Evolución de la política educativa durante el siglo XX: primera parte 1900-1957.* Bogotá: CIUP.

MOLINA, Gerardo (1970). *Las ideas liberales en Colombia.* Bogotá: Tercer Mundo.

MOLLENHAUER, Klaus; WULF; Christoph (Hrsg.), (1996). *Aisthesis/Ästhetik: Zwischen Wahrnehmung und Bewußtsein.* Winheim: Deutscher Studien Verlag.

MONTALDO, Graciela (1994). "El terror letrado: sobre el modernismo latinoamericano". *Revista de Crítica Literaria Latinoamericana.* (Lima - Berkeley), 20(40):281-291.

MONTAÑA, Antonio (1993). *Cultura del vestuario en Colombia.* Bogotá: Fondo Cultural Cafetero.

MORREALE, Margherita (1958). "Castiglione y «El Héroe»: Gracián y «Despejo»", in *Homenaje a Gracián Dantisco.* Zaragoza: Fernando El Católico. pp.137-143.

—— (1958-59). "El mundo del cortesano". *Revista de Filología Española.* (Madrid), 42(1-4):229-260.

—— (1959). *Castiglione y Boscán: el ideal cortesano en el Renacimiento español.* Madrid: Real Academia Española.

——(1961). "El Galateo de Giovanni della Casa traducido por Domingo de Becerra". *Nueva Revista de Filología Hispánica*. (México, Austin), 15(1-2):247-254.

——(1962). "Una obra de cortesanía en tono menor: el «Galateo español», de Lucas Gracián Dantisco". *Boletín de la Real Academia Española*. (Madrid), 42(51):47-89.

MORÓN, Guillermo (1959). "Estudio preliminar", in CONDILLAC, E.B.(1780). pp.11-46.

MÜLLER, Hans-Peter (1992). *Sozialstruktur und Lebensstile: Der neuere theoretische Diskurs über soziale Ungleichheit*. Frankfurt a.M.: Suhrkamp.

MUÑOZ, Laurentino (1958). *Historia del Hospital de San José 1902-1956*. Bogotá: Banco de la República.

MUÑOZ, Cecilia y Ximena Pachón (1991). *La niñez en el siglo XX*. Bogotá: Planeta.

NOMURA, Masaichi (1990). "Remodelling the Japanese Body". *Senri Ethnological Studies*. (Osaka), 27:259-274.

NITSCHKE, August F. (1989). *Körper in Bewegung: Geste, Tänze und Räume im Wandel der Geschichte*. Stuttgart: Kreuz.

——(1981). *Historische Verhaltensforschung: Analysen gesellschaftlicher Verhaltensweisen*. Stuttgart: Ulmer.

NUSSER, Peter (1991). *Trivialliteratur*. Suttgart: Metzler.

OHNUKI-TIERNEY, Emiko (1990). "The Historicization of Anthropology", in *Culture through Time: Anthropological Approaches*. Stanford University Press. pp.1-25.

O'NEILLE, John (1985). *Five Bodies: The Human Shape of Modern Societies*. (*Die fünf Körper: Medikalisierte Gesellschaft und Vergessellschaftung des Leibes*. München: Fink, 1990).

OCAMPO López, Javier (1992). *Julius Sieber: Fundador de un nuevo modelo de Pedagogía en Colombia (1892-1963)*. Tunja: Universidad Pedagógica y Tecnológica de Colombia.

——(1986). *Los orígenes ideológicos de Colombia contemporánea*. México: Instituto Panamericano de Geografía e Historia.

OLDENDORFF, Antoine (1970). *Corporalidad, sexualidad y cultura*. Buenos Aires: Carlos Lohlé.

ONFRAY, Michel (1991). *L'art de jouir: Pour une matérialisme hédoniste*. (*Der sinnliche Philosoph*. Frankfurt a.M.: Campus, 1992).

OWENS, Craig (1980). "The Allegorical Impulse: Toward a Theory of Postmodernism". *October*, 12:67-86; 13:59-80.

PAULY, Arabella (1992). *Neobarroco: Zur Wesenbestimmung Lateinamerikas und seiner Literatur*. Frankfurt a.M.: Peter Lang, 1993.

PAZ, Octavio (1971). *El ogro filantrópico*. Barcelona: Seix Barral, 1979.

PÉCAUT, Daniel (1990). "Modernidad, modernización y cultura". Gaceta. (Bogotá), (8):15-17.

PEDRAJA Tomán, René de la (1985). *Historia de la energía en Colombia: 1537-1930*. Bogotá: El Ancora.

PEDRAZA Gómez, Zandra (1995). "Body Ideals and Pedagogy: It's Diffusion in Colombian Trivial Magazines (Cromos 1916-1935)", *ISCHE 17*, Berlin, September 13-17, 1995.

——(1996a). "La tenaz suramericana", inédito.

——(1996b). "El debate eugenésico: una visión de la modernidad en Colombia", *Revista de Antropología y Arqueología* (Bogotá), 9(1-2):115-159, 1996-1997

PERALTA de Ferreira, Victoria (1992). "¿Qué se censuraba en el Santafé de Bogotá del siglo XIX?". *Universitas Humanistica*. (Bogotá), 21(35):26-38.

PEREA Escobar, Angel (1989). "Salsa. Una odisea en el limbo". *Gaceta* (Bogotá), (2):35-39.

PERROT, Philippe (1987). "Der diskrete Reichtum: Kurze Geschichte des bürgerlichen Kostüms", in BURGELIN; PERROT (1987). pp.99-124.

——(1984). *Le travail des apparences. Le corps féminin XVIIIe-XIXe siècle*. Paris: Seuil.

PFANNENSCHWARZ, Christl (1992). "Schön und gut, aber: Was heisst eigentlich «schön»". *Psychologie Heute* (Schönheit), 4:36-43.

PFOTENHAUER, Helmut (1987). *Literarische Anthropologie: Selbstbiographien und ihre Geschichte - am Leitfades des Leibes*. Stuttgart: J.B. Metzlersche Verlagsbuchhandlung.

PICARD, Dominique (1983). *Del código al deseo: El cuerpo en la relación social*. Buenos Aires: Paidós, 1986.

POSADA Carbó, Eduardo (1992). "Historia de las ideas en Colombia", in *Gran Enciclopedia de Colombia*. Vol.5. Bogotá: Círculo de Lectores. pp.15-34.

POYATOS, Fernando ed. (1988). *Literary Anthropology: A New Interdisciplinary Approach to People, Signs and Literature*. Amsterdam, Philadelphia: John Benjamin.

PREUSS-LAUSITZ, Ulf (1987). "Körper und Politik: Zur historischen Veränderung der Körpersozialisation im 20. Jahrhundert". *Deutsche Jugend*. (35):299-314.

QUEVEDO Vélez, Emilio (1990). *La salud en Colombia: análisis sociohistórico. Bogotá: estudio sectorial de salud.* Bogotá: Ministerio de Salud, Departamento Nacional de Planeación.

QUICENO, Humberto (1988). *Pedagogía católica y escuela activa en Colombia, 1900-1935.* Bogotá: Foro Nacional por Colombia.

RAMA, Angel (1985). *Las máscaras democráticas del modernismo.* Uruguay: Fundación Angel Rama.

——(1984). *La ciudad letrada.* Hannover: Ed. del Norte.

RAMÍREZ Lamus, Sergio (1992). *Culturas, profesiones y sensibilidades contemporáneas en Colombia: Aproximaciones y la circulación social de las ideologías profesionales.* Cali, Universidad del Valle.

RESTREPO Ch., Guillermo et al. (1979). "El intervencionismo de Estado y la salud pública". *Revista de Sociología.* (Medellín), 10(14):51-67.

REVEL, Jacques (1986). "Vom Nutzen der Höflichkeit", in Geschichte *des privaten Lebens.* 3Bd. Frankfurt: Fischer. pp.173-211.

RINCON, Carlos (1995). *La no simultaneidad de lo simultáneo: postmodernidad, globalización y culturas en América Latina.* Bogotá: Universidad Nacional.

——(1994). "Vuelta del barroco y proliferación neobarroca", in SCHÖNBERGER, Axel; ZIMMERMANN, Klaus, Hrsg. *De orbis Hispani linguis letteris historia moribus.* Frankfurt a.M.: Domus Editoria Europaea. pp.1779-1796.

ROMERO, José Luis (1989). *Estudio de la mentalidad burguesa.* Madrid, México: Alianza.

——(1978). "El pensamiento conservador latinoamericano en el siglo XIX", in ROMERO,J.L.; ROMERO,L.A. pp.IX-XXXVIII.

——(1976). *Latinoamérica: las ciudades y las ideas.* Buenos Aires: Siglo XXI.

ROMERO, José Luis; ROMERO, Luis Alberto (1978). *Pensamiento conservador: 1815-1898.* Caracas: Biblioteca Ayacucho.

ROSE, Lotte (1992). "Flach, straff, nicht vorhanden". *Psychologie heute.* 4:86-91.

ROSSELLI, Humberto (1968). *Historia de la psiquiatría en Colombia.* T.1. Bogotá: Horizontes.

ROUSSELLE, Aline (1983). *Porneia: De la maîtrise du corps à la privation sensorielle.* (Porneia: Del dominio del cuerpo a la privación sensorial. Barcelona: Península, 1989).

RUEDA Plata, José Olinto (1989). "Historia de la población de Colombia: 1880-2000", in *Nueva Historia de Colombia: economía, café, industria.* Bogotá: Planeta. pp.357-396.

SAENZ-ROVNER, Eduardo (1992). *La ofensiva empresarial*. Bogotá: Tercer Mundo, Uniandes.

SAFFORD, Frank (1976). *The Ideal of the Practical: Colombian's Struggle to form a Technical Elite*. Austin, London: University of Texas.

——(1972). "In Search of the Practical". *Hispanic American Historical Review*. (Durham), 52(2):230-249.

SAPIR, J. David; CROCKER, J. Christopher (1977). *The Social Use of Metaphor: Essays on the Anthropology of Rhetoric*. University of Pennsylvania Press.

SARLO, Beatriz (1988). *Una modernidad periférica: Buenos Aires: 1920 y 1930*. Buenos Aires: Nueva Visión.

——(1987). *El imperio de los sentimientos: Narraciones de circulación periódica en la Argentina (1918-1927)*. Buenos Aires: Catálogos.

SCHIVELBUSCH, Wolfgang (1980). *Das Paradies, der Geschmack und die Vernunft: Eine Geschichte der Genußmittel*. Frankfurt a.M.:Ullstein, 1988.

——(1977). *Geschichte der Eisenbahnreise: Zur Industrialisierung von Raum und Zeit im 19. Jahrhundert*. Frankfurt a.M.: Fischer, 1989.

SCHNEIDER, Norbert (1996). *Geschichte der Ästhetik von der Auflklärung bis zur Postmoderne*. Stuttgart: Reclam.

SCHRADER, Ludwig (1969). *Sinne und Sinnesverknüpfungen: Studien und Materialien zur Vorgeschichte der Synästhesie in der italienische, spanischen und französichen Literatur*. Heidelberg: Carl Winter, Universitätsverlag.

——(1968). "Las impresiones sensoriales y los elementos sinestésicos en la obra de José Asunción Silva: influencias francesas e italianas". *Romanistisches Jahrbuch*. (Hamburg), 19:275-285.

SCHULTE-SASSE, J., WERNER, R. (1977). *Einführung in die Literaturwissenschaft*. München: Wilhelm Fink.

SENNET, Richard (1994). *Flesh and Stone*. (*Fleisch und Stein: Der Körper und die Stadt in der westlichen Zivilisation*. Berlin: Berlin Verlag, 1995).

——(1990). *The Conscience of the Eye: The Design and Social Life of Cities*. (*Civitas: Die Grossstadt und die Kultur des Unterschieds*. Frankfurt a.M.: Fischer, 1994).

SHORTER, Edward (1982). *A History of Women's Bodies*. (*Der weibliche Körper als Schicksal: Zur Sozialgeschichte der Frau*). München, Zürich: Piper, 1984.

SILVA, Renán (1989). "La educación en Colombia", in *Nueva Historia de Colombia*. T4. Bogotá: Planeta. pp.61-86p.

SIMMEL, Georg (1922). "Exkurs über die Soziologie der Sinne", in *Untersuchungen über die Formen der Vergesellschaftung*. 2 Aufl. München, Leipzig: Duncker und Humblot. pp.483-493.

——(1907). "Soziologie der Sinne", in *Aufsätze und Abhandlungen 1901-1908*. Frankfurt a.M.: Suhrkamp, 1993.

SMITH, Paul Julian (1989). *The Body Hispanic: Gender and Sexuality in Spanish and Spanish American Literature*. Oxford: Clarendon Press.

SOMMER, Davis (1991). *Foundational Fictions: The National Romances of Latin America*. Berkeley: University of California Press.

SPANG, Kurt (1979). *Fundamentos de retórica*. Pamplona: EUNSA, 1984.

STAROBINSKI, Jean (1987). *Kleine Geschichte des Körpergefühls*. Frankfurt a.M.: Fischer, 1991.

STEPAN, Nancy Leys (1991). *The Hour of Eugenics: Race, Gender and Nation in Latin America*. Ithaca, London: Cornell University.

STEPHAN, Cora (1995). *Neue deutsche Etikette*. Berlin: Rowohlt.

STING, Stephan (1991). *Der Mythos des Fortschreitens: zur Geschichte der Subjektbildung*. Berlin: Reimer.

SUÁREZ-OROZCO, Marcelo M.; DUNDES, Alan (1984). "The Piropo and the Dual Image of Women in the Spanish-Speaking World". *Journal of Latin American Lore*. (Los Angeles), 10(1):111-133.

SÜNKEL; Wolfgang (1996). "Die Erziehung des sinnlichen Wahrnehmens: Bemerkungen zum II. Buch des «Emile»", in MOLLENHAUER; WULF (1996). pp.192-199.

THIEL, Erika (1963). *Geschichte des Kostüms: Die europäische Mode von den Anfängen bis zur Gegenwart*. Berlin: Henschelverlag.

THOMAS, Florence (1984). *El macho y la hembra reconstruidos: aportes en relación con los conceptos de masculinidad y feminidad en algunos mass-media colombianos (Fotonovela, canción, comerciales)*. 2ed. Bogotá: Universidad Nacional, 1985.

TODOROV, Tzvetan (1982). *La conquista de América: la cuestión del otro*. México: Siglo XXI, 1987.

TURNER, Bryan Stanley (1994a). "Introduction", in BUCI-GLUCKSMANN (1984). pp.1-36.

——(1994b). "Preface", in FALK, P. (1994). pp.vii-xvii.

——(1991). "Recent Developments in the Theory of the Body", in FEATHERSTONE, M. et al. (eds). pp.1-35.

——(1984). *The Body and Society: Explorations in Social Theory*. Oxford: Blackwell.

TYLER, Stephen A. (1987). *The Unspeakable: Discourse, Dialogue, and Rethoric in the Postmodern World*. (*Das Unaussprechliche: Ethnographie, Diskurs und Rhetorik in der Postmodernen Welt*. München: Trickster, 1991).

ULMANN, Jacques (1967). "Les débuts de la médecine des enfants", in *Corps et civilisation: Education physique, médicine, sport*. Paris: J.Vrin, 1993. pp. 85-139.

ULLOA, Alejandro (1992). *La salsa en Cali*. Cali: Universidad del Valle.

URIBE Alarcón, Maria Victoria (1991). Matar, rematar, recontramatar. Bogotá: Universidad Nacional.

URIBE Celis, Carlos Humberto (1992). *La mentalidad del colombiano: cultura y sociedad en el siglo XX*. Bogotá: Alborada, Nueva América.

——(1985). *Los años veinte en Colombia. Ideología y cultura*. Bogotá: Aurora.

VALDERRAMA Andrade, Carlos (1986). "Raíces españolas del pensamiento colombiano del siglo XIX al XX". *Franciscanum*. (Bogotá), 28(82):47-61.

VARGAS, Carlos Eduardo (1989). *Zur Entwicklung des Sports und der Leibeserziehung in Kolumbien*. Köln: Deutsche Sportschule.

VASCO U., Alberto (1988). *Estado y enfermedad en Colombia*. Medellín: Universidad de Antioquia.

VERTINISKY, Patricia (1988). "Escape from Freedom: G. Stanley Hall's Totalitarian Views of Femäle Health and Physical Education". *The International Journal of the History of Sport*. (London), 5(1):69-95.

VIGARELLO, Georges (1985). *Le propre et le sale: L'hygiène du corps depuis le Moyen Âge*. Paris: Èdition du Seuil.

——(1978). "The Upward Training of the Body from the Age of Chivalry to Courtly Civility", in FEHER, Michel, ed. *Fragments for a History of the Human Body*. Part Two. New York: Zone, 1989. pp.148-199.

VILLAMIZAR Daza, Ernesto (1980). "La educación básica", in GOMEZ, ed. (1980). pp.103-124.

VIRILO, Paul (1993). *L'art du moteur*. (*Die Eroberung des Körpers: Vom Übermenschen zum überreizten Menschen*. Frankfurt a.M.: Fischer, 1996).

VITALE, Luis (1989). "El contexto latinoamericano de la historia moderna de Colombia (1886-1930)", in *Nueva historia de Colombia: Relaciones internacionales, movimientos sociales*. Bogotá: Planeta. pp.119-140.

VIVIESCAS Monsalve, Fernando y Giraldo Isaza Fabio, comps. (1991). *Colombia: el despertar de la modernidad*. Bogotá: Foro Nacional por Colombia.

VIVIESCAS Monsalve, Fernando (1989). *Urbanización y ciudad en Colombia.* Bogotá: Foro Nacional por Colombia.

WALTER, Monika (1995). "Cultura popular como alegoría de la modernidad latinoamericana: caminos de un desafio teórico". *Nuevo Texto Crítico.* (Stanford), 7(14/15):369-175.

WEINBERG, Gregorio (1984). *Modelos educativos en la historia de América Latina.* Buenos Aires: Kapelusz.

WEINMANN, Robert; GUMBRECHT, Ulrich, Hrsg. (1991). *Postmoderne - globale Differenz.* Frankfurt a.M.: Suhrkamp.

WINAU, Rolf (1983). "Die Entdeckung des menschlichen Körpers in der neuzeitlichen Medizin", in IMHOF, A. (1983). pp.209-225.

WITTE, Bernd; ROUANET, Sérgio Paulo (1992). "Por que o moderno envelhece tâo rápido?". *Revista USP* (Sâo Paulo), 15:103-117.

WOLF, Naomi (1990). *Der Mythos Schönheit.* Hamburg: Rowohlt, 1994.

ZACHARIAS, Wolfgang (1995). "Bildung der Sinne". *Deutsche Jugend.* 43(7-8):337-3344.

ZAIDMAN, Claude (1991). "Manières de table", in DHOQUOIS, R. pp.181-196.

ZAPATA, Ramón (1961). *Dámaso Zapata o la reforma educacional en Colombia.* Bogotá: El Gráfico.

ZIEHE, Thomas (1991). "Wie die Körper 'moderner' geworden sind". *Neue Sammlung*, 31(1):39-47.

ZILBERMAN, Regina et al. (1987). *Os preferidos do público: os gêneros da literatura de massa.* Petrópolis: Vozes.

ZULUAGA de Echeverri, Olga Lucía (1978). *Colombia: dos modelos de su práctica pedagógica durante el siglo XIX.* Medellín: Universidad de Antioquia, Facultad de Educación.

ZUR LIPPE, Rudolf (1988). *Vom Leib zum Körper: Naturbeherrschung am Menschen in der Renaissence.* Hamburg: Rowohlt.

ZUR LIPPE, Rudolf (1987). *Sinnenbewußtsein: Grundlegung einer anthropologischen Ästhetik.* Hamburg: Rowohlt.